芸者と遊廓

宮島新一著

青史出版

目　次

序　フジヤマ・ゲイシャ

芸者は粋を好む。詮索好きは野暮とされる。知ってはいても口に出さないのが粋というものである。田中優子氏は『芸者と遊び』(学研新書、二〇〇七)で、「フジヤマ・ゲイシャという決まり文句が一般欧米人の中に定着したのは、いついかなる機縁によってか、私は知らないし、たいして興味はない」と、切って捨てている。ステレオタイプの日本観に過ぎず、しかも、すでに死語となっているような言葉の由来を蒸し返すのは意味のないことかもしれない。だが、人が興味がないと言っていることを、ことさら穿鑿して蘊蓄を披露するのが野暮の骨頂である。

「フジヤマ、ゲイシャ」は「スシ、テンプラ」と同じように、西洋人にとって日本を象徴するものが二つ並んでいる。いかにも日本観光にやってきた外国人の口真似のようであるが、実際には彼らに迎合する日本人による造語ではないかと思われる。日本人(男性)自身がそう考えていたのではないだろうか。それは戦後のことだろうと思っていたが、そうではなかった。

ダンスをも披露する新橋南地の「モダン芸者」で、論客でもあった花園歌子氏が昭和五年に著わした『芸妓通』(四六書院)に、「不二の山ミカドチョンキナ下駄の音ゲイシャハラキリ桜咲く国」という、日本を象徴するいくつかを巧みに織りこんだ狂歌が載っている。上の句と下の句の頭をとれば「フジヤマ・ゲイシャ」になる。ちなみに「チョンキナ」は拳の勝ち負けによって芸者が着物を脱いでゆくお座敷遊びで、西洋人にも広く知られていた。

戦争前夜の昭和十年に芸者の教養や職業意識を高めるために編集された『芸妓読本』(全国同盟料理新聞社)に、新橋芸妓屋組合頭取だった川村徳太郎氏が一文を寄せている。その一節に「欧米人はフジヤマとサクラノハナとサムライのハラキリとゲイシャガールは日本の名物として我国に観光に来る紳士淑女は競ってこれを見る」とある。だが、「サクラとハラキリ」は常時見られるものではない。いつでも見られる「フジヤマ、ゲイシャ」は、その二つを省いて縮めたとも考えられる。ここではじめて外国人の口真似をして「芸者ガール」と記されている。これら二著の間の八年に出版された杉山愛三郎氏による『芸妓とその由来』(高橋書店)には、「外国人には富士山、桜花、芸者、この三つが日本の三大名物」とある。かなり「フジヤマ・ゲイシャ」に近づいている。

三書とも昭和初期に集中しているのでこのころの造語かと思いきや、新橋芸者の石井美代氏による大正五年の『芸者と待合』(日本書院)の冒頭に、「外国人から見ました日本の名物は、富士山と芸者ガールの二つに折紙がついています」と、そのままの形で出ていた。これできまりかと思っていたら、明治四十五年に出版された「はの字」という匿名人物による『芸者一斑』(磯部甲陽堂)に、「外国人から見た日本の名物は富士山と芸者ガールの二つに折紙が附いて居る」とある。先の文章はここからの引き写しだった。これらに白柳秀湖氏の『芸妓論』(隆文堂、一九〇八)に、「ゲイシャの名は富士、日光の名物とともに海外に喧伝せられ」とあるのを参考にすると、「フジヤマ・ゲイシャ」は明治期の造語と見てよいだろう。

明治期に来日した西洋人男性にとって芸者は関心の的だった。西洋社会に類のない存在だったからである。ポルトガルの外交官で明治二十二年に初来日し、後に日本に定住して徳島で世を去ったモラエス氏は『日本精神』(花野富蔵訳、第一書房、一九三五)において、「ヨーロッパでは芸者の職業に比較される女の職業が全然存在しない」と述べている。

明治二十年とその後の二度にわたって来日したイギリス人画家、モーティマー・メンピス氏は『日本絵画紀行』(渡辺義雄・門脇輝夫訳、朝日出版社、一九八九)に芸者の一項を設けて、「日本の教養ある女性である。芸人であり、接待係である。そして高度な教育を受けており、芸術の鑑賞にも優れている。話術にも長けている。」と絶賛している。西洋人による芸者観の一方の極を示すものである。こうした見方は今日の日本人にも受け継がれ、田中優子氏は自著に「日本的サロン文化の盛衰」という副題をつけて、その後継者であることを自認している。

明治十五年に来日した風刺画家ジョルジュ・ビゴー氏も二十四年に画集「東京芸者の一日」を出版している。ただし、ビゴー氏は芸者が男性の歓心を求め、性を提供する存在であったことを皮肉な目で見つめ、辛辣な筆致で描き出している。だが、彼には彼女らを一人の人間として見ようとする心根があり、芸者の日常や感情をどんな日本画家よりも深いところまでつかみとっている。

新聞記者をはじめとする明治期のジャーナリストたちの芸娼妓に対する関心は異常なほど高かった。彼らが芸者の内幕を語った文章の中には同情に満ちたものも多少あるが、多くは蔑みの目で見たものばかりである。私たちは、そうした男性らの目によって歪められた芸者像ではなく、彼女たち自身の言葉に耳を傾けなくてはならない。

下地っ子から諏訪の芸者として育った増田小夜さんによる『芸者』(一九五七初版、その後、平凡社ライブラリー所収)では、哀切きわまりない半生が綴られている。情人のもとに走った母に育児放棄され、幼い頃に自から芸者の世界に身を投じた北野雅美さんの『妾の子』(春陽堂、一九五七)では、枕芸者だった経歴が包み隠さず語られている。井上雪さんが、金沢芸妓山口きぬさんからの聞き書きをもとに著わした『廓のおんな』(一九八〇初版、その後、朝日文庫所収)では、廓のしきたりや行事とともに、地元では「たあぼ」という下地っ子から始まる、華やかな芸者の厳しくも辛い勤めが品のいい金沢弁で流れるように語られている。沖縄の辻遊廓独特の風習と、戦後の米軍支配下での暮らしを綴った上原栄子さんの『辻の華』(時事通信社、一九七六)も、この分野に関心を持つ者であれば一度は読まねばならない書物である。どの自伝にも共通するのは彼女らが葛藤の末に到達した澄み切った心境である。芸者たちの生の感情や暮らしの実情を知りたい人はそちらを参照するのが近道である。一度も花柳界の敷居をまたいだことのない門外漢が口をはさむことができるのは、「歴史」という名の上っ面だけである。

一方、政財界の大物とのつながりの深い東京の芸者による自伝類では、彼らの間を巧みに遊弋《ゆうよく》しながら男たちの値踏みをするしたたかさに驚かされる。代表例をあげると、安藤照氏著『お鯉物語』、『続お鯉物語』(福永書店、一九二七・二八)、安藤せん子氏著『紅灯情話　二代芸者』(新栄社、一九一五)などがある。また、安藤徳器氏著『園公秘話』(育成社、一九四三)の巻頭には新橋芸者だった西園寺公望氏の内室からの聞き書きが載っている。いずれも自分の目で見、体験した人でなくては語れない、明治の元勲らと芸者との関係が赤裸々に綴られている。

遊廓および娼妓が合法とされていた時代に、なぜ、芸者が銭金のために客と寝る必要があったのだろう。そのからくりを明らかにするには京・大坂の芸子と江戸芸者、そして、舞子と踊子それぞれの性格の違いを明らかにすることが欠かせない。芸者というと必ず取り沙汰される「水揚げ」に関しても東西ではまるで扱いが違っていた。

それにもかかわらず、江戸時代以来一貫して両者は同類とみなされてきた。土地柄による相違とともに、江戸時代と明治以降との間に重要な変化があったことを見逃してはならない。時代と地域を一緒くたにした一般論はどうしても俗論に堕ちやすい。芸者が本来の姿に戻ろうとし、かつ、各地で舞子が復活しつつある今日、彼女らの立ち位置を確かなものにするためには、多少出し遅れ気味であるかもしれないが、紛れのない証文を残しておく必要がある。

一口に芸者と言っても、自前は別として、多額の借金を背負った芸者と置屋の関係は複雑で、看板借りから丸抱えの間で、衣装代などの経費の分担、および、稼ぎの分け前をめぐっていくつかに分かれる。それによって性売買に対する対応も違っていた。現実には、過去の芸妓には娼妓を補完するという一面があったことは否めないが、表向きには娼妓と違って身を売らないという建前が唱えられてきた。実際に、それは単なる建前にとどまらず、深川や吉原芸者、そして、深川の流れをひく柳橋芸者らは容易には身を任せないという矜持を保ってきた。

明治政府は芸妓を娼妓とともに「醜業婦」として貶めながら、法の次元ではまったく異なる扱いをしてきた。今日でも架空の「芸・娼妓二元論」が研究者をも含めて多くの人たちの芸者観に影響を与えている。芸者は日本人男性の身勝手な欲望の所産である。マージナルな存在であるがゆえに焦点を定めにくく、論ずる人によってまったく異なる芸者像が立ち上がる構造を持っている。

その一方の極とも言える、『芸者論　神々に扮することを忘れた日本人』（雄山閣、二〇〇六）を著わした岩下尚史氏は『ヒタメン』（雄山閣、二〇一一）において、「都内の芸者町が絶頂に達したのは売春防止法後の昭和三十五、六年」と述べている。売春防止法後というのが繁栄の裏面を暗に物語っている。それは明治五年に出された「芸娼妓等解放令」後の花柳界の隆盛と軌を一にしている。花柳界が明治期以来、長く政財官界人による買春の隠蓑としての役割を担ってきたことは否定できない。

これに対して「目に見えて下り坂になってきたのは昭和五十六から五十七年にかけて」だったと、湯河原の名妓だったおかめさんが『温泉芸者一代記』で語っている。原因は「カラオケ」だった。芸者が伝えてきた芸、すなわち、伝統文化に対する興味が客からまったく失せてしまったのである。芸と性は芸者から切り離せない。だからこそ関心を呼ぶわけだが、こうした芸者の二面性をうまく切りほどいて見せないかぎり俗説がすたることはないだろう。

とくに、近代の花柳界に存在した、抱え主が一人前の芸者になる前の半玉《はんぎょく》に強制した「水揚げ」については、いっそう不透明なままである。戦前においても『弱者の法律』（洛陽書院、一九三三）で、はっきりと犯罪だと断定されており、もっとも厳しく追求されるべき話題である。それは少女売春そのものであり、しかもその対価は高額であった。

芸者の自伝類で水揚げの体験にふれないものは少ない。その多くはこの社会はそういうものだという意識のもとに語られている。それは半ば公然と行なわれていたが、ごく一部の例外を除いてその悪質さに言及した者はいない。「水揚げ」は芸者という女性にとって数少ない貴重な「職業」を踏みにじってきた。まだ、女優という職業がなかった時代には、見目よく生まれた者ほどこの道を選ばされた。だが、ここは旧悪をあばくことに目的があるわけではない。ただ、誰がどのような意図のもとにそうした制度を維持したかについては、明確にしておきたいと思っている。それは、明治維新後に芸者を変質させた「芸娼妓等解放令」をとりまく諸状況を明らかにする過程で、自ずと浮かび上がってくるだろう。

江戸時代からの伝統を受け継いできた花柳界が寂れ、世間から芸者への関心が薄れるとともに俗説がはびこるようになった。美化も同根と言ってよい。社会的存在としての芸者を研究対象とする論文であっても先人の文章を参照していない例があとをたたない。考証に基づいた「歴史」は内実にはほど遠いかもしれないが、未知の世界に向かうためには一度は渡らねばならない架橋である。

本書は国立国会図書館、国立公文書館、早稲田大学図書館および、各地の公立図書館などのデジタル化に多大な恩恵を受けている。その実現のために労力を傾けられた方々には心から感謝したい。なお、引用した文章は読みやすくするために漢詩文を読み下したり、一部は今日的な表現に手直ししている。一方、デジタル化されていない戦後の文献や学術論文については、十分に目を通せていない。もし、先行する研究者に対して非礼なことがあれば、ご指摘いただきたい。なお、国立国会図書館の蔵書については煩瑣になるため所蔵機関名を省略している。お許しいただきたい。

1　上方の芸舞子

京の舞子

上方では江戸よりも早くに、巷に芸者と称される幼い少女が現れた。『舞曲扇林』の第八章に、「町に女子の稚（いとけなき）芸者の多くいでき侍るは、小野のお通さる人なりければ、物いい習わせ、手習い、次に琴三味線にうたにふりつけて指南（おしえ）られけるゆえ、挙止閑治（たちいふるまいやさしう）なりぬ。それより町に女子の芸するあまたありしとなり、今に伝えて舞子とせり」とある。本書の下限は著者である歌舞伎役者、河原崎権之助の没年、元禄三年（一六九〇）である。

ここに書かれているのは舞子の起源にまつわる一つの伝説である。権之助はその祖を芸者と称しているが、上方では芸者とは言わず、芸子と言うので、この場合の芸者は歌舞伎界の用語とせねばならない。すなわち、芸達者な少女という意味で用いられている。ここで舞子の祖を育てたことになっている小野のお通については、小椋一葉氏の『小野お通』（河出書房新社、一九九四）が詳しい。お通は書画など諸芸に秀でた実在人物で、初代は寛永八年（一六三一）に世を去り、娘は大名の真田信政と結ばれ延宝七年（一六七九）に亡くなっている。

初代お通は、延宝六年に刊行された『色道大鏡』では「浄瑠璃十二段草子」の作者に擬せられている。『舞曲扇林』に記されている由来をそのまま信じることはできないが、小椋氏が指摘しているように、寛文七年（一六六七）には「小野のお通」と題された歌舞伎が上演されていることからすると、彼女が舞子を育てたという伝承が延宝期まではできあがっていたのであろう。

京都では実の娘にせよ養女にせよ、少女らを頼りに一家の生計をたてる風習が根強く、女の子が生まれると喜んだという。辛うじて日々を暮らす中から見目よく生まれた子を大切に育てあげ、さまざまな芸事を習わせる親がいた。延宝九年（一六八一）に刊行された『都風俗鑑《かがみ》』第二の「むすめをしたてる手入れ、付り奉公の品」の章には、『舞曲扇林』の舞子に等しい子供について、別の由来が述べられている。

　そこには「ともこうも世を渡る者の子に渋剝《む》けたる子あれば、彼女にかからん事をねがいて、ひたすら吾仏《あがほとけ》と育てなし、読物、手書事を教ゆるもあり、琴三味線を習わするもあり、又は舞をまうこそよけれとて川原の役者などを師匠として」とある。延宝九年は天和元年にあたるが、まだ舞子という呼称は生まれていなかった。しかし、翌天和二年に出版された『好色一代男』の「昼のつり狐」の章には、「いまだ踊子、舞子を見ず、…知恩院のもと門前町に貸座敷、…昼は十人の舞子集めける…男のごとく十一二三四五までは女中方にも招き寄せられ」とある。舞子の出現は延宝九年頃とみてよい。ここで注目されるのは初期の舞子が男装をしていたことである。

　雑誌『此花《このはな》』第一号（一九一二）に「私娼史料　舞子と踊子」という文章がある。無署名ではあるが、本誌を主催する朝倉無声氏の手になることが続編によって判明する。そこでは貞享三年（一六八六）刊の『好色一代女』を用いて、『舞曲扇林』とは異なる舞子の起源が紹介されている。「舞きょくの遊興」の段に、万治年中（一六五八～六一）に駿河、安倍川あたりの酒楽という座頭《ざとう》が江戸に下ったあと京に上り、小女に舞曲を教え、免許を得たものが舞子となったとある。

　小二田誠二氏が「二丁町遊廓研究の歴史と展望」（『駿府・静岡の芸能文化』静岡大学、二〇〇三）で、駿府の遊廓、安倍川二丁町に、かつての酒楽にちなんで吉野屋酒楽と名乗る者がいたことを明らかにしている。天明八年（一七八八）のことになるが、司馬江漢の『西遊日記』にも「酒楽とてそのころ通人あり」とある。万治期の酒楽が実在人物だったとすると、こちらの方が『舞曲扇林』よりも信憑性がある。ただし、彼がいつ京に上ったのかは不明である。

　座頭だけでなく瞽女《ごぜ》も町娘の中から舞子を育てていた。宝永三年（一七〇六）の『新色三ッ巴』に、京の中長者町に住む瞽女が「あまたの娘の子をあつめ琴三味線おしえる中に、身をうるしやおてうという娘、あけて十四、最中の舞子ざかり」とある。それを証するかのように、享保八年（一七二三）の西川祐信による『百人女郎品定《しなさだめ》』の舞子の図では、脇で三味線を弾いている女には「盲女《ごぜ》」と注されている。また、「身をうるしや（漆屋）」という文飾表現には、舞子が身を売るという意味が重ねられている。

先の『好色一代男』の文章は「その程過ぎては月代《さかやき》を剃らせ、…大小おとし差し、虚無僧《こむそう》あみ笠深く、寺方の通い扈《こ》従《じゅう》と申し侍る、そのあとは間《あい》のおんなとて、茶屋にもあらず傾城《けいせい》にでもなし」と続く、舞子の行く末は茶屋女でも遊女でもない、その中間的存在だった。『好色一代女』にも、上つかたの御前さまへ一夜づつの慰みにあがる舞子の中には「金作り脇差、印籠、巾着をさげて、中剃する」とあって、男装するものがいたとある。彼女らはいずれも「小唄うたわせ、踊らせる」十二、三の美少女であった。当時の年齢は数えなので、今日の満年齢では一、二歳繰り下がる。ただし、現代と違ってかつては数えで十四、五歳は大人とみなされていた。それにしても低年齢だったことは否めない。

宝永七年（一七一〇）の『野白《やはく》内証鑑《かがみ》』巻四にも似たような記事がある。「舞子に仕立てて十一、二より諸方へ出しぬ、…江戸にては踊子と言えり、…金作りの木脇差し、髪は中剃りするもあり、また髱《たぼ》を出して月代なしにそのまま地髪にて若衆のごとく仕立てるなり、十五、六よりはそろそろ御酒のお相手になる」と、記されている。宝暦十一年（一七六一）の刊記がある『小松か原』は、祐信の生前の図を編集して出版したものと思われるが、その中に男装をした幼い舞子の図が含まれている。傍らには三味線を弾く若い女と、脇に笠を手元に置いた母親とおぼしき年増がひかえている。男装の舞子を描いた図は例がなく貴重である。

舞子や踊子の男装については田中香涯氏が『新史談民話』（東学社、一九三四）の「売笑婦男装考」で、「男色を喜んだ当時の世相に投合すべく男装した」と、明確に指摘している。さらにその始まりについては『色道大鏡』から、「若衆女郎の始まるところは」として、大坂新町富士屋の千之助が寛文九年（一六六九）に吉原から帰り、「さかやきをすり、髪を巻き上げに結い、衣服の裾を短く切り、うしろ帯をかりた結びにし、…門前市をなす」という一文を紹介している。男装は大坂の遊女からはじまった。

宝暦九年（一七五九）の序を備える『浪華《なにわ》青楼志』（早稲田大学）には、これをさかのぼる別の由来が記されている。そこには「寛永のころ瓢箪《ひょうたん》町大和屋某の抱えに市之丞といえる傾城あり、髪巻立てに結い白歯、表着なしに店に出、世に若衆女郎という、それに続いて阿波座上の町(今の新京橋)に銭屋某抱え内蔵《くら》之助、名高き若衆女郎なり、天和、貞享のころ百舌《もず》屋、近江屋などといえる傾城屋、若衆女郎の表着なきによって三絃を弾く女郎を置き、二人の香児《かぶろ》を付けて出せり、このかぶろに舞など舞わせ右女郎歌曲を歌う、それにより已後《いご》紙屋某の抱えの香児勝之丞というあり、生得居語りせりふなどよきによって舞子となし、右のごとく芸女郎を添えて出せり、客の心にしたがいそのほどは時宜に随えり、これよりあい続いて諸家に三絃を業として客の心に随う女郎出来たり、芸女郎と呼びしにいつのころより芸子と呼ぶことになりし、当時数を知らず」とあって、男装した女郎の「かぶろ」が舞子となったいきさつや、遊里における芸子の誕生事情について述べられている。

富士屋の千之助が吉原から大坂にもどった寛文九年はそろそろ舞子が誕生しようとする時期にあたる。上方での遊女、舞子の男装は若衆人気にあやかったものと見てよい。後で見るように江戸の芸者の中にも男装するものがいたが、理由はこれとはまったく違っていた。

宝永七年(一七一〇)に出版された『俗枕草子』には、「京に舞子といい、江戸にておどり子という」とある。今日でも上方では踊りではなく「京舞」「地唄舞」と称している。江戸と上方で呼称が踊子、舞子と分かれる由縁である。もっとも、上方でも踊子という言葉が用いられていたことは井原西鶴が『好色一代男』で「いまだ踊子、舞子を見ず」と言っていたことからもうかがえる。また、享保十四年(一七二九)に刊行された鯛屋貞柳の狂歌集『家つと』には、「大坂の踊り子」と題した二首が収録されている。

先の『野白内証鑑』には、舞子は「難波《なにわ》にはなく京、江戸に多し」とある。だからと言って大坂にいなかったわけではない。序の末に元禄七年(一六九四)とある『好色万金丹』巻三の「置きみやげ」の段では、道頓堀での遊興の座に「舞子の弁がむかし男の出立ちも大事なく」と、男装して連なっていた。宝暦七年(一七五七)の『浪華色八卦《はっけ》』の曽根崎新地の項には「舞子座敷芸のたぐいは新町の道具なりしを、今は此所ほど繁昌なるはなし、金襴の着物を着たこびっちょに、地をする芸者共が大勢ついて」とある。「こびっちょ」とは「少女」のことで、裾を引いた大勢の芸者とともに座敷に出ていた。大坂の舞子は公許の遊廓である新町の名物だったようだ。『守貞《もりさだ》謾稿』にみえる新町遊廓の細見《さいけん》『妻しるし』に見える、鹿子位《かこい》という中位クラスの妓楼、帯屋に、「まいこ」の「のぶえ」が一人だけ見いだされる。和泉屋の「まい二丁」と注される「小ちか」も舞子である。守貞は一人で大小の鼓をうつものを「二挺《ちょう》の舞子」と言うとしている。この細見は天保十四年(一八四三)に刊行されたものであるが、弘化二年(一八四五)の『大坂新町遊女名譜つましるし』には、舞子も二挺の舞子のどちらも五人ほど認められる。田中顕美氏による慶応二年(一八六六)の自序がある『大阪繁昌《はんじよう》詩後編』中巻(大阪府立中之島図書館)には、新町の雛妓について「歳十二、三巧みに舞、また両皷《にちょうつづみ》及び太鼓を撃《う》つ」と、曲想の変化に応じて華やかに打ち分ける様子が描写されている。

舞子は上方に限るものではなかった。名古屋で書かれ、出版された寛政十三年(一八〇一)の『新織儛意鈔』には、十二ばかりの「おゑん」と、十四、五ぐらいの「小きん」という二人の「舞子」が主人公格で登場する。尾張藩士の手になる『猿猴庵《えんこうあん》日記』には、文化九年(一八一二)六月の「神戸町ねりもの」について、「競子《けいご》何れも当所の芸子にて、十六ばかりをかしらとして十二三ばかりと見ゆ」とあって、同じ年齢層の者を芸子と称していた。神戸町には熱田宮宿でもっとも格式の高い遊廓があった。「競子」は回りを固める「警固」の意味で、挿図からするとかなりの人数になる。金井好道氏によって紹介された伊勢崎藩医、栗原順庵による嘉永三年(一八五〇)の『伊勢金比羅《こんぴら》参宮日記』には、「宮宿の芸子は十三、四歳で、江戸でいう踊子」とある。ここでの熱田の芸子は舞子と見てさしつかえないだろう。

桜井秀氏は「近世風俗史の範囲より見たる京都の舞妓」(『歴史と地理』一九二〇・〇六～〇九)において、京の貴族社会にも舞子が進出していたことを明らかにしている。氏が引用する『常子内親王日記』の天和四年(一六八四)七月二十七日の条には、「青門(青蓮院)へゆく、…おどり子おさなき者五人、大なるもの八人」とあるが、門跡寺院での催しということを考えると、男の一座としなくてはならない。『鹿苑日録』の慶長四年(一五九九)十一月七日の条に「若衆十人幷《ならびに》躍子亦《おどりまた》来…躍子終に投宿」とあるように、「躍子」たちは僧侶たちの男色の相手をするものであった。先に初期の舞子に男装するものがいたことを明らかにしたが、少年の躍子たちの人気にあやかったにちがいない。

桜井氏はまた、「某公記」として出典を明らかにしないまま、享保元年(一七一六)一月二十六日の条に、「去々年、摂政家近習者の我女子を摂政の命により舞子になさしむ」とあるのを紹介している。また、同じ日記には舞子を「伽《とぎ》夫人の類」と記されており、『好色一代女』の記述を裏づけている。また、「舞子白拍子《しらびょうし》」ともあるので、男装をさせていたことがうかがわれる。同年閏二月七日の条には「右中弁光栄、左少弁顕孝などが宇治の舟遊びに向かわれ、舞妓下労《げろう》女(当時舞子と号す)召し具される」とある。彼らは下労(下郎)女と卑しめながらも、好奇心には勝てず舞子を召し寄せていた。

その少し前の、正徳元年(一七一一)刊行の『傾城《けいせい》禁短気』巻三の挿図には、「白人《はくじん》という名号の混雑せしむる子細」を聞こうと、縁先に群がる「茶屋おやま・すあい・組屋・比丘尼・竈祓《かまどはら》い・夜鷹《よたか》・扇売女」などの私娼らを代表して、振り袖姿の「舞子」が住職に問いかけている。部屋には「上白人」や「妾白」が鎮座している。素人を意味する「白人」は上方独特の存在で、一般に私娼とみなされるがそれはまちがいである。ここではそれとは一線が画されており、別格扱いで上席に座っている。

これに対する私娼群のうち「茶屋おやま」については、先の『都風俗鑑』の「茶屋女の風俗」の章に「人をあしらう女をおやまというなり、茶屋柄《つか》を握りて是を極意なりと思う男は山州と言い」と、説明されている。彼女らは「風呂屋、端傾城《はしけいせい》にはまた抜群に劣りたり」として、「是より下品はあまりあるまじ」とまで貶められている。また、振袖には客がつくというので「三十あまり四十にかたぶく」まで着せられ、「風俗のよきは祇園町より八坂までのうち五六軒」とも書かれている。「すあい」は衣類などの売買のなかだちをするもので、挿図では頭上に大きな箱状の包みを載せている。「組屋」は組紐つくりの女で、背に小さな風呂敷包みを負っている。竈祓いは陰陽師《おんみょうじ》系の巫女である。舞子は出現するやいなや、たちまち私娼の世界で頭角を現わした。

もう一図では舞子は連中を率いて座敷に上がり込み、「呂衆《ろしゅう》」や「惣嫁《そうか》」を従えた「上白」に対坐している。延享四年(一七四七)の『百花評林』には「素人《はくじん》」について「一名呂州《ろしゅう》」と注されている。そこでは、大阪の「南嶋及び北浜の新地にあり、廓の公達と地女をつき交ぜにしたるなり」というように、半玄人という説明がなされている。『虚実柳巷方言』には「白人」について、「大坂の富貴ここにとどけたり、太夫の美なるは桜にひとしく花の王にて…白人は牡丹の花ならん、はでにしてしゃんとして」とある。「呂衆」とはかつての「風呂女(湯女)」の流れで、『都風俗鑑』には「承応(一六五二〜五五)のころ薄雲と言いて島原にありし天神は風呂より経あがりたる女」とあり、さらに「中品の風呂屋者は端《はし》傾城には劣り、下品のは茶屋風に等し」と、ランクづけがなされている。

「惣嫁」も専業という理由から、私娼とは一線が画されている。『好色一代男』に「早歌《そうか》をうたいて旅人の気を引く」とあるから、由緒は古い。『百花評林』では「辻君」に「そうか」と仮名がふられている。しかし、司馬江漢は大坂において辻に立つ女について「あれはソウカとて江戸の夜鷹のことなり」という説明を受けており、江戸後期には夜鷹と同類とみなされていた。なお、「惣嫁」および、水上の「ぴんしょ」については、平井蒼太氏に『浪速賤娼史』(浪楓書店、一九三四)という詳しい論考がある。

上方の遊所では「白人」の存在がいかに大きかったかが『傾城禁短気』の挿図からうかがえる。すでに元禄十五年(一七〇二)版の『五箇《か》津余情男』に、「いつのころより素人《はくじん》と名付けて、傾城にあらず、茶屋女にしもあらぬ遊女の出来ぬ」として、京の土手町西側の裏借家に住む者が、野作、雑喉《ざこ》売、駕《かご》かきなどの十ばかりの器量のよい娘を養女にして、密かに育てあげ、十四、五になると売りに出した者とある。『京都町触《まちぶれ》集成』にはこれを少し遡る元禄十年に、「頃日《けいじつ》、白人と名付ける遊女の類数多くこれ有り」と、取り締まりの対象にした文書が収録されている。白人の出現をこの頃とすると、舞子の方が十五年ほど早い。

『傾城禁短気』には「顔色すぐれたるにはさのみ諸芸はもみこませず、器量中位の娘には芸を言いたてにして御奉公に出す合点なれば、舞子に変わらず仕入れ」とあって、中位の容貌の者は舞子になるとされている。中村幸彦氏が宝暦初年(一七五一)頃の成立とされた『本朝色鑑』には、「芸子は四六の種類」で「四六女」は「中白の属類」とある。芸子は若い白人に位置づけられていた。芸子と舞子に違いがあるとすれば年齢の差だけである。なお、「四六」は花代のことで、元文頃の『翠箔志』に「四つ宝銀の節、六匁なればこう言うべし」と、説明されている。

元文三年(一七三八)以前の成立とされる『平安花柳録』には、白人は「宮川街左右傍辺の賤漢」が「貧家の女児を買い乞い十三、四歳に養成」する間に、「三絃唱曲を教え成《な》し」たものとある。祇園近くの宮川町の白人は育ちが舞子とまったく同じで、すでに享保六年(一七二一)には取締りの対象になっていた。

盛りを過ぎた舞子は芸子になっていった。宝暦四年(一七五四)の『本草妓要』には「芸子は化して白人となる」とある。天明三年(一七八三)の『徒然睟か川《つれづれすい》』巻三では「白人と言われんよりも芸子と言われん」とあって、この間に両者の立場が逆転している。白人の人気が去って芸子がもてはやされるにつれて、舞子は芸子の中に吸収されていった。成立年不詳の『花洛色里袂《たもと》案内』には、「げいこは十一、二から仕立て」とあって、舞子の年齢層を含んでいた。

京都に舞子の名が再び登場するのは明和七年(一七七〇)の『曽古左賀志《そこさがし》』が早く、「月待ち、日待ちに呼び、花笠の買いもしてやった舞子の松野」とある。江戸時代後期になると、舞子の名が洒落本に散見されるようになり、やがて全盛期を迎えて芸子に上座するまでになる。安政四年(一八五七)に刊行された『祇園新地歌妓名譜　全盛糸の音色』を見ると、祇園を代表する茶屋である井筒屋には、芸子二十六人、江戸歌二十人、義太夫《ぎだゆう》十人に並んで、二十一人もの舞子の名が記されている。なお、「江戸歌」とは江戸から流れてきた芸者を意味するのであろう。芸者、芸子は互いに東西を行き来していた。

最後に、今日の舞子の装いがいつ頃定まったのかを見届けておこう。祇園町が繁栄しはじめた頃に、芸子や舞子をしきりに描いた井特《せいとく》という絵師がいた。早くに土居次義氏が「祇園せいとく」(『日本美術工芸』一四〇)で紹介しているが、医者の柚木太淳が寛政九年(一七九七)に著わした『解体瑣言《さげん》』に、井特という絵師が「近日、祇園諸妓を写す」と記されている。芸舞子の肖像画を売って暮らしのたずきとしていたということは、それだけ需要が多かったということであ る。実際に残されている作品の数は多く、中には振袖姿の舞子の図がいくつかある。解剖図を描くだけのことはあって、彼の描く芸舞子はいずれもきわめて個性的で実在感がある。彼の評判は名古屋にまで届いていた。同十三年の『新織儛意鈔』には地元の絵師、駒新とともに、「洛の井徳《せいとく》が三婦人、活けるがごと、咲《わら》うが如く」というように称えられている。

井特の舞子図には今日のような赤襟、だらりの帯、「われしのぶ」という髪型はまだ認められない。現行の扮装はいつ整えられたのだろうか。三つが揃った姿は幸野楳嶺《こうのばいれい》が明治六年の冬に描いた京都府立京都文化博物館所蔵の「妓女《ぎじょ》図」、実際には「舞子図」において初めて見ることができる。この舞子が帯留や指輪という最新のファッションを取り入れていることにも注意したい。同年六月十二日付『日新真事誌《にっしんしんじし》』には「方近《ほうこん》、婦女子の指輪を愛する漸く全国に遍《あま》ねし」とある。指輪は江戸で始まったもので、安政四年（一八五七）ころにはすでに尾張、三河、美濃の芸者間で用いられていたことを富田和子氏が「狂俳に見る名古屋庶民の感覚」（『椙山国文学』二〇、一九九六）で明らかにしている。帯留は九年の廃刀令によって不用となった刀装具を転用したものとされるが、本図はそれ以前の作である。

『幸野楳嶺本画篇』（芸艸堂、一九九五）には、本図を含めて四点の舞子図が収められているが、うち二点は改名前の「梅嶺」落款なので、明治六年以前の作となる。うち一点は裾に狆《ちん》がまとわりつく形どおりの図で、髪型は島田である。もう一点は略画で、宴席で即席に描いたものと思われる。図には「華を見るなら祇園町なさけは八坂新地ふり　梅嶺餘戯」と、爪先で書いた戯賛が付されている。この文句は槇村京都府参事（後に県令）の作詞になる「娼（唱）歌」の一節で、京都博覧会の余興として始まった都踊で歌われたものである。全文は五年六月の『新聞雑誌』四八号に掲載されている。図は舞子が団扇を帯の結び目に挿して舞う姿で、髪型は先の「妓女図」と同じように見える。

明治五年三月の『博覧新報』四号は都踊りでは舞子が対の衣装、対の団扇による踊りが好評だったことを伝えている。背中の団扇に注目すると、この図は五年に始まった都踊りでの舞子をスケッチした図と見てよい。帯が少し短かいのも踊りやすくするため工夫という事実に符号する。本図の制作年に着目すると、第一回都踊りでの演出において定められた姿が今日の舞子姿の原形になったことが推測できる。

歌の文句だけでなく衣装や髪型も槇村知事の指示だった。同十五年五月三日の『郵便報知新聞』には、祇園町の六十余名の芸妓と十余名の舞子が女紅場《じょこうば》に集まり、これからは芸妓の髪と衣装を東京風に改めるが、舞子については西京風のままがいいという世論に従うと決議したことを報じている。理由は槇村知事が存命中には「髪かたち衣装の模様までお世話もありしかど、今やその方もおわせねば」ということだった。

一方、改名後の「楳嶺」落款をそなえる二図は同じ舞子を描いたと思われ、もう一図は鴨川の床での夏姿である。ともに驚くほどの実在感があり、あたりを圧倒するようなオーラの表現に成功している。二度も描いているところを見ると楳嶺はよほど気に入っていたのであろう。明治六年冬の図の扇には「意態由来画不成　当時枉殺毛延寿」という警句が記されている。王昭君の美しさを描かなかったため処罰された中国の絵師の故事を踏まえながら、改名にともなう新たな覚悟が披瀝されている。本図はモデルとなった舞子の感情表現が江戸時代の舞子図とは異なる次元に達しており、舞子の眼差しや仕種にはただならぬ感情がただよっている。楳嶺にとって何かを記念した作品ではないかと思われる。近代の日本画家には舞子を描くという伝統があるが、その劈頭を飾るにふさわしい出来ばえである。

上方の芸子

三田村鳶魚《えんぎょ》氏は芸子を「薹《とう》のたった踊子」としている。すなわち、踊子の年かさの者を芸子と考えていた。宝暦四年(一七五四)の吉原の細見《さいけん》『細見多知姿《たち》』には、蔦屋の「まつの、をのえ」という踊子とともに、伊勢屋に「げい子」の「もんど」の名が記されている。年代は降るが、明和八年(一七七一)の『柳樽』第六編に「母のないげい子五つ月迄かくし」という、踊子を詠んだ句とまったく同じ趣向の句があるように、江戸では芸子と踊子は同じものとみなされていた。それにもかかわらず、なぜ、細見では書き分けられているのだろう。

宝暦九年の『細見新喜楼《しんきろう》』でも「げい子」とともに、四つ目屋に「げいしゃ」として「長哥いや、義太夫式部」の名が記載されている。俗説では芸者の祖とされている「歌扇」にいたっては細見に両方の呼称が付されている。吉原では芸者と芸子をそれほど厳密には区別していなかった。それにもかかわらず、ここでは一つの細見にわざわざ異なる呼称が付けられている。

滝沢馬琴が『羇旅《きりょ》漫録』に「芸者と言わずして芸子という」と記しているように、上方では芸者を芸子と称した。O・リーゼコレクションに「京下り　藝子　此吉　千代助」と題された、二人の芸子が三味線を手にする鈴木春信筆の版画がある。江戸では京都から下ってきた者をとくに芸子と称した可能性が考えられる。江戸ではそれが売りものになった。逆に、江戸から上方に上る者もいた。喜田川守貞は「多くは情人に勾引さるる類なり」としている。

江戸と大坂の両方に住んだ守貞は、江戸の芸者と上方の芸子の違いについて詳述しているが、それでも芸子を「江戸に云う芸者」というように両者を同じと考えていた。江戸時代から同一視されてきた踊子と舞子、そして芸子と芸者の、四者それぞれの違いを適切に示さないかぎり、芸者は一向にすっきりとした姿を見せないだろう。

守貞は「京坂には遊里のほかに芸子これなく」と言い切っており、上方の遊里細見『澪標《みおつくし》』および『一目千軒』を引用しつつ、「大坂は享保、京は宝暦に始まるか」としている。宝暦四年(一七五四)に京下りの芸子が江戸の吉原に現れるのはこれに符合するかのようである。なお、宝永八年(一七一一)の自序を持つ『傾城禁短気』巻二にも「芸子」が散見されるが、ここでの芸子は男の「色子《いろこ》」を意味するので注意を要する。傾城と違って「芸子の欲深く偽り多き」などと記されている。当然のことながら、女の芸子はこれ以降に現れたことになる。

宝暦七年(一七五七)の刊行になる島原の細見『一目千軒』には、「芸子という者外にあり、昔はなかりしに宝暦元未年に始まる」とある。花代については「たいこ女郎　二十匁《もんめ》」と並んで「げい子　同断」とある。二十匁は端女郎と同額である。天明三年(一七八三)の難波の遊里細見『澪標』では、「享保年中(一七一六〜三六)より芸子といえるもの出来たり、これはむかしのたいこ女郎とは訳《わけ》がちがい、三味線をおもにして、うらは色をおもとする也、さるによって美女有り、…つとめかたはたいこ女郎と同じさまなり」とある。

天保五年(一八三四)から一年間大坂に滞在していた畑銀鶏《はたぎんけい》は、「芸者と言えば大坂では男芸者のこと」と、『浪花襍誌街廼噂《まちのうわさ》』に記している。江戸ではそれと区別するために、はじめは「女芸者」と称したとされる。だが、これはまったくの誤りで、男芸者、すなわち、幇間(たいこもち)に対して芸子が現れたのではなく、たいこ女郎を引き継ぐかたちで芸子が生まれたことを「細見」は物語っている。江戸での事情も同じで、先の『細見新喜楼』にも単に「げいしゃ」として「長哥いや、義太夫式部」の名があるように、女芸者とは称されてはいない。どちらの地でも男芸者よりも早くに女が芸子、芸者と称されていた。

「牽頭(たいこ)女郎」については『一目千軒』に、「太夫《たゆう》、天神は自ら三味線を弾かざる故、三絃ひかさんと思えばこの女郎を呼ぶ」とある。また、『澪標』には「揚屋《あげや》、茶屋へよばれ座敷の興をもよおす為の者也、琴、三味線、胡弓《こきゅう》はいうもさらなり、むかし女舞などつとめしものなり」とある。女舞とは幸若舞《こうわか》の流れを汲む古風な芸能で、時代後れになったためにいつしか遊廓に身を寄せることになったのだろう。

「細見」による限りでは京・大坂どちらの芸子も遊廓に属しており、さまざまな芸能によって座を引き立たせるのが表向きの役割で、兼ねて色を売るものであった。吉原芸者と同じように見えるが、初期の吉原芸者は私娼が取締によって送り込まれた者であって、陰で色を売る者ではなかった。芸子と芸者は似た存在ではあるが、そこに違いがある。後には京の芸子は女郎の上座に座り、吉原では芸者は遊女にへりくだるというように、地位がまったく逆である。先の『街廼噂』には「新町では江戸の通りやっぱり女郎の下へ芸子がおりやすに、その外の場所では芸子が上座へすわりやす」とある。公許の遊廓である新町を除けば、大坂の芸子も女郎よりも上位にあった。

大坂では早くは「芸女郎」、後には「女郎芸子」という言葉が通用していた。安永二年(一七七三)の『浪華今八卦』には難波新地の「女郎芸子」が他の遊所に負けまいと芸に励んでいるとある。この呼称は明治期になっても用いられている。明治五年四月の『大阪新聞』二号に駈黴院《くばい》を忌避する芸子が多かったために改正した規則が載っている。そこでは「女郎芸子(情客を取るもの)」と「座着女(売色をせざるもの)」とに区分して、女郎芸子は「月々検査を請うべきものにて、形容衣装従前の通り」とし、座着女については検黴を受けない代わりに身なりを地味にすることが義務づけられていた。服装の規定は幕府時代と変わることなく上から下まで及んでおり、「髪東京風、衣類縞或いは小紋の類、衫《ひとえ》打合着、簪《かんざし》一本、白歯薄化粧、履もの木地下駄」と、細かく定められている。だが、この改正は不評だったようで、『新聞雑誌』五〇号に「大阪駈黴院の設けありてより弦妓(げいしゃ)共その苦情に堪えず多分に西京(京都)に上れり、万客もまた十に八九西京に遊ぶ」という報道がなされている。

実は、京の芸子は宝暦以前にすでに姿を現していた。中村幸彦氏は「祇園の芸子」(『洒落本大成』付録二八・二九)において、元文(一七三六～四一)頃の成立とされる『翠箔志』に含まれる、白人の名を記した「伯人名集(ママ)」を紹介している。そこには白人辻子《ずし》とも称された団栗《どんぐり》辻子の周辺の宮川町、建仁寺町、松原新道の茶屋に抱えられる「若詰《づめ》」や「中詰」と注された白人と並んで、「芸子」や「三味線」と注される者が数多く見いだされる。

享保六年(一七二一)に宮川町の白人が取締の対象となったことにはすでにふれたが、その後いくばくもなく芸子が出現している。なお、「若詰」や「中詰」は年齢の違いを意味し、外見についても『本朝色鑑』には、無眉で前帯が本詰、有眉で後帯が中詰、振袖で白歯が若詰と説明されている。風俗が宮川町周辺の辻子より少し劣るとされた祇園新地では、『翠箔志』に白人とは別に「芸舞子」の欄が設けられているが、空欄となっている。同書では芸子は白人の一種ではあるが、女郎とは違うという位置づけであった。上方での芸子の登場は江戸の芸者の出現とほぼ同時期であり、舞子より遅れて登場するのも江戸で踊子が先行するのと同じである。

寛延三年(一七五〇)の作とされる難波の風俗を記した『煙華漫筆』に、「歌妓(げいこ)」という一項がある。そこには「大よう十二三よりして二十ばかりまでをいう、いまだ人にまみえざるを詮《せん》とす。…さもあらぬさまにて大がいに言えば寝席をすすむる有り、これは決して容色もよからず、芸もましてさらなり、…俗に呼びて色ありという。三絃はすべて盲人に劣るゆえは、俗耳をよろこばさんとて撥数《ばち》などきわめて多く、歌い方もまた是に准ず」とあって、「色あり」はいたって評判が低かった。「いまだ人にまみえざるを詮とす」とは、男性と接した経験がないことを肝要とするという意味だろう。上方における水揚げのはじまりを匂わせている。

『本朝色鑑』には、「芸子は客と密室に入らず、しかりと言えども消金あらば懇談して意に順わざること難しとはせず、又、日に両方あるは則ち色有りと号す、是れ酒席には芸をもってし、密室に至りては婬事をゆるすの族なり」と、まことにまわりくどい言い方ながら、なんとかして娼妓と一線を画そうとしている。金次第によっては客と寝るが、すべてがそうではないと言いたいのだろう。

同じ頃の、宝暦初年の成立とみなされる『拾遺《しゅうい》枕草紙花街抄』には、「ここちよきもの」として、「色なし芸子を口説き落としては入りかねたる」とある。男性経験のない「色なし」を落とすことにいそしむ者がいた。「色なし芸子」の注には「音曲の芸のみにて閨中の交《まじわり》なき新《あら》バチの小白人」とあって、未通の白人と同一視されていた。同四年(一七五四)の『本草妓要』では、「色有り」は「もとより別種にして此の物(芸子)に非ず」とされ、これらより少し早い時期の『百花評林』にも芸子は「色を競わず、香を争わず、故に色なしという、もしそれ色ある者はこの限りにあらず」とあって、「色あり」は芸子ではないとしている。

だが、これほどやかましく峻別する者は例外であって、世間ではどちらも芸子と称された。それは深川芸者にも芸のみに生きる者と女郎との二枚証文を持つ者とがいたが、どちらも等しく芸者と呼ばれていたのと同じである。上方では芸子が白人の一部として登場したのに対して、あとで述べるように、江戸の芸者は踊子の中から身を売ることに反発する者の中から生まれている。こうした正反対の素性に着目しないかぎり芸子と芸者を明確には区別できない。

最後に上方の白人や芸子を描いた初期の浮世絵を探してみよう。すでに元文期には京の白人のうちに芸子と称するものがいた。西川祐信は寛延三年(一七五〇)に世を去っているので、彼の作品の中に彼女らが含まれている可能性がある。太田記念美術館の「雪の送り」と題された図では留袖、後ろ帯姿の女が提灯を手にした風呂敷包みを背負う仲居を連れている。これは白人と見るべきだろう。出光美術館の「柳下納涼美人図」では、胸乳が見えるほど襟を広げた振袖姿の女が縁台に腰掛けている。娘でありながら挑発的な姿はとても素人とは思われない。祐信の挿図をともなう延享五年(一七四八)の『絵本貝歌仙』では、床几《しょうぎ》で涼む女たちの図に「白貝《しろがい》」と題されている。白貝は白人を意味するのであろう。「雪の送り」図が中詰とすれば、「柳下納涼美人図」は若詰となる。

楢崎宗重氏による『肉筆浮世絵』一（至文堂『日本の美術』）の一図に、煙管《きせる》を手に炬燵《こたつ》に寄りかかる女を描いた祐信の図があり、傍らには三味線が横たわり、懐から猫が脱け出そうとしている。猫は芸子の別称であることから、この女は芸子と思われる。また、享保二十一年（一七三六）刊行の『絵本たまかつら』の一図に、八坂神社の茶屋で田楽豆腐を酒菜に酒宴をする一座に三味線を弾く女がいる。祐信没後の宝暦十一年（一七六一）の刊記がある『小松か原』には、やはり豆腐茶屋に導かれる三味線を手にした振袖姿の少女の姿が見える。どちらも芸子と見てよいだろう。

2　江戸の踊子

踊子の流行

大道寺友山が『落穂集』に、「野も山もおどり子、三味線ひき計《ばか》りの如く罷成《まかりな》るは元禄年中以来の義にてもこれある可《べ》き哉《や》、惣じて女の子供をおどり子などに仕立て候」と記している。その流行ぶりは『江戸町触集成』(塙書房)に、元禄二年(一六八九)五月に「女踊り禁止令」が出され、「町中にて女おどりを仕立て、女子供を召連れ、屋敷方へ遣しおどらせ候よし相聞ゆ、不届《ふとどき》に候、向後《こうご》相互に吟味仕り、左様《さよう》の女どもあつめ置き、屋敷方へは申すに及ばず、何方へも一切遣わすまじく候」とあることや、元禄十二年四月には踊子を抱え、歩かせることすら禁止されたことからも想像できる。以後にもたびたび禁令が出された理由は、踊子の主な顧客が武士だったからであろう。『当世武野俗談』には元文の頃のこととして、「留守居寄合《よりあい》」に踊子が芸者のようにして出入りしていたとある。踊子と芸者はきわめて近い関係にあった。

踊子の流行は友山の言うように元禄以来といってよいが、その出現はさらにさかのぼる。『吉原徒然草』(岩波文庫、二〇〇三)は吉原江戸町の結城屋来示《らいじ》が、踊子が江戸中に流行していた元禄末から宝永初めにかけての頃に著わしたとされる。同書には踊子の始まりについての興味深い事情が記されている。

中村勘之丞、扇の手に、舞のうちにて振りのよき事をえらびて、笑顔のおかつと云ける女におしえてまわせけり。器量すぐれ、風俗目だつ程なりけり。なるようにてならず、ならぬようにて、又なりけり。後に袖留《とめ》けれど、人皆、おどり子といいける。おかつが妹、松野といひける、この芸をつげり。是舞子の開山なり。折ふしのはやりうたをわけて唄う

彼女らは振袖姿で、「なるようにてならず、ならぬようにて、又なりけり」というように、男になびきそうでなびか

ず、なびかずと見えてなびくというところは、早くも後の芸者を彷彿とさせるものがある。中村勘之丞の名は延宝二年(一六七四)刊の『新野郎花垣《やろう》』に、「おどりはすこしよし」と見えることが上野洋三氏によって考証されている。ここでは「舞子」とも称されているが、これによって踊子のはじまりが元禄年間をさかのぼって、延宝に続く天和期に入ることが想定される。すなわち、上方での舞子の出現とほぼ同時期となる。踊子の人気は少なくとも百年近くは続いた。今日の小娘、少年ブームも売ろうとする者がいる限りそれくらいは持つだろう。

戸田茂睡による『御当代記』の貞享四年(一六八七)の条に、この時分に三十歳ぐらいだったとされる堺町狂言役者の女房の琢《たく》は「ちいさき時分より躍《おどり》をならいて方々へよばれ座敷にておどりおどりたりし女」とある。琢も踊子のはしりの一人だった。こうした来歴からすると、踊子が歌舞伎役者の風体を真似るのも当然のことだった。

西村眞治氏による『江戸深川情緒の研究(深川区史下)』(一九二六)には、深川に関する基本的な文献や図版が網羅されている。その一つ、近藤清春の作画になる『神社仏閣江戸名所百人一首』の「深川八幡」の景(図1下段)を見ると、鳥居の前を行く留袖姿の女が沢之丞帽子を被っている。元禄期に活躍し、宝永元年(一七〇四)に没した歌舞伎役者の沢之丞が始めたという帽子は、鉛の錘を入れた左右の端が頬あたりに垂れ下がったかぶりものである。『吉原徒然草』には沢之丞という野郎が「帽子の左右をたれて、かずきけり。小娘、おどり子などのぼうしの最初なり、元禄はじめの比より広まれり」とあって、踊子が沢之丞帽子の被りものをしていたことを伝えている。「深川八幡」の図にみえる沢之丞帽子をつけた女には振袖を着た少女が従っている。

図中の詞に「三十三間だうはまだたたぬか」、「いやたちませぬ」という会話があることから、西村氏は享保十五年(一七三〇)八月に大風雨が原因で三十三間堂が倒壊した年が上限と考証している。下限についてはとくに述べられていないが、元文元年(一七三六)の『はいかい口よせ草』に「沢之丞奥方迄もいただかれ」の句がある。沢之丞帽子の流行のほどがうかがわれる。「深川八幡」図に見える沢之丞帽子をつけた女は奥方というよりは踊子を連れた母親のようだ。

現先の台詞とは矛盾するが『神社仏閣江戸名所百人一首』には、三十三間堂の図が名所の一つとして含まれている。

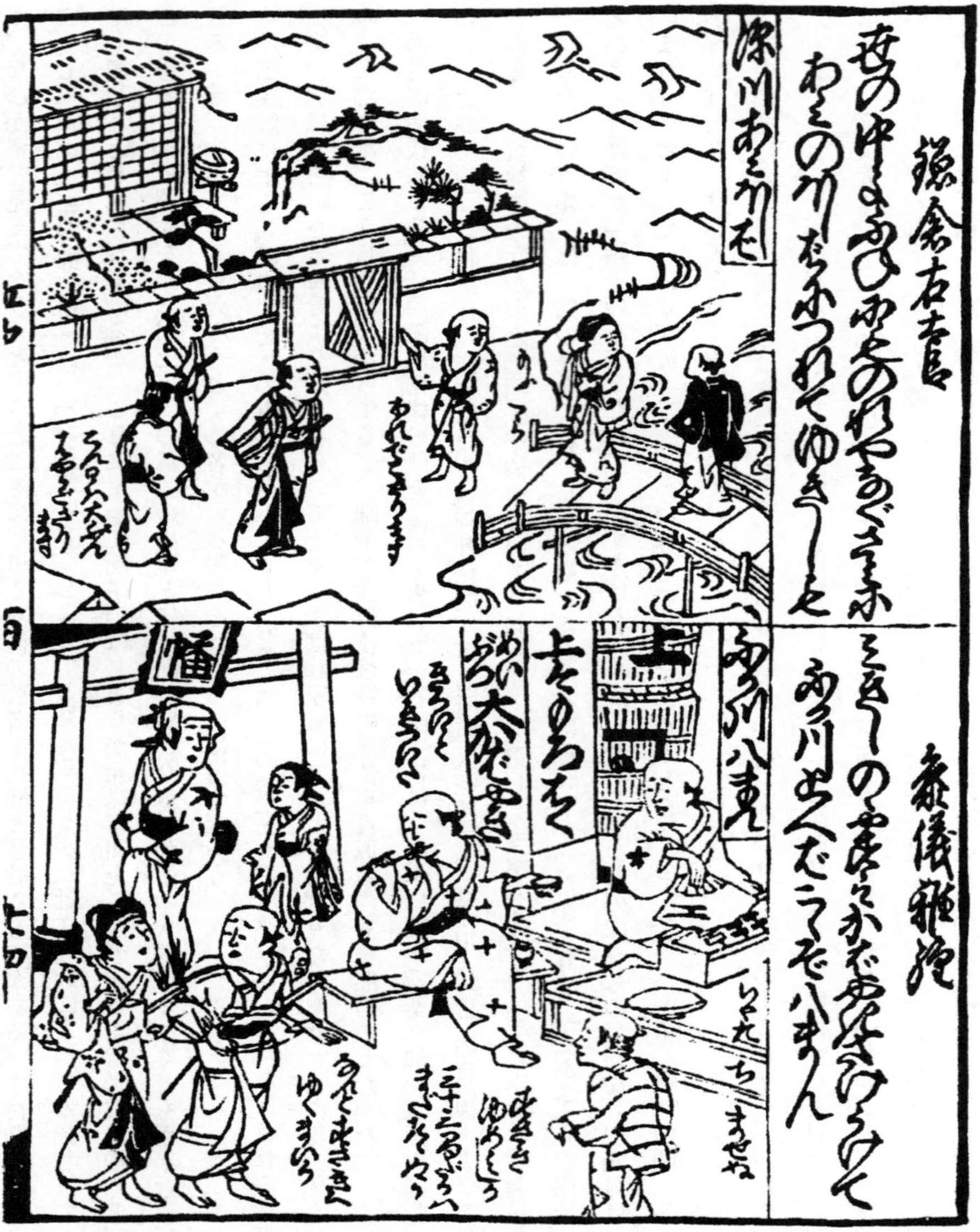

図１　『神社仏閣江戸名所百人一首』の「深川あみほしば」(上)「深川八幡」(下)の景、(国立国会図書館蔵)

存しないものであっても図化することは名所図絵として不思議なことでないが、享保十五年以前の版があった可能性を考える必要があるのかもしれない。たとえそうだとしても「深川八幡」の図に関しては享保十五年八月以降の成立ということは動かない。

評判になった版本にはつきもののことだが、同書には西村眞治氏が紹介した二段組のとは別に三段組の別版がある。ビルギト・マヤー、佐々木利和氏編になる『在独日本文化財総合目録』第二編（国書刊行会、二〇〇四）には、三段組の図が五葉収録されている。残念なことに「深川八幡」の景が含まれていないので、どちらが先行するのか判断がつかないが、普通に考えればより簡便な体裁の三段組が後発ということになるだろう。

踊子の姿を浮世絵に探してみると、多くは舟遊びに見ることができる。出光美術館の菱川師宣筆「江戸風俗図巻」の船遊びの場面では、船への渡し板である「あゆみ」に母親に手を引かれる少女がおり、舳《へさき》に近い一室には女の客と三味線を弾く女と少女の姿が見える。元禄二年（一六八九）には師の師宣より独立していたとされる古山師重筆の「隅田川舟遊び図」（太田記念美術館）には、三人の幼い踊り子の姿が見える。十八世紀初頭に活躍した田村水鷗筆の「遊楽図巻」（旧万野美術館）での舟遊びの中に、二人が弾く三味線にのって三人の少女が扇を手に踊る場面がある。

また、英《はなぶさ》一蝶筆の「四季日待図巻」（出光美術館）では夜を明かす長い時間を慰めるためにさまざまな芸人が邸内に招かれているが、その中に女たちが少女の舞を見物する場面がある。これも踊子の様子を伝えているのであろう。本図は元禄十一年に八丈島に流罪になってまもなくの作と考えられている。踊子はボストン美術館の同人筆「月次《つきなみ》風俗図」屏風の花見の宴にも認められるが、こちらは、宝永六年（一七〇九）の赦免後の作である。

全盛期の踊子は文字どおり「踊る子供」であった。これらの絵は踊子が大いに流行していた時期のものばかりである。ところが、以後しばらく浮世絵からぷっつりと姿を消す。すでに記したように元禄期にはたびたび「女おどり子」の禁令が出されている。宝永三年（一七〇六）七月には「町々にて女踊子の師匠いたし候者、今度停止せ令《し》め候」と、踊子のみならず教える師匠をも「町中に差し置く」ことさえ禁止されている。これでは踊子が下火になるのも無理もない。

踊子が再び姿を現わすのはそれから四半世紀以上もたってからである。その姿は享保十八年(一七三三)に刊行された『江戸名物鹿子《かのこ》』の「橘町躍子」と題された挿図に見ることができる。すでに少女ではなく、島田髷《まげ》に振袖姿で柱にもたれながら所在なげに三味線を弾く女として再登場している。日本橋の橘町は対岸の深川とともに踊子が多く集まるところだった。

復活した踊子はすっかり三味線を弾く大人に変容していた。大人の踊子が振袖を着た娘姿をしているのは踊子が少女だった時代の名残りである。安永五年(一七七六)に刊行された『契国策』では「(本所)入江丁《ちょう》、吉田町から出てくるは三十振袖四十島田」と、揶揄されている。しかし、なぜ、いったん下火になっていた踊子がこの時期になって大人の姿で再燃したのだろうか。『江戸町触集成』(塙書房)には享保十八年に米価高騰のため飢え死にしかねない者がいる、という記事が収録されている。生活の貧窮が専ら身を売る踊子が登場する背景の一つではなかったかと考えられる。

『我衣』によれば、その後の寛保元年(一七四一)には「遊女体に類するものが多し」として踊子停止の禁令が出され、『続談海』には同三年の落首として「をどりこは皆色里にとらはれてすまゐも馴れぬ秋の夕暮れ」という狂歌が録されている。踊子たちはすっかり私娼扱いとなり、たびたびの取り締まりに遭って吉原に送り込まれていた。ちょうどそのころから吉原細見に踊子だった者の名が登場する。

浮世絵の中の踊子

踊子の姿をさぐってみたが、その多くは舟遊びの中にあった。だが、『落穂集』にはもともと踊子は、「せめて六、七千石の知行高より万石以上の郡主、さては国主の方へも奉公させ申したく」と願って、費用をいとわず稽古をさせたものとある。そうした踊子たちも私娼と化した踊子ともども姿を消してしまったのだろうか。

武井協三氏が『江戸歌舞伎と女たち』(角川選書、二〇〇三)で披露されているが、大名屋敷ではたびたびの取り締まりにも関わらず歌舞伎役者を招いての座敷芝居が盛んに行なわれていた。宮川長春(一六八二〜一七五二)の代表作、東京国立

図２　宮川長春筆「邸内遊楽図巻」(東京国立博物館蔵、Image: TNM Image Archives)

博物館の「邸内遊楽図巻」(図２)はそうした光景を彷彿とさせる。この絵巻では野郎帽子をつけた者が座敷の仮舞台で傘踊りをしている場面が中心となっている。背後では女たちが三味線を弾いているが、そこにも野郎帽子姿がひかえている。この一座は男女が混在しているように見える。しかし、野郎帽子は歌舞伎役者だけではなく踊子の風俗でもあった。この一座の後方で出番を待つ別の一団は歌舞伎役者かもしれないが、今まさに傘踊りを上演中の一座と彼らとは区別する必要がある。

この一座については諏訪春雄氏が『歌舞伎の画証的研究』(飛鳥書房、一九七四)において、関西系の舞々の系統をひく「女舞」としている。しかし、それとは明らかに芸態が異なる。元禄初期に刊行された『人倫訓蒙図彙《じんりんきんもうずい》』の「舞」の項には「近世女舞あり天冠を戴き、水干に大口を着し拍子をなす。左右は男にして、大紋に烏帽子を着して脇と称す」とあって、長春が描く一座とは衣裳や演者の構成がまったく異っている。「女舞」の一座は静嘉堂文庫美術館の「四条河原遊楽図屏風」の左下隅に描かれているので、見比べていただきたい。

描かれた年代からすると、長春の図は『鄙雑俎《ひなざつそ》』に見える「踊子組」とすべきものと思われる。同書には寛保(一七四一～四四)頃のこととして、「当時江戸踊子は橘丁と云う所、先は多く有り、其外所々尤《もっと》も在《あり》ぬ、上方にては舞子と云う」として、「衣装を飾り、夫々《それぞれ》の狂言の形を学ぶ事を芸とす十五、六七の者なり、二十以上は地歌を諷い三味線を専とす、囃《はや》し方也。所作の師を以て組を立、組違えば一座もせず。佐五七、専蔵、小大助、武太郎などいう組也、此砌《このみぎり》は小弁、今世、小流、小紋、小倉、門弥、花代などいう云名有り」、「大小名の奥表、町人の振廻《ふるまい》、酒宴の興となし業を施す。第一は遊山舟にて、…様々の衣類道具を持ち来たりて昼三種、夜三種の芸を勤む」などと、記されている。

長春の「邸内遊楽図巻」は「踊子組」による華やかな上演の実際を今に伝える貴重な絵巻であり、屋敷内での見物衆が女性であることから「大小名の奥表」での興行と思われる。長春は踊子組につよい関心を寄せており、ボストン美術館の「遊楽図巻」の巻頭にも招きに応じて屋敷に向かう一行が認められる。一行は座頭を先頭にして、最後尾には小道具をかつぐ男が二人おり、荷物には踊りに用いる傘や毛槍が括りつけられている。座頭の後ろに位置する女は野郎帽子をしている。座頭や荷を担ぐものを別にすると、長春筆の「邸内遊楽図巻」で傘踊りをする一座と構成人員はほぼ同じである。

『珠玉のコレクション』(山形美術館、二〇〇三)に掲載されている長春筆の「花見遊興図」屏風では、女だけによる碁盤人形の一座の上演を見る宴席が画面の中心を占めているが、屏風の陰で出を待つ一団は踊子組ではないかと思われる。若衆姿をした少女の周囲を三味線を構える者も含めて八人の女が取り囲んでいる。男装も踊子の特徴の一つである。傍らには彼女らが被っていた編笠や塗笠が脱ぎ捨てられ、花の枝々に結び渡された紐には頰被り用の美しい布がいくつも掛けられている。長春の踊子組への関心の高さは、彼の作品を享受する階層の身分が高かったことを物語っている。

『鄙雑俎』には「第一は遊山舟」とあるが、舟遊びを描いた図にはこれほど大がかりな踊子組は認められない。唯一それにふさわしいのは、大倉集古館の「上野観桜図」と対になった「隅田川納涼図」屏風である。同図は宮川長春の高弟である長亀の手になるもので、ちょうど『鄙雑俎』の記事に相当する時期の作品である。画面中央のひときわ大きな屋形舟では、元禄四年(一六九一)に水木辰之助が舞って評判をとった槍踊りが演じられている。演じているのは女だが、野郎帽子の者と坊主頭の座頭が三味線を弾き、もう一人小鼓を打つ男がいる。女性が主客であることを考えると、これも「踊子組」と見てよい。

シアトル美術館の、宮川派の作かとされる「花見・納涼図」屏風の納涼図には両国橋付近での舟遊びが描かれている。船の中での酒宴は男が主客で、野郎帽子をした者が三人おり、うち一人は三味線を手にしている。彼らは羽織を着ていないので、陰間ではなさそうである。この一座には他に座頭が三味線、女が胡弓を弾いている。幕に覆われて見えにくいが舳近くでは母子が出を待ち、岸から渡された「あゆみ」板にも少女の手を引いて船に乗り込もうとする母親がいる。これも踊子ではないかと思われる。

こうした華やかな世界に登場する踊子とは違って、享保末年にもっぱら身を売る者として復活した踊子を描いた浮世絵版画を一瞥しておこう。大英博物館の奥村政信筆の「踊子鶏三幅対」には、留袖姿、振袖姿、縞模様の留袖の羽織を着て三味線を手にする三人の踊子が描かれ、それぞれに鶏があしらわれている。鶏はボストン美術館の同人筆の「踊子湯がえり」にも認められる。こちらは風呂帰り姿の踊子が鶏を脇に抱える奇妙な図である。鶏は何を意味しているのだろうか。上海の妓院娼妓についてもっとも詳細な、池田桃川氏の『上海百話』(日本堂、一九二二)によれば、「野雞」とは「野鷺家雞」を縮めたもので、売笑婦の一種とある。鶏は私娼化した踊子の象徴ではないかと思われる。もしかすると、ミネアポリス美術館の鈴木春信筆の「鶏と恋人たち」も踊子を描いた図と見るべきかもしれない。ちなみに川柳では、踊子はしばしば「泥鰌《どじょう》」に喩えられる。理由はおわかりだろう。

「踊子鶏三幅対」は宝暦三年(一七五三)の作であるが、元文五年(一七四〇)作とされる『絵本小倉錦』の芸者図ときわめて近い関係にある。三味線の有無という違いがあるが、ともに縞の羽織を着るという共通項がある。羽織の有無が踊子と芸者を区別する要素だとされるが、ここではそれも通用しない。この三幅対は宝暦期には芸者と踊子がほとんど区別できない存在だったことを物語っている。

それでも両者を分ける別の指標がある。『日文研叢書4』にプラハのナープルステク博物館が所蔵する絵画が収録されているが、その中に宝暦十三年(一七六三)に没した二代鳥居清倍筆の版画「三幅対右をとり子」がある。三枚組の一枚だけが残ったもので、今のところ完全なセットの存在を聞かない。踊子は振袖に下駄履き姿で頰被りをしている。頰被りの顎の下で結ぶ部分が紐状であるところから、手拭いではなく「手細《てぼそ》」という被りものと思われる。こうした頭巾は踊子だけの風俗で、芸者はこれをつけない。踊子は箱状の風呂敷包みを背負う子供を振り返りながら歩んでいる。箱は三味線を入れた長箱ではなく、短く、かつ、平たい。余白には「風呂敷に味をつつんだ定かな」という栄水軒桃葉の句がある。

箱の中身が「味」なのだろう。これが寛政三年（一七九一）の序がある山東京伝の『仕懸文庫』に、「子ども（深川における娼妓）のきがえ（床着）を入れてもたせるぶんこ《文庫》」とあるのに相当するならば、この踊子は深川の娼妓と変わらないことになる。詳細は他の二幅が紹介された時にはっきりとするだろうが、おそらくは、後でふれる「深川娘」三幅対と似た構成だったのではないかと推測する。

『浮世絵大成』（東方書院、一九三二）に、享保二十一年（一七三六）から宝暦年間まで活躍した西村重信の「おどり子風」が収録されている。振袖に頬被《かぶ》り姿は二代鳥居清倍による「三幅対右をとり子」の図と同じで、こちらの頬被りは手拭いのようである。後に従う子供が後方を指さすのにつれて振り返る姿に描かれている。先の二代清倍の図とともども羽織を着ていない。また、樋口弘氏が集めた『初期浮世絵』（味燈書屋、一九七七）には、奥村利信筆の「なつもやうおどり子ふう」および、寛保年間（一七四一～四四）の作とされる「なつもやう奥村一流おどり子風」と題された図が収録されている。踊子の浮世絵は奥村派の売り物だった。ともに振袖姿で頬被りをせず、羽織も着ていない。奥村利信の図では立ちながら三味線の音締めをしている。

延享五年（一七四八）の『華里《はなざと》通商考』には「踊子国」として次のような特徴が述べられている。「役者国へ心を通して音楽の妙を得たる」として、「好んで河水船中に来り遊ぶ、風俗北国（吉原）に異て後帯を用ゆ、結下げ堅（竪カ）結にする、袖二尺四五寸」とあって、主に舟遊びに招かれたことや、歌舞伎役者への傾倒ぶりなどが強調されている。「踊子国」の土産として挙げられている「三味線、長手拭、塗下駄」は踊子を象徴する品々ということになる。踊りよりも音曲が主な芸となっており、長手拭が挙げられているのは、踊子の頬被り風俗と関わって注目される。宝暦六年（一七五六）の

『風俗七遊談』には「しどけなき竪結びの後帯に」、「紫鼻緒の裏付草履」、「市松染の襦半に菊五郎染の下着、瀬川島田」というように踊子の風体がより詳しく描写されている。彼女らの服装や髪型をはじめとして上から下まですっかり歌舞伎役者の風体を真似ていた。

ベベールコレクションの奥村政信の版画「尾上菊五郎のささらを持つ女」は、野郎帽子の上から頬被りをして腰に編笠を付けながら「ささら」を摺りながら踊る姿が描かれている。図録の解説では寛保三年（一七四三）一月の市村座での「春曙廓曽我」における吉野との考証が紹介されている。頭巾の結び目が紐状なのはナープルステク博物館の「三幅対右をとり子」と同じである。本図は留袖ではあるが、『風俗七遊談』にあるとおり、踊子が菊五郎の衣装を意識していた証拠である。

頬被りについては歌舞伎役者の中村仲蔵が『月雪花寝物語残編』（演劇文庫）において「昔役者は頭巾、頬かむりを礼儀」としていたと述べたうえで、「女形ほうかむりは猿若帽子と申候て紫の紋付也」と記しているのに相当しよう。お国歌舞伎図で猿若役が頬被りをしていたことが思い起こされる。なお、白倉敬彦氏による『好色春画艶本目録』（平凡社、二〇〇七）には「明和期上方版」とある『好色通艶の輝葉』に頬被り姿の女が、少年を性行為に誘っている挿図がある。上方版とされているが少年の傍らには風呂敷包みがあるので、江戸の踊子を描いたものであろう。ハイデルベルグ民族博物館の版画「江戸躍子の風」の、切子燈籠の下で若衆に草履の鼻緒の具合を見てもらっている振袖姿の踊子も、不鮮明な図版のせいかもしれないが、野郎帽子をしているように見える。

また、小林忠・白倉敬彦氏編著になる『春画と肉筆浮世絵』（洋泉社、二〇〇六）に、宮川長春筆の春画絵巻が収録されており、第六図では紫色の野郎帽子に水色の頬被りをして振袖を着たままの女と武士が一儀に及んでいる。女が頬被りをしたまま男と寝るはずもないが、踊子独特の風俗を強調したかったのだろう。解説に「踊り子が役者の風俗をまねた」とあるのは適切で、踊子の主な顧客が武士だったことを示す図でもある。

『当世武野俗談』に、元文の初め（一七三六頃）には名題の踊子たちが「髪頭を第一とし、結構なる櫛笄《こうがい》を用い、多くは銀の簪を挿し」ていたとある。菅笠では髪を損なうとして、「日傘を青紙にて張らせ、柄を黒塗りにして、風流なる紋を付け」てさしたことから、世上にいっきに流行り出したとある。そのために、寛延二年(一七五〇)五月、同三年八月に相次いで「青紙傘法度」が出されたほどであった。そこには「日かさを菅笠の代わりに差し候」ことを禁じるとある。

この記事で注目されるのは、踊子が初めは菅笠を被っていたことを伝えている点である。西川祐信の『百人女郎品定』に、舞子が扇を手に舞っている傍らに菅笠を手にして座る女が描かれているのが思い浮かぶ。先の野郎帽子や猿若帽子(頬被り)といい、菅笠や編笠といい、踊子はかぶりものをするという特徴があった。踊子だけでなく町娘や女房も外出時にはかぶりものをするのが普通だったが、芸者だけはそうしていない。羽織着もその一つだが、芸者は他者との区別を強く意識する者だった。

『絵本小倉錦』の芸者と踊子

奥村政信による『絵本小倉錦』には江戸の芸者と踊子の両方の図が含まれている。本書は一般に根拠不明なまま元文五年(一七四〇)の刊行とされている。芸者図としては初期に属する重要な書と思われるが、鳶魚氏はなぜかこの書物を引用しない。東洋文庫本に政信の没後にあたる安永六年(一七七七)という年記があるので、氏は成立年次を疑問視していたのかもしれない。

この点については宮武外骨氏が『奥村政信画譜』(雅俗文庫、一九一〇)において、「後摺改題なるべし」と指摘しているように、第四、五冊を合装して出版した年次の可能性がある。もし、元文五年の刊行だとすると、「げいしゃ娘」や「げいしゃあさかへり」と記された図は、鳶魚氏が見いだした芸者の初見である宝暦四年(一七五四)を十数年さかのぼることになり、今日の「芸者」に相当する言葉の早い用例となる。

『浮世絵芸術』(四八号、一九七六)にロバート・ベルジェス氏による「政信の絵本小倉錦」という短いエッセーが載っている。ベルジェス氏は画中の奉納絵馬に「芳月堂文角画」の落款、序に「画を丹鳥斎の筆にまかせて」とあることから、

図３　「げいしゃ娘」（『絵本小倉錦』跡見学園女子大学図書館所蔵）

図４　「芸者朝帰り図」（同前）

奥村政信がこうした画号を用いるようになった享保十九年（一七三四）以降となること、また、「おどり遊ひ女」図が享保十五年（一七三〇）に出版された、西川祐信筆の『絵本常盤草』を下敷きにしていることなどから、「この年の板行とするのが最も妥当らしく、これを否定する強力な理由もない」として元文五年説を擁護している。

「げいしゃ娘」（図３）は留袖、縞柄の羽織姿である。縦縞の羽織は粋で、奥村政信は役者絵の「佐野川萬菊図」にも用いている。また、宮川一笑による享保中期の歌舞伎役者たちを描いた「役者花見図」（東京国立博物館）や、古山師胤が享保元年に描いたと思われる歌舞伎役者「中村竹三郎図」にも見ることができる。ここでは芸者の特徴は何よりも羽織の着用にあったことと、それが歌舞伎役者の風俗だったことに注目したい。なお、羽織の丈は宮古路豊後掾がこれを流行らせた享保末年以降を示す長羽織になっている。ところが芸者を象徴するはずの三味線を持っていない。傍の母親は無眉で踊子の母よりも年かさである。

また、「芸者朝帰り図」（図４）は、雪の中、傘をさしつつ帰る中振袖の合羽《かっぱ》（被布）姿に描かれているが、やはり

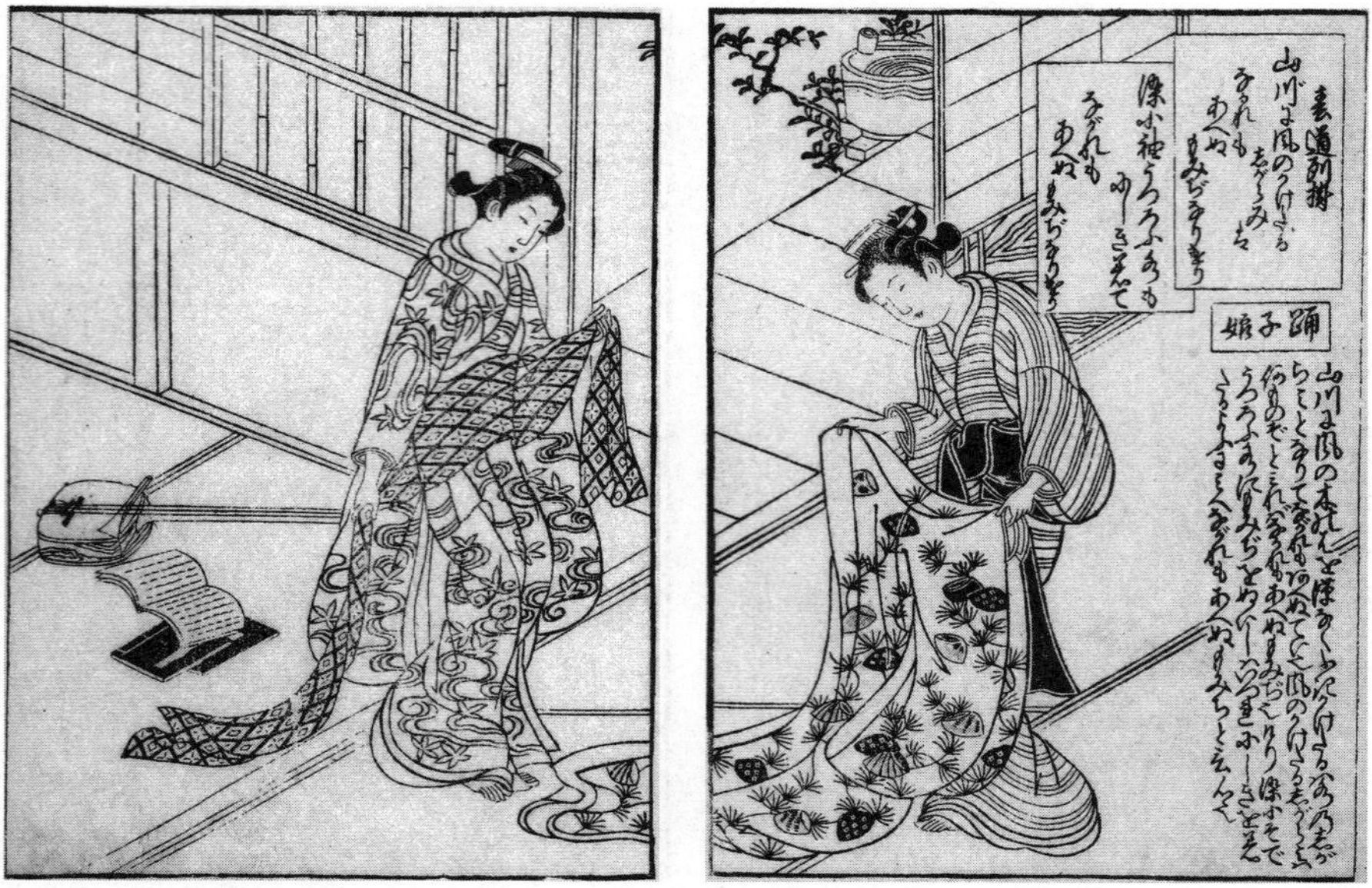

図５　「踊子娘」（同前）

三味線は手にしていない。題字は芸者が馴染み客とは寝るものであることを表わしている。彼女が着ている竪襟のついた合羽については、『我衣』に「正徳末（一七一六）に至りて振袖の木綿合羽を著す。…元舞子より始まるか。…野郎役者の風を似せたり」とも、「元文頃より女多く著したり、もっとも堺町辺の者多し」ともある。ここでは舞子と表記されているが踊子のことと思われる。いずれにしても合羽も野郎役者の風体を真似たものだった。着衣からすると『絵本小倉錦』は元文頃の作として矛盾はない。刊行年を同五年とした通説の根拠を知りたいものだが、おそらくは、長羽織の流行に基づいた推測ではないかと思われる。

『絵本小倉錦』には「げいしゃ娘」「げいしゃあさかへり」と並んで、「踊子娘」「おどり子」「おどり遊ひ女」と題された図と、題字こそないが「舟遊山」を描いた図が含まれており、両者が共存していたことを示している。同書は踊子に関しても貴重な情報を提供している。

「踊子娘」の挿図（図５）では帯を締める振袖姿の女と、留袖の年かさの女が季節が過ぎた着物を畳む姿が描かれている。芸者と違って羽織を着ておらず、振袖姿を特徴としていたことに注意したい。畳の上には三味線と浄瑠璃本が

図6　「おどり遊び女」(同前)

あってすでに三味線浄瑠璃が表芸に変わっており、母親が若いのも芸者を踊子の年かさの者とする鳶魚氏の見解を裏づけている。

宝暦七年（一七五七）の自序がある馬場文耕の『当世武野俗談』には、「元文（一七三六～一七四一）の頃、江戸中に踊子というありて、…素人の娘を三味線浄るりをおしえ込、歴々の慰とし、御座敷方、御留守居、寄合茶屋なぞへ遣し、芸者のようにして、其の母と称して付添い出入り仕けり」とある。元文頃には踊子が三味線浄瑠璃を持ち芸として、芸者と同類とみなされていたことや、母子連れだったことを証言している。『絵本小倉錦』に見る三味線を添えた踊子の挿図はこの記事に符号する。

女だけによる「舟遊山」の場面では振袖姿の子供の踊子が五人数えられ、うち一人は頬被りをしている。また、「おどり子」と題された図では桜のもとで、烏帽子をつけ青海波模様の振袖を両袖脱ぎにして、扇を手に舞う姿に描かれている。白拍子は烏帽子に水干という男装をしていた。初期の踊子の中には男装をする者がいたことから、当時の俗説では踊子は中世の白拍子の後裔とされていた。本図はそうした通念を表わすものである。

残る「おどり遊び女」の図(図6)は盆踊りの光景で、縁台に並んだ酒肴や提灯を背に三人並んで踊るところが描かれている。手本となった享保十五年(一七三〇)の西川祐信の図とくらべると被りものをしていない女が省かれ、編笠で顔を隠して大小を差した振袖の羽織姿が新たに加えられている。編笠姿には「若衆とも見へし女のしのひ笠」の句が添えられていて、男装した女であることが強調されている。もう一人は野郎帽子に振袖、残る一人は頰被りに振袖という姿である。三人とも被りものをしている点が重要であるが、それとともに男装をしている者が加えられていることにも注意したい。祐信の原図と違って踊子特有の男装風俗がより強調されている。

『絵本小倉錦』では、踊子が振袖姿で羽織を着ず、芸者は留袖の羽織姿というように服装の違いが描き分けられている。振袖と留袖という違いも重要だが、羽織の有無がより重視される。だが、これとても絶対視はできない。元文年間に続く寛保・寛延期(一七四一〜一七五一)に活躍した、川又常正筆の「月次風俗図屛風」(旧麻布工芸館)中の、八月の図に見える芸者は羽織を着ていない。二階楼での酔客の馬鹿騒ぎをよそに、振袖姿の女が張り出した勾欄に腰かけて気がなさそうに三味線を弾いている。その傍らには留袖姿の女が手摺りにもたれながら外をながめている。振袖と留袖という組み合わせは芸者を描いた図に共通する。

座敷では芸者が振袖から留袖に着替えたという証言もある。山崎麓氏が安永八(一七七九)・九年の刊行と考証している『咲分論』には、留袖の羽織を着た芸者の挿図が巻頭に載せられている。しかしながら、本文では「ここに芸者といえるものあり」として、「雨がふっても合羽の下に振袖を着て出るべし。着替に鳶八丈の留袖、黒繻子《しゅす》の半襟がけして無用なり」とある。「無用」、役立たずがどの部分に掛かるのかわかりにくいが、黒繻子の半襟が無用だと理解するのが普通だろう。

大田南畝は『奴凧』において、天明の頃まで橘町、薬研堀の芸者は座敷に出るに振袖で来て、留袖に着かえ、また、帰るときには必ず振袖を着たと述べており、『咲分論』を裏づけている。振袖から留袖に着替えるためには内着から着替えなくてはならない。なぜ、そんな面倒なことをする必要があったのだろうか。橘町は踊子の名所であった。振袖はその頃からの習慣と思われるが、無理に子供っぽく見せる年齢不相応な振袖姿を客が望まなくなったとも考えられる。

鈴木春信の版画に深川の茶屋「とみよしや」の暖簾《のれん》がかかった店を出る、傘を手にした羽織を着ていない振袖姿の女のあとから、風呂敷包みを抱えた仲居が従う図(旧斎藤報恩会)がある。包みの中には留袖の着替えが入っているのだろうか。フリア美術館に勝川春章の高弟、春英(一七六二～一八一九)筆の、風に吹かれる柳の下で芸者が扇を口に銜えながら眉を顰めつつ緩んだ帯を締め直している、印象深い肉筆画がある。薄物の振袖なので紅い襦袢が透けてみえる。お供の坊主頭の子供は三味線の入った箱ではなく、何か柔らかいものが入った風呂敷包みを背負っている。これも同じと思われる。

芸者の前身としての踊子

踊子については三田村鳶魚氏の考証があるが、中村秋一氏が『日本古典舞踊の研究』(日下部書店、一九四二)において、別途行き届いた考証をされているのでここに付記しておきたい。先行論文に気づかないまま所論を進めたところが他にもあることを恐れる。

鳶魚氏は、芸者と踊子の違いは「三味線が芸者で踊りが踊子と持ち芸から分けられてもみられよう。しかし、両者は年齢から分かれる。」と、結論づけている。持ち芸でなく、年齢で分けられるという氏の見解は正しい。明和八年の『柳樽』第六編には「をどり子は母くどくのを聞いている」という句がある。幼い踊子には母が付き添っていたので、母を口説く客もいたのであろう。同じ年に「姉さんといひやと芸者子をそだて」という句が収録されている。鳶魚氏の言う通り、両者の年齢の差は歴然としている。

鳶魚氏はさらに言葉を継いで「世間では踊子が芸者と改称したようにいうものの、明和・安永にも踊子は踊子で芸者じゃない。世間で改称したとみるほど、数において芸者が多くなり、踊子も年の長けたのが殖えてきたのであろう」と述べている。この見解も正しい。芸者と踊子は長く共存していた。ただし、鳶魚説は両者の違いの本質にふれるものではない。

鳶魚氏の批判の矛先は大田南畝に向けられていた。南畝が文化十五年(一八一八)刊の『奴凧』において「女芸者の事を昔はおどり子という、明和、安永の頃より芸者とよび、者《しゃ》などとしゃれたり」と、単純に芸者の前身を踊子としているからである。ここで芸者にわざわざ「女」が冠されているのは、男芸者すなわち、幇間《ほうかん》と区別するためである。たとえば、序に明和七年(一七七〇)の年紀がある『辰巳の園』には「たいこもちは芸者と云う」とある。

大田南畝は明和、安永期以前に踊子と芸者が共存していたことを知らなかったようだ。そのために踊子から芸者へと呼称が変わったと考えたのだろう。南畝が踊子を「明和、安永の頃より芸者と呼び」と言うのを鳶魚氏が批判したのは正しいが、南畝の発言にも意味がある。

浅野秀剛氏による『錦絵を読む』(山川出版社、二〇〇二)は、明和期(一七六四~七二)の浮世絵に水茶屋の看板娘が登場することから、その頃から素人娘の人気が高まった事実を明らかにした書物である。そこで用いられている史料の一つに、森島中良の編著になる『寸錦雑綴』所載の「新板風流娘百人一首見立三十六歌仙」がある。中良は「明和六己丑(一七六九)大江戸に名高き妓女(げいしゃ)或は茶屋の小女(むすめ)を集めて見立三十六歌仙と言いて売り歩きしとなむ」と、注をほどこしている。明和期には茶屋の小娘とならんで芸者が江戸の名物になっていた。なぜ、南畝が「明和、安永の頃より芸者とよび」と言ったのか背景がよくわかる。芸者は素人娘の流行の一翼を担っていたのである。

『俳諧武玉川』には宝暦元年(一七五一)に刊行された第二編に「をどり子下地しぼり出す声」があるのを初めとして、同三年の第五編に「をどり子が摺る去り状の墨」、「十九の年ををどり子の関」、同四年の第七編に「をどり子は駒もはずさずいとま乞」、同十年の第十四編に「をどり子の駕先に付く母者人」の句が含まれている。宝暦三年の句によれば踊子稼業は十九歳が限界だったようで、宝暦四年には三味線を弾く者であっても踊子とみなされていた。

芸者という呼称が世間に広まりはじめた宝暦年間には、まだ踊子の方がはるかに名が通っていた。序に宝暦六年と記された『風俗七遊談』には、踊子の項はあっても芸者の項はない。挿図の踊子は振袖姿で三味線を手にする姿に描かれ、本文には「娘の形気《けいき》を失わず、粋にて晒(しゃれ)あり」とある。これは『辰巳の園』の芸者の評、「素人らしき娘風を悦び」とほとんど同じである。

その後も踊子は川柳に登場する。安永六年(一七七七)の『柳樽』第十二編の「をどり子は事ともせずに又おろし」、同九年の第十五編の「それのみで踊子ぐっとはやるなり」、天明二年(一七八二)の十七編の「をどり子にをどれと留守居むりをいひ」などの句ではまったく私娼扱いである。「留守居」とは藩主が在国中、江戸の留守邸を預かる武士のことで、踊子の上得意であった。

明和元年(一七六三)の『柳樽』第三編に、「三味線をかりれば芸者なまへんじ」、「不景気といひいひ芸者宿の月」と、世間ずれした芸者が登場する。同六年には森島中良が「大江都に名高き妓女(げいしゃ)」と言うほど評判が高まっていた。しかし、これを境に踊子が廃れたわけではない。大田南畝が明和、安永期から踊子を「芸者とよび、者《しゃ》などとしゃれたり」というのは、こうした事情を踏まえている。南畝は両者の人気が交錯する潮目を見ていたのである。

そうした両者の振り替わりを示す絵本がある。明和五年(一七六八)刊行になる『絵本吾妻の花』に、「今江戸にて躍子というは、その昔静御前などの男舞とて太刀など帯し余風、今は懸髭、半服《はんてん》などにて身振もさらに女とは見へず」という詞書きを付した北尾重政の挿図がある。だが挿図はこの詞書とはまったく違っている。桟橋を渡って船に乗ろうとする二人の女と、これに先だつ羽織姿の男が船に三味線が入った長箱を渡し込もうとする姿が描かれている。留袖と振袖の組合わせや髪型は芸者とまったく同じである。彼女らは羽織を着ておらず、振袖姿の方には胸に懐紙が挟まれている。詞書は「今」としているものの、踊子が男装していたという遠い過去の姿を記している。これに対して、絵の方は全盛期を迎えようとする、まさに「旬」の芸者の姿を伝えている。

芸者がはやるようになったからと言って、ただちに踊子が消え去ったわけではない。江戸では厳密に区別する意識がなかったこともあって、かなりの期間にわたって両者は共存し続けた。文化元年(一八〇四)の『柳樽』三十編には「ちひさな腹が踊子の病み上がり」という句がある。子を堕ろしたか、もしくは生んだ踊子を詠んだ句である。踊子は近代まで生き残り、川端康成が『伊豆の踊子』を書くきっかけとなる旅行をしたのは、大正七年のことであった。

川柳でもしばしば皮肉られているが、宝暦五年(一七七五)に刊行された『栄花遊二代男』に「京の舞子と同じ、切りを定めて情を売る」とあるように、踊子の多くは身を売る者になっていた。同書によれば彼女らは二品に分かれており、一方は「親元貧しくして踊りを仕込むこともならねば、三味線の芸ばかりそれをたつるものあり」という者、もう一方は「情けを次にして踊をおどり、人の気をいさめ、色というに仕かけ、親のしらぬ分にて情をうるあり」とある。いずれにしても「約束しても隙が入れば断わりの文一つで勤めやるにも及ばず、ただ折節は小袖の無心、芝居のねだりよりほかはなし、たかが町娘の人馴れたのなれば諸事だましよく此方はだまさるる事なければ気がはらいで面白い者、時花(はやる)がもっとも」と、素人娘ということでずいぶん軽んじられた口振りではあるが、廓の遊びと違って気が張ることもなく、たいそう人気があった。

だが、すでに見てきたように踊子の中には大名家に出入りするほどの本格的な芸を身に付けた踊子もいた。元禄八年(一六九五)刊行の『和国百女』中の、菱川師宣による踊子の図には「われ人器量すぐれて生まれつきし娘をもちて、琴や三味線、踊り、唄、小舞、あるいは能仕舞などを習わせて、芸の興次第に上つかたへ召し出され、過分のおあてがいにあづかり、ときめく」という詞書がある。

江戸で踊子が二品に分かれるようになったのはいつごろからだろうか。『諸聞書』には「享保末より八幡町(深川)、橘町辺の踊子は皆是商売をす、武家へ出る踊子は別に芸を習いて商売は致さず、是より芸者と山猫と両端になる」とある。「商売」とは性を売り買いすることである。踊子が身を売るようになった享保末年に芸者という者が出現している。これは『絵本小倉錦』よりもさかのぼる史料として重視されるが、それ以上に身を売る踊子の出現が、芸者の誕生を促したように読みとれる点が重要である。私娼化した踊子と同じように見られるのを嫌って、かつて、吉原や歌舞伎界で用いられていた芸者という聞こえのいい呼称を復活させ、他の踊子との違いを強調しようとした事情がうかがわれる。芸者は身持ちが固いのが身上だった。

これに対して鳶魚氏は「享保末(一七三六)というのは請け取れない」と、疑問視している。だが、『武江年表』の「寛保年間(一七四一～四四)の記事」に、「宮寺の地に山猫となづけし茶屋女所々多かりし」とあって年代に問題はなく、次章で示すようにこれを裏づける画証や別の文献もある。

踊子から芸者へと呼称が変わるには年齢の違いだけでなく、客が要求する芸が踊りから三味線浄瑠璃へと変わったことも考えなくてはならない。芸者のことを「三味線」と表現した川柳がいくつもある。だが、踊子も三味線を手にしていた。芸者の人気がまさるようになったのは、「数十騎撥一本であいしらい」という句もあるように、子供っぽさや素人っぽさよりも大人らしい当意即妙の座持ちのうまさが求められるようになったことが理由として考えられる。

3　江戸の芸者

従来の江戸芸者誕生説

なぜか、これまでの浮世絵研究者は芸者については正面から取り組んでこなかった。さすがに浅野秀剛氏は『浮世絵は語る』（講談社現代新書、二〇一〇）において、吉原の俄《にわか》を主題にして吉原芸者にふれ、『遊廓社会1』（吉川弘文館、二〇一三）で、「吉原女芸者の誕生」について論じている。だが、どちらも吉原に限定されており、吉原芸者が言うところの「町芸者」をとりあげていない。原因は浅野氏も述べているように、浮世絵の中から芸者を選び出すことが難しいからである。三味線を手にしているだけでは町娘の可能性もあり芸者とは断定できないし、羽織も目印にはならない。芸者が羽織を着ているとは限らないからである。

さらに、羽織姿をしたまったく女と変わらない色子や陰間も区別を難しくする存在である。たとえば鈴木春信の春画、「艶色真似《まね》ゑ門」の第五図に描かれている陰間や、磯田湖竜斎の「欠題《けつだい》組物」のような春画に見る若衆は、着物を脱いではじめて男だとわかる。野郎帽子をしていない場合には両者の違いを示す決定的な指標はないと言ってもよい。しかも、野郎帽子をしているからといって、役者や陰間とは決められない。芸者に先行する「踊子」が野郎帽子をすることがあったからである。また、男装した芸者の中には男のように中剃りすらしている者がいる。それらの区別についてはおいおい論じてゆくことにして、手はじめに芸者の誕生についての従来の説をふりかえってみよう。

手柄岡持による享和三年（一八〇三）の自序がある『後はむかし物語』は、しばしば芸者誕生に関する根本史料として扱われる。そこに「よし原芸者というもの扇やかせんに始まれり、宝暦十二年頃なり」とある。「かせん」という名はいかにも芸者らしく、「歌」と踊りに欠かせない「扇」の二文字からなっている。ただし、宝暦十三年の『吉原細見福《ふく》濫雀《らすずめ》』には「げいこ哥あふぎ」とあるので、「うたおうぎ」と呼ぶのが正しい。同一人物が芸者とも芸子とも称されており、両者を区別する意識は薄かった。

この文章は吉原芸者の起源を言っているに過ぎないにもかかわらず、一般に芸者そのものの始まりを伝えると誤解されている。山根秋伴氏が『日本花柳史』(山陽堂、一九一三)において、「吉原の芸妓は江戸芸者と言って、他の町芸者は三味線を持って入れなかったほど高い見識を持っていた」と述べている。しかし、格が高いのと芸者の発祥地は別である。

三田村鳶魚氏の「江戸芸者の研究」(一九二六)は、江戸における芸者の来歴に関して基本的な道筋をつけた先鞭として今なお重視される。鳶魚氏が一般論を語らないで「江戸芸者」に限っているのは、一つの見識である。吉原芸者の始まりという点にかぎっても、鳶魚氏は宝暦十一年(一七六一)秋の吉原細見、『実語教』に「げいしゃ歌扇」とあることを指摘して、手柄岡持が宝暦十二年としているのを訂正するとともに、さらに半年前の細見『初緑』に、玉屋に「らん」と「とき」の二人の芸者がいたことを紹介している。

より、重要なのは鳶魚氏は「吉原芸者は深川の系統」として、「江戸の町より早く深川では芸者という唱えがあった」ことを強調している点である。その根拠として、『さんちゃ大評判吉原出世鑑』の巻末付録に出身地を示す深川中町の「中」印、同じく櫓下を示す「や」印などとともに、踊子だったものには「ヲ」印、呼びだし(娼妓)には「ヨ」、芸者には「一」印がつけられていることをあげている。同書は宝暦三年(一七五三)の正月、すなわち、深川および各地の私娼が一斉に検挙されて吉原に送り込まれた翌年の正月に出版されている。深川では芸者、踊子、呼びだし(娼妓)という区別がなされていたが、取り締まる側はそんなことにお構いなく、のきなみ私娼として吉原に送り込んだ。

ところが残念なことに鳶魚氏が示した出典は記憶違いらしく、『江戸吉原叢刊』(八木書店)に所収される『吉原出世鑑』や、『洒落本大成』(中央公論社)に収録される『新板さんちゃ大評判吉原出世鑑』にはこうした巻末付録は存在しない。深川出身を意味する「川印」のついた多くのおどり子とともに、伊勢屋に「川」印のついた「げい子主水」、桐菱屋に「川」印のない「げい子お千代」が認められるのみである。「一」印もあるにはあるが、部屋持ちを意味している。芸者の発祥を深川とするせっかくの鳶魚氏の提言が俗説なみに扱われる背景には、これが響いているようだ。

この点については花咲一男氏が『洒落本大成』の「附録4」(一九七九)において、木村三四吾氏の教示によるとして、出典がやはり宝暦四年の刊行になる天理図書館所蔵の細見『柳桜』であることを明らかにしている。また、佐藤要人氏が『江戸深川遊里志』(太平書屋、一九七九)に当該部分を図版として掲載しているので、とっくに疑問は解消しているはずである。しかし、出典を間違えた影響は大きく、浅野秀剛氏は鳶魚説に対して今なおためらいを示している。芸者は深川に始まるという鳶魚氏の指摘はきわめて重要である。ただし、その始まりを八年前までしかさかのぼらせることができなかった。しかも、同じ宝暦年間では一般読者には大した違いは感じられないだろう。はるか後年の手柄岡持の証言に基づいた通説がなかなか打破できないのはそのせいであろう。

「芸者」という言葉の出典を探しているうちに、宝暦四年を五十年以上もさかのぼる宝永六年(一七〇九)に刊行された『吉原大黒舞』に見出すことができた。同書には太夫より格下の、「山茶、埋《うめ》茶太夫揃《そろえ》」の部に、「げいしゃ」と注される者のほかに「上るりさみ(浄瑠璃三味線)、うたさみ、しょげい(諸芸カ)、なよぶし(棚節カ)、半太夫ぶし、孫三郎ふし(説教節)、やつこ(幇間)、じつ方、大酒、わけしり、ばんとう(番頭新造)、りこう(利口)、筆、きりやう、うまみ」といったさまざまな特長が記されている。なお括弧内は筆者が補った。

もともと遊女たちは秀れた芸能者集団でもあった。ここでの芸者は、いわゆる芸者を意味するのではなく、客を振らない「散茶」女郎や、散茶を水で埋めた「うめ茶」女郎の取り柄を示す言葉として用いられている。吉原では歌扇が登場するより半世紀近くも前に「げいしゃ」という言葉が通用していたのである。遊女の中から芸者が生まれたと手柄岡持が考えたのも無理はない。だが、こうした遊女の芸者と、後に出現する「芸者」とではまったく性格が違っている。

ここでの「げいしゃ」が何を得意芸としていたかは推測するほかはないが、上述の中に「踊り」がないことからすると、それを売り物にしていたことが推測される。参考になるのは、鳶魚氏が芸者の語源の一つとして引用している寛延三年(一七五〇)刊行の『古今役者大全』に見える、「諸方へ召され、舞所作事をして、それを業とするを芸者といい、芝居へのみ出て狂言へ一向筋にかかるを役者という」という区分である。吉原での芸者という言葉は歌舞伎界での用語を転用したものと思われ、本来は舞に巧みなものをさす言葉だったようだ。

正徳三年(一七一三)の『吉原七福神』にも海老屋長右衛門内の清之助に「諸事げいしゃ」、大黒屋半右衛門内の八千代に「興あるげいしゃ」という評判が記されている。とくに一文字屋惣重郎内の葛城には「これこそ白拍子」とあって、舞に長じた能芸の遊女を白拍子の後身とみなしていたことを知る。芸者を白拍子の末裔とする俗説の始まりでもある。同じく柏崎には「仕舞」、小太夫には「立役、丹前のゑてもの」にならびなしとあって、「御家の井戸の水からか芸者おおし」と、記されている。「ゑてもの」とは得意芸を意味する。正徳年間は芸者が登場する直前にあたるが、ここでは舞や能の仕舞、さらには歌舞伎の所作に長じた遊女を芸者と称している。後の芸者の持ち芸である三味線や浄瑠璃とは大きく違っている。ただちに彼女らを今日の芸者の祖とするわけにはゆかないが、芸者という言葉が早くから吉原で、遊女を評価する言葉として用いられていたことには注意しておいてよい。

最初期の深川芸者図

芸者と言えば深川である。山東京伝は天明九年(一七八九)の『新造図彙』において、「ふか川に羽織と云、吉原にはおとり子という」と述べている。彼は深川芸者と吉原の踊子は同じ者であると認識していた。ここでは「羽織」は深川芸者の代名詞になるほど重要な象徴とされている。ところが、花咲一男氏は『江戸売笑百姿』(三樹書房、一九八〇)において、安永十年(一七八一)の『新宿遊女評判記』に「羽織の部」が付属していることを紹介している。新宿でも芸者が羽織と称されていた。また、吉原の芸者も羽織を着ていた。羽織を着ているからといって深川芸者とは限らない。羽織を着る意味を深川芸者の気風だけに結びつけるわけにはゆかない。そのあたりに注意を払いつつ、改めて深川芸者の由来について考えてみたい。

津村淙庵による安永五年(一七七六)から寛政七年(一七九五)までの見聞録『譚海』に、深川芸者の祖とされる菊弥について次のように書かれている。

万治・寛文（一六五八〜七三）期にはまだ深川は人家がまばらだった。その頃「葭町に菊弥という女芸者あり、容顔麗しく諸芸に達し、声よく唄い、堺町、ふきや町の治郎《やろう》の坐敷へも呼ばれ盛んにもてはやされ、後に治郎（野郎）、陰間《かげま》の障りになりける故に葭町二丁町言い合わせて雇わぬようになりぬ、菊弥はせん方なく深川八幡前に引き移り、小唄三絃の師匠を始め、中側にて茶店」を開いた。それが人気を呼んでおいおい家居が建ち続き「菊弥は深川建立の起源」とたたえられた、というのである。

万治・寛文期という年代には疑問があるが、いずれにしてもまだ芸者という者が存在していない頃の話である。したがって、菊弥は芸者ではなく、踊子ということになる。菊弥が陰間で名高い芳町（葭町）から移ってきたというところに、この伝承の意味深長なところがある。ずっと年代は降るが、明和二年（一七六四）の『当世座持話』には「女とも見え、男とも、羽織芸者の撥音高く」とある。また、芸者より先に踊子の中に男装する者がいたことについてはすでに述べたところである。もしかすると、菊弥は男装して芳町の陰間たちと区別ができないような風体をして宴席に出たことがトラブルの種になって、移転を余儀なくさせられたのかもしれない。

百年以上も後になってからの伝承だから菊弥が実在の人物かどうかはわからない。仮に実在したとして、彼女が深川に移住した時期はいつ頃だったのだろうか。すみだ郷土文化資料館の福澤徹三氏は深川北方の本所開拓は、「寛文元年（一六六一）の両国橋架橋後急速に進み、寛文・延宝期には当初のプランの開発が終了して、武家屋敷を中心に入殖が行なわれた」と、館蔵の「御江戸大絵図」の解説（『鴨東《おうとう》通信』八十八）で述べている。本所・深川の発展史を考えると、菊弥が移住したのは延宝期以降となるだろう。

『江戸町触集成』に集められた町触の一つに、元禄九年（一六九六）八月に富岡八幡の別当寺院である深川永代寺に「門前町屋初めて建つ」とあるので、菊弥が移り住んでから「おいおい家居が建ち続き」という記述を信ずれば、菊弥が深川八幡に茶店を営んだのは、元禄期を少しさかのぼる時期だったと思われる。となると、菊弥は「舞子の開山」と言われた笑顔のおかつの妹、松野とほぼ同世代ということになる。菊弥は小唄三絃の師匠となって踊子を育てたというのが

「深川建立の起源」という意味だろう。

花咲一男氏は『江戸のかげま茶屋』（三樹書房、二〇〇六）において、明和三年（一七六六）の男色細見の『三之朝』に「女芸者と子供の一坐甚だ禁ず、宮地《みやじ》はところにより禁ぜず」と記されていることを紹介している。「子供」とは「色子」のことである。「宮地」とは神社のことだろう。花咲氏は明和三年の川柳万句合に「よし丁の茶屋をどり子とめらる」という句があることも紹介しており、この時にも菊弥の場合と同じようなトラブルがあったことを教えてくれる。

ちょうどその頃から女芸者の人気が上り調子となり、陰間の人気が凋落しはじめていた。明和三年に陰間と芸者が同席しないというルールが成立していたことは、浮世絵を見るときに留意する必要がある。男装をした芸者が宴席に加わっている可能性があり、単純に陰間とは言えないからである。

江戸後期の『萍花漫筆』に「廓の男芸者を太夫、女芸者を羽織と唱えし、これは大方は娘子供をわかしゅ髷にて羽織を着せて出せしゆえに今にこの名を残せり」とある。なぜ、初期の芸者たちが男装をして陰間と同じ姿をしていたのかは、トランスヴェスティズムにも関わる興味深い話題である。彼女らは歌舞伎役者から踊りを学んでおり、風俗は役者からつよい影響を受けていた。年若い役者の中には陰間を勤めるものもいた。彼ら彼女らの風体が重なるのは当然でもある。

初期の芸者が男装をしていたということを念頭において浮世絵を見るならば、これに相当するかもしれない人物の姿が近藤清春による『神社仏閣江戸名所百人一首』の、「深川あみほしば」（二四ページ図1上段）の景に認められる。橋を渡りながら「もうつく」と言いつつ、武士を茶屋へ導きながら左手で褄を取る大柄な人物は、少なくとも黒地ではない無地紋付留袖の腰までしかない短羽織を着ている。髪形は別の挿図の若衆と同じようであるが、刀を差していない。同一画面に描かれている茶屋の女将とは髪型が明白に異なっているが、褄を取っていることから女には相違ない。おそらく、この女は深川最初期の男装芸者ではないかと思われる。三味線を手にしないのも『絵本小倉錦』の芸者と共通する。もし、これが認められるならば、芸者が出現した時期と場所が明らかになる。

網干場はのちに岡場所の一つになっている。安政四年(一八五七)の序がある石塚豊芥子《ほうかいし》の『かくれ閭《ざと》』(国立国会図書館)には次のように記されている。「深川佃島を里俗にアヒルと云うならん、又海と云う、向う土橋とも云う」としたうえで、「佃島より網を洗濯する所なり、故にせんたくした網干場などと云う、アヒル、網干のみの文字を略して形の如く云うなるべし」と説明している。

一方、斎藤月岑《げっしん》は『武江年表』の天保十三年(一八四二)三月十八日の条で、岡場所を列記して「あひる」に「又海という、本名佃町也、あひるという事は昔房州畔蒜《あひる》郡の船頭がこの所にへ移る、帆洗い女といえる名目にて売女始む」という注を施している。しかしながら、江戸時代にはすでに畔蒜郡という名称は失われていたので、豊芥子説を採るべきであろう。

すでにふれたように、『神社仏閣江戸名所百人一首』の上限は享保十五年(一七三〇)である。下限は本図によって宮古《みやこ》路豊後掾《じぶんごのじょう》の長羽織が流行する享保末年となる。『月堂見聞集』には享保十八年のこととして、京都の島原が困窮のあまり人寄せのために宮古路豊後掾を呼んで芝居小屋を立てたことが見える。その後、豊後掾は江戸に下り、同十九年に江戸堺町の中村座に出て一気に流行りはじめたことが『声曲類纂』に記されている。次節で述べるように歌舞伎界と関係が深い深川芸者であれば、流行する以前に早速、羽織風俗を取り入れていたはずである。なお、宮古路風の長羽織が取り締まりの対象となるのは元文四年(一七三九)十月のことである。『絵本小倉錦』の元文五年成立説はこれに基づいているのではないかと思われる。

「深川網干し場」の図は明らかに宮古路豊後掾の長羽織が流行る以前の図である。深川芸者の羽織の由来としては、長い羽織が元文頃より流行り出したことが有力な一説とされる。しかし、芸者と思われる女の羽織はそれ以前の腰までの短羽織なので、それは理由にならない。もし、これが深川芸者だとすれば、その出現は享保末年にまでさかのぼることになる。本図は『絵本小倉錦』の「芸者娘」よりもさらに古く、先に享保末年に踊子が芸者と山猫の二種に分かれたという『諸聞書』の記事を紹介したが、それを証する図になるだろう。

享保末年には芸者がいたことを示す別の文献もある。『東京市史稿産業編十三』が引用する、半丁庵という者が綴った享保七年より寛保元年に至るまでの「仲間参会入用帳」から抜き書きした享保十七年(一七三二)の史料に、「座頭一人、芸者二人、茶船の小遣い」の支払いとして金一分と二百文が計上されている。舟遊びが初期の芸者遊びの定番だったようだ。「仲間参会入用帳」によると、それまで踊子を招いていた舟遊びが享保十七年八月一日から芸者にかわっている。芸者への支払は元文元年(一七三六)まで続くが、その後は「舞子」を呼んでいる。芸者は踊子による船遊びを受け継ぐ遊興の相手だった。

初期の芸者が舟遊びと結びついていたことを示す別の図もある。西村重長が挿図を手がけた『絵本江戸みやげ』(早稲田大学)の「聖天の景」には、隅田河畔の船宿が描かれ、戸障子には「ちゃ　ふね」「船宿」と書かれている。船に乗り込もうとする大柄な人物は「深川網干し場」の芸者と思われる女とよく似た風体で、衣装や髪型はほとんど同じである。大柄であることや三味線を持たない点も共通している。初期に大女で有名な芸者がいたのかもしれない。ただし、着ている留袖の羽織は黒無地ではなく小紋で、また、丈が長い。後ろには荷を背負った坊主頭の子供が従っている。坊主頭の小僧は芸者や陰間を描いた図にしばしば登場する。なお、和田維四郎氏は稿本『木版絵本年表』(国立国会図書館)で、『絵本江戸みやげ』について、宝暦三年(一七五三)の奥村喜兵衛版を初版本としている。

深川芸者と歌舞伎役者

深川芸者の羽織姿は踊子の風体がそうであったように、歌舞伎役者からの影響が考えられる。ところが、すでに佐藤要人氏も引用しているが、初代中村仲蔵の自伝的な内容を含む『月雪花寝物語』(『日本庶民生活史料集成』十五)に、筆者の推定とは反対の事情が記されている。仲蔵は女形の初代瀬川菊之丞が深川の二軒茶屋へ赴き、「黒羽二重羽織小袖紋付」という芸者風俗を写しとったと述べている。だが、この記述には少々疑問がある。深川芸者といえば黒羽織というイメージを思い浮かべるだろうが、初期の浮世絵を見るかぎりでは絵羽織がほとんどだからである。

瀬川菊之丞が深川に行きたいと思った理由は芸者が目的ではなく、「近年踊子はやり申候」ということにあった。彼が深川に向かったのは歌舞伎役者は吉原に登楼できなかったからである。ところが、「深川へ参りたく候えども、皆あしく申し候につき、二軒茶屋にて別に四畳半の圍を立て、屋敷と申しふらし候て、…芸子をよび、その風俗を皆々写しとられ申し候」とあって、わざわざ小亭を建ててまでして芸子を呼んでいる。その後には「目ばかり頭巾《ずきん》にて忍び参り候故に、芸者はその名存じ申さず候」という文章が続く。一つの文章に「踊子、芸子、芸者」が併用されているということは、これがまだ芸者という呼称が固まっていなかった頃の話だったことを物語っている。

瀬川菊之丞は享保十五年(一七三〇)に江戸に下って大評判をとり、寛延二年(一七四九)に亡くなっているので、まさに芸者の誕生期の様子を伝える貴重な逸話である。ただし、菊之丞は仲蔵が十四歳の時に世を去っている。仲蔵がある程度の事実を伝えているにしても、どこまで信用できるのかを検討しておく必要がある。

深川小松町に生まれた中村仲蔵は「我十歳の頃までは、八幡地内にて山内いせ屋、松本屋二軒茶屋計にて、外には一軒も御座なく候、八幡前は漁師町のように御座候、その中へ始めて女郎屋出来申し候、故に女郎とは申さずして中町へ行くと申し候、それより女芸者出来申し候」と語っている。仲蔵が十歳になる延享二年(一七四五)までは富岡八幡には二軒茶屋しかなく、女郎屋もなく芸者もいなかったと言っている。仲蔵の言葉に従えば、菊之丞が深川で芸者遊びをしたのは少なくとも同年以降ということになる。

だが、それ以前の富岡八幡の界隈は、仲蔵が子供の頃とは大いにちがってたいへんな賑わいを見せていた。天和二年(一六八二)の奥書、翌年の清書奥書がある戸田茂睡による『紫の一本』には、永代島の賑わいぶりが次のように記されている。「八幡社より手前二三町が内は表店はみな茶屋にてあまたの女を置きて、参詣の輩のなぐさみとす。就中、鳥居より内をば洲崎の茶屋といいて、十五六、二十ばかりのみめかたち勝れたるを十人ばかりづつも抱え置きて酌をとらせ、小歌を謡わせ、三味線をひき、鼓を打ちて、後はいざ踊らんとて」とある。そして、「花車屋おしゅん、おりん」という、高名な抱え女の名までが記されている。

すでに深川は「三谷の遊女も爪をくわえる」、すなわち、吉原も顔負けの遊興の巷になっていた。こうした賑わいぶりを考えると、菊弥が移転した時期は先に推測した貞享・元禄期よりも早まり、少なくとも天和期までさかのぼらせることができよう。

しかしながら、これらの茶屋は天和二年（一六八二）の大火、そして何よりも『紫の一本』と同じ著者による『御当代記』の同年の条に「江戸中大小の茶屋に茶振女おくべからず」とある禁令のために、他所の茶屋とともにいったんは衰微したと思われる。『紫の一本』には後の書き込みと思われるが、元禄元年（一六八八）に「本所再興ありて再び栄え家満つ」という一文が含まれている。だからといって、『紫の一本』の本文全体が天和二年（一六八二）までに成立していたことまで否定する必要はないだろう。元禄元年に幕府は本所の開発を再開しており、同年四月には深川漁師町が町並として認められ、永代売が許可されている。大火後の深川の復興は早かった。

その頃の八幡社境内を描いた図を、花咲一男氏は『英一蝶《はなぶさいっちょう》画譜』（国立国会図書館）の中に見いだして『深川文化史の研究』（江東区、一九八七）の口絵として用いている。花咲氏は図中の富岡八幡の赤い鳥居の脇、小橋のたもとの茶屋の暖簾《のれん》が花車模様であることに注目して、これが「花車屋」であることを指摘している。暖簾の陰には竈と釜が見えるので文字通りの茶屋ということになるが、入り口に一人の女が佇み、中ではもう一人の女が腰掛けて客を待っている。路上では女が通行人の襟首をつかんで強引に客引きをしている。そこには「同じ頃の深川の図」と注されているが、「同じ頃」とは前の図に「貞享元禄頃の吉原道中」と題されているのを受けているのであろう。題字は画譜が編集された時の書き込みで当初からのものではないが、英一蝶がこうした風俗画を描いたのは元禄十一年（一六九八）に遠島の罪を得るまでのことであった。

花咲氏の炯眼は隣家の暖簾が鍵の模様であることにも及び、延宝五年（一六七七）刊行の『江戸雀』の八幡社境内の茶屋に同じ模様の暖簾がかかっていることを指摘している。『紫の一本』の記事はこれより少し降る天和期の深川事情を伝えていると考えてさしつかえない。

また鳶魚氏は「相撲の話」において、貞享元年(一六八四)に深川八幡社での勧進相撲が三十六年ぶりに許可されていることや、元禄六年の新大橋、十一年の永代橋の建造、十三年の洲崎弁天の建立、十四年の三十三間堂の深川での再建などをあげて、将軍綱吉が深川の繁盛を心がけたことが隆盛の背景にあったことを指摘している。

『江東区年表』によると、元禄十年には天和二年以後中断していた八幡門前仲町の料理茶屋の再興が許可され、『諸聞書』によれば元禄十一年には境内に「十二軒茶屋」ができている。『有章院殿御実紀』によると六年後の正徳四年(一七一四)八月二十九日の条に、「深川永代寺門前の茶肆《ちゃし》、禁にそむいて私窩《しか》を設けし」として、「今より後いよいよ厳禁」とされるまでになっていた。深川芸者出現前夜の深川は繁盛と、それにともなう私唱取締が繰り返されていた。

深川の賑わいも寛保期の踊子取り締まりの結果、仲蔵が言うように延享頃にはいったん衰亡していたのだろう。衰退のもう一つの原因としては寛保二年(一七四二)の大川の出水が考えられる。本所一帯は幾度も大水に見舞われているが、『江戸町触集成』によれば八月五日には本所一円が満水となるほどで、二十三日になってやっと常態にもどるというありさまだった。これを境に延享二年(一七四五)までに、二軒茶屋の屋号は「花車屋」と「鍵屋」から、中村仲蔵が記すように「伊勢屋」と「松本」に変わった可能性がある。なお、鈴木南陵氏による「深川の二軒茶屋」(『今昔』第二巻第三号、一九三二)によれば、伊勢屋は明治初めになくなり、松本も明治十五、六年に廃業したとある。

瀬川菊之丞が深川の踊子に興味をもったのは、取り締まりが厳しくなる寛保期以前のことと思われる。そうなると、中村仲蔵が生まれる以前か、生まれるかどうかという頃の話となる。仲蔵の話は割り引いて聞く必要がある。しかも、『中古戯場説』によれば、菊之丞は元文二年から寛保元年まで大坂に戻っているので、深川通いは享保十五年(一七三〇)以降、元文二年(一七三二)以前のこととしなくてはならない。仲蔵が生まれる十年以上も前のことである。芸者が「黒羽二重羽織小袖紋付」だったとするのは、仲蔵の成人後の知識を菊之丞の深川通いの逸話に結びつけたのであろう。

それはともかくとして、瀬川菊之丞の深川通いはまさに芸者が誕生した直後の話題であり、歌舞伎役者と深川芸者とのつながりが最初からだったことを物語る興味深いエピソードでもある。鳶魚氏も引用しているが、宝暦十年(一七六〇）の序を持つ『深川珍者録』には、深川富吉屋の芸子「おいよ」が女に興味がなかった二代目瀬川菊之丞と馴染んだあまりに、押しかけて女房になることを懇請したというエピソードが含まれている。武井協三氏は『江戸歌舞伎と女たち』（角川選書、二〇〇三）で、同九年に刊行された『役者女房評判記』には、「深川出身者が四人もいて目に付く」としている。

『月雪花寝物語』には仲蔵と大名たちによる「殊のほかかたき」と評判の芸者お八重をめぐる興味深い内輪話とともに、初代瀬川菊之丞の弟の菊次郎（一七五六没）が「深川になじみ芸者御座候、あらわれ申し候と兄菊之丞むつかしく候へば」ということから、床山の藤十郎を介して手紙をやりとりしていたところ、藤十郎の妻が勘違いしてひきおこした、まるで芝居の一幕のような大騒動が綴られている。深川芸者はその始まりから歌舞伎界と密接な関係を持ちつつ人気を高めてきた。

大名の中には芸者との交際を深める者がいた。ティモシー・クラーク氏は『ブリティッシュミュージアムプレス』（一九九二）において、越後の新発田藩主、溝口直養《なおやす》が天明元年（一七八一）に北尾重政になじみの芸者を描かせて、会えないときの慰めとしていたことを紹介している。また、只野真葛《ただのまくず》の『むかしばなし』（平凡社東洋文庫）は奇行で知られた松江藩主、松平宗衍《むねのぶ》の逸話をいくつか伝えるが、同公は「芸人、太鼓持ち、役者、町芸者など常に御側に召連れてありし」とある。

初期浮世絵の芸者

『深川珍者録』の序文には「遊里はやぐら下、踊子等日本一にて」とあって、宝暦十年になってもまだ踊子の方が名が通っていた。こうした事情もあって、これまでは宝暦以前に芸者が存在していたとはまったく考えられてこなかった。当然のことながら、初期の浮世絵に芸者が描かれていると考える研究者もいなかった。浮世絵の主題について改めて見直す必要がある。

図７　古山師政筆「踊りの稽古図」(東京国立博物館蔵、Image: TNM Image Archives)

東京国立博物館に「踊りの稽古図」(図７)と題された図がある。絵師は古山師重の子とされる師政で、本図は師政の作品中では後年に位置し、延享・寛延期(一七四四〜五一)の作とされている。画面にはしんみりとした静けさが漂っていて、華やかな踊子を描いた図とは一味違う。いったい何者を描いたのだろうか。

白梅の咲く庭を背にした座敷で、火鉢をはさんで一人は扇を手にしながら踊り、一人が譜を前に三味線を弾いている。客が居ないので稽古中なのだろう。二人ともまったく同じ風体で、男のような髷を結うが中剃がなく髪飾もしていない。中剃の有無は陰間と区別する一つのポイントではあるが、絶対視はできない。そして、振袖ではあるが丈の長い絵羽織を着るという、踊子とは異なる特徴のある風俗をしている。三味線を弾く女の羽織には菊紋があり、踊り手は素足ではなく足袋を履いているように見える。普通、陰間は一人で描かれるにもかかわらず、この図では三味線と踊りの二人組である。そこに芸者と見る余地がある。

相撲博物館に土俵が四角であることから、「南部相撲興行の図」(図８)と題された六曲屏風が所蔵されている。図の右上には二軒の茶屋が描かれているが、左側の座敷では長振袖を着た三味線と踊りの二人組の女が宴席を盛り上げており、店先の縁台には客待ち顔の二人組が座っている。ただし、いずれも羽織は着ていない。茶屋のうち一軒の暖簾は「花」

という文字と「車輪」が描かれている。傍らに一蝶の図と同じように小さな流れが認められるので、これは富岡八幡の二軒茶屋の花車屋とすべきである。そうだとすると、本図は南部相撲ではなく富岡八幡での勧進相撲を描いた図としなくてはならない。

制作年代は屋号が変わる寛保以前ということになるが、富岡八幡での相撲興行の経緯や女の風体からすると、制作時期は享保期にさかのぼると思われる。となると、彼女らは芸者が出現する直前の深川の踊子ということになる。羽織の有無を除けば、画中の宴席に侍る三味線と踊りの二人組と、「踊りの稽古図」の振袖姿の芸者とはほとんど同じ姿で、踊子の中から芸者と称する者が生まれたことを証してもいる。

古山師政筆「踊りの稽古図」は初期の芸者を描いたものと考えたいが、丹尾安典氏が『男色の景色』(新潮社、二〇〇八)で説くように、白梅や菊の紋を陰間の隠喩と見る向きもあるだろう。実際、そう考える解説も少なくない。奈良県立美術館に所蔵される川又常正筆の「若衆調絃図」と題された図もその一つである。常正は寛保・寛延期(一七四一～一七五二)を中心に活躍したとされる。

格子の外に薄紅色の梅が咲いている。広い座敷に一人座って三味線を弾く紋付振袖の絵羽織姿の人物は男髷を結うが、中剃が確認できないし、髪飾もしていない。傍らには酒肴が用意されているが、まだ酒宴は始まっていない。これと目を見交わしながら同じ服装、髪型をした人物が手に大きな編笠を持ちながら階段を上ってくる。羽織の紋は佐野川市松が用いる紋と同じである。編笠は陰間の象徴でもあるが、踊子も用いていた可能性があることはすでに指摘したところである。『我衣』によれば、「古来男女とも常に編笠をかむる。寛文までこの余風あり」ということだった。

構図からするとこの二人が本図の主人公と思われる。片隅の屏風には男物と思われる格子縞の着物と黒い帯が掛けられていて、二人を招いた流連客はまだ遊女と寝ていることが暗示されている。二人組ということからすると陰間の可能性は薄い。陰間は一人で行動する。羽織を着ていることからすると、芸者の可能性が考えられる。

男髷で羽織姿となると、陰間との区別がほんとうに難しい。『日本画大成』(東方書院、一九三一～三四)に「はなし図」と

興行の図」屏風(相撲博物館蔵)

題された宮川春水筆の図がある。男のような髷に簪を刺し、無地留袖の羽織に足袋、下駄履きという姿で、肩に手拭いを掛け手に編笠を提げた連れの男を振り返っている。男を見る眼差しは艶っぽく、まったく女にしか見えない。ちなみに、宮川春水は陰間の名所、芳町の住人であった。

享保十五年(一七三〇)に刊行された『絵本御伽品鏡』の挿図には、野郎帽子をつけ振袖の羽織を着て刀をさした若衆が「白人」、すなわち、大坂島の内の遊女とすれ違う場面が描かれている。それぞれに従僕が従うが、野郎に従う男の手には編笠がある。「はなし図」はおそらく陰間を描いたものだろう。

宮川春水は勝川春水と同一人物で宮川から勝川に姓を変えたとされる。加藤好夫氏によるインターネット上の『浮世絵文献資料館』によれば、宝暦十年(一七六〇)の『絵本武者軍鑑』から明和四年(一七六七)の『絵本金平武者』までは勝川春水の名で挿図を担当しているのに対し

図8　「南部(実は富岡八幡)相撲

て、明和八年刊行の『名物袖日記』では「宮川春水画」とある。宮川春水は一たん勝川と改姓したあと、再び宮川姓に戻ったのであろう。

「宮川春水筆」の落款がある「はなし図」は宝暦十年以前の勝川と改姓する前の作と考えられる。フリア美術館に所蔵される改姓後の「勝川春水筆」という落款のある図には、宴席の騒ぎを余所に縁先に一人たたずむ振袖羽織姿の女が描かれている。髪には櫛、簪に加えて、笄までも挿している。勝川姓ということから明和年間の作となる。すでに芸者は隆盛を迎えており、こちらは芸者を描いた図とみてよいだろう。

持ち芸による踊子と芸者の区別が誤りであることはすでに指摘したところである。明和二年の『当世座持話』には踊子が踊り、羽織芸者が三味線を弾くとある。しかし、同八年の『操《あやつり》草紙』では「三絃をひかざるを芸者とし、ひくを羽織とす」と、この間に踊る者も芸者と呼称されるようになっていた。どちらの文献も三味線を弾くものが「羽織」と称されている。

図9　鳥居清満筆「深川娘三幅対」（米国議会図書館蔵）

平木コレクション中の鳥居清広筆の版画「深川娘三幅対」は宝暦五年（一七五五）頃の作とされる。「深川娘」という題はいかにも素人娘を描いたかのように思われるが、右側の三味線を入れた長箱を担ぐ少年を連れた下駄履きの女は、振袖の絵羽織を着ているので芸者と見てよいだろう。真中の図では振袖姿の娘が日傘をさし、後ろに団扇を持った年配の女がつき従っている。『奴凧』に「むかしの芸者は娘ゆえ、まわし方にお袋の付来る事多し」とあるが、昔の芸者とは踊子のことであろう。「をどり子は母くどくのを聞いている」や、「をどり子の駕先に付く母者人」と、川柳にも詠まれている。真中の図は踊子ということになる。左側の図には扇で顔を隠しながら歩む留袖の女と、あとを追う風呂敷包みを抱えた少年が描かれている。女の仕種は鈴木春信の深川芸者を描いた図にも引き継がれているが、仮に包みの中が着替えとすれば、芸者というよりも女郎の呼び出しということになる。「深川娘」という画題は深川に跋扈する芸者や踊子などをひっくるめるための呼称であろう。

アメリカの議会図書館には清広の師匠にあたる、鳥居清満の筆になるまったく同じ図が所蔵されている（図9）。清満の図では右端の女が手にする浄瑠璃の台本に「祝着蓬莱□」と題されている。『声曲類纂』には享保十六年(一七三一)十月に大坂の豊竹座で初演された『赤澤山伊東伝記』に、「祝儀蓬莱山出語」という注がある。江戸での公演はその後になるが、清満の活躍は延享三年(一七四六)から確認されるというので、「深川娘三幅対」の右側の女は深川芸者の初期の絵姿の一つとして位置づけることができるだろう。

大英博物館に小ぶりの箱を担ぐ子供を留袖、絵羽織姿の女がふりかえり、連れの振袖姿が中村勘三郎一座の番付けを熱心に見入りながら歩む、奥村政信筆の版画がある。展覧会図録の解説では宝暦五年(一七五五)から六年にかけての作とされている。上部に記された「弾きそめや思ふ芝居ゑ忍び駒」の句からも、彼女の風俗が歌舞伎役者からつよい影響を受けていたことを物語っている。子供は本田髷を結っているが、もしかすると少女かもしれない。この図も深川芸者を描いた図と見てよいだろう。

東京国立博物館の鳥居清満の版画「住吉踊」では、縁台の上に乗って短冊の下がった大きな傘の柄を支えながら扇をかざしつつ音頭をとる二人の女が頰被りをして、留袖の羽織を肩脱ぎしている。縁台に腰掛けて三味線を弾く一人は、振袖姿でやはり頰被りをしているが羽織は着ていない。その左右で獅子頭と花笠を手にした中振袖姿が二人、身振り激しく踊っている。傘を中心にするのは住吉踊の定番だが、坊主が団扇をもって輪舞する通常の住吉踊りとは違っており、別の主題を考えるべきだろう。縁台に傘を立てるのは音頭取りの声が通るようにするための工夫である。この図は縁台の周囲を輪舞する図を祖先とするもので、踊子たちが盆踊りを芸能化した様子を描いたものではないかと思われる。

羽織を着ない深川芸者

山東京伝が冒頭で寛政五(一七九三)、六年の風俗と断っている細見美術館の「人物図巻」は、さまざまな階層の男女風俗が描き分けられた貴重な風俗絵巻である。「江戸のよし町の陰間というもののさま」と注された図は、振袖の絵羽織姿で髪型は女とまったく変わらない。一方、黒羽織を着ている女には「若後家」とあって、ここでは上層婦人を象徴する服装になっている。後家はたえず好色な男性たちの好奇心の対象になっていた。詞書には「外面は菩薩に仕うなど見せて、内心に恋の夜殿を隠せる」とある。これらに対して、芸者は羽織は着ておらず、三味線の撥を持った手で裾を少したくしあげ片腕を後に回した姿は喧嘩腰に見え、いかにも勝ち気そうである。

「羽織」と通称された深川芸者ではあるが、むしろ羽織を着ていない浮世絵の方が多い。ミネアポリス美術館には「松もとや」という店の前を扇をかざしながら通る芸者と、三味線が入った長箱を抱える女の「廻し方」を描いた鈴木春信の版画がある。言うまでもなく「松本屋」は富岡八幡境内の二軒茶屋のうちの一軒である。女の仕種は「深川娘三幅対」の左端の図と同じだが、紋付、裾模様の留袖姿で羽織は着ていない。

鈴木春信が挿図を描いた『絵本続江戸土産』の「ふか川八まん二けんちゃ屋のづ」では、長箱を抱えた仲居を連れた振袖姿の芸者が松本屋に向かう姿が境内に認められる。芸者は羽織を着ていない。これに続く「二けん茶やうら舟附図」の、武士に手を引かれて船から下りようとする芸者と思われる女も羽織を着ていない。和田維四郎氏編の稿本『木版絵本年表』によれば、本書は明和五年(一七六八)の刊行とされている。佐藤要人氏も『絵本江戸土産』(有光書房、一九七五)の解説で同年説が妥当と考証しており、深川芸者が羽織を着なくなった図としては早い。

佐藤氏は安永八年(一七七九)刊行の『竜虎問答』にもとづいて、「羽織が廃止されるのは安永の末らしい」としている。同書には「羽織芸者ははおりを略す」とある。だが、それはすでに明和期に始まっており、安永期にはほとんどの者が着用を止めていたことを意味するのであろう。ちょうどこの頃に踊子と芸者の人気が交替しており、踊子と区別するために羽織を着る必要がなくなっていた。ただし、これは深川芸者に限る話であって、他町ではその後も羽織の着用が続いていた。

シカゴ美術館の一筆斎文調による版画「東八景二間《けん》茶屋暮雪」も富岡八幡の茶屋、「山本」を背景に深川芸者を描いたものだが、振袖に足袋、下駄履きで、羽織は着ていない。胸に懐紙を挟んでおり、長箱と傘を持つ少女が従っている。制作年代は明和六年(一七六九)頃とされる。「山本」という茶屋も境内に実在していた。花咲一男氏が安永九年(一七八〇)の『自《じ》遊従《ゆうじ》座《ざ》居《い》』に伊勢屋、松本、富本と並んで名が記されていることを指摘している。二軒茶屋は四軒、さらには六軒という時期があった。

ギメ美術館に橋を渡る二人の深川芸者と箱屋を描いた湖龍斎の図がある。女はともに羽織を着ていない。芸者は宴会からの帰りらしく、酔った一人は留袖の片方を肩脱ぎしている。これに手を貸して肩を抱える女は格子縞の振袖姿で胸に懐紙を挟んでいる。勝川春章筆の明和期の作とされる版画「深川八景櫓下晩鐘」には、留袖に素足下駄姿の二人連れが描かれるが、やはり羽織を着ていない、一人は手に懐紙を携えている。花咲氏によって紹介された安永四年(一七七五)刊行の春本、『色道三津伝』には春章の挿図が添えられているが、「ふか川」の酒宴の場面では芸者のうち一人だけが振袖の羽織を着て三味線を弾いている。もう一人は留袖で羽織を着ておらず立ちながら宴席を眺めており、廊下では振袖姿の芸者が立ったまま客と交接している。三人の芸者はそれぞれに着衣が違っている。

ホノルル美術館所蔵の磯田湖竜斎の版画、「風流深川八景」のうちの「仲町夜雨」には、三味線を担ぎ、提灯を手にする少女のあとに互いに傘の柄を持ち合う二人の女が描かれている。ともに留袖で一人は菱模様のある白っぽい羽織を着ている。着ていない方の女の胸には懐紙が差し込まれている。安永五年(一七七六)の書き込みがある東京国立博物館の北尾重政筆の版画、「東西南北美人」のうち「東方の美人仲町」では「お仲」と「おしま」の二人が立ち姿に描かれ、ともに留袖で羽織は着ていない。「お仲」は懐紙を胸に入れ、「おしま」は手にしている。彼女らの娼妓とは異なる身のこなしからすると、芸者と見るべきだろう。

天明七年の『古契三娼《こけいさんしょう》』には、深川の項に「はをりで、さま吉、むめ吉さ」とあるので、天明期にも羽織芸者がいたように思われやすい。だが、羽織を着なくなってからも芸者を意味する羽織という言葉は深川では用い続けられた。それは踊子が踊らなくなってからも、後々まで踊子と称されたのと同じである。絵画史料と文献では文献の方に信憑性があるとするのが一般的であるが、文章がいつも時代の先端風俗を捉えているとは限らない。目前の風俗を描く浮世絵の方がより正確な情報を伝えている場合がある。天明五年(一七八五)の『絵本物見岡』の「深川図」には「羽織芸者の一節に」という詞書が添えられているにもかかわらず、二軒茶屋での宴会を描いた挿図には羽織を着ている芸者は一人もいない。

関東米（振鷺亭）の自作自画になる『玉の帳』は寛政年間の作とされるが、巻頭の挿図には深川の和哥町（仲町）や碁橋（土橋）、および各所の子供（娼妓）とともに若い芸者が描かれている。そこには「ハヲリ見番へ口がかかって出る躰」と題されており、題字には三味線を入れる長箱が添えられている。しかしながら芸者は羽織を着ていない。絣の留袖の右肩を少し外すように落として、素足に下駄履きで太股も露わに駆け出す姿は「きゃん」そのものである。

この芸者は背中の帯に扇子を挿し込んでいる。こうした風俗は早くに『傾城禁短気』の舞子にも認められる。扇は涼を取るものであるが、踊りにも欠かせない。同じ姿は板橋区立美術館に所蔵される歌川豊広筆の、深川風景を背景にしながら永代橋を行く振袖と留袖の二美人のうちの留袖の女に見ることができる。三味線は持っていないが、これも深川芸者を描いた図と見るべきだろう。太田記念美術館にも歌川直広の手になる同じ趣向の図があり、たたんだ傘を手にする留袖の女の背にも扇子が挿し込まれている。歌川豊国の三枚続きの版画「鹿茶屋」の右端に、きせるを手にしながら縁台に腰掛ける女の背にも挿されている。こうした風姿を描くのは歌川派の専売だったようだ。

享和二年（一八〇二）に刊行された『絵本時世粧』中の、歌川豊国による挿図「辰巳ふか川」の場面では、「はおり」とあって二人の芸者が三味線を弾いている。ともに羽織は着ておらず、帯に懐紙を挟んでいる。芸者と長箱の間には「廻し方」の文字が付された女がいて座を取り持っている。

浮世絵には羽織を着た子供芸者が幾人か見いだされる。天保四年（一八三三）の『深川大全』には「今も十二三のげいしゃはおりを着て出る。是を豆げいしゃという」とある。羽織姿の子供芸者は太田記念館の、慶子（初代中村富十郎の俳号）が「妹が手に雪持傘の撓《たわ》みけり」という句を付した一筆斎文調筆の図に見ることができる。青紙傘の柄を手にしながら羽織姿の豆芸者を振り返る留袖と振袖の二人は、姉さん芸者ということになる。シカゴ美術館の鈴木春信筆の版画「芝居茶屋へ向かう美人」にも羽織姿の子供が従っている。これも芸者と豆芸者を描いた図であろう。

鳥居清長の挿図がある天明五年（一七八五）の『絵本物見岡』の挿図のうち、隅田川畔を歩む一行の最後尾に本田髷を結った羽織姿の豆芸者が描かれている。豆芸者は吉原にもいた。享和四年(一八〇四)に刊行された『青楼年中行事』中の、喜多川歌麿による挿図「芸者ひろめの図」では、多くの芸者に見守られながらお披露目に歩く、幼い豆芸者だけが男髷に羽織姿である。

鳶魚氏は「羽織というのは最初こどもから起こって、後に成人したものが妄りに扮装」したものとしている。しかし、深川芸者が子供の真似をして羽織を着たという鳶魚説は間違っている。実態は逆である。後から出現した豆芸者が後々まで羽織を放さなかったのである。芸者が子供の真似をしたことを根拠にして羽織は性行為を拒否する象徴と言われてきたが、そうした説明は通用しない。彼女らと同じ風体をした陰間は性行為を前提とした存在である。芸者が女でありながら羽織を着、場合によっては男髷すらした異様な扮装については、単純に性行為を拒否するということではなく、別の理由を考えなくてはならない。

西沢一鳳が『皇都午睡』三編中(一八五〇～五三)で「羽織とは腰から下は売らぬという謎なり」と言っているが、逆に、彼女らがその象徴ともされる羽織を脱ぐということは、陰間との違いを強調することにつながる。同時に芸者が陰間と同じ座敷に出ることもなくなった。それは、芸者という職業に対する自信の高まりを意味するのであろうが、羽織を着ることのもう一つの意味、男性と対等であろうとする対抗意識からの脱却を意味し、女性性を意識することの表れでもあった。

白倉敬彦氏は『江戸の春画』(洋泉社、二〇〇二)において、深川芸者の黒羽織姿については鳥居清長筆の「色道十二番」や「時粧《しょう》十二鑑」のうちの「げいしゃ」に見られる程度だとしている。そこでは「清長の絵柄では、黒羽織を着たまま客と交わっていて、それが深川芸者であることの符丁となっている」と解説されている。しかし、羽織は深川芸者だけのものではなかったうえに、この頃の深川芸者はすでに羽織を脱いでいた。また、着衣がはだけた春画では羽織かどうかもわからない。

『深川大全』に「昔は此土地にて、娘を男に仕立て、羽織を着せて出せし故、はおりと言うなり」とある。男装は羽織着の意味をいっそう明確に示している。「男に仕立てた昔」とは、芸者が出現した享保末年頃をさすのであろうが、宝暦期以降に踊子にかわって芸者がもてはやされるようになってからは、深川の地では次第に男髷で羽織を着た図を目にしなくなる。先に、明和二年(一七六五)の『当世座持話』の「女とも見え、男とも、羽織芸者の撥音高し」という文句を示したが、男装をした芸者自体は後々まで浮世絵に見ることができる。むしろそれは吉原においてであった。

男髷、羽織姿の芸者と陰間の風俗

東洋文庫に所蔵される明和年間の後期に活躍した駒井美信の筆になる版画に、留袖、前垂れ姿の女が文を読んでいるところを、後ろからのぞきこむ男髷で振袖羽織姿の人物が描かれている。浅野秀剛氏による解説ではこれを陰間と見ているが、そうではないようだ。手紙が男の名宛になっているのは、芸者が「権兵衛名《ごんべえ》」といって男のような名をつけていたからであろう。

明和六年(一七六八)に刊行された『絵本浅紫』(たばこと塩の博物館)の北尾重政による挿図のうち、巻下の「三味線は」に始まる文章とともに描かれた図では、酒宴において二人の芸者が三味線の音締めをしているところが描かれている。二人とも振袖の絵羽織を着ており、一人は男髷を結っている。花咲氏が指摘したように、明和三年以降には陰間と芸者が同席をしなくなったとすれば、彼女らはいずれも芸者ということになる。

板橋区立美術館に所蔵される歌川豊春筆の「邸内遊楽図」は安永初期の作とされ、三人の客と芸者三人による宴会の光景が描かれている。うち一人だけが男髷に櫛、簪を刺し、紫地の振袖の羽織を着ている。これと留袖姿とが拳をしており、振袖の女が三味線を弾いている。同館の解説では羽織を着ている者は陰間の可能性があるとするが、そうではなくこれも芸者と見るべきだろう。なお、フィラデルフィア美術館には客の姿はないが、振袖の羽織を着た女と振袖のみの女が拳をし、これを留袖の女が三味線を持ちながら立って見ている同じ趣向の鈴木春信の版画がある。

『浮世絵大家集成』(大鳳閣書房、一九三一〜三四)に一図が掲載され、エルミタージュ美術館にも一図が所蔵される磯田湖竜斎筆の春画「色道取組十二番」の冒頭の図には、客二人と四人の芸者との酒宴の光景が描かれている。四人の女のうち左端の一人は振袖の着物だけであるが、他の三人のうち後ろ姿を見せる一人は留袖の羽織、もう一人は振袖の絵羽織を着ているらしい。残る一人は中剃りのある本田髷を結って正面を向いており、胸もとには紐が見えるので明らかに羽織とわかる。

これらの図はどこの芸者を描いたかわからないが、男髷、羽織姿の吉原芸者の図がいくつかある。天明二年(一七八二)の『手前勝手御存商売物』には、留袖の絵羽織姿で三味線の音締めをする吉原芸者を描いた北尾政演の挿図にその姿を見ることができる。林美一氏が『江戸春秋』十号において紹介された、北尾重政が挿図を描き、天明五年に刊行された春本『艶本枕言葉』の吉原仲の町の場面では、男が留袖の羽織りを着た芸者を押し倒して裾を捲ろうとしており、これを見つけた仲居が男を咎めている。芸者の頭には中剃がはっきり認められる。

安永八年(一七七九)の『百安楚飛《あそび》』に、吉原では「俄《にわか》」に際して「女稽者(芸者)は髪を切りて若衆の姿となり」とある。浅野秀剛氏が「吉原俄の錦絵」(『浮世絵芸術』一五八号二〇〇九)で安永五年の俄に取材したと考証する、磯田湖竜斎の「青楼藝者俄狂言盡《つくし》」の阿古屋《あこや》琴責めの場面では、「万字屋佐助内」の「重忠」役の「かけを」と、「岩長」役の「佐吉」は裃姿の男装で中剃りをしている。

喜多川歌麿の「青楼仁和嘉《にわか》女芸者之部」のうち、黒雲母《きら》摺りの三人大首絵では、「麦つき」を除いた扇の地紙売りと団扇売りの扮装をした二人が中剃りをしている。ただし、同じ年の俄に取材した間判全身絵の扇売りと団扇売りでは中剃りは確認できない。浅野氏は『浮世絵は語る』(講談社現代新書)において芸者の名と細見との照合により、これを寛政五年(一七九三)の作であることを明らかにしている。また、同じシーリズの「茶せん売り、黒木売り、さいもん」では、祭文語りに扮した芸者だけが中剃りをしている。『艶本枕言葉』の芸者に見る中剃りは俄に扮した名残りだろう。

また、鳥文斎栄之の版画「青楼芸者撰」(東京国立博物館)中の「おたみ・おふく」の図(図10)では、座って鼓の緒を調べる一人は吉原本田に結って留袖の羽織を着ている。ただし、中剃りはしていない。たばこと塩の博物館の鳥居清長筆の

図 10　鳥文斎栄之筆「青楼芸者撰」より「おたみ・おふく」（東京国立博物館蔵、Image: TNM Image Archives）

版画「風流十二候神無月」には振袖羽織姿で中剃りのある芸者と、留袖に前帯をして長煙管を手にする遊女が描かれている。深川で男髷に羽織という男装芸者が見られなくなってからも、吉原にはその風俗が残っていた。

男装こそしていないが羽織着の芸者図として、板橋区立美術館で催された『浮世絵の死角』展（二〇一〇）に出品された、北尾政美の版画「女風俗花宴十一月」（ボローニア個人蔵）がある。口に御簾《みす》紙を銜えた遊女に腰を屈めながら会釈しつつ帰ろうとする、素足で女髷、留袖黒羽織の芸者と、銚子と三味線箱を下げた廻し方が描かれている。解説では極印が始まった寛政三年（一七九一）から、政美が津山松平家に抱えられる同六年までの間の作と考証されている。黒羽織姿ではあるが年代的に見て深川芸者を描いたものではなく、女郎に対する丁重な物腰からみて吉原芸者に違いない。三田村鳶魚氏が『瓦版のはやり唄』（春陽堂、一九二九）で集めた「しん板大つえぶし」に、廓の人の癖として「女芸者はおじぎを横にする」とあるのがこれにあたるであろう。

これに対して陰間は一貫して羽織にこだわっていた。天明六年（一七八六）の『絵本吾妻抉《からげ》』には「うちはやす七くさわかな若衆かた拍子揃ふてふりもよし町」という、山郷橋弥の狂歌が添えられた挿図がある。階段を上がろうとする振袖羽織姿の陰間のあとに男の箱屋が従っている。箱屋は蒲団包みを背負っている。陰間を詠んだ狂歌が添えられているにも関わらず、その姿は羽織芸者とまったく区別がつかない。

浅野秀剛氏が『江戸の誘惑』展（江戸東京博物館ほか・二〇〇六）の図録に、「描かれた遊女・女芸者・陰間」という文章を寄せている。浮世絵の研究者による、内容の一部が拙論に重なる先行文献である。「女芸者の描かれ方」の項は「それ以外の女性との峻別が難しい」と結ばれている。たしかに三味線を手にしない場合は素人や陰間との区別が難しいが、懐紙の有無や、振袖と留袖の二人組などを指標とすれば、ある程度芸者を見分けることができる。

浅野氏は「色子・陰間の描かれ方」を湖龍斎筆の「芸妓・陰間図」（ボストン美術館）を用いて説明している。深川芸者と陰間を一対に仕立てた図は他にないので注目に値する。氏はこの図を安永元・二年（一七七二・七三）の作としている。芸妓図では、三味線箱を担いだ坊主頭の子供を従え、留袖を着た素足に下駄姿の女が寒そうに橋を渡ろうとしている。背後には深川山本町の火の見櫓と蔵が見える。芸者はすでに羽織を着ていない。一方、振袖、絵羽織姿の陰間は五井屋という茶屋の前を通り過ぎようとするところである。額に紫色の野郎帽子が認められるので色子だと見分けやすい。特徴的なのは視線が鋭いことで、顔を伏せ、しかも、顔を隠すように編笠を目深に傾けながら足早に店先を通り過ぎようとしている。

浅野氏は陰間を娘と区別する要素として「編笠を浮かして歩く」、「髷」、「女物の羽織」の三つを挙げている。後の二つは区別に役立たないが、笠を両手で頭上に持ち上げる仕種だけは確かに陰間だけの特徴である。早くは天和二年（一六八二）の年紀がある『岩木絵尽』の菱川師宣による挿図にも見ることができる。そこには一文字笠を両手で掲げる前髪をおろした野郎歌舞伎役者の図がある。こうした仕種は宝暦六年（一七五六）に刊行された『風俗七遊談』の陰間の項に、「編笠には楽屋入のかたちを装い」とあるのに関係するのだろう。中村仲蔵の『月雪花寝物語』にも「立役も女形も一文字の笠、楽屋入りにき申し候」とある。

『風俗七遊談』の挿図では陰間は振袖の羽織姿に描かれ、子供が従い小犬が見上げている。先の磯田湖竜斎の「陰間図」にも足元に二匹の犬がうずくまっており、陰間には犬を描き添えることで、それと分かるように工夫されていた。東京国立博物館の、明和期に活躍したとされる至信の筆になる一幅は、主人公は陰間の特徴とされる編笠を両手で頭上に掲げながら、桜が咲きかかる「えひや」と暖簾に染めだされた妓楼の前を通り過ぎようとしている図である。無地留袖の羽織を着て素足に下駄という姿であるが、表情におっとりとしたところがあるので陰間とは思いにくい。野郎帽子をせず中剃りもなく、大きな櫛を挿しているのがはっきりと見える。二階からは煙管を手にした遊女が見下ろしている。四方赤良に「ある人新吉原ゑひ屋の遊女ゑひらの元にかよふときゝて」と題した狂歌が『萬載狂歌集』にあるので吉原の光景と思われる。吉原に陰間はおかしいが、足元に犬がいるのは湖龍斎の陰間図と同じ趣向なので、編笠の人物は客ではなく、やはり陰間と見るべきだろう。ここでは遊女もうらやむ陰間の美しさを描こうとしている。

宝暦期に活躍したとされる大和川錦舟筆の編笠を両手で掲げる人物を描いた図は、東京国立博物館の所蔵品目録では「編笠女出立図」と題されている。その仕種は陰間に特有のものではあるが、性別の判断は難しい。主人公は至信の図と同様に野郎帽子はせず、女の髪型をしており編笠に隠れているが櫛の一部が覗いている。足袋と下駄を履き、無地留袖の羽織には菊の紋がのぞいている。背後には小さな傘を手にした坊主頭の子供が従う。

子供が手にする小さな傘からは、鳥居清信筆の「傘さし美人図」(東京国立博物館)が想い起こされる。同図には「指《さし》かかり子供の傘をかりたれは思ひもよらぬ濡れ女かな」という狂歌が賛として書かれており、主人公は女とみなされている。ここでは「子供の傘」としているが、曳尾庵の『我衣』には「懐中傘」という一項があって「たたみて袖に入る、俄雨の時用ゆ、享保頃出る」とある。「編笠女出立図」の小僧が持つ傘も「懐中傘」であろう。

坊主頭の小僧は湖龍斎筆の「芸妓・陰間図」(ボストン美術館)の芸者や、フリア美術館の勝川春英筆の「芸者図」にも従っているが、振り袖の羽織を着た女形の役者の後から編笠を手に従っている宮川一笑筆の「役者花見図」(東京国立博物館)の例もある。その存在によって主人公の性別を特定することはできない。

こうした子供を「小職《こじょく》」と言った。享和二年(一八〇二)に刊行された歌川豊国の『絵本時世粧《じせいしょう》』下巻に、女郎屋の朝を描いた一図がある。そこに「こちょく」という文字が付された坊主頭の子供が、手水を入れた鉢を盆に載せて客のもとに運ぶ姿が描かれている。「小職」は花魁が生んだ子とされる。男の子の場合はこれを「男禿」とも称した。また、『深川大全』には「こじょく」について「小蔵(小僧)という所もある」と注されている。また、「岡場所のこじょく油で揚げたよう」という川柳がある。岡場所の小職は吉原と違ってよく陽にあたっていたらしい。

女性の羽織姿

深川芸者は羽織を着て登場したが、それを着なくなってからも「羽織」と称された。芸者の羽織が象徴する意味は重要である。単純に歌舞伎役者の真似とするわけにはゆかない。芸者が羽織を着る以前のことになるが、洒落本に女の羽織着に関する興味深い事例がいくつか見いだされる。

正徳元年(一七一一)の刊行になる『女男伊勢風流』の「いわく在原の昔話」の章は、「都へかねまき(金撒き)にのぼりし女大尽《だいじん》」が主人公である。女大尽が島原の揚屋に向かう時のなりが、挿図では羽織姿で描かれている。この話では男と女の立場が逆転しており、女大尽の羽織姿には男と張りあおうとする意識が象徴されている。

享保元年(一七一六)に出版された『世間娘気質』の「世間にかくれのない寛濶な驕娘」の段では、さらに徹底した性格設定がなされている。富裕な家に生まれ、美男で女房孝行の婿をとったこれ以上何の願いもないはずの女が、「女の身にて我女の姿を嫌い、なんの因果に女と生まれて痩せたる男ひとりをまもり、自由な遊びをせぬ事ぞ」と案じて、髪を切って若衆めき、「八反掛の羽織に金ごしらえの中脇指、おぼろ富士という大編笠きて」、亭主とともに諸国の名所を巡ったあげく、「女夫(ふうふ)」連れで島原や祇園町に出かけた。祇園のはやり茶屋で、旦那が内儀の芸を自慢して笙を吹かせたところ、よその客には里心がつき、白人や太鼓持ちは身の上のわびしさに泣き出すという、世間の常識を反転させた傑作な話になっている。

男装まではしていないものの、実際に女性が羽織姿で吉原に登楼することがあった。『甲子夜話』に本清院という女性を回想した一文がある。秋田藩主佐竹家の娘として生まれた本清院は筆者の松浦静山にとっては伯父の夫人にあたる。本清院は若くして夫を失ったため実家から再嫁を勧められたが、宝暦九年(一七五九)に断髪し「世の常なる羽織を着給う」とある。そして、「北里に往《ゆき》て松楼に攀《のぼ》り、染之助と呼ぶ名高き傾城を招きて興じぬ」と、静山はその洒脱な人となりを追慕しつつ記している。

正徳元年(一七一一)に刊行された『傾城禁短気』には、好いた商人に身請けされた吉原の遊女、高雄が夫と連れだって上野の花見に出かけたときの風体が、やはり羽織姿に描かれている。二人とすれ違う頬被り姿の女に「女□はおりきとは」という台詞が添えられている。後版では「女□」が削られているが、この二字が重要である。短い言葉から心の動きを正確につかむのは難しいが、少なくとも女でありながら羽織を着ていることに対する驚きがあったことがうかがわれる。それとともに、頬被りは踊子の特徴であるからどことはなしに対抗心を感じさせる。今はれっきとした商家の妻であるが、もとは遊女である。それが「羽織着とは」という言葉になったのではないかと考えられる。

すでに細見美術館の「人物図巻」の「若後家」の例を見たが、板橋区立美術館所蔵の椿椿山筆「浅野梅堂母像」は剃髪姿で紋付の羽織を着ている。椿椿山の弟子だった浅野梅堂は旗本であった。和歌山藩校の督学夫人の日記である『小梅日記』(平凡社東洋文庫)の、万延元年(一八六〇)三月晦日の条には「さむく羽織出し着用」とある。

浮世絵では勝川春章の「風俗十二カ月図」(MOA美術館)の「節分」に、門に柊を挿そうとする少女を口元を袂で覆いながら見上げる女主人が思い浮かぶぐらいである。「風俗十二カ月図」はもとは平戸の大名の松浦家に伝来した。内藤正人氏が『浮世絵再発見』(小学館、二〇〇五)で明らかにしているように、春章と大名とのつきあいの中から生まれた風俗画ではないかと思われる。

他にはマノスコレクションの鈴木春信筆とされる版画に、猫を懐に入れた羽織姿の女が子供連れで座敷に立っている不思議な図がある。猫には寝る子という意味が籠められており芸者の異名でもあった。猫と女を主題とした絵のすべてを『源氏物語』の女三の宮のエピソードに結びつけるのはどうかと思う。また、ボストン美術館の一筆斎文調筆の「鍵屋のおせん」の図は鳥居のもとの茶屋を背景にしており、おせんは留袖黒羽織姿で懐に猫を入れている。茶屋女が芸者と同じ風体をしている点が不審である。前者についても春信筆とするには疑問がある。

幕末期になると浮世絵に女性の羽織姿が急激に増える。たとえば、安政元年（一八五四）に初代歌川広重が描いた「東都名所霞ヶ関」（丹波コレクション）では三人ほどが羽織を着ている。丈の短い綿入れ半纏《てん》と区別する必要があるが、浮世絵を見る限りでは一般の女性間に羽織が流行し始めたのは幕末期以降のように見える。ところが、かなり以前から羽織風俗は広まっていた。

『此花』十一号（一九一三）の、宮本揩衣《かいい》氏による「女の羽織」という一文には、『昔々物語』に「延享（一七四四〜四八）のころ町人の女房男の如く長羽織を着…、余程の奥方も次第に着るようになって」、同五年に禁令が出たとある。羽織着は町人の女房からはじまり武士の妻女に及んでいった。浮世絵だけを見ていては判断を誤る。禁止の趣旨は、寒さを防ぐとして「町中の女、近来羽織を着候儀の由…、商売物にも女の羽織地と申すも有る由…、右は異様にて増長も致し候」というものであった。また、宝暦二年（一七五二）の『当世下手談義』から「昔は船宿の女房ばかりぞ羽織を着けり、今は大体小家の一軒も持ちたる宿の子も女のあるまじき風俗させて羽織きせたる」という一節が紹介されている。「船宿の子」とは芸者のことだろう。女性風俗の流行は歌舞伎役者に始まり、それをいち早く取り入れるのが芸者であった。女性の羽織姿は深川の芸者からの影響とみることができるだろう。

禁令は羽織は男が着るものという通念が前提になっている。寛政十一年（一七九九）の『野暮《やぼ》の枝折《しおり》』の「いまは男がわた帽子をかづき、おなごが羽織を着る時節」という一文からしても、羽織は男性の象徴だった。芸者は男には容易に従わないという「意気」を心の支えとしてきた。それが芸者が羽織を着用した理由の一つと考えられる。

ずっと時代は下るが、明治五年から六年にかけて芸妓の間で男装が流行ったことが『高崎繁昌記』にみえる。高崎の芸妓は東京の流行に敏感だった。六年十二月の『書抜新聞』一号に、「近き頃、東京に芸妓の馬に乗ること流行せしが、其風次第に移り来て高崎市内にても等しく芸妓の馬乗盛んに成りて、我もわれもと競いける」とある。これは、同年五月の『新聞雑誌』一〇〇号の記事に、馬喰町初音の馬場の馬術会に柳橋の芸妓が交じっていたとあることから、柳橋の芸妓からの影響と思われる。

乗馬の流行は四年四月に平民による単騎の乗馬が可能になったことから始まったもので、五年八月の同誌七〇号の「開化のばけもの」と題された当世流行風俗を描いた挿図に、「婦人袴を着し乗馬」の文字が添えられた、芸者と思われる姿が認められる。また、八年の『郵便報知新聞錦絵』には芳年が袴姿で乗馬する芸者を描いているが、これは同新聞五七六号の、乗馬中の葭町の芸者二人が出会い頭に老人を転倒させて巡査屯所へ引かれていった、という記事をもとにしている。いかに芸者が男性的な振舞を好んだかがわかる。だが、男たちは彼女らを「化物」あつかいにしていた。五年五月の『愛知新聞』十二号には、飾り馬を走らせる「馬の塔」という年中行事に「近来、声妓などが、まま男装してその隊に混じって」いたのが、「本年はその事なし…新県以来男女の別を明らかにし、風俗を正すべき布告などしばしば出るによるなるべし」とある。「声妓」とは「絃妓」と同じく、芸妓のことである。八年二月二十六日の『東京日々新聞』の記事をねた元にした『新聞錦絵』では、火事見舞いのために紺木綿の股引きに腹掛け、麻裏草履に刺し子の半纏《はんてん》姿の芸妓が巡査に咎められる図が芳幾によって描かれている。この程度の男装は江戸の芸者にとってはごくあたり前だったが、維新政府はこれを厳しく取り締まろうとした。

同じ頃に一般女性にも男装ないし、男性同様の振舞が目立つようになっていた。六年六月九日付け『横浜毎日新聞』には「羽衣町撃剱会…その徒多くは婦女子にして、終会帰路その装い皆一様に大形の浴衣を着し、木槍薙刀を携えたり」とある。同年十二月十六日付けの同紙には、天沼近傍で麦酒を醸成なす異人館の料理人の妻が「常に好んで男装をなし、意気を逞しくして市街を歩行す」とある。

明治七年の版画「加州金沢製糸場之図」(石川県立歴史博物館)の、中央に陣取った女たちはいずれも羽織着か袴姿である。同年に昇斎一景によって描かれた「東京神田万世橋之賑図」には羽織袴に下駄姿の二人連れの女性が認められるが、彼女らは女学生と思われる。袴を併用しているところからすると、羽織の着用には男性と対等であろうとする対抗心が感じられる。

だが、同権を意識した女性の断髪や袴の着用に対する男性からの反感、反発は強かった。司法省は六年八月十二日に違式罪目（軽犯罪法）に、男にして女粧し、女にして男粧することを禁じる条文を追加している。明治五、六年に女性の男装の記事が増えるのは、これを異端視する声の高まりの反映だろう。ただし、羽織だけはすでに上流階級に用いられていたことや、防寒具という効用から女性の風俗として定着していった。それでもなお、明治二十六年十月十日の『東京日日新聞』には、「新潟県の尋常師範学校で今後女生徒の羽織着を禁ず、いわく、羽織は女子の礼服にあらず」という記事があり、男性からの抵抗には根強いものがあった。

4　地方の芸者、芸子、舞子

ここまで上方の芸子と江戸の芸者たちの、来歴の差から生じた性格の違いを見てきたが、その差は彼女らが旅の果てに住みついた地方の町や村にも及んでいたはずである。しかしながら、これまでのところ江戸時代における三都以外の芸者、芸子事情についてまとまった文献はないようだ。遊廓や遊女に関する書物は枚挙にいとまがないが、芸者の存在に言及したものはほとんどない。以下に都市の性格や地域別に芸子や芸者の存在を確かめつつ、彼女らが江戸系か上方系かを見てゆくことにする。明治期については項を改めるが、場合によっては明治の初めも扱っている。明治五年十月二日に「芸娼妓等解放令」が公布されるまで、慣習やしきたりには変化がなかったと思われるからである。

名古屋

城下町では概して遊廓は許されなかった。だが、芸者までもが禁じられていたわけではない。手はじめに三都に次ぐ位置にあった名古屋から見てゆこう。かつて市史編纂のために集められた資料の中に、明和三年(一七六六)に葉流舎可恭という者が著わした『三廓細見抄』、一名『夢の跡』がある。これは享保十七年(一七三二)に開設され、元文四年(一七三九)に廃止となった短命な三カ所の遊廓のあらましを誌した書で、「三弦あれば胡弓あり、舞子あれば囃《はやし》あり」と、その賑わいぶりを伝えている。女郎は京、大坂、伊勢から続々と集まり舞子もいたが、芸子は含まれていない。まだ上方で芸子が出現したかどうかという時期だったからであろう。

明治三年に興行が許された裏橘町の芝居小屋建造の顚末を記した、小寺玉晁による『古袖町勾欄記』(早稲田大学)に、先の遊廓と同時に出来、ともに廃絶した芝居小屋が寛政十三年(一八〇一)に復活したことが記されている。名古屋城下における芸者の出現はこれと連動するのではないかと思われる。当地の戯作者、椒芽《きのめ》田楽《でんがく》による寛政十三年の洒落本

『新織儛意鈔』の冒頭で、芸者とは明言されていないが、それらしき者が三味線の撥の忘れ物がなかったかと、舞子に尋ねている。熱田の宿に舞子がいたことにはすでにふれたが、本書には場所が特定できるような背景の描写がまったくない。それが逆に、城下の話題であることを意図的に隠していることを思わせる。同じ頃の『女楽巻』は口入屋を舞台にとっており、文中に「ことしゃあ、げい者一人置きたい」というせりふがある。こちらも城下の話とは断定できないが、寛政年間に芸者が現われていた可能性が高い。

『名古屋市史風俗編』(一九一六)には、文化四年(一八〇七)に芸子の禁令が出されたとある。きっと彼女らの台頭にともなう規制だろう。名古屋各界の著名人を集めた同五年の『名府玉盡し』には「芸子　常吉」の名が含まれている。もっとも、同十一年の『南楼丸』巻一には「惣じてこの土地、芸者にいたるまであまり洒落たる風俗なき」とあるので、垢抜けないのが特徴だったようだ。

小寺玉晁の『見世者雑志』には、文政元年(一八一八)十月に城下で「芸子おどり興行」が催されたとあるので、かなりの人数になっていたのであろう。『市史』には翌二年の調べとして、城下町に散在する芸子が居住する町名と人数が記載されている。総数は四十七人を数え、やや纏まっているのは桑名町の八人と住吉町の七人である。同三年には『座敷の粧』と題された芸子評判記が出版されるほどの人気で、「北座」に二十二人、「南座」に二十七人、「当時休之部」に二人の名が記されている。「北座、南座」とは伝馬町を境にして城下町を南北に分けたのであろう。

ところが、尾張藩士、高力種信の『猿猴庵日記』には文政七年に、「この節芸子、大分客をつけ売女同然の風義よろしからず」ということから、「御停止同然になる」とある。しかし、取締の効果はほとんどなかったようで、同十年に催された法華寺町の法蓮寺での鐘楼の棟上げと鐘供養には、名高い芸子のお金、お順など三人が派手にこしらえて初鐘を撞いたと、日記にある。挿図では傘を差しかけられ、母に伴われた打掛け姿の芸子が、まるで花魁のように胸を反らしながら花道を上っている。

この頃の名古屋芸子の華やかな姿は地元の絵師、森玉僊の絵にうかがうことができる。大英博物館に所蔵される一幅は文政四年の作で、留袖と振袖姿の芸子と三味線を持った仲居の三人が描かれている。若い方は笑う口元を懐紙で覆い、仲居も手の甲で隠している。通りすがりに客から冗談でも言い掛けられた様子が巧みに描かれている。また、玉僊の師の牧墨僊が描いた「芸子図」がアメリカのスプリングフィールド美術館に所蔵されている。墨僊は江戸で絵の修行をしているが、もし、これが名古屋の芸子を描いたものならば、玉僊の図よりも早い時期の作品となる。また、墨僊の弟子の一人である沼田月斎の芸子の図では、すっかり垢抜けした名古屋芸子の艶やかさを目のあたりにすることができる。

『市史』には天保十二年（一八四一）に芸子が厳禁となったとある。これは天保の改革にともなうもので全国に共通する。しかし、以後にもたびたび禁止されていることからすると、他所と同じように嘉永年間には復活していたと思われる。復活に際して城下における芸子の分布に変化が生じた節がある。

文政二年の調べでは長者町の名はなかったが、明治三年の調査では五十一名のうち十七名が長者町に住んでいる。近隣の魚の棚町の四人と長島町の二人を含めると半数以上を占めており、すでに花柳界が形成されていた。同じ年には「御用芸子」と称される者が現れたと『市史』にみえる。御用とは県庁高官の御用足しという意味だろう。彼女らは魚の棚の高名な料理屋、「河文」に出入りする長者町の芸者を指すと思われる。河文は同四年二月に芸者取締方三人のうちの一人になっており、店は今も営業が続けられている。

『古袖町勾欄記』には、明治三年に「栄国寺町、裏橘町、長栄寺町、茶屋町、古渡村、其外近辺の女芸者ども廿八人手伝いとして夕方より来候、又見物人群集して矢来の中へ壱ぱいに入り、地《じ》築《つき》六カ《むつか》敷《しく》五ツ半ごろにて仕舞う」と、大変な評判だったとある。これらの町はいずれもかつて遊廓が開かれた場所に隣接しており、文政二年には五、六人しかいなかったのが、明治の初めには、まとまった人数になっていた。

城下町（東国）

長谷川忠氏による『柳川町花街物語』（文芸社、二〇〇二）に、『高崎繁昌記』の一節が引用されている。そこには、「天保八(一八三七)、九年頃…新町に穀屋のお沖を始め数名の歌妓が各一戸を構え…技芸の道を以って本分となし」とある。『高崎繁昌記』は二種あるようで、明治三十年の出版になる一書にはこれに該当する文章が見当たらなかった。『新編高崎市史資料編9』に序文のみが収録されている明治三十五年版の個人蔵本が存在するが、本文に接していないので典拠かどうか確かめるにいたっていない。

だが、長谷川氏が引用する文章とほぼ同じ内容を『高崎案内ゑにしの糸』(商工之機関社、一九一六)に見ることができる。そこでは高崎藩士の子、谷川清氏が「天保八、九年頃新町に穀屋という芸妓宿があって、お沖などという五六名の歌妓がいたのが古いところで、その後、慶応年度から明治の初年にわたって約百五、六十の芸妓がいたそうです。…明治九年に初めて芸妓取締所が設けられました。その後、明治十五年十月十五日に越前屋火事といって大火がありまして、残ったのはわずか三十人ばかりだったそうです」と語っている。新町は高崎最古とされる町で、汽車開通以前には旅宿が十数軒あったと、『高崎市史』(一九二七)に見える。

高崎に現れた芸者らは江戸から来たものと思われる。たとえば、渡辺崋山が天保二年の『毛武游記』に、桐生の医師、奥山昌庵の家に寄宿する芸人の中に「稽者(芸者)一人」がいるのを目撃したことを記し、「江戸の人」と注している。また、渡辺康代氏は「宇都宮明神の付祭りにみる宇都宮町人町の変容」(『歴史地理学』二〇〇二・三)で、江戸末期における城下各町の芸屋台に常磐津《ときわず》、三絃、芸子連中が出演しており、中には江戸の踊子や囃方を雇い入れる町があったと報告している。芸屋台は他の多くの町にもあり、祭礼後もそのまま地方に定住する江戸の芸者がいたのではないかと思われる。

先の『高崎繁昌記』には、今でもお沖の長女の谷が新紺屋町で余命を送っているとあるので、内容には信憑性があると見てよい。その後「十数年を経て芸妓殆ど七、八十名、殊に慶応年間より維新後、即ち明治初年にわたりて約百五、六十名と算せられ」ともある。嘉永期には七、八十人ほどいたというから、すでに江戸時代の末には花柳界が形成されていた。それにしても、維新前後に百五、六十人いたというのは驚きである。隣県と比べてみればその多さが実感できるだろう。たとえば、明治八年の『栃木県治一覧概表』(国立公文書館内閣文庫)には県全体で百三十人とある。

現在の高崎市には城下の新《あら》町と、近年になって同市と合併した旧宿場町の新町があって紛らわしい。新町宿の於菊《おきく》稲荷神社には丸富屋の亭主、丸富嘉十郎が明治八年に奉納した絵馬があり、六人の芸者を先頭に、羽織を着た女将や幇間および男衆、女将の後に徳利と狐の置物を載せた三宝を運ぶ赤襟の子供が描かれている。同神社は新町の遊女、於菊の篤い信仰がその名の由来になっており、遊女らの信仰を集めていた。本図も女性たちの信仰が主題となっているが、茶屋の宣伝もかねていたと思われる。芸者や幇間の袖に名前が書かれているからである。

青木裕氏による『絵で見る近世の上州』下巻(みやま文庫、一九九五)では、女たちは遊女と禿ないしは半玉とされている。あとで半玉の項でふれるが、この頃はまだそういった呼称は生まれていなかった。嘉永六年(一八五三)に「近江屋内いく」が同社に奉納した絵馬では、禿《かむろ》を連れた遊女が右手で褄をとっているのに対して、こちらは左褄で髪飾りも質素なところから芸者とすべきであろう。少女も芸者と同じ下駄を履いており、羽織姿の女将の下駄とは違っているので娘でも禿でもなく、「雛妓」とみなされる。文久三年(一八六三)に丸富屋の芸者八人が高橋屋の七人、絹屋の九人の芸者とともに、それぞれに新町の八幡宮に絵馬を奉納している。十返舎一九の『続膝栗毛十一編上』にも、新町宿で隣の座敷では芸者衆に三味線を弾かせて歌う、という場面がある。同書は文政三年(一八二〇)の序があるので、高崎城下よりも早くに芸者が現れていた。

なお、栗田暁湖氏は『前橋と高崎』(一九一三)に、高崎について「前橋市と同じ様に明治の御代になる迄、芸者は勿論、料理屋もなく」と記している。同氏の前橋に関する記述は具体的であり、かつ、保岡申之氏による『前橋繁昌記』(以文会、一八九一)にも「藩政中は前橋に芸妓なし」とあるので、前橋についてはそうだったのであろうが、高崎をも同じとするのは疑問である。対抗心のなせるしわざだろうか。

徳川家の直轄地だった甲府では、明治二年二月に定められた「護衛隊家政規則」に、「諸祝儀集会の節、芸妓等あい招き候事一切相成らざる事」という一条がある(『山梨県史料　二十九』内閣文庫)。神田由築氏が「近世近代移行期における甲府の遊所」(『年報都市史研究』十七、二〇一〇)において、同三年に新柳町遊廓が設置された段階で市中商人らが抱える芸者が二十人ほど居たことを明らかにしている。甲府県は翌年一月十三日に、「芸者と唱う酌取女差し置き、猥りの事どもこれあるやにあい聞ゆ、いかがのことに候、新廓取建てあい成り候うえは彼の地へ移住いたすべし」という布令を出し、但し書きで、「他町へ酌取にあい雇い候儀は苦しからず候間、諸事不都合なきよう新柳町名主どもへ打ち合わすべきこと」と、町年寄に命じている(『山梨県史料』)。

寺門静軒《てらかどせいけん》(一七九六〜一八六八)の『静軒詩撰』(三省社、一八八二)に、年老いて沼津に流浪する江戸の芸者との再会を詠んだ漢詩が含まれている。「沼津駅遇《あう》老妓三八」と題され、「江湖を流落して鬢《びん》は已《すで》に皤《しろ》し、江都に原と是《も》絃歌を売る、盃を奉じて只繁華の夢を説く、歓意は多きこと無く哀意は多し」という詩句には、漂泊にともなう哀感が濃い。

滝沢馬琴は享和二年(一八〇二)五月十五日駿府に着き、二十日まで逗留している。『羈旅漫録』では、安倍川遊廓には「芸子もあれどこれまた似て非なるものなり」と、くさしている。一方、駿府城下に芸者が出現したのは維新後だった。中村知常氏著『静岡風俗三世譚』(静岡大務新聞社、一八八八)には、「絃妓は現今僅かに十三人、内に二老妓あり、長吉と云うは明治初年幕臣移住の折から業をこの地に営みたり」とある。その後のことと思うが『花柳風俗誌』(博文館、一九〇五)中の「静岡の花柳界」には、明治五年に両替町三丁目の川増屋豕兼《ぶたかね》という者が二人の芸妓を抱え、大坂屋なる者が抱え六人を置いて営業したのが初めだと記されている。

馬琴は吉田(豊橋)の飯盛について、「妓席上にて三絃をならす、かむろだちなどうたうことあり、絶倒するに絶えたり」と記している。ここの娼妓は芸妓を兼ねていた。また、「よし田、岡崎とも妓はことごとく伊勢よりきたるものなり」とし、浜名湖の「今切のわたしを経て西は人物その外江戸にあらず、京にあらず」とも記している。三河は東西遊所文化の境界となっていた。

関根痴堂氏による『豊橋四時雑詞』は城下における年中行事や風俗を詠んだもので、吉田藩儒者であった小野湖山による明治三年の序と跋がある。題詞の一つに「下五井村は豊橋の西に在り、庚申祠近日香頗る盛ん」とある。下五井村は豊川をはさんで城下の対岸に位置する。そして、「諸楼内に歌妓あり…最盛には一夕に数十条」とある。検番に数十本の線香が立っていたというから、かなり多勢の芸妓がいたことになる。中には雛妓もいて「多くは舞曲を以て宴席の歓を助け…雛妓の最年少の者は円頂短袖で、俗に阿比丘(オビー)と呼ぶ」とある。「阿比丘」は吉原での坊主禿の類らしく、ここは遊廓だったようだ。また、同書には「郷俗は七夕の張燈をもってそれを製するに、東都の名妓名優などの図画を裁剪《さいせん》してこれを糊付けす、燈面凸起して形をなす」という題詞があり、江戸文化が及んでいた。林美一氏が『艶本紀行東海道五十三次』(河出文庫、二〇〇二)で用いている『閨中膝磨毛』(文政十三年、一八二九)には、知り合いの江戸芸者が岡崎の茶屋で地元客と騒いでいるのに出くわすという一場面がある。岡崎では東西の芸者と芸子が入り交じっていた。

三河、田原藩の家臣として江戸で生まれた渡辺崋山は、天保九年(一八三八)に愛妓を描いた「校書図」を残すほど芸者に親しんでいた。天保四年に三河湾を旅した折の『参海雑志』に、三味線を入れる長箱を挟んだ三人の芸者のスケッチが含まれている。どことも記されていないが、その前には幡豆海岸の宮崎から、吉良の華蔵寺、西尾の八面という北上するルートの景色が描かれており、後には長沢、萩という東海道沿いの風景が続くので、その間の、岡崎城下に宿泊した際の図ではないかと思われる。

城下町(西国)

『金沢市史資料編』7に収録されている、「文化九年(一八一二)二月遊所歌舞妓等御尋に付請書」によれば、「元来御当国は尾州などとは違い、上より御免の遊所と申すも御座なく」と断ったうえで、「芸子などと申すは都会にある者に候えども、御当地は近年の流行にて、一両人も徘徊仕り候ところなり」とある。遊廓が許される以前には芸子が二人ばかりうろついていただけであった。

また、『稿本金沢市史　風俗編二』(一九三三)には、「文化、文政の頃に至り、芸者は下川除町、笹下町、主計町及び、漏尿坂、鳥坂、観音坂、卯辰などに居りしかど、厳に絃歌を禁ぜられたれば、淫をひさぐを専らとし、世人はこれを売婦といえり、当時芸者の名のあるものは母衣町に玉川、松吉、矢矧家吉松、有若の松などあり、…東西両地のなるに及び芸妓は座興を添ゆるに弦歌を以てし」とある。

『綿津屋政右衛門日記』には、文政三年(一八二〇)に金沢城下に遊廓の設置が許されたとある。だが、十二年間で閉鎖を命じられた。この間のことであろう、松浦静山は『甲子夜話』に加州侯に仕えた鼓者から聞いたとして、「色里、一は石坂と云、遊女居れり、一は茶屋町と云、ここは芸妓居れりと、江戸深川、京の祇園町の類ならん」と記している。西の茶屋の石坂が遊廓だったのに対して、東の茶屋は芸者町、すなわち岡場所ということになる。静山が祇園町を深川と同じ岡場所と認識していたのは、江戸住まいの人ならではの感想で、興味深い。

その後に遊廓が再興されたのは慶応三年(一八六七)八月のことで、『稿本金沢市史風俗編』には「藩政改革の機運に乗じて」とあるが、現実は「混乱に乗じて」ということであろう。『慶応三年両新地細見』によれば、西新地の茶屋には「芸妓(げいしゃ)」が五十五人、「娼婦(おやま)」九十九人、「雛妓(こども)」が六人、「遠所芸妓」が三十一人抱えられていたが、花代は等価だった。

一方、東新地では芸娼妓が十匁に対して、雛妓は七匁と花代に違いがあった。こちらは芸妓が百十六人、娼妓が百六十三人、雛妓が一人、遠所芸妓が四十七人である。これだけの人数を短期間によく集めたと思う。「遠所者」とはよそ者という意味で、遊廓ができたという知らせを聞くやいなや、早速、芸娼妓らが集まってきた。

越中の高岡は加賀前田家の支配下にあった。『高岡史料　下巻』(高岡市役所、一九〇九)に、「声妓を放逐して瞽女《ごぜ》町を閉鎖せしめたるは安政二年にあり、しかして安政六年(一八五九)正月再び開業をゆるしたり」とある。その後、慶応元年(一八六五)五月には、前々より絃楼、青楼があった瞽女町と旅籠町が近頃別して繁盛し、「とりわけ瞽女町の儀、盲女の名目にて多分目明きの者まかりあり、芸妓の体にしなし、家居、衣体も花麗を互いにあい競う」という状態で、一方の旅籠町では「下女名目にて売女体の者を召し置き、その内には他国出生の芸妓どももこれある」というので、取り締まりが命じられている。

『福井市史通史編3』(二〇〇四)には、維新前のこととして福井の芸妓は誓願寺と称する玉井町に限って居住していたとある。市史が引用する『海士の藻塩草』には、「今の玉井町(旧名誓願寺)へ引き移り、…八軒にて料理屋及び芸娼妓類似の業を営み…木戸門より内は侍たる者堅く出入りを禁じられ」とある。青柳周一氏が紹介された、近江商人中井光基による天保六年(一八三五)の旅日記『四番諸事日下恵《ひかえ》』にも、「誓願寺と申すは役者、芸者など住居いたし候ところなり」とある。また、敦賀で三人の芸者を呼び、三国で芸者一組と女郎の三人を買上げたともある(『彦根論叢』三九五、二〇一三)。

明治三年閏十月の定めによると、町芸妓百十五名に対して遊廓だった誓願寺の芸妓はわずか八名で、大多数が市中に散在していた。なお、芸妓の市中散在は三十五年の大火まで続いたと、斎藤真一郎氏編『福井繁昌記』(一九〇九)に見える。同じく越前の大野城下では、明治五年十月付け『撮要新聞』六号に、「従来制度厳しく廃藩以前は芸妓など信宿を許さず、当春芸妓の始めてこの地に来たる…当節にては寄留の歌妓二十余名に過ぎたり」とある。

大津には有名な柴屋町遊廓があった。『大津市志　下巻』(一九一一)によると、天保十三年五月に傾城の扮装を規定するとともに、芸子についても以下のように制限をしている。これは天保の改革によるもので、全国に同じ趣旨の布令が出されていたであろう。

一、衣類は絽、羽二重、縮緬《ちりめん》総じて華美なる模様の類一切用いざること。
二、髪飾右同断、ただし髪奴子《やっこ》(島田)に限り候こと。
三、差しもの前二本櫛　甲笄《こうがい》。
四、履ものぬり下駄の類一切あいならざること。

徳川御三家のうち、和歌山藩の芸子については『小梅日記』(平凡社東洋文庫)によってうかがうことができる。嘉永六年(一八五三)一月九日の条には「向笠三之丞和歌山出立ちの時、げい子六人計《ばかり》八軒までおくりて三人程はそれから帰る、あと三人ほど橋本までおくり候」とある。また、孫娘の初節句の宴席に舞子を招いたことが安政六年(一八五九)二月二十九日にみえる。慶応三年（一八六七）九月三日には「和歌山何か賑わう様子なり、餅撒きの餅を芸者ら引き行くとの沙汰」とある。ただし、売女体の芸者については取締りの対象となっていた。『和歌山県誌』下巻（一九一四）には宴席に呼び寄せることすら禁じた口達書が収められている。

紀伊徳川家の支藩、田辺城下では芸子の取締はとりわけ厳しかった。安政二年（一八五五）十一月のことだが、『田辺町大帳』に京屋八平という宿の主人が親子連れの芸子が二泊して熊野詣でに向かい、帰りにも一宿し翌日出立したという届け出が載っている。この親子は十月には南部《みなべ》に居たともあるから旅稼ぎをしていたらしい。文久三年（一八六三）六月十四日の条には「料理屋其外にて女子妓女に相紛らわしき風体等いたし候者は早々相糺し、其品申出るべき事」とあり、翌月には「この程三味線を相携えて市中を徘徊致し候者これあり候に付き、早々に追い出し候よう」とあるだけでなく、たとえ瞽女、法師でも三味線は駄目だという達しが出ている。とても芸子が定住できるような雰囲気ではなかった。

しかしながら、この芸子は厳しい監視の目を潜り抜けて定住を果たしたらしい。昭和五年の序がある『田辺町誌』には、「幕末の頃、三浦ハルが大阪から流浪し来って京八旅館に足を止め、…招きに応じたのが田辺芸者の草分けとなったらしい。ハルの門下にお福、小福の二妓が出て、明治初年には四五人あり」と記されている。京八旅館は京屋八平が営んでいたと思われる。

広島城下では、寛永年間に遊廓が宮島に移設されて以降は設置が許されず、芸子すらも取締の対象となっていた。『広島市史』第二巻（一九二二）によれば、天明四年（一七八四）八月一日付けの町触れに、「近来、広島近海に芸子類の船を繋ぎ密かに城下に入り、東西徘徊する」とあって、芸子が市中に潜り込もうとする様子がうかがわれる。同六年七月十日付けの町触れでは「近来町新開にて芸子の類徘徊し、酒宴に呼び寄せ色の戯会これある」と、注意を促している。城下における芸子の出現時期としては名古屋を凌ぐ早さだが、微々たる存在だった。

幕末明治期を生きた医者の回顧談である『老のくりごと』によれば、広島城下では「芸妓、娼妓は歩くべきも無し、古江村の四軒屋、草津村の弁天社の茶屋など大いに繁昌して、わずかに酌取婦ありしのみ」という状況だった。両村とも今は広島市西区に属している。ところが「御維新後は右の制禁も破壊し…芸妓、娼妓等のバクテリア発生して妄がわしき風俗と変じぬ」と、いかにも医者らしい口ぶりで嘆いている。

四国では徳島と宇和島の例をあげておこう。『阿波藩民政資料』(徳島県、一九一六)に津田叶が丑十一月に出した「芸子体の所行差留御触写」(徳島市神河家)が収録されている。丑は嘉永六年(一八五三)か慶応元年と思われる。文中に「先達て以来たびたび触達に及び…このごろに至りてはなお又右所行いたし候者これあり」とあるので、これまでにもしばしば禁令が出ていたことがわかる。

宍戸忠士氏の『新宇和島』(一九二二)に城下の花柳界の勃興時が活写されている。それによると、幕末期には男芸者とも言うべき者が一人いただけだったのが、維新後に味酒屋萬吉という者が大阪から三人の女を招いて本町橋に置屋を開いたのが始まりで、「宇和島の小天地は、為に湧きかえるほどの評判」だったという。宇和島を含む旧神山県は五年六月に「売女渡世制止」をしていた。また、九年七月十七日の『郵便報知新聞』によると、「僅々三四の割烹店ありといえども妓楼、娼舗の類絶えて無ければ」という状況だった。遊廓がなかったがゆえの芸者人気の沸騰だった。初めて見る芸者に、いかに土地の男たちが好奇の眼を注いだかがわかる。

『大分市史』中巻(一九五五)には、文化十二年(一八一五)に芸子が二十五人おり、十九人が大坂の者とある。上巻には文政八年(一八二五)に、西小路の嘉平治と京町の清兵衛の連名で出された芸子商売の許可を求めた文書が収録されている。不法の商売はしません、揚屋は田町に移らせるので、「芸子商売の儀、昨年御差止め仰せ付け置き候ところ、何とぞ嘗年の義は(お許しなされて)、芸子商売御免仰せ付け下しなされ候」と、懇願している。

鹿児島城下にも芸子がいた。国立国会図書館の『薩摩風土記』には、「石かんまえさくらの磯浜なり、春は芸子を引き連れ花見」、「琉人町にて芸子遊び御法度」、「芸子遊びには貸座敷借るなり」などとある。同書には天保五年(一八三四)の書写奥書があるが、文中には文政三～五年(一八二〇～二二)の年号が散見される。また、「新納屋丁という所あり、此所昔よりはかたことという女あり、一夜六百文」ともあるので、私娼もいた。「はかたこ」という呼称は広島や愛媛における「はいたご」に似ている。入江護幸氏は『南国紅燈夜話』(一九二五)で、「はいたご」とは「張凧」のことと記している。

北国の芸者

城下町の例にもなるが、松前城下でのひとこまを記した『安政松前奥羽旅日記』(函館市中央図書館)の安政六年(一八五九)九月十七日の条に、「聖天の祭りにて芸者ども仕組みを致し候に付き、鈴木は折角見物に参り、予は宿にて本を見居するなり」とある。

安政初年頃のものかとされる『函館風俗書』には、同地の「女芸者」について「多分、山上町にて裏借屋を借請けて住居罷りある者に御座候、以前は座頭を座敷に呼び寄せ音曲等いたし候えども、近来は抱女又は小前難渋の者の女子これあり候えば三絃習わせ専ら女芸者に仕立て称し、方がた便利に候えどもこの頃は右様の者薄らぎ候よし見受け候」と、説明されている。「小前《こまえ》」とは貧しい所帯のことである。

『函館市史史料編』第一巻(一九七四)に収録される「安政六年(一八五九)願書幷嘆願書」には「今般山之上町において一廓仰せ付けられ、吉原同様の商売御座あい成り候に付き、芸者世話方の見番宿を御取り建てこれあるべきの趣き承知仕り候」とある。長崎と同様に幕府直轄の港町では吉原にならって検番によって芸者を管理しようとした。同年二月の「山之上町規定証文」の写しには「廓外素人より雇来候芸者は、遠方送り迎い等いたし候義に付、見番にて引受申すべく候」とあって、廓外にも芸者がいた。

いったん減った芸者も遊廓ができたことで活気づき、『函館市史通説編』第二巻(一九九〇)では『元治二年箱館新廓遊女屋細見一覧』に基づいて、同年(一八六五)の女芸者の人数を百十三人としている。これを横浜とくらべると、万延元年(一八六〇)の『港崎《みよざき》細見』によれば内芸者が七人、廓内芸者が四十六人と、函館の半分以下であった。文久二年(一八六二)の『横浜はなし』(大阪大学忍頂寺文庫)では、港崎の廓に抱えられた芸者は二十六人と少ないが、明治二年の『横浜細見』(早稲田大学)の巻末には七十九人の廓内芸妓の名が並んでいる。一方、同年の『函館新廓遊女屋細見』(函館市中央図書館)という一枚ものには百十七人の検番芸者の名が並んでいる。幕末期の函館の芸者の数は横浜をはるかに上回っていた。

『青森市沿革史』(一九〇九)には『奥村旧記』を引用して、慶応三年(一八六七)に「近来、料理仕出家業のものども町芸者並隠売女取り寄せ、廓屋同様の客扱い致す者これあるの趣、甚だもって不埒の者につき、これまた厳重に差し留め」とある。幕末期の権力の流動状態がこうした芸者や私娼を招いたのであろう。

文化十一年(一八一四)に十返舎一九が著わした『諸国道中金草鞋《わらじ》』五編に、郡山の一つ手前の日出山宿での乱痴気騒ぎを描いた挿図がある。そこには踊る狂う飯盛女たちとともに三味線を弾く芸者が二人描かれている。また、土佐藩士の手島季隆が安政四年(一八五七)に藩主の命を受けて函館に旅した時の『探箱録』(『土佐群書集成』34)には、郡山の宿において「妓女六人も来たり、煩擾を極めたり」と、不満が綴られている。

東北地方の芸者事情をうかがうには『筆満可勢《ふでまかせ》』にまさるものはない。筆者である浄瑠璃語りの富本繁太夫は江戸を食いつめて、文政十一年(一八二八)九月はじめに仙台向けの船に乗り込み、同地に着くやいなや盛岡城下の八幡宮で祭礼があることを聞き込み、さっそく同地に向かっている。仙台には明治まで芸者がいなかった。それが早々に盛岡行きを決心させた理由だったと思われる。

同月九日の条には「両国とも女芸者の事を女太夫(にごらず)という」とある。「両国」とは仙台藩と盛岡藩、すなわち、陸前と陸中をさす。繁太夫は「女太夫《たゆう》」という言葉をその後一度も用いていないが、一般にはこの呼称は女芸人を意味する。芸人と芸者は言葉のうえでも親密な関係にあった。司馬《しば》江漢《こうかん》も「まりの曲、力持ち」の芸人を「四国の芸者」と称している。

繁太夫は行く先々で芸者と浮き名を流している。盛岡では早速およねという芸者の「いろ」になり、同地での興行でおよねのほか芸者八人の名を織り込んだ小唄を披露している。盛岡城下の芸者は意外に少ない。十一月十六日には「当八幡町に茶屋様の所あまたあり、又所生れの娘を芸者に出し、八、九人ある」とある。これがいわゆる「御免茶屋」のことで、弘化初年(一八四四)にはいったん御停止となっている(『内史略』)。

文政十一年末には盛岡南郊の津志田遊廓で越年し、ここは城下で芸者払いなどがあった時に逃げ込む所で、二十年前には殊のほか繁盛していたが今は見る影もない、と記している。天保十三年(一八四二)に同地を通った落語家の船遊亭扇橋も、かつては「南部吉原」と称されたと、『奥の枝折』(「アチックミューゼアム彙報」21)に記している。

津志田遊郭の成立については『竹田《たけだ》加良久里《からくり》』巻三(岩手県立図書館)が詳しい。文化七年(一八一〇)正月には「御城下かくし遊女、稽子、捕子、女屋などいたし候者厳しく巨細御吟味の上、残らず津志田へ追い払い仰せつけられ候」とある。設置の理由は城下から追い払うためであって、一般に言われているような藩主の道楽ではなかった。同年三月には普請が追々でき、江戸の女芸者で藤江流長唄のおしまほか二人と、羽州最上の女芸者で三味線のおはつほか三人を住まわせたとある。最上は山形城下を意味する。翌年四月には「玉屋こま」など十六人の芸者を数えるまでになっていた。芸者については、「留袖なり、半襟紋わり、なげ島田、こうがい白のかんざし一本、薄化粧、笹色の口紅粉、帯しどけなく結び、駒下駄の音鈴をつけたかと誤りたる」と、描写されている。

遊廓と同時に大国《だいこく》神社が竣工している。同神社には「玉屋内の司」という女が奉納した絵馬がある。鍬カ崎より御引き揚げ御用になった格子の呼び出し女郎の中に「小三浦屋内」として司の名があるが、別人であろう。描かれた風体からすると女郎ではなく、芸者のようである。絵馬は二人の芸者を若い武士が煙草盆に肘を載せて頬杖しながら眺めているという図で、扇を手にしながら立つ年かさの女の帯には懐紙が差し込まれており、振り袖姿の若い妓は少々腹を立てているらしく、座って煙管を膝に突き立ててそっぽを向いている。江戸の浮世絵とまったく変わらないできばえで、年紀はないが画風から文政六年(一八二三)に茶屋が停止されるまでの遊廓全盛時の作と見てよい。男女間のちょっとした心の行き違いを絵馬に描かせて奉納する、芸者の心情を知りたいものである。

城下には他国者が長く滞在できないのが決まりだったので、繁太夫は文政十二年(一八二九)三月に盛岡の外港、宮古の鍬ヶ崎を訪れている。鍬ヶ崎の女郎は器量よりも芸が尊ばれていたため、繁太夫は「別に芸者とてなく」と記している。下北半島の港にも同様の遊女がいた。菅江真澄は寛政五年(一七九三)に旅の途中、福浦で「たこ」と呼ばれる「くぐつ」が毎夜、太鼓を打ちながら歌っているのを聞くと、書き残している。「くぐつ」とは遊女の古称である。

八戸の佐女(鮫)を訪れた船遊亭扇橋も「此所は芸者と申はこれ無し、遊女みなみな三味線をひき申し候」と、同じ事情を記している。中里忠香氏は八戸の故事を綴った『向鶴』(青霞堂、一八九〇)において、鮫村の貸座敷業者の実直さにふれつつ、「娼妓は養女すくなく家娘の多きが故に、…昔は初会の客に招かる、必ずや振袖様のものを着せしが、今は余程略せり」と述べている。同所の遊女の多くは自家の娘だった。

繁太夫は文政十二年九月には盛岡から羽州に向かっている。彼は秋田城下および、羽後の旅中では芸者の存在にまったくふれていない。だが、天保十三年(一八四二)八月以来、久保田(秋田)に留まっていた扇橋は、おとみ、おりわ、おさくなどの芸者が豊後節の稽古をつけてもらっていたことや、同十四年八月には大滝温泉で湯治中のこととして、「扇田の半兵衛殿方より杓取り子供三人参りて奥座敷にて呑み明かし申し候」などと記している。大館の扇田は温泉に隣接する町で、扇橋は半兵衛の娘は芸者だと記している。

甲府のように酌取りが芸者を意味する場合もあるが、ここでの「杓取り子供」は芸者ではあるまい。江戸の深川では「こども」は娼妓のことである。一般には「酌取女」は飯盛女と同様に売女を意味し、秋田では明瞭に芸者と区別されていた。曽根ひろみ氏は『娼婦と近世社会』(吉川弘文館、二〇〇三)において、丹後宮津の「酌取女」は芸者を意味し、別に「茶汲女」と称される娼婦がいたとしている。だが、あとで述べるように宮津の芸妓はすべて兼業の「芸娼妓」であり、芸を持った娼妓と持たない娼妓との違いというように理解すべきであろう。同じ名称でも土地によって内実が異なるので注意を要する。

羽後の芸者事情については羽前との国境に近い院内銀山の医師の日記、『門屋養安日記』によって補うことができる。日記は天保六年から始まるが、同年七月十六日に供一人を連れてやって来た芸者、米吉が同月二十一日出立し、江戸へ罷り登るとある。九月八日には仙台より江戸芸者、万吉が母と夫と三人連れで来て、同月十三日に帰っている。北海道からもやって来た。同九年六月十四日には松前芸者が出立とある。十年十一月十八日には六郷より芸者四人が参り、十二月六日に出立している。六郷は大曲と横手の間の秋田に通じる街道の宿場町である。十一年十一月十一日には久保田亀の丁の芸者お房が来て、二十七日に出立している。久保田とは秋田城下のことである。仙台とちがって盛岡と秋田には藩政時代から芸者がいた。なお、お房は嘉永三年(一八五〇)正月にも来ている。芸者らは活発に旅をする者だった。

天保十四年一月九日には「山中芸者、酌取り、座頭まで、それぞれ芸者のあるもの残らず御集まり成され」というお触れのもと、六郷のお里親子三人、湊より幸吉ら三人が呼び寄せられている。「山中芸者」とは銀山住まいの芸者のことであろう。ここでも芸者と酌取りは区別されている。湊とは本荘湊を指すと思われる。彼女らは監督役人の接待に招集されたらしい。二月十三日には「諸勘定首尾よく相極り候」ということで皆帰っている。

港　町

羽州の湊町、能代には早くから芸者がいた。井上隆明氏は「羽州野代柳町」(『洒落本大成』附録17)において、秋田藩士、佐藤朝四による紀行文『清街筆記』から、天明八年(一七八八)六月一日の条に、「十三、四ばかりなるいたいけなふり袖三、四たり」とあるのを紹介している。少女らは舞子だったのであろう。同港の奉行所勤めだった秋田藩士による『伊頭園茶話』によると、安政四年(一八五七)の書き上げに、「抱女三十九人、芸者二十六人」とある。そこには珍しい年中行事、「大漁祝儀」が紹介されている。

国立公文書館内閣文庫の『秋田県史稿』の「民俗」の項によると、三月三日には「能代の津の傾城年礼に歩く」とある。「この津の飯盛どもは九月の節句までにて、それより引きこもりこの日出ることに候」とされ、来船のない期間は遊女稼業が禁じられていた。翌四日の「傾城調べ」が先の「大漁祝儀」に相当すると思われる。着飾った柳町の遊女らが住吉社の長床にこぼれるほど集まり三絃を弾きて歌うとある。この時、町三役らには酒肴が供された。

再び『筆満可勢』に戻ると、文政十二年（一八二九）十一月には酒田今町の亀屋四郎左衛門方に到着し、「この家は見番なり」と記している。酒田に限らず日本海側の諸港は上方文化圏に属していた。中村幸彦氏は「茶屋・呼屋・置屋（大坂）」（『洒落本大成』附録25）で、文政年間の『浪花洛陽振』に「置屋は江戸のけんばん也」とあるのを紹介している。繁太夫は酒田では十六歳の鶴代、鶴岡では新潟より来た古今無類の良き声の常吉という芸者の名を書き残している。また、寛政十年（一七九八）以前の作とされる、鶴岡近くの温泉を舞台にした『温泉の垢』には「此里の芸者ならめ、まだ若きが」とある。この里とは湯田川温泉のことであろう。東北各地を旅し終えた繁太夫は文政十三年五月に羽前の加茂から船で新潟に向かった。

新潟は繁華な土地だけあって東北とは桁が違う。繁太夫は「芸者ばかり五百人もある」と記している。五百人はあまりにも多いようだが、明治六年二月十日の『日新真事誌』二三四号にも「芸妓娼婦の盛んなる三府にも下らざる景況にて、人烟八千戸の内その半ばは芸妓娼家のために生計をなす。…芸妓娼婦六百余人」とある。

明治十年五月十二日の『新潟新聞』によると、歌舞妓六十八名、遊女百七十五名、町芸妓五十五名となっており、三者を合わせても三百人ほどだから、五、六百人というのは当地では「後家」と称される私娼を含めての数だろう。文政二年（一八一九）の『新潟繁昌記八百八後家　後の月』の序には、後家は当地の名物で三味、太鼓にて歌い踊るともあり、本文中には後家とともに芸子の挿図がいくつか含まれている。後家の姿は芸者とまったく変わらない。

『北越公用記録』（早稲田大学）の「揚屋議定書」に含まれる古二之町、三之町の揚屋による天保八年（一八三七）の定めに、「他門、本町通の遊女、芸者の往行御停止の御旨、寛政七午年四月に仰せ出さる」とある。「他門通」とは大川前通りの大店が並ぶ表通りのことである。これに続いて「近頃猥りにあい成り、客人の勧めと号し夜中泊まりに出候者、粗々《あらあら》あい見え不埒の事に候」とあるのは、揚屋商売の障りになる転び芸者たちに対する警告であろう。

議定書は舞子がいたことも伝えている。天明度に揚代を四百文としたのをこの年に値上げをし、「遊女花代　五百文、芸代　四百文、踊子　四百文、後家　四百文」と記されている。芸者、踊子、後家の花代は同じであった。また、これによって新潟の芸者は天明年間からいたことがわかる。ここでは芸者、踊子と江戸風の呼称になっているのは、当地が天領だったので、江戸から来た役人の言葉で記したのであろう。天保十三年七月には一軒ごとに「女舞妓三人の外、あいならず」と定められている。

繁太夫のすぐあとに新潟を訪れた江戸の絵師、長谷川雪旦は、天保二年（一八三一）に『北国一覧写』を残している。そこには古町二之丁の海老屋の「女郎揚げ座敷」での宴席の光景とともに、芸者、舞子、女郎たちのスケッチが収められている。三味線を前に置き、盃を手にする有眉の若い芸者については「髪江戸風、風俗又上方にも似よる、半襟縫い物也」と記している。ここでは東西の風俗が混じり合っていた。また、眉を落とした芸者の頭部のみを別に描いて「女房体多し、嶌田《しまだ》髷《まげ》」と注し、汐汲みを踊る舞子の図には「おとり子　八重八才」と注している。

新潟芸者はただ数が多いだけではなかった。山形出身の幕末の志士、清河八郎は安政二年（一八五五）に母と伊勢参宮をした際の『西遊草』で、新潟古町敦賀屋の二人の芸妓を呼んでの酒宴において、「江戸に比べても劣らない」と誉めたたえている。彼は別のところで、京の芸舞子については「新潟の足下にも及ばぬ」と酷評している。

繁太夫はさらに旅を続けて越後各地の芸者事情を書き残している。門前町の三条では女郎五百文、芸者三百文という花代にふれ、城下町の長岡では横町の数多くの芸者に稽古を頼まれたと述べるとともに、港町の出雲崎では雛菊、おやゑという姉妹芸者の名を記している。元治元年（一八六四）に出版された『越後土産二編』によれば、出雲崎には芸妓二十九人と娼妓四十二人がおり、三条にはどちらも百人余の多数がいたとある。宿場町であり、港町でもあった柏崎では、繁太夫は江戸の者にて母親と二人して居る福松という芸者の名を書き残している。ただし、城下町の高田には芸者がおらず、瞽女が三、四人ばかりのみと、記している。

海を渡った佐渡の相川にも芸妓がいた。田中圭一氏編『柴田収蔵日記』（平凡社東洋文庫）の天保十四年（一八四三）九月十九日の条に、「相川の河辺氏より芸妓に蒼生来る」とある。蒼生は収蔵の馴染みの娼妓だった。内陸部ではあるが小千谷の芸者にもふれておこう。山東京山が天保七年に鈴木牧之のもとを訪れた際の挿話が『北越雪譜』第二編巻三に記されている。牧之の親族が京山に地獄谷の火を見せようというので赴くと湯屋があり、楼上に四、五人の美婦が手招きしていた。狐か狸かと思ったら、密かに小千谷下町の酒楼から呼び寄せられていた歌妓（げいしゃ）だった。帰途は芸者らと同道し、草鞋履きで川を渡ったり、石地蔵の頭に鏡を置いて化粧を直す姿に、江戸では見られないと興じている。ここは小千谷の人が妓女を連れて遊びに来る所と、羽前荒砥の商人が文化元年（一八〇四）に俳諧仲間を訪れた際の『北越行日記』（米沢市立図書館）にも見える。なお、この湯屋は自噴する天然ガスを用いるもので、今でも同じ方法で湯を沸かす宿があると聞く。

日本海側の最後に港でもあり城下町でもあった若狭の小浜についてふれておこう。『小浜市史』（一九九八）によると、遊廓が再興された享和三年（一八〇三）には茶屋一軒につき銀三百匁、芸子一人につき六十五匁が課されていた。しかし、漁師町の庚申堂の前で家中の若衆と町人の喧嘩が生じたため翌年三月に三丁町の茶屋が廃止となり、他国から来ていた芸子に路銀として一両ずつが与えられたとある。

太平洋側の港の芸者の資料は乏しい。享和二年（一八〇二）の序をもつ『旅恥辱書捨』は十辺舎一九が銚子本城の女郎屋で遊んだ折の体験談だが、挿図の宴会の光景では一九が顔をしかめる傍らで三味線を弾き、太鼓を叩く芸者が描かれている。また、泉彦九郎氏の著になる『三浜志』（一九〇一）によれば、常陸の大洗神社が鎮座する磯浜には、文久年間（一八六一～六四）に五軒の妓楼があり、百四十八名の娼妓と五十四人の禿がいたが、他に三名の内芸者と、二十一名の外芸者がいたとある。

茨城の潮来は内陸水運の要所だった。潮来芸者の名は江戸にも聞こえており、天保十年（一八三九）の『潮来図誌』には十四人の芸者が数えられる。ちなみに明治十三年末には三十名いたことを『郵便報知新聞』が報じている。また、川名登氏による『河岸』（法政大学出版局、二〇〇七）には「遊廓盛衰記」という一項があり、利根川の木下河岸に若干の芸者がいたとある。

次に瀬戸内沿岸から九州にかけての湊をたどってみよう。まず、文政十二年（一八二九）の『粋好伝夢枕』には、兵庫の「湊川の辺り」の芸子について、「客を振る事、妓子（げいこ）の意気地とやいわん」とある。上方の芸子にも江戸芸者と同じ心意気が備わっていたようだが、その一方で、「芸子が女郎になりそうな、また、このごろ横町には女郎が芸子になったもあり」と、女郎との境界が曖昧で融通無碍な上方芸子の特色が述べられている。

尾張の商人、吉田重房が家督を譲って享和二年（一八〇二）に長崎へ旅した折りの、『筑紫日記』は生彩に富んだ紀行文として知られている。京都の商売仲間とともに臨んだ八坂での酒宴において朋輩らが芸舞子らと羽目を外す様子は省略することにして、途中で名高い遊廓二カ所に足を止めて芸子を呼んでいるので取り上げておこう。さっぱりとした遊びぶりから見て、これは旅本来の目的である名所見物の一環だったと思われる。

播磨の室津では、まず、十五、六と十七、八歳の小吉、駒吉という芸子が「座を持つということも知らず、…初々しげに三線うた三つ四つ弾く」と、物足らなく思っているところに、二の松という二十ばかりの芸子が遅れて入室してきた。彼女については「起居振る舞い、物言い、酒を飲む様ももの慣れてつきずきしく、前の二人には似ず興あるかたなり」と、褒めている。ここでの芸者が座敷へ出る次第は花魁と同じである。

駒吉の名は文化七年（一八一〇）の十返舎一九の『続膝栗毛』にも見え、「田嶋屋の駒吉」という芸子と同一人であろう。すでに初々しさは失せ、「色になれ」と言いかける男と「二の松さま叱られる」と、口達者にやり合っている。田嶋屋の駒吉と小吉の名は、その後の『諸国道中金草鞋』にも出てくる。

文化八年（一八一一）の自序がある『続膝栗毛』の二編には、鞆の遊廓から芸子の歌が聞こえるという場面がある。吉田重房はここを素通りしているが、尾道については「東南のかたの町端に築出しの新地あり、この内皆酒屋町にて芸子、女郎なんどあり、津の国の兵庫よりここまでの間に第一の大湊なり」と記している。また、文政二年（一八一九）の『国郡志御編集下弾書出帳』には広島の御手洗について、茶屋以外の「風呂屋の儀は貸座敷と申し、懸け行灯を出し遊女、芸子すすめ候」とある。また、伊勢の御師が嘉永五～七年（一八五四）に九州各地を旅したおりの『絵入旅日記』（三重県立図書館）にも、「磯はなに立ち、船よび客をまねく」御手洗の女郎の声が遠ざかるにつれてかすかになってゆく旅情が綴られている。この絵日記はまったく知られていないようだが、重房の日記にも負けないもので、赤穂から熊本までが絵入りで綴られている。

重房は下関の稲荷町でも遊んでいる。「芸子なども御制禁ありてあらわには置くことを許されざれば、稽古《けいこ》屋と称して眉を落とし粗服を着て出で来るという」と、少々がっかりした口ぶりである。「夫を持ち、子を持ちたる古女房」で興ざめと言いながらも「元上方より下りたる者のよしなれば、歌三味線違うこともなくよく引き合いたり」と気を休め、亭主夫妻が勧める酒のうまさも手伝って夜半まで飲み交わしている。帰路にも同じ芸子を呼んでいるのを見ると、結構気に入っていたらしい。

門前町の例になるが、先の御師が太宰府天満宮に詣でたあと宿をとった時の話をここに付け加えておこう。夕御膳に給仕に出てきた下女がいずれも紅粉に身やつしていたので、「噂にきけるころび女や」と尋ねたところ、「中々、御趣意このかた左様のものはなし、殊に芸子も七八人ありし、右もなし」と、そっけない返事だった。太宰府では天保の改革後、嘉永期になっても元には戻っていなかった。

竹中秋楼氏による『博多物語』(金文堂書店、一九二〇)には典拠は不明だが、「博多で町芸者が出来たのは文政七年(一八二二)を嚆矢とする、この年の冬、孫兵衛という男が箱崎松原の料理屋若松を買い受けて座敷万端大阪風流の茶屋式とし開業し、非常の繁昌を招いた、抱え芸妓はいずれも大阪生まれでお梶、お政、お種と称し、…天保六年(一八三五)には浜新地では博多芸妓の砂持ちがある、当時博多の芸妓は柳町にいたが他所にも離散し、中嶋町、川端町、竪町辺にも芸妓屋があって、同年夏に盲人の浪の市が富籤を思い立ってその顔繋ぎに博多芸妓を総揚げした時には総数二十六、七ほどに達していた」とある。『筑紫日記』にも博多柳町の芸子について、「大坂辺りより下りたるなれば、あしくもあらずとぞ」という風聞が記されている。

福岡の『加瀬家記録』によれば、改革のため江戸を追われた市川海老蔵が天保五年(一八三四)に箱崎で芝居を興行したときには、芸子などが大勢茶屋の店に迎えに出て、柳町遊廓の遊女芸子などが別して美々しく仕出かして見物したとある。柳町遊廓は福岡城下ではなく、商人の町である博多の津に所在していた。立地条件からしても湊の遊廓に含めてよいだろう。

重房の目的地であった長崎には博多よりも早くに芸子がいた。『長崎市史風俗編』（一九二五）は典拠を示さないが、「天明元年（一七八一）の頃、大坂より芸子二三人長崎に下りて」としている。享和三年（一八〇三）四月のお触れについては原文を転載し、「近来、大坂より女芸者数多くまかりこし、遊女屋渡世にもあい障り難儀《なんぎ》の趣に付き…両町遊女屋どもに限り引請け、到着書き上げ致すべし、すべて遊女屋一統差図し、あい稼がせ申すべし」とある。この間のことになるが、防州の村井喜右衛門が寛政十一年（一七九九）にオランダ沈没船の引き揚げに成功した際の丸山遊廓での祝宴に女郎の天神や芸子ら三十人を呼んだと、村井家の『蛮喜鍛練書』にみえる。また、春木南湖という画家が天明八年に長崎旅行をした折りの『西游日簿』という日記に、長崎の風景や唐寺とともに「丸山青楼之図」という遊廓全体を俯瞰した貴重なスケッチを描き残している。

『寄合町諸事書上控』には、文化十四年（一八一七）に「地元芸者の妨げになると旅芸子芸者」の人数の削減を願い出たところ意図に相違して禁止になってしまい、苦境に陥った丸山遊廓の茶屋が文政二年（一八一九）に出した嘆願書が記載されている。趣旨は茶屋が三十余軒あるに対して「地下芸子」が二十八人しかいないので、一軒に一人にも足らず「勤め半ばで三味線を弾き捨て」て帰ってしまい、客人に申し訳ないので旅芸子を二十人に増やしてほしいというものであった。

まことに身勝手な言いぐさであるにもかかわらず、この願いは早速聞き入れられただけでなく、芸者は遊里のある丸山町と寄合町では稼がせない、両町で稼ぎたいものは「遊女町芸者」と称することにするので、遊女屋、揚屋に従うように命じた。業者側も規定を作ってこれに応じ、「定」には「遊女体の所行は勿論」しないこと、そして月番を置いて稼ぎたいものはそこに申し出て身元確認を受けるように命じている。吉原の見番とまったく同じ制度にしたのは天領だったからであろう。なお、『市史』には地下芸子らの名と住居が列記されており、それによると丸山町に九人、寄合町に一人がいるだけで、他の十九人は町郷十一カ所に散在していた。

吉田重房は旅中で唯一、丸山で遊女と寝所を共にしており、遊女と芸子の服装の違いはもとより夜具にいたるまで詳細に記している。そして、長崎の芸子の衣装がことのほか粗賤な理由として、「遊女屋より禁制とて、すべての芸子どもの衣服、頭の飾り華美を許さざる故なり」と記している。これも吉原と同じである。筆者の吉田重房は別の日に国吉、市弥という二人の芸子とともに舟遊びをしている。国吉は長崎に着いたばかりの筆者のもとへ「砂糖漬の蜜柑《みかん》、天門冬を一箱持って」挨拶に訪れた芸子である。

『長崎市史』には元治元年(一八六四)に丸山町にいた五十八人の芸子の名と年齢が記されている。年齢は九歳から三十一歳までだが、ほとんどが十代であった。長崎奉行所は江戸と同じように、廓内芸者にひきかえ町芸者に対しては売女まがいの者として厳しく取り締まってきた。しかし、料理屋が慶応四年(一八六八)四月に提出した嘆願書を受け入れて、町芸者を許可している。『長崎県史稿』(国立公文書館内閣文庫)に、明治二年十月十日には「市郷小前娘」で、「遊女町芸者同様の所業致し候者」に対して、「町芸者」の鑑札を与えるという布令が出ている。同四年五月には八十二名もの町芸者が市中に散在するまでに増えていた。

門前町

門前町には遊里がつきものであり、遊廓には芸者がつきものだった。長野の権堂遊廓は、善光寺門前の宿場が元禄十三年(一七〇〇)の火災に遭った時に代替地として選ばれ、宿駅でないという理由から茶屋が設けられたのが始まりとされる。権堂には早くから芸者が居た。芸妓らが奉納した絵馬が隣接する中御所の観音寺に伝わっており、須藤功氏の『大絵馬ものがたり』(農山漁村文化協会、二〇〇九)に掲載されている。天保十三年(一八四二)の年記が認められ、落款には奉納者と思われる「小晴、美佐尾、津賀野、満須」の名が付され、三味線、胡弓、尺八、琴を奏する四人の芸者が描かれている。うち二人は帯に懐紙を挟み込んでいる。

伊勢古市の遊廓はとりわけ有名だった。寛政九年（一七九七）に出版された『伊勢参宮名所図会』中の、蔀関月の筆になる妓楼での伊勢音頭の踊りの図には芸子の姿が見える。天保八年（一八三七）の序を備える『古市細見』によると、二十三人の芸子と十四人の半芸子がいた。「半芸子」という半人前を意味する呼称は江戸での半妓よりも早く生まれており、幕末期には京都でも用いられていた。

山中共古氏による『砂払』（岩波文庫）中の題不詳の参宮記からの抜き書きに、江戸の旅人が「ここじゃ麻吉だの白子屋だのという揚屋でげい者でもよんでさわぐのが、ちょうどこっちで山へでも行くというものさ」という台詞がある。麻吉は今も旅館として現存している。江戸の「山」とはどこかというと、内田魯庵氏は上野の戦争の際に、生まれたばかりの魯庵を母が家婢に背負わせて「浅草の山の宿へと逃げた」と、「下谷広小路」という文章で回顧している。山の宿とは日光街道の宿場である山谷を指し、堀の芸者や吉原をさす。ただし、天明三年（一七八三）の『愚人贅漢居続《いつづけ》借金』に、「深川（かわ）に三年、吉原（さと）に三とせ、新宿（やま）に三年」とあるように、新宿の隠語としても用いられていた。

尾張の津島天王社の門前町には藩政時代から芸者がいた。『名古屋市史風俗編』（一九一六）には、安政四年（一八五七）に渡辺兵庫が倹約令を無視して津島天王の社人宅にて町芸者に長唄三絃を奏させたかどで逼塞を命じられたとある。『津島町史』（一九三八）によると、「料理屋に芸者があって酒間に侍ったが、廃藩置県後女郎屋は廃止した、しかし酒間の座興を司る芸者は必要なので、置屋或いは料理業者は五六人宛養っていた」とある。

奈良も門前町に含めてよいだろう。『川渡甚太夫一代記』には天保八年（一八三七）頃のこととして、奈良で首尾よく金策話がまとまり手打ちとして遊廓である木辻の料理屋に招かれたとき、座敷には「芸子、舞子かた座になみ居ける」とある。井岡康時氏は「奈良町木辻遊廓史試論」（奈良県立同和問題関係史料センター『研究紀要』十六号、二〇一一）において、解放令後の明治七年二月に元傾城屋十一戸が、一戸ごとに芸娼妓合わせて十人に限ると定めたことを紹介している。江戸時代も同じような規模だったと思われる。

讃岐金刀比羅宮の万延元年（一八六〇）の『御開帳記録』によれば、茶屋があった内町などから芸子による「ねりもの」

が出ており、「この時芸子は百五十人ばかり居る」とある。内町の隣り、札の前町のねりものは「主水《もんど》ぶし手踊」だったが、踊子については「子供五人」とあって、それぞれに屋号が付されている。「子供」とは一般には女郎のことである。

成島柳北氏は明治二年に備前へ旅行した際に琴平に足を伸ばし、旅行記の『航薇日記』に「妓が百名あり」と記している。柳北氏は「そのうち少年に色なしと称するもの」は、「一夜の身價」を別に「二方金ばかり」余分に取ると記している。年少の芸妓である「少年の色なし」の枕金が芸子より高価なのは京の舞子と同じである。ということは、大金を要する水揚げもあったことを思わせる。

「色なし」についてはすでに一度ふれているが、説明を兼ねて別の文献を紹介しておく。延享三年(一七四六)の刊行になる『月花余情』の「江南妓《こうなんぎ》邑《ゆう》記」の章に、「芸子と称するあり、…年紀はほぼ二八前後、絶えて寝席をすすめず、よって又色なしと称す」とある。「江南」すなわち、大坂では十六歳前後の若い芸子を「色なし」と称していた。「色なし」とは「色気なし」の略だそうだが、それは表向きで、同書にも「今色なしを称する者は而《しか》して大色なり」と、すぐにつけ足されている。

柳北氏は金刀比羅宮と両参りしなくては御利益がないとされた、備前側の瑜伽《ゆが》山(蓮台寺)も訪れている。門前の茶屋での花代は琴平と同じと注記し、三年前に京から来たという鶴香と、大坂から養女としてもらわれてきた千代鶴という二人の芸子を招いている。柳北氏はことさらに京・大坂出身の者を選んだのではなく、ほとんどの芸子がそうだったのであろう。おそらく琴平も同じ状況と思われ、ともども京大坂のしきたりがそのまま行なわれていたと思われる。余談になるが、柳北氏は帰途に大坂で再遊して新町遊廓の高島屋で芸者を呼んで遊び、「酔いて後この地の娼、花鶴と共に臥し」、覚めたあと「彼の病のあらんと胸ふたがり」と心配している。梅毒を怖れる心があったのだろう。

同じ備前の吉備津神社の門前町、宮内村には古くから有名な遊里があった。司馬江漢はけっこう好色で旅の途中に所々で登楼しており、『西遊日記』の天明九年(一七八九)一月二十八日の条によると、ここで妓二人を呼んでいる。江漢は「大坂風なり、縞ちりめん。モウルの帯、髪大島田、木櫛横にさし、笄、かんざし鼈甲《べっこう》なり、大坂のうた、江戸のさわぎうた輿に入りておもしろし」と、記している。

文化十三年(一八一六)版の『諸国色里價帳独案内』には、「宮内板倉」の項に女郎と芸子両方の揚げ代が記されている。同書には三都を除いて他に芸子の存在が示された土地はない。また、岡長平氏の『岡山太平記』(宗政修文館、一九三〇)には、宮内遊廓について「文政の頃には芸妓、娼妓の数二百余人、旅館、料理屋百軒を算すと微薄ながら文献が伝わっている」とある。

最後に宮島遊廓の例をあげると、山形出身の志士、清河八郎は弘化五年(一八四八)に厳島に詣でて揚屋に夜遊し、「三妓四娼」を招いたと、日記の『旦起私乗』に記している。彼の日記や旅行記には、他にも芸者・芸子の記事があるのではないかと思われる。

旅する芸者

『筆満可勢』や『奥の枝折』を読むと、芸人だった筆者らが旅の途中で出会った各地の芸者らと親しく交わっていたことがうかがえる。とくに江戸から下っていた芸者には同郷、同業という仲間意識を感じていたようだ。言葉のうえからしても芸者と芸人はきわめて近い。芸者を芸人の一部とする見方は重要である。そうすることによって芸者本来の性格がより際立って見えてくる。一八六六年に来日したデンマークの軍人スエンソン氏が著わした『江戸幕末滞在記』(長島要一氏訳、講談社学術文庫)を読むと、偏見の無い目を通して彼女らを見ていたことがわかる。彼は「ゲーコはほかの国の娼婦とはちがい自分が堕落しているという意識を持っていないのが長所である。日本人の概念からいえば、ゲーコの仕事はほかの人間と同じくパンを得るための一手段に過ぎない」としている。

先に、金沢の遊廓に「遠所芸妓」という者がいたことにふれた。これと長崎で旅働きをしていた「旅芸子」とは同じ類ではないかと思われる。江戸の芸者や京・大坂の芸子らは、芸人と同じように稼ぎを求めて広範囲に移動していた。

東北を旅したり、広島や田辺城下に潜入しようとした芸者や芸子も旅芸子に違いない。だが、その割りに浮世絵にその姿を見ない。たとえば、広重の保永堂版「東海道五十三次」の「二川」の景に見るような、三味線を背負う三人連れは他の作例から見て瞽女であって、芸者ではない。旅芸者は三味線を持っていなかったのかもしれない。

彼女らの動きは意外に早くからはじまっている。渡辺憲司氏は『江戸遊里盛衰記』(講談社現代選書、一九九四)で加賀の沢村金山の繁栄ぶりを記した『蛍の飛加里《ひかり》』(小松市多太神社)にふれている。そこには、「安永六(一七七七)、七年より天明四、五年(一七八五)まで金出る…よき役者も多く…芸子、舞子の類、浄瑠璃、三味線曳き、易者、軍書よみなど代りくに来り、都の花を移し不思議の賑わい成りけり」とある。同所には京都から芸舞子が下っていた。

橘南谿は天明二年(一七八二)の京から西国に旅した折の見聞をまとめた『西遊記』に、芸子とは明記していないもののそれらしき存在にふれている。佐賀の嬉野温泉に泊まった時に隣家から三味線の音が聞こえてきた。「耳あらたまる」心地して宿の主に「いかなる女にや」と尋ねたところ、「隣家の娘なるが、三とせ四とせ長崎にありて近き頃帰り来たる」という返事だった。南谿は「学びたる師は難波人にやありけん」と、話を結んでいる。長崎に大坂下りの芸子がいたことにはすでにふれた。

また、中田敏子・山口敏幸氏の翻刻になる、平戸藩士による『宇佐詣記』の文政九年(一八二六)十月一日の条には、「この所(武雄)にて湯治せんとてここにとどまりぬ、我が宿の隣家二階は上方の芸子のよしにて女三、四人も居たりし、明け暮れ絃歌我がもののように聞けるこそあれ」とある。

関東の温泉には江戸から季節稼ぎの芸者がやってきた。慶応元年(一八六五)の『草津繁昌記』(岩瀬文庫)には「かの、うたひめどもはすべて四月のころ江戸より来しなれば」とある。明治になってからの話になるが、成島柳北氏が十四年に伊香保に遊んだ折りの紀行文「あたまの洗濯」には、呼び寄せた芸者の小兼は東京よりの「脱走妓」で高崎から稼ぎに来ており、春次は前橋の歌妓だった。芸者には土着の者はなく夏首に来て秋涼に去り、娼妓はみな土着とある。九年五月二十二日の『郵便報知新聞』によれば、伊香保に娼妓八十余名、芸妓五十余名がいた。

宴に興を添える遊女がこの地に現れたのはかなり早い。享保六年（一七二一）の序をもつ『伊香保紀行』（祐徳稲荷神社）には「温泉のある所には遊女置きて」とみえる。「伊香保温泉道中絵巻」（群馬県立歴史博物館）には、宿の宴席で踊ったり三味線を弾く女たちが描かれている。この絵巻の制作年代は女たちの風俗から推測するしかないが、江戸に芸者が出現する直前の、ちょうど『伊香保紀行』が著わされた時期の作品ではないかと思われる。

地方の芸子や芸者の多くは、京、大坂や江戸から旅してきたものだった。上方の芸子と江戸の芸者の移動範囲には自ずから境界があった。大まかに言えば西国が大坂、北国が京都、東北が江戸芸者のテリトリーということになるだろう。東海道では三河が境目になっていた。それが次項で取り上げる水揚げの有無にも関わるのではないかと思われる。

5 水揚げ

芸者というと、必ず水揚げの話題がつきまとう。それが、すっかり過去のものになった今日でも、依然として好奇心を煽る材料となっている。実際に行なわれていた時代には、数少ない女性の職業として誇りをもって芸事に精進する芸者に、自分は買われる性対象であるというトラウマを植えつけてきた。いったいそれがいつからの慣行で、どこで行なわれていたかを見届けておきたい。

水揚げについては江戸と上方では大きな違いがあった。『好色万金丹』巻二の「くちぬおもい」に、「未通上《みずあげ》の春より十年花見ぬ里に暮らし」と、遊廓に閉じ込められた身の上が嘆かれている。『傾城禁短気』巻五にも「禿も水上してから即身上物《じょうぶつ》」と題された一章がある。水揚げは芸者ではなく、遊廓の禿に関わる話題だった。

貞享四年(一六六七)の『朱雀しのぶもじすり』には、大夫尾上について「先月廿五日に未通挙《みずあげ》、生い立ち大橋殿のかぶろ」とある。これらはいずれも上方の遊里を扱った書物である。喜川田守貞は「娼妓はじめて寝を許すことを、京坂にては水上と言い、江戸にてはいまだこれを聞かず」と、これを上方の娼妓に限った話題としている。水揚げは上方においてのみ特別な意味があると守貞は認識していた。享保十八年(一七三三)の『両都妓品』に「新刻西都妓品」という項があるが、そこにも「妓始めて寝席を薦むるを上頭(みずあげ)という」とある。この頃は芸子が出現し始めたばかりだったので、これも芸子の水揚げではなく、娼妓にまつわる話題とすべきである。

だが、江戸でも遊廓でならば水揚げは行なわれていた。林美一氏が紹介された文政六年(一八二三)の艶本『絵本開中鏡《かいちゅう》』中巻に、「女郎屋の水上げ」と題された一場面がある。挿図の禿の水揚げをしようとする老人に付された詞書には、「俺もここの内(家)の目がねで水上げをするからには」とある。「女郎屋の眼鏡にかなって」という台詞からすると、上方のように大金を積む者ではなく、むしろ、女郎屋に使われるような立場にあったようだ。江戸では大金を投じて幼い禿を水揚げする習慣はなかった。守貞が江戸では水揚げがないと言ったのはこうした事情を意味するのだろう。

転び芸者

ベベールコレクションに「階段をのぼる色子と送りの女」と題された無款の版画がある。主人公は男髷に櫛を刺し、振袖の羽織を着ている。陰間を描いた『絵本吾妻抉』の挿図ととてもよく似た構図だが、違いがある。こちらは女の廻し方が長箱を手に後に従い、蒲団包みは階段の下に置かれている。この図は「色子（陰間）」ではなく、転ぶ羽織芸者を描いた図と見るべきだろう。

安永五年（一七七六）に出た『契国策』に、「芸者も…ころび、羽織と別かるといえども、羽織とても年のゆかぬ内こそあれ」とある。芸者には転び芸者と、転ばぬものとされていた羽織芸者の二通りがあるが、羽織芸者も年たければ転ぶとされていた。また、天明二年（一七八二）の『富賀川《ふかがわ》拝見』には「羽織のおとさんがころびやした」とある。「かたいかたいと言われた芸子も時分になりては、知れぬか知れるでこそあれ、色をせぬと言うはなし」と、明和八年（一七七一）の『ものはぐさ』にみえる。まだ転ぶという言葉こそ用いられていないが、いくら固いと評判の芸者であってもいずれは転ぶものであった。

だが、転ぶ、転ばぬが話題になり、男たちの関心を集めているうちは、一本の芸者になる前の舞子や半玉が抱え主の意向によって身を売ることを強いられる、「水揚げ」という慣習はなかったことになる。転ぶのは自らの意志であるのに対して、水揚げは強制されるものだからである。同様に、転び芸者を明治以降の「応来《おうらい》芸者、不見転《みずてん》芸者、枕芸者」など、金次第で誰とでも寝る芸者と同一視することはできない。ただし、「枕芸者」に似た「床芸者」という言葉はすでに『ものはぐさ』に見えており、芸者の二層化は芸者が隆盛を迎えるのと同時に始まっていた。

近代になってからの証言だが、「吉原では（半玉から芸者になるのは）自前なんです、水揚をしないんです」と、松葉屋の女将だった福田利子さんが『吉原とはこんな所でございました』（教養文庫、一九九三）で語っている。これは、自前だった吉原芸者は水揚げを強制されなかったことを言っているに過ぎない。『紅燈情話二代芸者』の主人公、柳橋の芸者小柳は実家の破産のため十四歳で吉原の辰近江の雛妓となった。彼女は自前芸者ではなく、辰近江という妓楼の抱えとなっている。だが、父が相場で儲けたことにより明治十五年に十五歳で前借を返済して家に帰ることができた。彼女はたまたま幸運に恵まれただけかもしれないが、その後の歩みを読む限りでは水揚げは経験しなかったようだ。

松葉屋の女将が「吉原では水揚をしない」と、わざわざそう言い切ったのは、吉原芸者ならではの事情があった。『新吉原遊女町規定證文』(早稲田大学)に、「茶屋之内には客引き留、芸者等大勢呼び揚《あげ》、中には女芸者共《ども》客相対抔《あいたいなど》申成、如何《いかが》之筋も有之《これあり》、中宿等致し遊女屋へは不罷越《まかりこさざる》類も間々《まま》有之趣にて、遊女屋渡世に相障《さわ》り、異(畢《ひっ》)竟《きょう》茶屋共《とも》心得違之事に候間、…聊紛敷《いささかまぎらわしき》儀無之様致し、若相背《もしあいそむき》候わば、茶屋は遊女屋一統案内差留《さしとめ》、女芸者も稼《かせぎ》差留可申候」とある。これは『燕石十種』にも収録されておりよく知られたものであるが、小異があるのでここでは原文のまま記してみた。趣旨は、芸者と客が茶屋で泊まるなど紛らわしい行為をするのは遊女屋、ひいては吉原町の商売の障りになるので、違反した茶屋や芸者は営業禁止にするというものである。

さらに、「女芸者不埓《ふらち》中宿いたし、或は身受《みうけ》世話いたす等は、両隣茶屋も申合不行届《ふゆきとどき》儀に付、為過怠《けたいとして》一日商買為被休候事」とあるように、制裁は当該茶屋と芸者だけではなく両隣にまで及び、違反した茶屋の両隣も一日の休業が命じられた。この文書の原表紙には外題に「寛政年中町入用減少ニ付」という角書き、末尾には「寛政八辰年正月写之」とある。国立公文書館内閣文庫の『東京府史料四十四』に収録される寛政七年(一七九五)十二月付で出された「新吉原改革取締方規定書」にも同じ条文が含まれているので、年末に出されたものを翌年初めに写したことがわかる。これによって吉原芸者は客と寝ることができなくなった。

藤澤茜氏が『歌川派の浮世絵と江戸出版界』(勉誠出版、二〇〇一)で指摘しているが、『撰要永久録』に収録されている寛政十二年八月に出された禁令には、「女一枚絵」について「五年以前にも女芸者、その外茶屋女などの名前など顕に摺り出し候義仕るまじき旨申し候」とある。また、八年八月の禁令には、女芸者や茶屋女の名前は削り取るように命じながら「遊女は苦しからず」と、公娼については擁護している。

五年前というから、寛政七年頃には芸者の人気に対する幕府の警戒感が強まっていたことがうかがわれる。『東京市史稿市街編三十二』には寛政十年三月二十五日付の禁令が載せられている。そこには芸者による「売女に紛しき儀は勿論、たとえ馴染《なじ》みの客たりとも不義《ふぎ》がましき儀」について、再び厳しく制禁している。享和二年(一八〇二)の序をもつ『賤《しず》のをだ巻』には、女芸者の流行のため、吉原、品川の売女の妨げになっていたが、「寛政の御改正より、羽織も、芸者も、三味線も、皆止て正風体になりたり」とある。

吉原芸者の厳しいしきたりは『通人物語　趣味の東京』(鈴木書店、一九一三)中の「老妓の思い出」によって知ることができる。そこには「吉原芸者の身持ちはやかましかったです、もし、お客にでも関係したことが見つかろうものなら大変でした、見番の名札が削られる、その時着ていた着物や帯まで衣紋《えもん》竹へ掛けられて見番の店頭に曝され、一生涯吉原を構われ二度と土地へは足踏みもできなくなってしまう、お茶屋は商売止め百ヶ日」とある。

明治十六年の序を備える酔多道士による『東京妓情』には、吉原芸者が「錦帯を解いて娼権を犯すことは厳禁し、もし、これを犯せば裸にして仲の町を犬歩きせしめもって罰したる」という、私刑も行なわれていたことが記されている。ところが、同じ書には「明治四年(ママ)解放後は終にその制破れ、江戸芸者(芳原芸者他の妓を呼んで江戸芸者と云う)と同じく応来を専務とす、…欲と色とに敏捷なる実は芳原芸者をもって最一とす」とまで貶められている。

吉原芸者の身売りは明治五年の解放令後に始まったわけではなかった。『東京府史料四十四』に収録される、明治二年九月付の新吉原の遊女屋からの願い出には、「近来、女芸者ども猥《みだ》りに相成り、過半内実客取りなど致し候やの風聞これあり」とあって、明治維新と同時に目につくようになっていた。この願書の趣旨は、「男女芸者引請人」の大黒屋庄六の子孫がかつて約束した条件を守らないので、遊女屋が芸妓らを引き取りたいというものであった。この時に庄六の子孫が提出した安永八年(一七七九)の「書上」には、吉原に見番ができた事情について次のように記されている。

庄六が日本堤の土手を築き、五十間道に二間の道を造り、吉原町四方および近隣の惣下水の浚え、柵堰板《せきいた》の修復、火の見番人の給分を支払うことを申し出、その代わりに「吉原町の男女総芸者并びに茶屋抱え、素人抱え、自分稼ぎの芸者などまで残らず預かり世話いたすべし」として、彼ら彼女らから土手の修復やその他に必要な経費を徴収する権利を得たいという内容である。

幕府はこれを認めた。この時に芸者数が一組二人、百組と定められ、登録のために芸者らの身元の確認をする必要が生じ、見番《けんばん》(板)所が設けられたとされる。東京府は二年十一月に吉原の遊女屋の訴えを退けて、「見番屋と唱え男女芸者総括いたす」という庄六側の言い分を認めて、月八十両の冥加金を上納するという条件で、これまで通りとするという裁定をしている。その財源は芸者の座料、二人一組で銀二十匁から徴収した七匁二分五厘の蓄積にほかならなかった。

一方、芸者が誕生した深川では吉原とは逆に娼妓との区別がつきにくくなっていた。寺門静軒が天保七年(一八三六)に著わした『江戸繁昌記』五編に「深川」が立項されており、長く繁栄を誇った深川の最期の賑わいぶりが描写されている。そこには「色芸別有りと雖も、然《しか》も其の実は両ながら売る。…是を以て人の子を深川に鬻《ひさ》ぐ。両契文を立て、色も亦売るを証し、芸も亦売るを証す。俗に之を二枚証文と謂う」とある。

幼くして深川に売られた時の証文に売笑を認めさせられた場合のほかに、実の親から身を売ることを強要されることもあった。佐々醒雪、西原柳雨氏の共著になる『川柳吉原誌』(育英書院、一九一六)巻末には、芸者や踊子を詠んだ句が集められている。二、三を拾うと、「三味線で食えるものかと母は言い」、「転べとは狼よりもひどい親」、「弾く計《ばかり》でどう二親が過ごされよう」などの句がある。もともと身を売るだけの踊子の出現に反発して深川芸者は生まれたはずだが、生活苦からいつしか色芸兼ねて売る者が増えていた。だが、これとても水揚げと同一視するわけにはゆかない。

深川の岡場所は水野忠邦による改革によってあらかた衰亡した。安政四年(一八五七)の自序をそなえる石塚豊芥子の『かくれ閭』(国立国会図書館)には、大新地、小新地の項に「享保十九年(一七三四)より開地、天保九年(一八三七)遊廓取払」との注記がある。享保十九年の開地は深川芸者の誕生時期を示唆する。深川に代わって隆盛を迎えたのが柳橋である。成島柳北氏は安政六年に著わした『柳橋新誌』初編において「柳橋の妓は芸を売る者なり」と断言し、柳橋芸者は「深川の余風を存す」とも述べているので、その気風は深川芸者から受け継いでいた。

また、深川の表櫓下、裾継《すそつぎ》、お旅、常盤町にいる女芸者の玉代が記されている『女郎衆値段付娘さいけん』(早稲田大学)には、外題に「寛政時代」という書き込みがある。そこには深川の娼妓である「通い子供」とともに、女芸者の名があがっており、仲町の「中うらや内」に三十五人、「大うらや内」に三十二人、「しん地石場や内」に三十二人が数えられる。

『かくれ閭』には中心地である「深川仲町」について、「女芸者は羽織と呼びて、望まるるときは売女と同じく客をも取るは是仲丁に限る。近ころは新地のみ三楼総て此所の風をまなびて去《さ》ることあれど、他にては芸者客を取るはきびしく禁ずることなり。表櫓には客を取る芸者も稀には有るなり」とある。仲町や新地の著名な三楼を除いて、深川芸者は客と寝ることはなく芸のみを通していた。

また、同書には、背反りのない一文字の櫛は深川に限る形なり、帯は結び下げにする故に一丈二、三尺の長きを用いるとか、仲町ばかりは冬月に足袋を用い、雨天には子供屋から茶屋へ行くに合羽をもちいるが、腰帯を結ばず暑寒ともに羽織たるままにて褄を取る、などという深川芸者独特の風俗ついても記されている。

寛政の始めに生まれた稲光舎なる者が天保十三年六月に著わした『窕懲富保《ちょうちょうとんぼ》』には、深川が盛りの時分のことが詳しく記されている。ただし、記述のほとんどは娼家と子供(娼妓)に費やされており、常盤町、櫓下、裾継に「芸者もあり」と見える程度で、もっぱら岡場所の代表としての性格が強調されている。芸者に関する話題を拾うと、三軒の揚屋が並ぶ大新地や土橋、仲町は「芸者奉公人請状」にて子供(娼妓)を抱置くことゆえ何吉、何次などの権兵衛名で呼び、他は「酌取奉公人請状」にて抱えるという裏事情が記されている。すなわち、仲町の娼妓は芸者名義で抱えるので権兵衛名で呼び、他町では「酌取」名義で抱えると言うのである。そのほかに、両国川の舟遊びにいざなわれた三味線芸者と客の間に「如何のことあり」として、十三年四月に寒風中といえども簾を巻き揚げ、橋間に繋ぐを禁じる触れが出されていることや、弁天門前の八郎兵衛屋敷の五軒の娼家の「遊びに芸者など決してなし、高笑い大声を禁じ、掌を叩いて呼ぶこともならず、畳を叩いて仲居を呼ぶ」という穏密商法が記されている。

下地っ子

かつての花柳界における水揚げは「半玉」を対象として行なわれてきた。芸者置屋には半玉や、それにいたる前の段階の「下地っ子(仕込っ子)」という子供がいた。水揚げはこうした少女たちの存在が前提となる。『芸者』という自伝を残した増田小夜さんや、『廓のおんな』の主人公山口きぬさんも下地っ子だった。彼女らは前借りという親の借金の「かた」として厳しい年季奉公を勤め、雑用に追い立てられるとともに芸事を習い、成長後は芸者になることが定められていた。そして、一人前の芸妓になる直前の半玉になると、水揚げを経験せねばならなかった。花柳界での水揚げというしきたりを明るみ出すためには、「半玉」や「下地っ子(仕込っ子)」がいつ頃から存在したかを明らかにする必要がある。ただし、半玉の登場は明治以降のことなので、明治期の芸妓について展望したあとで述べることにする。ここでは下地っ子についてのみ扱う。

すでに「芸者と羽織」の項でふれたが、江戸後期に「豆芸者」という子供芸者がいた。天保六年(一八三五)の『歌羅《から》衣《ごろも》』には「色気より喰いけとはじく豆芸者」という句がある。まだ色気のない食い気盛りの豆芸者が三味線を弾くのを詠んだもので、熟れた豆が弾け出るのと三味線を弾くのが掛けられたバレ句である。

浮世絵に見る豆芸者の年齢層は「半玉」以前の、「下地っ子」と同じような年齢に見えるが、宴席に出るという点でまったく性格が異なっていた。現存する作品の数から見てある程度人気があったに違いない。豆芸者になる子供の素性はよくわからない。羽織を着たり、周囲から丁重に扱われていることからすると、買われてきた子というよりは、業界で地位のある者の子のようにも思われる。これと後の「半玉」とは区別すべきであろう。

「豆芸者」の名が消えると同時に「下地っ子」という言葉が現れる。天保三、四年に刊行された人情本『春色梅児誉《ごよ》美《み》』の発端に出てくるのがその初見と思われる。同書は深川を意識して書かれており、ここでは八百屋の子とされているだけで、買われてきたというような事情にはふれられていない。中には芸事が好きで将来は芸者になろうという子供もいたであろう。本文に「芸者下地っ子を略したもの」とわざわざ注されているので、この頃から用いられるようになった新しい言葉と見てよい。ただし、この言葉自体は元文頃の『翠箔志』に「役者、舞台子、下地子」というように出ており、もともと上方で芸子ともども「色子」を意味する言葉として男色世界で用いられていた。

また、宝暦元年(一七五一)の『俳諧武玉川』に「をどりこ下地しぼり出す声」という付句がある。踊子にも「下地子」と称される時期があったようだ。下女同様の下地っ子が浮世絵に描かれるようなことはないが、歌川豊国が文化十三年(一八一六)に描いた「時世粧百姿図」(『国華』一〇三二)のうちの、芸者屋を描いたとされる図の少女は下地っ子かもしれない。

少女は髪を結わせている女師匠の傍らで三味線を抱え、浄瑠璃本を前に声を張り上げて稽古をつけてもらっている。師匠も声を添えつつ手振りで節をつけている。三味線を掛けた壁の貼紙には「常磐津□(歌カ)澤門弟中稽古」云々の文字が読め、壁に掛かる名札はいずれも女の名で、少なくとも二十六枚が数えられる。居間に続く板の間の台所では飯炊き婆が片肌脱ぎをして、火吹き竹で火をおこしている。所帯の構えが小さいので常磐津の師匠でもあった芸者の私宅を描いた図ではないかと思われる。

前に男の子の「こじょく」については簡単にふれたが、下地子と同じような少女も「こじょく」と呼ばれていた。明治二十一年に夢想居士と称する人が著わした『美人の内幕』(九春堂)には、腹十分に飯も食わしてもらえない「赤襟の雛妓(こじょく)」の悲惨な生活が描写されている。「こじょく」の早い用例としては、天明九年(一七八九)の『志羅川夜船』には吉原の「こじょく」が出てくる。この言葉は遊廓に限る用語ではなく、子供をさす言葉としても一般にも用いられていた。文化三年(一八〇六)の『東海道中膝栗毛』五編には、伊勢参宮街道と分かれる追分の茶屋の娘について「鍵屋のこじょくめらも愛嬌らしい」とある。

京都の遊廓には「こめろ(小女郎)」と呼ばれる「下地っ子」や「こじょく」と同じ境遇の少女がいた。寛延三年(一七五〇)の『烟花漫筆』には、「女童(こめろ)併《あわせて》娘ぶん」について「仲居の前かたなるものあり、…まづ豆腐とてこい、八百屋へ走れ」とこき使われ、「寒声をつかうとて鶏より早く起き出て寒い障子をおし明けて…三絃をたたく」とある。雑用にこき使われ、早朝より浄瑠璃の寒稽古を強いられる「こめろ」は「こじょく」や「下地子」と同じ身の上だった。

宝暦四年(一七五四)の『本草妓要』にも「小女郎(こめろ)は化して仲居女となる」とある。また、娘分や女童うち「其器量あるべきに芸をたしなみ手習いなど、或いは妓女(まいこ)となり、又白刃(人)となる」とある。「こめろ」のうち器量の良いものは舞子や白人になり、そうでないものは仲居へと分かれていった。なお、「こめろ」は後に「おちょぼ」と称されるようになる。天保二年(一八三一)の『鴨東訛言　老楼志』には「小婢」に両方のふり仮名が打たれている。

京都には「娘分」という者がいた。これは「こめろ」とは別格の存在だった。宝暦初年(一七五一)頃の刊行と推定されている『本朝色鑑』に「娘分」の項があり、そこに水揚げを思わせる記述がある。彼女らは「貧家の少女、或いは遊女が養う者」を養女にしたものだった。そして、「京師の祇園町、先斗町にあるをもって上品となす」としたうえで、「上品の娘は猥りに枕を許さず、唯一客に会うのみ、すなわち價千金をもってす」とある。上方における舞子の水揚げの源流と見てよい。滝沢馬琴が『覊旅漫録』の「芸子の枕金」の項で、「仲居あるいは茶屋の娘、舞子も同様なり」と記しているが、茶屋の娘が娘分に相当しよう。

娘分には舞子と違うところがあった。「風俗は美しき地女のごときであえて美服を着ず、その風俗は妓の姿を学ばず、唯町家の深窓の愛娘子の如し」と、仕立てに手がこんでいた。まったく、京都の色里が考えることは凡夫の想像を超えている。その余風は江戸後期まで残っていた。師岡笑子氏訳『川渡甚太夫一代記』(平凡社東洋文庫)に、「祇園元吉町の玉屋の内、当年十六才にて梅葉と申すげい子…遊女の様にもなく、只町娘の様子にていとはずかしげにいたし居り候」とある。これは京都で天保十三年(一八四二)に実施された、水野忠邦の改革直後の話である。

「娘分」の出現は白人には幾分遅れるが、すでに元文頃の『翠箔志』に見える。そこでは祇園町北側の呼びものになっており、各茶屋に名前が並んでいる。享保八年(一七二三)に出版された西川祐信の『百人女郎品定』には珍しく「娘分」の姿が描かれている。下女で酌取りを兼ねる「ふたせ」と注された仲居姿の女が行灯に火を入れようとしているので、夕暮れ時分の茶屋であろう。娘分は手紙を読む「茶屋女」の傍らで振袖姿で三味線を弾いている。とり立てて深窓の箱入娘には見えないのは、人数が規制されていた茶屋女の数を増すために女将（花車）の娘と称して置いたのが始まりだったからであろう。

元文四年（一七三九）に、わずか七年あまりで幕を閉じた名古屋の廓を舞台にした『契情双盃《けいせい》』では、「娘分とやら言い立てて紋日たのまぬかわりに床にて無心の言いまわしのおそろしさ、としまのよね（遊女）も裸足（で逃げ出す）、お客があれば座付きから傾城の真似をして足を投げだし、自堕落なる身ぶり」と、いたって評判が悪かった。

江戸では「半妓・小妓」と称される者が安政六年（一八五九）の『柳橋新誌』初編に登場する。著者の成島柳北氏は「妓に大小の別あり、大妓すなわち芸者、しかして小妓は俗に御酌と呼ぶ」として、玉代について「小妓すなわちその半ばなり、これを半妓という」と記している。柳北氏の観察は細かく、「小妓は腰に褰束《けんそく》して裾を引かず、帯の面背《おもてうら》の帛《きぬ》が異なる合肚《あいはら》帯、袒衣《はだぎ》その襟を紅にす」という服装は後の半玉とまったく同じである。また「小妓はよく弾く者といえども弾くを許さず…、故に皆舞いを学ぶ」と、この点も近代の半玉にまで引き継がれている。俗称とされている「御酌」は近代になってからも用いられていた。

『柳橋新誌』初編には「ここに列する者は戊午己未間の人」とあるから、安政五年から六年の間のことになる。そこには三十人ほどの小妓の名が並んでいる。年齢は「十二三より二十」とかなり巾があり、後年の半玉とちがってかなり年長者を含んでいたことに注意したい。「小妓は年歯を論ぜず大妓を姉としてつかえる」のがしきたりで、三、四年を経て大妓となったというから、半妓はあくまでも「見習い」という位置づけであった。芸子に上座するような京の舞子とはまったく性格が違うことを強調しておきたい。

柳北氏の友人、柳川春三氏も出版年不詳の『横浜繁昌記初編』の港崎遊廓の項で、「娼家の嫖金甚だ昂《たか》し、大妓三十元、小妓十五元至七八元」というように小妓が大妓の半額以下だったとしている。別に「歌妓」の名も用いられているが、大妓は「花魁」と称すともあるので、ここでの小妓が柳橋と同じ階層をさす言葉かどうかはわからない。なお、港崎遊廓は幕府の命によって設置されたもので、安政六年（一八五九）に完成し、慶応二年（一八六六）に焼失している。

遠く山形は鶴岡の話になるが、芸者と女郎が同居する七日町の温海屋に「小妓殿（あかど）」と称される子供が居た。「小妓殿々々と呼び起こせども白河夜船、碇を下ろせし如くなり、こら起きて稽古せど又しかられる」と、慶応三年の『苦界船乗合咄《はなし》』にある。その立場はむしろ下地っ子に等しい。「あか」とは赤ん坊の鶴岡方言だが、『筆満可勢』には「女子十四、五になりてもかくの如く唱う」とある。

『四方《よも》の花』（京都府立京都学・歴彩館）に含まれる「艶廓価譜花乃枝折《しおり》」には、京都の宮川町、二条新地、先斗町、上七軒に女郎や芸者とともに「半線香」と称される者の花代が表示されており、五番町や北野下之森では「半芸者」と、いかにも半人前を思わせる呼称が記されている。そのかわりに舞子はいない。一方、祇園町には「半線香」や「半芸者」はいない。伊東宗裕氏が「京都の細見」（『洒落本大成』附録27）で本書の複雑な成り立ちを指摘しており、年代の扱いが難しいが、『新撰京都叢書』の解題では慶応三年（一八六七）頃のものかとされている。明治五年十月に第二百四十六号をもって定められた京都府令には、「十五歳以下の芸者半線香と唱え候者は（税金）半減たるべし」とある。

江戸で小妓の大量出現を招いたのは、これまでの厳しい取締方針を転換して一家に一人を限り生計のため町芸者になることを許した、嘉永元年（一八四八）の町触れに違いない。芸者が公認された嘉永という年は、これまでたびたび私娼の取締にあってきた花柳界にとって、隆盛を招く重要な転換点となった。芸者が忙しくなれば芸者見習いの小妓も必要になる。

舞子、芸子の水揚げ

家に娘のいない者は買ってくるしかなかった。『柳橋新誌』には「仮母の女子を買って妓となすとき幼よりこれを養う」とある。「仮母」には女郎あがりの者もいた。柳北氏自身は大妓よりも偽りの少ない小妓を好み、もし、「梳攏（みずあげ)」ができれば「花柳場裏の至楽」ではないかとまで言っている。大妓は欲があるから転びやすいが、小妓はよほど情を通じなくてはそうはならないからだと、理由を述べている。少なくとも柳北氏にとって水揚げは強制するものではなく、あくまでも情を通じて行なうものであった。同じ水揚げでも、そこが京都と大きく違うところであった。それ以上に、大金がからむ点がもっとも異なるところであった。

その柳北氏が京都の祇園での水揚げの実態について詳しい証言している。彼が明治七年五月に祇園での見聞を記した『鴨東《おうとう》新誌』(原題『京猫一斑』)は、東西の色街を比較するうえで絶好の書である。京都府立京都学・歴彩館の蔵本には「此稿本出版不許可」とある。ここでは『柳北全集』(博文館、一八九七)を用いるが、以下の引用部分については稿本との違いはない。柳北氏は東都との慣習の違いに驚いて次のように記している。

> 東京では芸妓を尊んで舞妓を卑しむ、席價もまた折半、西京はしからず、舞妓は傲然と芸妓の上に坐す、その價もまた同じ。定情金(枕金)のごときにいたってはほとんど芸妓に倍す。…尤も等差あり、寡《すく》きは三、五円、多き者でも十円のみ。しかして舞妓は則ち十円以上三十円に至る。皆その品等に従う。もし破瓜《はか》の客あればその姿色の高下によってこの数を超える者多し

「破瓜」すなわち、水揚げについては「余これを教坊の老輩に聴く数回」として、水揚げのしきたりの情報源を明かしている。「教坊」とは花柳界を意味する漢語である。柳北氏は「その事の猥褻、惨酷言うにたえないものがある。されども東人の意想の外にあるをもってその概要を記す」と断りつつ、その実態を微に入り細を穿ってこう記している。

> 雛妓の年紀十四、五に及ぶと、必ず梳攏(みずあげ)の客を要す。…情事はもとより情より出ずるものにして強いるべからざるに、しかして強いる。いずくんぞよく甘楽を得ん。雛妓にいまだ破瓜せざる者あらば、客は観て喜び、若干金を投じて梳攏を約す。楼の嫗《おうな》これをその母と謀る。両家の喜びを知るべし、約すでに成り、期すでに卜す、しかして女いまだ知らず。…女は錯愕して泣く者あり、哭する者あり、奔《はし》りてあたわざらんとする者あり。…百方誘説し、ついにその咽び泣いて首肯するにいたりて止む、その期にいたるなり。覩《と》粧してこれを楼に送る、楼上歓

声沸くがごとし、喜色掬すべし。しかして妓は独りびくびく死地につく態あり、金烏(太陽)が西に没し、客意急なり、杯盤たちまち徹し、枕衾《ふすま》が陳《の》べられ、老妓は屏より窺い、楼嫗は階に候す。

以下はあえて略す。彼が「東人の意想の外」と言っている以上、明治七年までは東京にはこうした風習はなかったことになる。

水揚げに関する文献は乏しい。『鴨東新誌』は水揚げの実態について公然と文章化した、最初で最後の書とも言える。舞子の水揚げという制度は、京都独特のしきたりだった。舞子がそれを聞いて驚愕し、泣き、逃げ惑うのを妓楼の主人や芸子たちがなだめすかして客にあてがい、しかも、周囲の者が皆でこれを祝賀する悪習に対して、柳北氏は「一点の風流情趣なく、いたずらに強姦者とおもむきを同じうす、豈《あ》に陋《ろう》ならざるや」と軽蔑し、非難している。情事はあくまでも密やかに行なわれるもので、「情より出ずるものであって強いるべからず」と考える彼にとっては、京都の水揚げは心底から嫌悪させるものだったようだ。

明治十四年に久しぶりに京都など関西を再訪したときの紀行文「ねみだれ髪」に次のような一話が録されている。同地の友人、山田志馬氏なる人物が「もし、西京の地にして舞子、芸妓無からしめば、余は一日も留まる能わず」と、酒の席で大呼したのに対して、柳北氏は「激語といえどもはなはだ理あるが如し」と、いちおうは肯いつつも心中ひそかにこうつぶやいた。「もし西京の少年子弟をして半年或いは一年他郷に出遊し、活発なる世界を経歴せしめば漸々にその陋習を脱却し、ついにその気象を一変するに至らんか」と。その胸中には哀れな舞子の姿が浮かんでいたに違いない。山田氏とは埼玉県士族で県庁に出仕し、大蔵省に転じた官僚ではないかと思われる。

京都での水揚げ事情を考える際に、祇園町が遊廓であったことを忘れてはならない。寛政二年(一七九〇)六月に「洛外端々の茶屋渡世者の売女」の一斉検挙があった直後の十二月に、一転して祇園町など四カ所に遊女屋の許可が下り、やがて島原を圧倒するほどの賑わいを見せるようになった。鴻池家に仕えた草間直方の手になる『籠耳集』には、安永八年(一七七九)の島原での住吉祭りの「ねりもの」に、これまでは「天神」が出るのが通例だったのが今年から「太夫」

に格上げして、番付けを大坂にも配ったとある。だが、そうした努力もむなしく、結局、不振を挽回することはできず「段々はやりにならず、衰微いたし申し候」と記している。享和二年（一八〇二）に京都を訪れた滝沢馬琴が「祇園町の芸子は美しく、おやまは劣れり、芸子に勢いありておやまの上座する」と言っているように、芸子の人気が遊女を圧倒するようになっていた。

寛政八年の『裸百貫』には「この頃祇園町に家買う者は役者と芸子ばかり」とある。さらに、「近頃よくなるは枚方の物言い、舞子の衣裳」と祇園の好景気ぶりが語られている。「枚方《ひらかた》の物言い」とは口の悪い「くらわんか船」のことだろう。同じ頃、その枚方にも芸子が出現するようになっていた。『枚方市史』別巻（一九九五）に収録される寛政十二年三月七日付で茨田《まんだ》、讃良《ささら》二郡から出された願書では、「近来、枚方宿の旅籠屋は大坂、京都より売女芸子体の者数多く召し抱え、在郷に似合わず諸事花美これを尽し、ことに一二年前より芸者をも呼び」という事態に困惑して、取締を願い出ている。

景気がよくなれば祇園町の売り物、舞子の勢いも増す。だが、祇園の繁栄がそのまま順調だったわけではない。天保十三年（一八四二）には幕府の改革政策にともなっていったん廃業させられている。『川渡甚太夫一代記』には、天保の改革時に「祇園町一統絹織物相成り申さず、…芸子も玉結城《ゆうき》縞よりほかにならず、かたびらは奈良より着ることあいなり申さず、いもじは紅染よりあいなり申さず」とあって、浴衣は奈良物に限られ、冗談に思うかもしれないが、湯文字（腰巻）の色まで規制されていた。ところが、十年もたたない嘉永四年（一八五一）には元に復したことを、明治五年の『京都府下遊廓由緒』によって知ることができる。天保末の衰微と嘉永の復興は各地の遊廓や花柳界に共通するはずである。

すでに、宝暦初年（一七五一）には祇園の「娘分」が千金を対価として水揚げの対象となっていた。それが京都の遊里のおおっぴらな制度にまでなったのは、祇園の発展のもととなった寛政二年末の遊廓公許が転機ではなったかと考えられる。同九年の『戯言浮世瓢単』には「全盛の舞子はわるじゃれ半分、心は舞子で所作は芸子」と、幼いころから遊廓で育った舞子の心身のアンバランスさが巧みに表現されている。妙に大人めいたところもある舞子の子供っぽさを偏愛する男がいつの世にもいた。寛政八年の『裸百貫』には舞子の水揚げが行なわれていたことがはっきりと述べられている。そこには「水揚、袖詰《そでつめ》、鉄漿《かね》つけの祝儀事」とあって、水揚げと振袖から留袖に変えることと、鉄漿つけは、三点セットとして「祝儀事」とされていた。

舞子が流行らなかった大坂では芸子が水揚げの対象になった。延享四年(一七四七)の『百花評林』には「歌児(げいこ)」について「十二、三までが花なり、十五を過ぎればばれ気が見える」とある。まさに舞子の年齢層と同じである。「ばれ気」とは盛りが過ぎたという意味である。宝暦七年(一七五七)の『浪華色八卦』には堀江新地について、「芸子の器量は浪花において此所にまさるはなし、昔は女郎より芸子をひき廻したものを今は裏腹となって」と、女郎と地位が逆転した堀江芸子の評判の高さが強調されている。嘉永期の『皇都午睡』には、大坂の遊所の一つである島の内について「芸子の方を買いはやらせ、伯人(白人)は二段に下がる」とあり、また、「ここ(京都)も芸子買いはやらせ、女郎は二義とす」ともある。服装が厳しく制約され、遊女にへりくだらなくてはならなかった吉原芸者とは立場がまったく逆であった。

「かねつけ」は寛政六年(一七九四)の序を持つ『虚実柳巷方言《なまり》』に、芸子中心の堀江新地のしきたりとして記されている。享和二年(一八〇二)に刊行された『浪華なまり』にも「かねつけ袖つめもっともにぎわし」とある。だが、大坂ではすでに明和六年(一七七九)の『間似合《まにあい》早粋』に、「かね、袖詰、前帯我でやる」の三点セットが旦那の務めとして記されており、京よりも早くに制度化していた。『虚実柳巷方言』には「女郎芸子一世一度のはれとして古町の娘とおなじく、客の力次第にて身のはりの美をつくし、…この時百年の身をかねつける客にまかす」と説明されている。「女郎芸子」とは、芸子が女郎を兼ねていた大坂独自の呼称である。

上方の芸子が初めて身をまかせる「かねつけ」は、由緒ある町に生まれた娘の嫁入りになぞらえられている。「鉄漿」は既婚者の証である。だからこそ祝儀であり、「蒸しもの」、すなわち、赤飯の配り物をしたのである。寛政六年の自序がある『粋通鑑』には「カネツケ」と題して、できあがった赤飯を前に配る順序を話しあう光景、「ソデツメ」では幼い芸子を五人がかりで取り囲んで着付けする場面が、挿図として描かれている。

天明八年(一七八八)の『睟毛答喜《すいもどき》』には、「鉄漿付はなしはおやまのさしあい」とあるから、「おやま(女郎)」には気兼ねする話題だった。同三年の『徒然睟《すい》の川』の「さて発端が鉄漿付の新枕」の項には、「かねつけ」について「表向きの水あげぶん」とあって、「歌妓(げいこ)は鉄漿付の客というと、三つ子が身柱の灸を据えるようにぞ髪立てていやがるもの」とある。「かねつけ」は髪の毛が逆立つほど芸子に嫌われていた。明らかに京での舞子の水揚げに等しく、強制されるものであった。

地方のかねつけ

「かねつけ」は新潟でも行なわれていた。安政六年(一八五九)の序がある寺門静軒の『新潟富史』には、「歌妓の貴きに居るは京都祇園の式に準じ、芸を售《う》りて色に従うには豪農鉅商に非ずば、則ち、肯《あ》えて情を定めず」とあって、格の高い芸子には京都祇園の慣行が及んでおり、金持ちにしか身を任せなかった。

岡田有邦氏は明治十八年の自序を備える『新潟雑記』において、「本地の妓、その粧い古くは京都の女郎と一般、今は則ちもっぱら東都に擬す」と、明治以降に風姿に変化があったとしつつ、友人と思われる蘊斎の「本地の妓を鵺《ぬえ》妓と称す、盖《けだ》し東京の頭髪をもってし、その衣飾は西京にして別に一種の土風を帯びる」という皮肉な言葉を紹介している。だが、これは維新後に限ったことではなく、絵師である長谷川雪旦の観察によれば江戸時代からすでにそうだった。

『稿本新潟県史』第十四巻に明治七年の「遊女規則」が記載されている。他県では「娼妓規則」とされているものに相当し、「遊女」という古風な呼称が用いられていた。そこには「歌舞遊女」という耳慣れない項目がある。新潟では上方と同じように遊女と芸妓の区別をしていなかった。歌舞遊女とは「遊女にして歌舞を兼ねる者」であって、納めるべき賦金は芸妓よりも娼妓よりも高かった。ということは、両者よりも地位が上だったことを意味する。娼妓に上座する京・大坂の芸子を彷彿とさせる。

岡田氏による『新潟雑記』の上巻は、もっぱら市内の遊廓、芸妓、娼妓に紙面が費やされている。そこでは「妓の涅《でつ》歯《し》するにまた豪客を得るをもって一世の名誉とす、衣飾一新、錦繡美を尽くし、大いに寿宴を開き客に觴し、楽籍中に層餅を餉《おく》るをこれ恒例とす、寿儀の腆(大)きこと大抵千金に及ぶと云う」と、「涅歯」、すなわち、「かねつけ」に大金が支払われ、派手な祝宴が催されて重ね餅が配られたことを紹介している。なお、文中の「楽籍」とは、別の用例からすると「落籍」の誤記ではなく、遊里を意味するらしい。

「配り物」をして派手に祝うことが目に余ったのであろう、天保三年(一八三二)には控え目にするようにとの達しが出ていた。『北越公用記録』に収録される新潟の「揚屋議定書」には、「遊女、芸者身祝いと号し、花美《かび》の振舞、配り物、天保三辰年三月厳敷く御示し置きなされ候」とある。ここでは「身祝い」とされているが、「かねつけ」を意味するのであろう。遊女と芸者の別なくかねつけが行なわれていた

富本繁太夫の旅日記の文政十三年(一八三〇)六月二十日の条に、「田巻屋のお糸、客人にて歯を改む、赤飯貰う」と、水揚げが行なわれたことが記されている。「客人」というあっさりとした言い方や、源氏名でないことからお糸は芸妓だったと思われる。新潟三条の田巻屋には江戸の芸者、倉吉が芸者を止めて世話になっており、倉吉が抱えていた二人の芸者も身を寄せていた。繁太夫も五月二十日に倉吉に呼ばれてからは同所に厄介になっていた。田巻屋の名は元治元年(一八六四)の『越後土産』初編の「三条御坊門前細見」にも見え、妓婦九人、娼婦四人を抱えており大店の部類に属すだろう。明治二十七年一月に出版された高橋佐七氏による『ながれの花』は同地の芸娼妓の見立て評判記である。「揚屋及び酒亭」の項に、「田巻屋先に倒れて恵比須屋後に衰え、ともに建築の宏麗はわずかに故老の夜話に残りて」とある。三条を代表する揚屋だった田巻屋は明治に商売を畳んでいた。

新潟での「かねつけ」は京都と同じように寛政期にはすでに始まっていた。西原亮氏の『越後女譚』(太平書屋、一九九二)からの引用になるが、出雲崎では鉄漿つけと同じことが「名をくれる」という言葉で行なわれていた。寛政十年(一七九八)に同地を訪れた幕臣、新楽間叟の『間叟雑録』には、楼には多くの少女が養われていて十六までは客とは寝所を

ともにさせず、破瓜の折りには金主からは衣装代などの費用とともに餅米二俵が送られ、一俵は赤飯にして近所などに配り、残りの半分は小豆餅にして楼主や朋輩に振舞い、半分はのし餅にして当日の雑煮とするとある。その一方で、身請けの際にはこうしたことはしないとある。そこが遊女と大きく違うところであった。

岡田氏も記しているように、新潟では明治十年代までは公然と鉄漿祝いが行なわれていた。明治期の風俗事情を手っ取り早く知るには『新聞集成明治編年史』(林泉社、一九四〇)および、『明治ニュース事典』(毎日コミュニケーション、一九八三)が便利であるが、より詳しく知ろうと思えば、復刻版を一枚ずつ繰るしかない。七年八月二十六日の『東京日日新聞』に、新潟の「楽籍中一種の習弊あり、かねつけと言う、凡そ娼妓の十五歳にいたる者、白歯なるを耻として客に迫って鉄漿を付けることを促す、その費金六七百円に下らず」とある。大金は揃いの着物や配り餅、氏神への参詣、朋輩への振舞に消えていった。ここでは娼妓とあるが、芸妓も事情は同じだったであろう。

配り餅の様子を描いた浮世絵がある。広重と国周の合作になる松林堂製「越后《えちご》新潟湊真景十六興」のうちの、「全盛鉄漿祝横街米市」と題された図がそれである。米蔵を背景にして、たっつけ袴姿の芸子が重ね餅を神社に奉納する光景で、傍らには餅が積み重なっている。また、「三月十八日白山参詣」の図は芸子らの白山社詣を描いたもので、境内には洋装の者は一人もおらず帯刀姿の武士もいる。これらだけを見ると江戸時代とまったく変わらないが、同じシリーズに「招魂場」がある。ここは明治元年十月の創建になり、八年に招魂社と改名しているので、明治初めの作とわかる。「廃刀令」が出されたのは九年のことである。背景を描いた広重は、二代目が慶応元年(一八六五)に安藤家を出て明治二年九月に亡くなっているので、三代目であろう。

十五年二月二十四日の『朝野新聞』には「初鉄漿祝に米二十俵―新潟の芸妓が―」という見出しで、古町の十六歳の芸妓が無益な旧習を止めて、派手な配りものをする代わりに白米二十俵を区内の貧民に恵与したという記事が載っている。かねつけは芸妓ら自身がせがむものとされているが、全員がそうだったとも思われない。貧民に米を恵もうとするような芸妓が自ら望んでかねつけを迫ったとは考えにくい。

遊里が上方系か江戸系かで、水揚げをするかしないかの境界線が引かれるのではないだろうか。舟運の関係で新潟も京都文化圏に含まれていた。京風文化は日本海に沿って津軽から北海道の松前にまで及んでいた。海浦義観氏は『陸奥津軽深浦沿革誌』(一八九八)において、「維新前までは大坂山陰北陸などの諸国より来たれる舶船は皆この港(深浦)に碇泊す」と述べている。古川古松軒は天明八年に旅行した折りの紀行文、『東遊雑記』に松前について、「売女の風俗も上方風のよし、これは京、大坂、越前の敦賀、三国などの地より抱え置くことゆえに、自然に上方風にうつりて、諸芸も相応にあり」と、記している。京風文化は津軽海峡伝いに下北にまで及んでいた。中里忠香氏は『向鶴』において、八戸鮫村の貸座敷は「船客を招くに目的ありて、船客は京阪地方その他異県の者多く、すなわち、豪商に非らずんば漫遊の富人」と、同じ八戸の小中野遊廓の遊客との違いについて語っている。

西国では上方遊里のしきたりがいっそう濃厚に伝播していたはずである。港町の娼妓のほとんどは芸娼妓兼業だった。十年八月二十八日の『東京曙新聞』には、日向中村港(目井津)では娼妓は歯を染めるをもって栄誉とし、西南の役の主役の一人、桐野利秋は同地の嶋正という店で遊興して三人も歯を染めさせたとある。この話には「三人はまた官軍の愛を受け再び歯を染めてもらわんとて、その鉄漿を落とせしよし」という、「おち」がついている。十月十三日付けの同紙には、やはり利秋が「歯を染めさせたる城カ崎の芸妓」が西郷札を受け取ることを逡巡する楼主を脅して身ぎれいになったという記事がある。宮崎町の城カ崎は大淀川河口に栄えた湊である。『みやざき』(商工協会、一九一九)には、大淀町の今町遊廓に桐野が「鬱を散ずべく豪遊を試みた貸席が残っている」とある。

だが、明治期になると既婚者のかねつけの風習自体が廃れていった。『琵琶湖新聞』第四号の冒頭に、明治六年三月二日付けで「皇后以来御 黛《まゆずみ》 御鉄漿廃止なされ候」という宮内庁の布告が載っている。同年の『愛知新聞』四十一号には「近時…婦人眉を養い歯を洗う」とある。十年二月十九日の『郵便報知新聞』は京都において、「聖上女紅場へ行幸ありて、教師の輩残らず涅歯掃眉なるを御覧ありて、…一般に右の旧習除き去ることに至るべしと申す」と報じている。『京都府教育史』(一九四〇)によれば、明治天皇が臨幸したのは土手町丸太町下るにかつてあった女学校・女紅場だった。

十九年十二月十九日の『朝日新聞』は、京都府が上下京区に「剃眉涅歯を廃し、結髪を過度ならざりしめる」と、告諭したことを報じている。

涅歯が年配者のみの残習となってからは、上方の遊里では水揚げを意味する「かねつけ」と入れ替わるように、「襟替」という言葉が使われるようになった。その意味は一本の芸子になると舞子の赤襟から白襟に変わることにある。今のところこれに類似する用語のもっとも早い例は二十三年九月十二日の『朝日新聞』で、「この春から襟を直し本裁の唄い女と披露目」とある。同紙は芸妓についても唄い女と婉曲な言い方をしている。続いて二十五年に出版された『姫路新繁昌記』の「芸妓評判記」に、十八歳の玉吉について「襟を替えたるとともにずんと値打ちを引き上げたり」とある。ただし、一本の芸子になる「襟替」と「水揚」は一体、同一ではない。水揚げの客と襟替の旦那は別である。そのあたりの事情は『廓のおんな』に詳しい。もともと一体だったものを二段階に分ければ置屋の収入もそれだけ増える。京都では今も襟替にあたって形式的にお歯黒をするという。

岩田準一氏の『志摩のはしりがね』(一九四〇)には、鳥羽の「若子」が十七歳になると一人前の女郎衆となるために鉄漿附祝をするとある。その世話は姐女郎《あね》がするもので、話がまとまると船から宿まで船夫と三味線を弾く女郎衆が天保銭や手拭いを見物人にまき散らしながら行列をなしてゆき、若子は手拭いを四つ折りにして鉄漿を附けた口許に当てがい始終笑いを含んでついてゆくとある。宿は赤飯に手拭いを添えて近所にお披露目の配り物をすることになっていた。鳥羽の若子は十三、四歳から姐女郎に従って商売をしており、ここでの鉄漿附祝は年齢からすると芸舞子の水揚げとは性格が異なり、むしろ、襟替えと同義である。

文化四年(一八〇七)の『俳諧通言』には「洛東浪南」すなわち、祇園や堀江での「袖詰(とめ)、かね附」について、「振袖又は白歯の芸子女郎に名訓《なじみ》の色客が袖を詰めてやり、おはぐろをさせれば、芸者の勢い増し、はやるなり」と説明されている。「芸者の勢いを増す」という意味はその世界に通じていない者にはわかりにくい。「襟替」と同じで、有力な旦那がついたことを世間に明らかにすることによって、芸子に箔をつけるという意味であろうか。しかし、そんな鷹揚な旦那が誰にも行き渡るはずがない。先の『徒然睟の川』には「その中にもさまざまあり」と、内実にふれている。「客相応のおりきわめ」をして店が分担することもあったようだ。だが、花柳界を知らない者にとっては何事も想像の世界でしかない。

新潟の芸妓が初鉄漿祝に派手に振る舞いする無益な旧習を止めて、米を貧民に配ったという明治十五年の新聞記事を紹介したが、おそらく、この頃から次第に水揚げをおおっぴらに祝って周囲に知らせることもなくなり、二十年代に入ってからは秘匿されるようになったと思われる。それにともなって高額な水揚金を芸妓自身が使うこともできなくなり、抱え主の懐を潤すだけになった。

6　明治期の芸妓

全国的な広がり

芸者は、江戸時代と明治期以降とで何も変わっていないように思われるかもしれないが、その間の変化は大きい。わかりやすい現象として、維新前には芸者がいなかった土地にも出現するようになった。たとえば、愛知県知多半島の港町、半田では「明治三年、大竹屋の鈴吉ねえさんが左褄を取ったのが始まりともいい、また、沢田定次郎というものが青柳という料理屋を開いて、名古屋から八人の芸妓を抱えたのが元祖とも」と、『半田のまち』（一九三七）に書かれている。こうした例は「地方の芸者」の項ですでにいくつか見てきた。

しかし、明治五年十月に「芸娼妓等解放令」が布達された後の変化はそれにとどまらなかった。まず、名称が芸妓に変った。東京がその典型であるが、本来、芸妓はどこに住もうが自由だったが、芸娼妓に対する監視の眼や居住の制限が厳しくなり、それとともに新たに芸妓に営業税が課されるようになった。芸妓税は「浮業」ということからとくに高額だった。

だが、一方では芸妓の営業や居住地にまったく制限を設けない県もあった。ここからは明治年号を省略するが、橋本宗彦氏の『秋田沿革史大成』下（一八九六）によれば、県は六年二月付の布達第二十八番において、「芸者は遊女の如く定めたる場所にあらずと雖もその業を営み勝手たるべき事」としている。栃木県は七年二月三日付の布達乙第六号で、「芸妓の義はこれまで在来の場処限り営業さし許し候所、自今何れの町宿においても営業願い出候えばさし許し候」と、今後はどこでも芸妓の営業を許すという方針を出している（『栃木県史資料編　近現代1』）。

兵庫県は五年十一月の「娼芸妓規則」において、「娼芸妓は福原、娼妓は柳原、西宮のほか渡世あいならざる事」というように、場所を限って営業を認めていたが、遊廓である「福原住居の者は自宅にて客取り苦しからず」という例外規定を設けていた(国立公文書館『府県概則』第八巻)。芸娼妓の自宅営業の許可は珍しい。その後、方針は一転し、村田誠治氏著『神戸開港三十年史』(一八九八)によれば、神田孝平県令は六年六月十六日に「芸娼両妓ならび貸座敷渡世の儀は福原、ならびに東西柳原、逆瀬川町等に限り候旨あい達し置き候ところ、以来、兵神両市中の義は何の町村にも右渡世苦しからず候」というように、兵庫と神戸市中はどこでも芸娼妓を許すという布告を出している。十年の規則では貸座敷営業地について兵庫地区七町に制限するように改めているが、芸妓については両市中での営業許可を継続している。

熊谷県は八年十一月の布達第百六十六号で、「芸妓免許場所」を以下のように定めている。同県の範囲は今日の群馬県の大部分と埼玉県の西部からなっていた。

上野国(前橋町、倉賀野宿、高崎駅、岩神村、玉村宿、惣社村、白井村、駒形新田、伊香保村、伊勢崎町、芝町、中町、堀口村、花輪村、堀越村、宮関村、板鼻駅、神山駅、妙義町、安中駅、松井田駅、福島駅、富岡町、大戸村、伊勢町、草津村、沼田町)

武蔵国(川越町、入間川村、大井町、黒須村、所沢村、峰村、扇町谷村、越生村、大和田町、白子村、飯能村、久下分村、今宿村、小川村、松山町、熊谷駅、石原村、本庄駅、秩父大宮郷)

九年一月一日付の「娼妓並貸座敷渡世規則」で定められた貸座敷免許地(深谷、本庄、玉村、新町、倉賀野、板鼻、安中、坂本、妙義、伊香保、一ノ宮)にも芸妓がいた。七年一月二十五日の『郵便報知新聞』は、年末に一の宮町にて芸妓の衣類が持ち逃げされるという事件を報じている。九年六月の改定では武蔵の志木宿、大原野村、小鹿野村と、上野の金古宿、阪木駅が加わり、十二年十月の改定表では、埼玉県に編入された武蔵国の部分が省かれ、新たに編入された木崎宿、太田町、川俣村、館林町、桐生新町、安楽土村、堺野村、新宿村、大間々町が加えられている。現在の群馬県と埼玉県西部の主な町村で芸妓が許可された。

当然のことながら、地方で芸妓の需要が一気に増加した。八年三月五日の『郵便報知新聞』には、「芸妓の盛んなるは都会のみにならず、田舎にも行わるると見えて、この節諸県より東京に来りて十四、五歳の貌よき女子、又は、やや遊芸を習う者を多くの金をもて雇い入れる」とある。

「芸娼妓等解放令」が出された五年以降には、統計ということが行なわれるようになる。数字は筆者のもっとも不得手とする領域で、見るたびに数が違うし、計算違いもしばしばである。しかし、いったいどれくらいの女性がこの職業に従事していたかを知るために、各府県の統計書や新聞記事を繰ってみた。創刊間もない頃の新聞は読者の関心を繋ぎとめるために、連日のように芸娼妓にまつわる記事を提供していた。今日の読売、朝日両紙の祖といえども例外ではない。

また、現在は国立公文書館内閣文庫に収蔵されている「府県史料」は、七年十一月の太政官布達によって各府県に編纂が命じられたもので、府県によって書名はさまざまだが項目は共通している。そのうち「戸口」もしくは「戸籍」の項に芸娼妓の人数が記されている場合がある。また、府県によっては「風俗」もしくは「民俗」、中には「勧業」、「警保」の項に芸娼妓に関する史料が含まれていることがある。とくに「禁令」と「租法」の項では頻繁に改正が行なわれた芸娼妓、貸座敷規則の複雑な経緯をあとづけることができる。なお、以下での引用にあたっては所蔵機関名を略している。

十七年には内務省による全国統計があるので、それ以前の資料についてはなるべく疎漏がないように努めた。だが、多くの人は府県よりも市町村の人数の方に関心があるのではないかと思われる。それらについては多少、年次が遅くても収録するようにしたが、さらなる市町村史や地方紙の検索が望まれる。よく最盛期にはこの町にも芸者が大勢いたという文章を眼にするが、おおむね大正、昭和初期のことである。ここでは江戸時代との連続性と相違点を明らかにすることを主にしているので、おおよそ明治期までしか扱っていない。戦後期とともに、花柳界がもっとも賑わった時期については他に適任者がいると思う。では、北海道から順次、全府県の状況を見てゆくことにしよう。

北海道・東北地方

北海道　函館や松前には江戸時代から芸者がいたが、札幌や小樽をはじめとする開拓地では明治になってからである。五年一月二十三日付で黒田清隆開拓次官は「開拓人夫一万人ほども差し遣わし候に付いては…妓楼を立て置き公然売女免許仕り候」と、政府に届け出ている（『公文録』第七十四巻）。『新撰北海道史』第三巻（一九三七）によると、札幌薄野《すすきの》の東京楼は「御用女郎屋」と称されたという。「芸娼妓等解放令」の直前の五年晩秋（九月）に完成した同楼には、海路横浜丸によって本土から二十一名の遊女と三名の芸妓が送り込まれた。同年七月の『郵便報知新聞』十号には、すでに開拓使に願い出済みということで、品川駅の港屋某が彼女らと横浜港から出帆したとある。これは手始めであって、解放令布達後の六年二月には娼妓百六十余名、芸妓二十余名に膨れ上がっていた。しかし、「芸娼妓等解放令」の影響を受けて九年には廃業に追い込まれ、破産した業者らは貸下金の債務を帳消しにしてほしいと願い出て許可されている（『開拓使裁録』北海道文書館）。

『小樽市史』第三巻（一九四四）によると、小樽には札幌より早くに遊廓が設置されていた。四年に金曇町が遊廓に定められ、やはり開拓使庁からの貸付金をもって芸者の見番が設けられていた。しかし、取扱人の所業が悪く六年に廃止されたという。その時には芸妓二十名、娼妓七十名がいた。十年五月三日には札幌、小樽を対象とした「貸座敷芸娼妓規則」が布達され、両所では芸妓の自宅住まいが認められていた。十四年の大火の後、十六年頃のこととして、「芸妓の年齢には制限がなく、当時は半玉というものはなかったという」とあるので、さぞかし幼い芸妓もいたであろう。三十九年三月の「芸妓酌婦取締規則」になって「十二歳未満の者は芸妓たるを得ず」と、やっと下限が設けられたが、低年齢に変りがなかった。

『開拓使事業報告　第一編』（一八八五）の「戸口」の項によると、全道の芸妓数は十一年（121）、十二年（107）、十三年（113）、十四年（118）、十五年（130）となっており、さほど変化はない。『函館支庁諸表』（早稲田大学）には十二年一月一日調べで、市中に芸妓が五十三人とある。北海道の芸妓の大半がこの地域にいた。

十六年の『函館県統計書』によれば、年末時点で函館区の蓬莱町と台町を合わせて百三十二人、松前郡の福山蔵町、福山湯殿沢町、吉岡村に合わせて四十八人、江差新地町、江差津花町、江差影ノ町に八十一人、熊石村と支関村に各三人、上古丹村に一人、寿都郡新栄村に八人、歌棄郡潮路村に五人、山越郡長万部村と山越村に一人ずつ、茅部郡森村に四人、計二百八十三人の芸妓がいた。

『根室県史草稿』の「租法」の項には十一年十一月二十七日付で「貸座敷芸娼妓規則を定め、芸妓は鑑札料金七十五銭、税金一ヶ月金五十銭とし、十二年一月一日より徴収す、十三年二月八日芸妓税を地方税に編入」とある。同じく「戸口」によると、十五年末に根室郡に芸妓が二十三人いたが、うち一人のみが当地生まれで、釧路郡では六人中一人だけが当所に本籍を持っていた。また、野付郡の三人、厚岸郡の十三人のすべてが寄留者だった。十六年には根室郡に本籍人二人、寄留者十人、野付郡に寄留者一人、厚岸郡に寄留者四人、釧路郡に本籍人一人、寄留者三人および、択捉島の振別郡に渡った者が一人いた。二十四年の佐々木勝一氏著『根室弥生之里』(北島社)は弥生遊廓の娼妓名鑑であるが、巻末に料理店の内芸妓三十人の名が載っている。二十六年の『紗那振別択捉蕊取郡役所統計概表』には芸妓八人、娼妓三人とある。

十六年の統計を載せる『札幌県統計書』(札幌中央図書館)では、甲市街(32)、乙市街(40)、丙市街(6)、甲市街を除く石狩国(7)、乙市街を除く後志国(23)、胆振国(7)、日高国(4)、天塩国(8)、十勝国(5)、計百三十二人となっている。甲市街は札幌、乙市街は小樽、丙市街は貸座敷数が一致する岩内と思われる。二十二年の『札幌石狩厚田浜益千歳郡役所統計表』には石狩郡にのみ八人が計上されている。二十四年の『室蘭有珠虻田幌別勇払白老郡役所統計表』では、室蘭郡六人、有珠郡十一人、幌別郡三人、勇払郡十人、白老郡七人となっている。

北海道の花柳界の歴史については渡部一英氏の『北海道及花街』(一九二五)が詳細である。また、平均的芸妓の納税額が北海道長官よりも多いと指摘するなどユニークな一面もある。同書には、旭川に芸妓が出現したのは二十八、九年、釧路には十七、八年から、滝川は二十五年九月に朝日庵という料理店が開業したのが花柳界の草分け、帯広の発祥は三十年近くになるという。網走には三十三年前にすでに二十人もいた、紋別には三十四、五年前に出現、深川は二十八年の料理店鈴木楼の開店と同時などとある。

『北海道庁統計書　第十回』には三十年末の警察署ごとの人数が集められている。

札幌(98)、江別(5)、石狩(6)、厚田(2)、茂生(3)、函館(139)木古内(1)、森(4)、福山(36)、福島(6)、江差(44)、熊石(20)、久遠(1)、瀬棚(22)、寿都(22)、永豊(2)、磯谷(8)、歌棄(4)、岩内(26)、古宇(1)、神恵内(4)、小樽(210)、余市(22)、古平(6)、岩見沢(24)、月形(7)、滝川(32)、市来知(5)、旭川(26)、増毛(17)、留萌(2)、鬼鹿(4)、苫前(2)、焼尻(6)、室蘭(12)、有珠(11)、勇払(6)、浦河(4)、門別(4)、下々方(4)、様似(5)、幌泉(8)、下帯広(6)、大津(4)、茂寄(8)、釧路(13)、厚岸(5)、霧多布(2)、熊牛(4)、根室(11)、標津(6)、国後(1)、網走(17)、斜里(3)、常呂(2)、紋別(12)、宗谷(21)、枝幸(10)、鴛泊(17)、香深(1)、紗那(7)、留別(4)、蕊取(2)、計千二十七人。

千島、礼文島、利尻島を含め津々浦々に広がっていた。

中では小樽がもっとも多く、函館がこれに次ぐ、札幌は三番目だった。浪越重隆氏著『小樽案内』(博光社、一九〇八)には「町検番本店(花園町)、分店(入船町)、末広検番(曙町)、色内検番(色内町)、稲穂検番(稲穂町)、新検番(花園町)に大小(芸妓)四百有余」とある。

高須墨浦氏は『函館繁昌記』(一八八四)に、函館の芸妓には土妓と客妓の二つがあり、土妓は概して温良にして素朴、客妓の多くは敏慧にして疎通、土妓に挑まば願うところ易々、客妓を説けば往々擯斥を受く、しかれども金力運転の妙手段があると、記している。芳川清三郎氏編『最近新函館』(函館万告社、一九一二)には、東検番は開拓使時代の創立にかかり、検番の鼻祖なり、現在芸妓四十七名半玉十五名、巴検番は二十年頃の創立にして鍛冶町にあり、芸妓五十二名半玉十一名、蓬萊検番は三十八年の創立にして、芸妓十名半玉五名、町検番は三十八年十一月の創立にして相生町にあり、芸妓三十二名半玉五名とある。総計は百四十一名と三十六名になる。桑高賢午・小野栄蔵氏編『富の函館』(一九一二)では東検番は蓬萊町にあるとし、蓬萊検番はすでにない。巴検番は旧西検番とある。また、町検番ができた理由について、日露戦争中芸妓の健康診断の実施が決められたことに反対する遊芸派と称される一団によって創立されたとある。芸を主にする者は二割強だった。末松貞次郎氏編『函館の栞』(一九一七)によると、蓬莱町に函館見番があり、松風町に中央見番、音羽町に音羽見番ができていた。

櫟山居士著『札幌案内』(聚文堂、一八九二)には薄野見番芸妓十二名の名があがってはいるが、ほとんどは料理店の内芸者だった。その他に数十名の校書ありとされている。津田琴眉氏による『花すすき』(一九一二)は札幌の芸娼妓名鑑である。冒頭には「幌都三百余の歌舞妓、舞妓」としたうえで、札幌見番に芸妓九十一人と半玉十七人、元見番に芸妓二十六人、半玉十一人、町見番に芸妓十一人、半玉五人とある。

四番目の江差については、森野庄吉氏が『江差と松前追分』(熊本書店、一九一〇)において、ここが北海道芸妓の供給源だったとして、つぎのように述べている。

安政年間遊廓を切石町から新たに開かれた町に移して、浪華の新地をそのままとって町名とした、…全盛時代には百数十名いた芸妓も今ではわずかに三十四妓、これが他地方と違ってたいてい自前だ、そして大部分は江差で産湯を使った連中だからおもしろい、…十日に検番で芸温習会をやる、三十余名ことごとく皆糸竹のことに暗からぬ。

浪華新地と命名したことからもわかるように同地は上方系だった。

小国梧城氏著『夕張発達史』(小林近江堂、一九一五)に「花柳界」の項がある。「夕張見番第三区にありて十数名の芸妓詰め合い…炭山所在地の花柳界の存するは真谷地、楓のみ、…清水沢、沼の沢に一二戸、紅葉沢三戸」とあって四十年から大正三年までの料理店、芸妓、酌婦の統計が付載されている。芸妓の人数は六十二、六十五、六十七、二十八、二十五、二十、二十三、二十二人という経緯をたどっており、四十三年に激減している。一方、料理店や酌婦も同年にいったん減ってはいるが、その後は持ち直している。

青森県　青森町には幕末期に芸者がいたが、他の港町では遊女が芸者を兼ねていた。『青森県歴史　政治部』の「戸口」の項には六年分として、芸妓が百十一人、娼妓六百七十九人とある。七年には五百人と三千六百五十一人となっているが、これは月税および賦金を納めた延べ人数なので、十二で割ると、芸妓はおよそ四十一人、娼妓が三百四人に減っている。解放令の効果だろう。八年七月には芸妓が六十五人、娼妓が三百五十一人と、やや増加している（『青森県歴史　明治八年』）。

十二年版『青森県治一覧表』（国立公文書館内閣文庫）には芸妓は百十五人とあって、六年当時まで回復している。しかし、翌年版の『同一覧表』（同前）に出ている芸妓税総額を月額の一円五十銭で割ると、延べ六十七人ほどで再び半減している。芸妓は月税が高額だったため開廃業が激しく、災害による不作や景気の動向による影響が大きかった。

『青森県警察統計表』によると、二十年末の時点で青森署に四十人、弘前に十三人、田名部に二人の計五十五人だった。このうち三十七人が遊廓内にいたが、本籍は北海道の渡島が一人、青森を含む東津軽郡が二十一人、深浦、鰺ヶ沢を含む中津軽郡が十五人だった。一戸岳逸氏による『合浦の珠　青森案内』（一八九三）に見える貸座敷の芸妓十七人は皆兼業だった。『青森市研究』（一九三五）には、青森市では三十一年に青函連絡船の発着所が新安方町に移転したため、浜町の旅館が料理店となり、浜街が芸者の代名詞になったとある。

三十二年の数字を載せる『警察統計表』では、青森署(74)、小湊(2)、蟹田(2)、弘前(44)、八戸(31)、三戸(3)、五戸(2)、黒石(9)、鰺ヶ沢(6)、木造(7)、五所川原(7)、金木(9)、七戸(5)、三本木(6)、野辺地(5)、田名部(10)、大間(3)、計二百二十五人となっている。

秋田県　当県には江戸時代から各地に芸者がいた。県は六年二月に「芸娼妓及び貸座敷規則」を布達している（『秋田県史稿　禁令』）。「戸口」の項には七年の芸妓の人数は九十七人、娼妓は百三十人とある。八年には九十四人と百七十八人、九年は八十七人と三百十六人、十年は六十二人と九十九人となっている。十一、二年にはこの項目がないが、十三年の『秋田県治一覧概表』では、芸妓が六十五人、娼妓は百九十五人とあって増加に転じていた。だが、十五年の『秋田県史稿』では「芸妓九十九人（減二十四人）、娼妓二百四十九人（同五十四人）」と再び減少している。

二十年の数字を載せる『秋田県警察事務年表』には、年末時点で秋田署(35)、大館(9)、能代(6)、本庄(4)、大曲

(5)、横手(3)、湯沢(3)、花輪(9)、計七十四人となっている。

安藤和風氏編『秋田県案内』(彩雲堂、一九一二)には秋田市の芸妓について、「川反四丁目を中心とし、三丁目五丁目にわたり…芸妓は二十余戸の芸妓屋に抱えられ…歌妓舞妓併せて八十余名…風俗は東京を模し、衣服持物東北第一なり…当地出生も多しといえども東京、名古屋、酒田、能代などより出稼ぎ、または移住せしものあり」とある。

岩手県　『盛岡市史』(一九五九)には、『幡街青楼尽《づくし》』という書物から「四十四名の三味箱は環の損ぜしごとくにて廻りかねたる大繁盛」という一節が引用されており、楼の数から五、六年のことであろうとされている。「幡街」とは江戸時代以来芸妓がいた八幡町のことである。九年の『巌手県一覧概表』には芸妓は二百人となっている。十四年の『岩手県統計書』に計上されている納税額を月額の三円で割ると、延べ百七十四人ほどになる。

十八年二月十四日付の「芸妓取締規則」には、「芸娼妓兼業の者は貸座敷免許地外に住するを禁ず」とあって、兼業が認められていた。二十年の数字を載せる『岩手県警察統計書』では、盛岡署に三十四人、黒沢尻に六人、水沢に三人、磐井に九人、横田に一人、宮古に二十五人、福岡に一人、計七十九人と大幅に減少している。二十九年の「同統計書」では、盛岡署(75)、花巻(2)、黒沢尻(2)、水沢(1)、岩谷堂(1)、一関(4)、千厩(7)、盛(10)、釜石(4)、宮古(67)、岩泉(2)、軽米(2)、計百七十七人となっている。

宮城県　仙台の花柳世界の来歴については虎屋横町の住人、富田広重氏が著わした『仙台繁昌記』(一九一六)が詳しい。筆は藩政時代にまでさかのぼり、広瀬橋畔、肴町、神明下などの旗亭に内芸者のごとき女がおり、淫売とは全然異なるが、時において枕席を薦めることもあったという。芸妓屋の開祖は明治五年頃、義太夫語りとして江戸から流れて永住していた鶴沢喜市が東京から芸妓一名を抱え寄せて営業したのが初め、これが三年ばかり勤めて去った後、七年頃堂々と四人を抱えて営業を始めたのが本吉とある。

六年十二月十九日の『郵便報知新聞』は、「宮城県下も芸妓二百人程あり」と報じている。富田氏の証言に従うと、彼女らは仙台以外の塩釜や石巻などにいたことになる。『宮城県国史』の「戸口」の項には、七年には芸妓が二百二十九人、娼妓が三百五十八人とある。八年には芸妓が百七十三人、娼妓が二百四十九人だった。磐前県南部を編入して現状と同じ県域となった九年には、芸妓が百三十人と娼妓が二百六十一人、十年が八十五人と二百八十四人、十一年には五十一人と三百四十三人となっており、娼妓の増加にくらべて芸妓がはなはだしく減少している。だが、合計にはさほどの変化がないので、多くが娼妓に転じていたと思われる。十一年の数字を載せる『宮城県統計書』(国立公文書館内閣文庫)では、芸妓の現在営業人数は三十六人と、さらに減っている。十二年になっても芸妓三十人、娼妓三百四十三人と芸妓の減少が止まらない。なお、十年、十一年は水害による不作が続いていた。

十二年一月十八日の『郵便報知新聞』には「廓中の芸妓は皆年長の者にて市中の芸妓は三、四名」とあり、芸妓のほとんどが廓内にいた。十三年の統計書には芸妓が九十五人、娼妓が四百三十二人とあって、はじめて増加に転じている。十四年には芸妓の人数が計上されていないが、十五年は八十四人、十六年には百二十人、十七年には芸妓が百十五人となっており、回復傾向が続いている。

十五年正月に出版された斎藤哲太郎氏による『仙台名妓伝　初編』(裳華房)には十二人の芸妓が載っているが、仙台生まれの一人を除いて他はみな東京出身だった。十八年八月十三日の『奥羽日日新聞』には仙台全体で五十一人いたとあるから、県全体の約半数が仙台町内に集中していたことになる。二十五年の数字を載せる『宮城県警察統計表』には、仙台署(108)、塩釜(1)、大河原(2)、角田(1)、白石(2)、石巻(18)、気仙沼(3)、古川(4)、岩出山(1)、築館(3)、計百四十二人とある。

山形県　山形県は当初、村山、最上二郡のみで、『山形県史　政治部』の「戸口」の項によると、七年には芸妓はたった九人だった。これに対して娼妓は三百三十七人とたいへん多かった。草刈源吾氏による十六年出版の芸娼妓評判記『花競入山形　上編』では、名妓とされる芸妓のほとんどは地元出身者で、東京と仙台から渡ってきたものが若干名ずつとなっている。

米沢を中心とした地域ははじめ置賜県といった。『置賜県歴史』の「禁令」の項に六年十二月二十九日付の「芸妓規則」が載っている。第七条には貸座敷に限らず客の招きに応じて普通茶屋その他の酒席に陪して広く営業してよいとあり、住所も貸座敷以外でもかまわないとしている。「戸口」の項には七年の調べとして、芸妓が二十七人、娼妓百三十三人とある。八年には芸妓が四十一人、娼妓が百四十九人とある。九年五月三十一日付の『東京曙新聞』は置賜県に芸妓三十九人、娼妓百三十余人がいると報じている。

　現状と同じ県域となってからの十二年の『山形県統計書』では、芸妓が百五人に増加しているが、米沢を含む南置賜郡が五十五人と半数以上を占めていた。これに次いで酒田を含む飽海郡が二十人、山形を含む南村山郡が十七人と、依然として県庁所在地の方が少なかった。十九年に土屋一六四氏が出版した『置賜花競』（弘文堂）によると、米沢に芸妓が二十人、宮小出（長井）に二人、宮内に六人、赤湯に二人という状況で、十二年よりも減少している。

　二十年の統計を載せる『山形県警察統計表』には、山形署に二十六人、鶴岡に二十五人、米沢に二十九人、酒田に二十七人、宮（長井）に十四人、寒河江に五人、楯岡に三人、計百二十九人とある。ただし、『山形県職業統計表』（一八八九）には二十年一月現在として、芸妓は百四十四人、うち寄留者三十二人とあって人数に違いがある。

　三十年末の現員を載せる『警察統計表』では、山形市署（48）、南村山（7）、東村山（6）、西村山（5）、谷地（4）、左沢（2）、北村山（6）、東根（1）、尾花沢（1）、最上郡（4）、酒田を中心とした飽海郡（79）、松嶺（3）、吹浦（1）、東田川（2）、狩川（1）、鶴岡を含む西田川郡（53）、大山（26）、温海（3）、西置賜（7）、荒砥（5）、小国（1）、東置賜（10）、高畠（6）、宮内（7）、小松（3）、米沢市南置賜郡（46）、計三《（ママ）》百三十九人となっている。

　中村禎吉氏編『酒田案内』（中村書店、一九一二）には「芸妓は今町及び新町の二方面に分かれ、歌妓舞妓合わせて七十名、新潟方面よりの出稼者もあり」とある。新町には遊廓があった。

福島県　芸者が出現するようになったのは維新後という城下町は少なくない。相馬氏の城は中村（相馬市）にあったが、原町（南相馬市）には陣屋があった。『相馬原町案内』（海岸タイムス社、一九一八）に「原町芸妓屋年表」が掲載されており、明治三、四年に長瀬平太郎氏が新町に小屋掛けの飲食店を開業し、芸妓屋を兼業したのが創祖となっている。九年に福島県が成立する以前には原町など県東部は、宮城県の南部を含めて磐前県と称し、平を県庁としていた。八年の『磐前県治一覧概表』(国立公文書館内閣文庫)には、芸妓は十八人となっている。

鹿子田又四郎氏著『福島芸娼妓評判記』(一八八三)には、「明治五、六年以来福島に東京芸者というものを担ぎこみましたが、大方は矢場女、地獄上がり、権妻《ごんさい》の駆け出し」とある。本書が出版された前年の十六年には「教坊の紅粉三十余名」にのぼり、評判の芸妓はみな東京もしくは新潟から来ていたとある。二十二年の只野竜治郎氏編『芳妓の栞《しおり》』(怡和堂)には、福島町に三十名、飯坂温泉に二人の名前が並んでいるが、大半は東京出身だった。会津若松の芸妓に関しては大和田健蔵氏の『若松芸妓手踊評判記』(斎藤書店、一八九四)がある。本冊子は二十七年五月五日・六日に七日町の若松座での興行を記録したもので、二十人ほどの芸妓が出演していた。

十三年の『福島県治統計表』では県全体の芸妓は百六十七人となっており、二十四年の数字を載せる『福島県警察統計書』には、信夫署(37)、飯坂(1)、川俣(2)、安達(8)、本宮(9)、安積(13)、岩瀬(12)、西白河(23)、矢吹(2)、田村(9)、新町(5)、東白河(4)、石川(3)、菊多・磐前・磐城(49)、鮫川(3)、四倉(1)、楢葉・標葉(12)、浪江(7)、行方・宇多(4)、原(5)、北会津(60)、耶麻(12)、猪苗代(3)、河沼(20)、大沼(9)、計三百十二人とある。信夫署は福島、安積署は郡山、北会津署は会津若松、菊多・磐前・磐城署は平の所轄署である。なお、南会津署(田島)には翌年に一人のみ届け出があった。

関東地方

茨城県　潮来や大洗には江戸時代から芸者がいたが、水戸は明治に入ってからであった。『水戸市史』(一九九三)は弓削徳充氏による『水戸上市の面影』(一九五三)に依拠して、「水戸の花柳界は明治四年ころ上市大工町の一角草蓬の地に宇野弥兵衛が四年余の歳月をかけて…一区の町をつくり常磐屋という芸妓屋を置いたことに始まる」としている。

近藤鉄太郎氏の『水戸三筋糸の調の競　初編』(一八八二)には芸妓、海老屋金八の身の上話が語られており、東京生まれの金八は「二親の身を養わんと、まだ十歳にもなるかならぬかその時に身を泥水に沈め、この水戸に流れ来たりて泉町なる蛭子《ひるこ》屋の抱え芸妓になりたり、この時は明治維新の始めにて、芸妓屋などは二三軒のみ」とある。

これによると、常磐屋の開業以前から蛭子屋など二、三の芸妓屋があった。近藤氏は大工町の開発について、「明治九年の秋のころ彼の蛭子屋は近火のために類焼せしが、この頃に大工町の松坂屋弥平という豪商が市街のうらの敷地を広げ一つの市街を造りなし、家造りなども東京の芸者屋風にまねたるものから自ずとここは賑わいて」として、九年に焼失した蛭子屋にかわって常盤屋が繁盛したことを伝えている。

十一年十月二日の『東京曙新聞』は「大工町二十二人、下市三十人ばかり」と報じており、翌十二年一月十九日付の『茨城新聞』には、「茨城水戸地方のごとき、もと芸妓あることなし、しかるに近頃に及んでは陸続として来り…現に三十有余人」とある。また、同年五月十七日の『郵便報知新聞』には、「猫は上下市あわせて九十余頭、青楼なし、併《しか》し、猫社会にて兼務するよし」とあって、遊廓がなかった水戸では「猫社会」すなわち、花柳界がこれに代わっていた。十年十二月二十二日の『朝野新聞』には土浦にも「猫あり、大抵東京より出稼ぎ」、同月十八日の『郵便報知新聞』は土浦の芸妓は十四名程と紹介している。

『茨城県統計書』には十八年の数字として、甲市街（常陸地域の市街地）に百五人、乙市街（下総地域）に五人、市街地以外の常陸地域に五人、下総地域に三人、計百十八人となっている。甲市街は水戸であろう。下総の乙市街がどことはわからないが、古河だろうか。二十六年刊の石井浅吉氏著『潮来繁昌誌』には芸妓十四人とある。また、四十二年刊の松倉鶴雄氏編『笠間便覧』には、「花柳街と称すべきの地はわずかに高橋町の気楽横町及び大工町の一部に過ぎずといえども、芸妓の数は大小あわせて二十四名」と記されている。

警察署別の統計は四十三年の同統計書にはじめて出てくる。人数は以下のとおり。

水戸署（103）、小川（2）、湊（18）、笠間（29）、大宮（8）、大田（30）、大子（10）、松原（43）、鉾田（4）、麻生（6）、竜ケ崎（2）、土浦（18）、石岡（12）、北条（1）、下妻（6）、水海道（4）、結城（4）、下館（17）、真壁（4）、境（6）、古河（23）、取手（2）、計

三百五十二人。二番目に多い松原署（高萩市）は平潟遊廓を管轄していた。

栃木県　『栃木県史料』の「警保」の項には「先般解放候飯盛女芸者ども更に従前の渡世いたしたき段申出候節は…鑑札あい渡し申すべき事」という五年十月三十日付の布達が収められている。『栃木県史附録宇都宮県材料』の「租法」の項に「明治五年県庁取立税目書上」がある。娼妓税は一人一カ月一両、芸妓税は二分となっており、十一月発行（効）同月より取立とある。総額は前者が二百七十一両、後者が十三両と計上されている。『栃木県史材料』の「租法3」にも五年と六年の「県庁限取立候賦金書上帳」が収録されており、五年分には芸娼妓賦金は五年十一月より取立とある。新暦変更のため五年は十二月がなく、これは一カ月分に相当するので、宇都宮県には二十六人の芸妓がいたことになる。六年分は「芸妓娼妓一人につき五十銭」、「一人に付き一円、娼妓賦金旧宇都宮県限り」、「一人に付き五十銭芸妓賦金」の三本だてになっているが、三番目の芸妓賦《ふ》金も旧宇都宮県分であろう。両県とも解放令の直後から徴税を始めていた。また、栃木県では芸妓と娼妓の区別がされていなかった。

二県は六年六月に合併し、七年二月にはこれからは何れの町宿においても営業を願い出れば許可するとして達している。八年の『栃木県治一覧概表』（国立公文書館内閣文庫）には県全体で百三十人とあるが、この時点では県は旧上野国の一部、館林、桐生町などを県域に含んでいた。

十三年一月の調査に基づく『栃木県治提要』には開廃業した郡別の人数が載っている。前者が開業人数である。下都賀（栃木・小山など）20／15、安蘇（佐野など）18／7、上都賀（鹿沼・日光など）8／1、河内（宇都宮など）17／14、芳賀（益子・真岡・茂木など）6／5、足利6／5、梁田（足利）17／3、塩谷（矢板・那須塩原）8／3、那須（大田原・烏山）13／4。合計で開業が百十三人と廃業が五十七人になるが、現員数はわからない。十九年末の数字を載せる『栃木県統計書』によると、宇都宮(47)、栃木(11)、鹿沼(7)、佐野(5)、足利(3)および、これらの市街以外に七十二人、計百四十五人がいた。県庁所在地への集中とともに、県下に広く分散していた。

二十四年の数字を載せる『栃木県警察統計表』には、宇都宮署(42)、栃木署(16)、小山分署(3)、国分寺分署(2)、佐

野署(11)、足利署(9)、御厨分署(11)、鹿沼署(13)、今市分署(11)、日光分署(25)、足尾分署(13)、矢板署(3)、喜連川分署(8)、大田原署(8)、芦野分署(2)、川西分署(1)、烏山分署(4)、真岡署(5)、計百八十七人とある。

宇都宮については、宇都宮市教育委員会編『最新宇都宮』(内田書房、一九〇八)に、亀廓遊廓の存在にふれるとともに「江野町及び池上町、泉町の一部は紅裙の本場にして、検番は翁石、宮の二つに分かれ、校書六十余名あり」と記されている。『現行栃木県令達全書　下巻』(一九〇七)所収の三十七年十二月付「日光町芸妓営業者居住するを得ざる地域」という布達によって、花石町など十九町が定められている。許可地ではなく、禁止地を示すのは珍しい。また、『足利大観誌』(台水書院、一八九八)には、「小玉合わせて四十名…通三丁目の北裏、俗に泉正長屋と称する辺は比較的にその数も多く」と、明治末の状況が述べられている。

群馬県　高崎には江戸時代から芸者がおり、明治初年には約百五、六十名もの多数がいた。しかし、栗田暁湖氏は『前橋と高崎』(以文会、一九一五)において、「高崎に初めて芸妓ができたのは明治の二年に常設芝居が許可されたのに始まっている」という異説を唱え、「九年には芸妓の総数八十余名の大きさを算する」としている。栗田氏の二年説は前橋びいきによる誤りと思われるが、いずれにしても関東では最多数をほこっていた。十三年一月十二日の『郵便報知新聞』によれば五十六名に減少しているが、これは九年に県庁が前橋に移設された影響と思われる。どの県でもそうだが、芸妓は役人の求めに応じて県庁所在地に集まった。十三年度の『群馬県統計表』には芸妓税の鑑札数が二百五十とあるが、これは年間の延べ人数である。

二十四年に出版された『前橋繁昌記』(以文会)によると、前橋の芸妓は明治九年に県庁が移ってきて、官吏が糸竹の必要性を感じたことから十年に見番ができ、三十余名が在籍したのが始まりとある。しかし、品田亀松氏の『上毛花街の今昔』(群馬県料理店連合会誌、一九三六)によればそれ以前からいた。そこには「明治四、五年の頃、料理屋の元祖、嬉野が東京方面から踊りの達者な才三、藤助という二人に次いで、義太夫の得手な福吉、清元地の奴などを抱えて内芸者としたのが濫觴」とある。十年十二月十二日の『郵便報知新聞』は、市内に「芸妓は四十二名、娼妓はなきよし」と、報じている。

正田治兵氏による『東京三すじの大一座』(一八八四)は東京府だけでなく近隣県をも含む芸妓の名鑑である。これによると、十七年には前橋の田町に五人、横山町に三十三人、紺屋町に二十二人、高崎の柳川町と連雀町に三十一人、板鼻に七人、倉ヶ野に五人、新町に十人、玉村に十一人、伊勢崎町に三人、桐生新町に七人がいた。

二十三年の『群馬県警察統計表』には各警察署ごとの芸妓数が計上されている。東群馬南勢多署(前橋)の百三十人、利根北勢多署(沼田)の四十八人、西群馬片岡署(高崎)の三十五人、山田郡署(桐生)の三十四人が上位を占めている。以下はランダムになるが、渋川十人、碓氷郡五人、松井田二人、北甘楽郡十四人、下仁田二人、緑野多胡郡五人、佐位那波郡十人、玉村分署七人、木崎分署二人、邑楽郡四人、大間々分署一人、吾妻郡一人、計三百十人だった。

埼玉県　仮名垣魯文氏の『安愚楽鍋』に「歌妓の坐敷話」という一節がある。同書が出版された四、五年頃の話題として拾っておく。主人公は十三歳で吉原の見番下地っ子として出たのを振り出しに、柳橋、山谷堀などを経た達者だったが、「不見識」をでかして旅稼ぎに出かけ、「中山道は熊谷から忍の行田を経めぐり、上州まわりをして桐生にとどまり」とある。

県は十年十一月十五日には甲百四十号の「芸妓渡世規則」をもって陸羽、中山道の宿駅市街に限って芸妓の営業を許可している(県史料「禁令」)。しかし、十一年版『埼玉県治一覧概表』(国立公文書館内閣文庫)の芸妓税を月額で割ると、延べ二十一人にしかならない。十二年二月七日の『郵便報知新聞』には、川越の芸妓は凡そ三十人余、また、十七年四月七日の同紙には「浦和芸妓も十三名ばかり」と報じられている。十六年六月五日の『自由新聞』の「所沢通信」には、「芸妓は三、四名、芸妓及び割烹店に仕うる婢女は皆淫をひさぐ」とある。

『東京三すじの大一座』によると、十七年には行田に五人、浦和に十人、川越の江戸町検番に十人、熊谷の竹町検番に五人、深谷の相生町検番に七人、本庄のさんや大門検番に六人がいた。十八年の数字を載せる『埼玉統計書』によれば、天候不順で全国的な飢饉のせいもあろうが、県下には三十六人だけで、うち川越に七人、熊谷に二人という微々たる状況だった。

少し年次が下るが、三十七年の統計を載せる『埼玉県警察統計書』によれば、浦和(12)、鳩ヶ谷(3)、大宮(16)、鴻巣(2)、川越(5)、所沢(16)、飯能(5)、松山(3)、小川(5)、秩父(8)、本庄(7)、児玉(1)、熊谷(19)、深谷(7)、忍(4)、羽生(2)、加須(1)、岩槻(5)、越ヶ谷(10)、久喜(1)、幸手(1)、計百三十三人となっている。

千葉県　『千葉県歴史』の「戸口」によると、木更津県と印旛県が合併して千葉県となった翌年の、七年には九十三人の芸妓がいた。『千葉県史料近代編』(一九七一)に収録されている七年五月二十四日の「旅人宿取締規則」では、宿場の千葉町登戸、寒川両村以外では貸座敷渡世に紛らわしきことを禁じている。十三年七月三十一日の『郵便報知新聞』には「寒川村洲崎の茶屋に一猫婦あり、四、五年前よりこの地に流れ来たりし、拙なれども絃歌を専らとし、あえて腰部を売らず」とある。

ほぼ、現在の県域に近くなった十一年には百二十四人に増加しており、十四年の『千葉県統計表』では百五十八人となっている。内訳は銚子を含む海上郡に四十六人、千葉郡に三十六人、船橋を含む東葛飾郡に十九人、佐原を含む香取郡に十七人、佐倉を含む印旛郡に十一人、東金を含む山辺郡に八人、大多喜を含む夷隅郡に七人、館山を含む平郡に六人、匝瑳郡に三人、長柄郡に二人、安房郡、朝夷郡、市原郡に各一人がいた。

二十年の数字を載せる『千葉県警察統計表』によると、千葉(18)、佐倉(8)、松戸(14)、佐原(3)、木更津(28)、八日市場(2)、北条(6)、東金(1)、茂原(2)、大多喜(3)、銚子(20)、船橋(5)、計百十人に減っている。

増島信吉氏編『千葉町案内』(一九一二)には「吾妻町二丁目の裏通りに元蓮池であったという溜のある場所を俗に蓮池という、この所の校書を呼ぶに一名蓮池芸者という…およそ百人に近く」と、明治末年の様子が記されている。

東京府　『東京市史稿市街編五十』の「市中芸妓等人員調」によれば、元年が六百五人で、二年は七百六十三人だった。七年一月十九日の『郵便報知新聞』には、「近頃芸妓輩上税の御布達ありしより、凡六大区中の芸妓ども業を廃し、府庁へ鑑札を返納せしもの二百人程」とある。それにもかかわらず、同年九月八日付の同紙によれば、千二百六十四人と、大はばに増加している。また、八年の井上道甫氏編『東京一覧』でも廓内に四百十七人、町稼ぎが千百二十二人、計千五百三十九人となっている。

だが、同じ八年に発行された西村準太郎氏編『諸芸人名録』では総員八百四十六人、小芸妓八人となっており、大きな開きがある。町ごとの人数は以下のとおりである。括弧内の後者は小酌人である。

柳橋(11)、両国よし川町(18)、同新柳町(3)、金春鍋町(29)、同板新道(26)、芝口中川邸跡(33)、芝口分部邸跡(15)、芝口溝口邸跡(24)、元大坂町(28)、よし町(6/2)、住吉町(26/6)、猿若町(42)、浅草広小路(11)、湯島同朋町(16)、同数寄屋町(17)、湯島天神境内(24)、神田眼鏡橋(30)、赤坂田町(31)、深川仲町(18)、四ツ谷坂町(6)、糀町(10)、芝神明前(40)、新富町櫓下(23)、牛込(28)、浜町梅屋敷(3)、浅草山谷堀(10)、根津(25)、日本橋数寄屋町(18)、元大工町(24)、八丁堀植木店(5)、新吉原(146)。

これによると、八年にはまだ柳橋が最大勢力を誇っており、小酌人、すなわち、後の半玉が新橋をはじめとしてほとんどの土地にいなかった。総員数が『東京一覧』よりも少ないのは、吉原と根津以外の廓内芸者が含まれていないからであろうか。『東京府史料』の「娼妓芸妓」の項によると、五年には吉原に百七十一人、新宿に三十人、板橋に八人、千住に四十人の芸妓がいた。ただし、品川は空欄となっている。永田宗二郎氏は『品川遊廓史考』に、「慶応二年から明治十七年頃までの人員は新宿に三十五名、北品川に五名と記されている」と、記している。これらを加えてもかなり足りない。

だが、九年の数字を載せる『東京府管内統計表』には八百五十三人、十年の『東京府統計書』では、現員が九百七十五人となっており、減少したことが確認できる。七、八年の千数百人という人数には疑問が残る。十年の統計を見ると、開業が四百五十五人、廃業が三百三十三人となっており、現員数はきわめて流動的であった。福田栄造氏編『懐中東京案内』(同盟社、一八七八)には芸妓千十七人とあり、十二年度の数字を載せる『東京府統計書』には区部が千五人、郡部が百二人、計千百七人となっており、やっと千人に達している。

十六年十月以前に脱稿していた服部撫松氏の『東京柳巷新史』（一八八六）には、各柳巷の特色や明治初年以降の変遷が詳しく述べられている。ここでの引用は省略するが、向島芸妓についてのみふれておくと、「いまだ大増減あらず、最多の時は二十名ばかりにのぼり、最少時は十余名に過ぎず」とある。

十九年の『校書名鑑』には千百三十一人の芸妓の名とともに、二百二十九人の少芸妓の名と生年が掲げられている。少芸妓の増加が顕著で、最年少は十二歳だった。序文には「現時三千に下らず」とあるので、無鑑札の芸者が同数以上いたことになる。官庁の数字は鑑札を買い求め月税を納めた人数なので、あくまでも目安でしかない。

林田亀太郎氏の『芸者の研究』（潮文閣、一九二九）によって明治以降の広がりを見ておこう。赤坂は明治二年に新町にできた伊勢屋が始まり、富士見町は二十年、飯田河岸は二十五年、芝浦は二十九年、白山指ケ屋は四十五年、麻布、渋谷は大正二年からとなっている。

『東都芸妓名鑑　帝都復興記念』（南桜社、一九三〇）には各地の来歴がより詳しく記されている。筆者は編集顧問の伊坂梅雪氏であろう。向島については「芸者の土着となったのは明治十一年後に遊廓建設の儀破るるや芸妓の居住を奨励したが、それより私娼の発展甚だしく」とある。九段富士見町は「十四年に魚久が開店するにいたってようやく牛込あたりから移住する芸妓を見た」とある。また、牛込神楽坂は「明治二十五年の許可であるように思う」とされている。「白山花街の沿革」の項には「明治二十八年警視庁令第八号並に三十年十月十一日川路第二部長の通牒によって、前例の地なきところには（創業）許可せずとの内規によって葬られしが、四十五年六月二十一日最初の許可地となった」とある。芝浦の開業から十五年ほど間があくのはこのためであった。『警務要領教科用』下巻（一八九九）に載る規定には「類業者の存在せざる地には許可を与えず」とある。

神奈川県　五年十月に定められた「芸妓渡世規則」を七年三月に改正した際には、「芸者渡世の者の住居地の儀は第一区内何れの場所にても苦しからず」とあって、横浜では居住地の制限がなかった（『県史』禁令）。同年六月には税金を四段階に分けており、最も高額だったのが横浜、次いで神奈川宿、三番目が保土ヶ谷、川崎、八王子、府中、浦賀、横須賀、江之島、鎌倉、四番目が布田五宿、三崎、戸塚とされた。当時の神奈川県は多摩地域を含んでいた。「戸口」の項に見る七年十二月の調査では、芸妓百四十六人、娼妓が千百六人となっている。九年九月十二日の『読売新聞』には、「小田原の芸妓はこれまで貸座敷の外に招かれてゆくことがならない規則でありましたが、(足柄県から)神奈川県になってからはどこの家でも自由に招かれるようにきまったので、一同大喜び」とある。

十一年の『神奈川県治一覧表』(横浜市立図書館)の「遊里」の項には、芸妓と酌人の人数が出ている。後者が酌人である。横浜(24)、高島町(39/6)、保土ヶ谷(5)、神奈川(13/5)、川崎(13/5)、横須賀(9)、浦賀(7)、八王子(30)、布田府中(15)、五日市・拝島(3/2)、青梅(4)、三崎(9)、小田原(29/1)、大磯(8)、平塚(3)、吉野(5)。計芸妓二百十六人、酌人十九人、娼妓は千三百二十六人だった。

十三年九月十八日に改定された「芸妓渡世規則」では、居住の許可地が広がり、横浜市街、神奈川駅、川崎駅、保土ヶ谷駅、府中駅、布田五宿、田無町、拝島村、小川村、青梅町、五日市町、八王子、横須賀、浦賀、三崎、大鋸町、戸塚駅、江ノ島、藤沢駅、平塚駅、大磯駅、小田原駅、厚木駅、吉野駅となっており、鎌倉は除かれている。なお、厚木と青梅には貸座敷がなかった(『神奈川県警察規則』一八八七)。十四年一月十二日の『朝野新聞』には、八王子の業者が「芸妓営業出願せしに、県令よりの布達に貸座敷同居のほかあい成らぬとありし」とあって、横浜以外ではあい変わらず居住地の制限があった。

猫々道人(仮名垣魯文)による十四年の序を備える『横浜芸妓評判記 初編』では、本港の芸妓は市中に四十一人、遊廓地の高島町、長者町の仮宅に六十八名、すべて百九名とある。同じ十四年の数字を載せる『神奈川県統計表』には、横浜区内(69/21)、高島町遊廓(空欄)、神奈川(16/空欄)、川崎(15/8)、保土ヶ谷(8/3)、八王子(41/1)、府中(12/1)、布田(11/1)、横須賀(30/3)、浦賀(20/3)、三崎(13/2)、戸塚(21/空欄)、藤沢(空欄/空欄)、大磯(13/空欄)、平塚(12/空欄)、小田原(44/9)、吉野(9/空欄)、厚木(9/5)、青梅(11/1)。前者が芸妓、後者が酌人である。総数は芸妓が三百五十四人、酌人が五十八人である。

十九年の佐久間逸郎氏編『横須賀浦賀花のしるべ』（小川堂）には、横須賀大滝町に十七人、小川町に二十四人、山王町に二人、旭町三人、稲岡町三人、元町九人、汐入町二人、浦賀谷戸町十八人のほかに、貸座敷の内芸者二人を入れて計八十人とある。遊廓は大滝町にあったが芸妓の散在が許されていた。三十六年出版の『横浜繁昌記』（横浜新報著作部、一九〇三）には、「関内には一本（芸妓）のが煩悩の鐘の数と釣り合って百八人、雛妓（おしゃく）は〆て三十五人、関外では（遊廓を除く）大が三十一人、小が八人、神奈川には大三十四人、小十二人、全部あわせて二百三十七人」とある。石川浅吉氏の『八王子案内』（熊沢文華堂、一九一二）には「芸妓屋も市内各所に散在せしが、近年に至りことごとく横山町三丁目南裏にあり」と明治末年の状況が記されている。八王子は二十六年に東京府に編入されたが、便宜上ここに含めた。

中部地方

山梨県　六年六月の「制法」中の旅人宿に対する条文に、「遊女芸妓の類一切留め置くべからざる事」が付け加えられている。そのかわり甲府では解放令以前に遊廓が公許されており、五年一月十三日付で芸妓は遊廓内の居住が定められていた。『山梨県史料　政治部』には七年一月時点で芸妓五十四人、娼妓二十六人とあるが、十二年の『山梨県治綜覧表』では芸妓が三十三人に減っている。十三年の調べでは四十二人の芸妓のうち半数以上の二十五人が他国者だった（『甲府遊廓史料全』山梨県立図書館）。

その後、十四年四月八日付の甲十九号に芸妓幇間免許地を「当分の間、新柳町並に甲府市街に限り住居を許し、他の在村に居住する義あいならず」とあって、甲府だけは廓外の居住が認められた。『甲府遊廓史料　全』には十七年に出版された「市中娘見立番附」が収録されており、「下町芸妓の部」に十七人、「新柳町の部」に十三人の名が記されている。市街地の方が廓内よりも多かった。

二十年の数字を載せる『山梨県警察統計表』には現員五十名とある。翌二十一年の数字を載せる『山梨県統計書』には、甲府に三十一人、それ以外に三人とあって、甲府以外でも芸妓の営業が認められていた。二十七年師走の後書きがある青柳詢一郎氏の『粋鏡花あやめ』は甲府新柳町遊廓の細見だが、巻末に廓内芸妓十一人と半玉七人の名を記したあとに、「若松町にゆくかゆかぬか思案の途中」とある。下町芸妓は若松町に集まっていた。『甲府史卅年史』(甲斐新聞社、一九一八)によると、「二十五、六年までは桜町及び春日町辺に点々妓家の散在を見たるが…取締上の必要によりこれを若松町に移転せられ、居住すべき地域を同町に限りて」とある。

三十六年の『山梨県警察統計表』には前年末は百三十九人だったものが、開業四十一人、廃業十三人の結果、百六十七人となっている。同年に出版された佐野通正氏の『甲斐繁昌記』には「芸妓凡そ数十名、皆東京より呼ぶ」とあるのは、甲府の芸妓について述べているのだろう。

三十七年の『山梨県警察統計表』では甲府に八十七人、このほかに上野原に三人がいた。上野原は甲府以外では唯一の貸座敷免許地であり、二十一年の甲府以外の三人は上野原の可能性が強い。遊廓が許可される以前に芸妓が出現するのが常であった。四十二年三月に告示された「芸妓及び芸妓置屋営業者居住地指定の件」はその後幾度も改定されているが、『山梨県警察類典』(一九三七)によると、以下が指定地となっている。甲府市若松町・東青沼町、谷村町下谷、韮崎町北ノ内、上野原町関山遊廓内、福地村字下町、大原村猿橋、七里村字町屋、瑞穂村字新地・一本杉、広里村大月・駒橋、鰍沢町、船津村字宮森、上加納岩町上神田川。

警察署ごとの人数は大正十五年の『山梨県統計書』に初めて出てくる。ここで扱うには年次が遅すぎるが、参考のために掲載しておくと、甲府(315)、韮崎(15)、鰍沢(7)、日下部(17)、谷村(17)、吉田(25)、猿橋(32)、計三百八十七人となっている。

静岡県　静岡県は九年までは駿河地域のみを県域にしていた。『県治紀事本末3』によると、県は五年十一月二十日に遊女芸妓の稼ぎ場所を安倍川町と、従来飯盛女がいた駅に限って許可している。駅とは宿場町のことである。その結果、「大いに衰微すといえどもなお新たに鑑札を受けて営業する者」が芸妓二十五人、娼妓六百二十六人とある。六年には芸妓二十二人と変化がないが、娼妓は二百十八人と、三分の一に激減している。解放令の影響であろう。『駿河国史』によると、七年には芸妓が四十一人、娼妓が二百四十六人となっており、芸妓が倍増している。八年に芸妓が八人増、九年には二人増、十年には一人増とさほど変化がない。県は八年の布令乙八十四号によって、芸妓の営業を遊廓内に限っており、この段階では旧宿場の六カ所以外では許可されなかった。

伊豆地域はかつて足柄県といった。『県治紀事本末　伊豆国之部2』の「娼妓」の項には、「芸娼妓の鑑札を下付せるもの三島、下田の二所において、明治六年…四月中現業の者八十三名なり…僅かに一カ月間といえども出入りあるをもって人員の一定に帰するを得ざる」とある。

十二年の『静岡県地方税規則便覧』には芸妓の営業許可地として、静岡安倍川町を一等地とし、三島、沼津、江尻（清水）、藤枝、浜松を二等地、下田、網代、吉原、興津、島田、金谷、横須賀、掛川、袋井、見附、二俣、中泉、新居、白須賀、新所、気賀、三和を三等地として税額をそれぞれ二円、一円五十銭、一円に定めている。

同じ十二年の『静岡県統計書』（一九一二）には町村ごとの芸妓数が出ており、県全体で百六十人だった。浜松（36）、安倍川（23）、沼津（22）、下田（15）、三島（14）、江尻（10）、藤枝（10）、袋井（7）、見附（6）、二俣（6）、掛川（4）、吉原（3）、新居（2）、気賀（1）、島田（1）、計百六十人。すべて遊廓所在地であり、これら以外の芸妓がいない土地には娼妓のみが若干いた。

静岡町には明治初年に幕臣とともに芸者が移り住んでいた。しかし、『花柳風俗誌』中の「静岡の花柳界」には、解放令前の五年九月に営業を禁止されたため芸妓は遊芸稼人と名称を変え、二十年になって再び許可になったとある。この措置は静岡市中での営業に関するものと思われる。九年四月四日の『郵便報知新聞』は「近来（静岡の）町芸者は残らず廓内（安倍川）へ移転になり、一切市中の酒楼に出入りすることを禁ぜられし」と、報じている。十四年の鈴木伝吉氏編『静岡全盛花街一覧』には安倍川遊廓内の二十八人の芸妓の名が載っており、九人が東京出身で他は静岡出身となっている。

『類聚警察要務』（一八八六）に十四年十二月二十七日付の「芸妓取締規則」が載っている。許可地は浜松、三ヶ日、新所、新居、掛塚、笠井、白須賀、気賀、奥山、三和、二俣、小泉、見附、袋井、掛川、相良、金谷、静岡、横須賀、森町、静岡、清水、清水町受新田・入江町受新田、藤枝、肥田、焼津、江尻、興津、蒲原、沼津、御殿場、吉原、大宮、三島、網代、下田、稲取、妻良、松崎となっており、芸妓は免許町村内に居住を定めるべしとある。十六年には熱海、修善寺を削除するとあるが、ここにはその名はない。温泉保養を除いていた。二十二年の山本正為氏編『静岡全盛花街一覧表』によると、廓内の十八人に対して市中には両替町と平屋町に二十三人いた。野邨鉄太郎氏が二十六年に出版した『静岡繁昌記』では、市内の両替町に五十人、宮ヶ崎町及び新通に十余人ほどとあって、数年で倍以上に増加していた。

長野県　長野町には江戸時代から芸者がいた。県は八年二月十二日付で仮規則を定めて、芸妓の営業を許可制にしている(『長野県布達月報』)。これは解放令で打撃を受けた権堂遊廓を復活させるための措置だったと思われる。十一年に長尾無墨氏が著わした『善光寺繁昌記　三編』(早稲田大学)の「権堂芸妓」の項には、五年の解放令によっていったん瓦壊した権堂遊廓が、八年三月に鑑札を得ることによって再生してから十一年に鶴賀に移転するまでの、つかのまの賑わいが述べられている。「歌妓今(十年)この春夏の際、百三、四十名の多きにいたる」とあり、中等以上の妓だけで七十九人を数える。妓家には「獅子」と称する妓にして娼に似るものがいたというから、その余が獅子であろう。

凡そ芸妓は東京より来たるとしており、中には柳橋から移り住んだ者もいた。九年二月二十七日の『郵便報知新聞』は「芸妓は管下に鑑札を受けし者二百有余人、そのほかにも網潜利(もぐり)あり、…東京柳橋よりも四、五人寄留せり、現に長野に芸者五十余人あり」と報じている。同年四月四日の『東京曙新聞』には、長野町には「芸妓は四十人ばかりあり、鑑札は三人に一枚受けて折々廻し持ちにするよし」とある。官庁の統計は鑑札所持者だけであるから実数にはほど遠い場合もあったようだ。

九年に北信、南信部の筑摩県と合併した後の十年には、長野、松本、上田に遊廓の設置が許可され、十一年の布達乙百一号によって芸妓は遊廓外の居住が差し止められた(『現行長野県令規全集　第四綴』、一九一六)。十二年八月の調査に基づいた『長埜県治一覧概表』(国立公文書館内閣文庫)に見える芸妓税を月額で割ると、延べ二百五十四人になる。愛猫山人による十三年の『長野遊廓細見』には芸妓が六十三人、弦歌娼妓が十七人とある。これは権堂遊廓の移転先、鶴賀遊廓のみの人数である。

十五年三月十六日の『郵便報知新聞』は、長野県下の公許遊廓は上記の三カ所及び塩尻、平穏、追分、坂木があるとして、「その外は芸妓たりとも営業禁止なりしに、今度長野町の割烹店が見番、規則を設けて町芸者二十名を限り営業を許可されたしと願い出て」許可されたため、鶴賀遊廓から強い反発があったことを伝えている。若林蕾吉氏による『今昔の長野』(一九一七)によれば、「権堂芸妓屋の芝切りは越本、島屋、河合屋の三軒で、越本はないがもっとも古く明治十五六年に出来」とある。かつての遊廓は花柳界として再生した。『二十年間の長野市』(長野市、一九一七)に三十年から大正五年まで五年ごとの芸妓、小芸妓、貸座敷、娼妓の統計が載っているが、備考に「四十年三月に県告示をもって権堂町及び遊廓外東之門町へ芸妓指定地増設せられたるも、大正三年七月にさらに深田町へ指定地変更をせらる、従来十四歳未満は小芸妓なりしも大正五年度より十五歳未満と変更せらる」とある。

長野市街とともに松本や上田でも市中の営業が認められた。『上田市誌』(一九九九〜二〇〇四)には「明治初期の上田町の芸妓の人数は三、四人に過ぎませんでしたが、明治六年(一八七六)に早川富太郎がなつめ河岸に芸妓置屋《岸の里》を開業してからは急速に増加して」とある。ただし、一八七六年は明治九年にあたる。芸妓の営業規則が八年に定められたことからすると、六年は九年の誤りとしなくてはならない。

松本の芸妓は名古屋弁を意味する「そうきゃえ人種と称うる尾州もの多し」と、十一年十月二十六日の『郵便報知新聞』が報じており、内陸部では長野と松本の間に東西の境界線があったことになる。山内実太郎氏の『松本繁昌記』(郁文堂、一八九八)には、「その公認せられしは明治十二、三年の頃にして、はじめて主に裏町にありしが、その後緑町に起こりて上土に起こり、裏小路に起こり、さらに天神付近に起こりて、いわゆる新吉原を開く、本玉百人、半玉三十人あり」と記されている。人数は三十年ころのもので、半玉とあるのですでに東京文化圏に変わっていた。十四年には追分村ほか二カ村で営業が許可されている(『現行長野県令規全集　第四綴』)。

「明治十六年七月遊郭貸座敷芸娼妓数につき警察宛租税課取調回答」(『長野県史近代史料編六』)という文書がある。これは、同年十一月十日より「娼妓貸座敷営業の事務自今警察署管掌に属し、…賦金徴収の事務は従前の通り」という警察への所轄部署の変更を行なう布達に基づいて提出されたものであろう。それによると、県下の芸妓は二百七十二人で、一部の町村の人数を紹介すると、鶴賀新地が六十一人で最も多く、長野市街には十八人しかいないことになっている。鶴賀新地に次いで多いのは城下町の松本の四十人と上田の三十三人で、ほかに十年に鶴賀新地とともに遊廓が許可された松本郊外の横田村に三十人、上田に隣接する常盤城村に二十一人がいた。これらと肩を並べるのは宿場町だった軽井沢の追分町で、二十四人がいた。同じ十六年の年末現在の数字を載せる『長野県統計書』では、総数が二百二十一人、長野市街に七十三人、松本に五十七人、上田に三十三人、飯田に十三人、これら市街地以外に四十五人と、若干数字が違っている。先の租税課の回答は前年の統計かもしれない。『飯田町近世年表略』(美術新報社、一九三二)の十九年二月十六日の条には「町芸者公認せらる」とあって、居住地の制限がなくなっていた。

二十一年の『長野県警察統計表』には、長野署(89)、飯山(11)、中野(31)、屋代(48)、上田(89)、岩村田(19)、臼田(7)、上諏訪(37)人、伊那(6)、飯田(34)、福島(3)、松本(93)、大町(13)、計四百八十人となっている。

県警は同年八月二十三日付の「警部長号外達」(『長野県警務規程　下』一八九六)で、以下の町村を許可地としている。長野町、鶴賀町、上田町、南北深志町、飯田町、臼田村、大町、岩村田町、稲荷山町、追分村、屋代町、小諸町、松代町、下諏訪村、坂城村、上諏訪村、須坂町、伊那村坂下、平穏村田中・渋、赤穂村、中野町、福島村、飯山町、浅間村、別所村、塩尻町。さらに、四十年三月二十八日付で「芸妓営業地域」を広げ、「同居住地域」を詳細に定めている。居住許可地は五十七市町村に及んでおり、とても書き切れないので省略する(『警察法規類典』一九二二)。

新潟県　当県には江戸時代から芸者がいた。『新潟県史料　禁令』によると、六年二月二十三日に芸妓渡世新規開業を禁じる達しが出されている。『新潟県布達類聚法規索引』(一八八五)の九年六月一日付丙三十五号では、「歌舞遊女望みの者出願延期の事」とあって、芸妓娼妓を兼ねる者の新規の出願については扱いを保留している。また、十年二月二十日には芸妓の旅舎、蕎麦店において鬻《しゅく》芸し、割烹店または貸座敷に宿泊することを禁じ、営業を遊廓内に限っている。同年八月四日の『郵便報知新聞』は「歌舞(町芸者と唱う)には応頼はないと、ある先生の保証」と報じている。同年五月十二日の『新潟新聞』によると、歌舞妓六十八名、遊女百七十五名、町芸妓五十五名となっている。ここでは歌舞妓と町芸妓が区別されており、『郵便報知新聞』の記事は単に、町芸者には金で転ぶ(応頼)者がないとすべきだろう。

十三年四月十四日に定めた「芸妓取締規則」では、「その幼年の者(十二歳未満者)の女子芸妓に附従して手踊りをなすものすべて芸妓の部分たるべし(九月七日改正)、但し貸座敷にあらざる人家に居住すべし」とある(「禁令」)。雛妓を廓内に住まわせず、税金の半額を認めないのは新潟独自の制度である。その後、十五年二月十五日付甲三十四号で、「歌舞遊女を廃し、芸娼妓の中へ転業の事」として、兼業の廃止を命じている。

十六年版の『新潟県治統計表』には十三年度の人数があがっており、新潟町が最多の百九人、新発田を含む北蒲原郡に二十九人、五泉を含む中蒲原郡に十四人、三条を含む南蒲原郡に四十八人、出雲崎を含む三島郡に二十二人、長岡を含む古志郡に二十三人、柏崎を含む刈羽郡に二十三人、直江津および高田を含む中頸城郡に百八人、佐渡に三十五人の芸妓がいた。その他の郡部にはいないことになっている。

布施秀治氏による『高田案内』(一九一〇)には、「旧藩時代には芸妓なるものなく、…維新前には妓楼を置くことを禁ず(直江津には公許す)」とある。宮川頼徳氏は『高田栞』(一九〇一)に、明治七、八年の頃は芸者とて東京下り、また、新潟より来たるものわずかに七、八人に過ぎざりしが、年々増加し今、田端に三十余、横区に三十余名」と記している。横区は旅籠屋が飯盛を置いていた土地で、後に貸座敷が公許されたが風教に害があるとして、五分一に移転したとある。

十八年六月十六日の『郵便報知新聞』には、柏崎に娼妓六十人と、芸妓三十九人がいると報じられている。十九年の調査にもとづく『新潟県南蒲原郡治概表』によると、三条に四十二人、加茂に七人、見付に六人、今町村に二人、田上村、横場新田、羽生田村に各一人がいた。小林牧堂氏の『新井繁盛記』(一九一二)によれば、同地の女郎屋は「解放令に接してまったく廃滅…幾度か公娼の許可を請願して聴き届けられず」ということで、料理屋に転じて芸妓を抱えて営業したものの「極めて寂寥」という状態だった。それが十九年の信越線の開通後に、新潟楼が直江津から移転してきたのをきっかけに花柳界が発展したという。

二十一年の大村貞太郎氏編『花の栞』によれば、佐渡には七十人もの芸妓が散在していた。内訳は、相川町(7)、二見浦(2)、沢根町(2)、河原田町(8)、和泉村(2)、大和村(2)、石田村(1)、中奥村(1)、貝塚村(1)、上横山村(1)、夷町(9)、川崎村(2)、正明寺村(2)、新穂町(12)、細木郷(3)、新町に(5)、小木町(11)となっている。

二十六年の『新潟県警察統計書』による警察署ごとの現員数は以下のとおりである。新潟(120)、新発田(39)、水原(23)、葛塚(6)、中条(10)、津川(1)、村上(22)、新津(8)、小須戸(2)、白根(24)、亀田(6)、沼垂(12)、村松(20)、五泉(10)、巻(61)、燕(13)、地蔵堂(18)、内野(12)、曽根(9)、三条(39)、中ノ島(11)、加茂(11)、見付(27)、奥坂(29)、出雲崎(19)、寺泊(8)、長岡(56)、栃尾(19)、小千谷(18)、堀ノ内(14)、十日町(10)、六日町(14)、湯沢(9)、柏崎(46)、高田(53)、直江津(30)、柿崎(12)、新井(21)、安塚(8)、糸魚川(20)、能生(2)、相川(30)、小木(11)、湊(37)、川原田(45)、計千十五人、このほかに兼業者が三条に一人のみいた。

末尾の四カ所は佐渡で、佐渡だけで百二十三人になる。また、同じ年に出版された『うき草　加茂芸妓品定』では十九人の寸評が載っている。警察への届け出は十一人となっているが、地元の人による本書の方が正確であろう。

富山県　当県は九年四月から十五年五月までは石川県に含まれており、それ以前は新川県といった。『越中史料』(一九〇九)によると、新川県は五年九月に売女税と妓女税を新設したが、十一月に解放令に基づき芸娼妓を禁止している。ところが、石川県と合併する直前の九年一月に遊廓の免許場所を定めて芸妓規則を施行し、芸妓稼ぎを同所のみとした。また、十三歳以下については月税を半額としている。免許地は魚津町、東岩瀬町、富山町九・十大区、放生津、伏木、高岡町、氷見町、今石動、杉木新町に限り、免許場所には必ず女紅場を設けることとしていた(『旧新川県誌稿』禁令)。

石川県との合併後の十二年には、芸妓が四百八十四人、娼妓は六十八人だったことが『石川県誌稿』の「戸口」の項にみえる。圧倒的に芸妓が多いので兼業者が主体だったことがわかる。分離後の十五年十二月三十日の『郵便報知新聞』には、富山市には「花街は三カ所あり、桜木町、北新町、辰巳町といい、紘妓は多く京坂地方よりの出稼者にて三百余名ばかり、娼妓は僅々七、八十名なり、是は紘妓密かに春をひさぐ者多きに因《よ》る」とある。十九年の『富山県礪波郡統計書』には芸妓が七十三人とある。礪波郡は県の南西部にあたる。二十年の『富山県統計書』によると、富山市街七十人、魚津二十四人、高岡二十八人、新湊六人、氷見七人とあり、これらの市街地以外に二百十八人もの芸妓がいた。礪波郡はその三分の一を占めていたことになる。

二十七年の『富山県統計書』には警察署ごとの人数が出ている。富山署(87)、新庄(60)、滑川(59)、魚津(89)、八尾(31)、高岡(54)、新湊(50)、氷見(33)、出町(73)、石動(89)、計六百二十五名。出町は現在の礪波市、新庄は富山に隣接し、現在は富山市に含まれる。

石川県　幕末に開かれた金沢の遊廓には芸子も舞子もいた。『石川県誌稿』の「租法」の項には五年十一月(日欠)に「芸娼両妓自稼規則及貸席規則を管下戸長に達す」とある。同じく「戸口」の項によると、県域が現在と同じになった七年には、芸妓は二百四十人、娼妓は六十八人がいた。新川(富山)、福井県と合併後の、九年の調査に基づいた十年版『石川県治一覧概表』(国立公文書館内閣文庫)には旧国別の人数が出ており、越中が三百十三人、加賀が四百六十一人、越前が二百五十三人、能登が二十七人となっている。参考のためにそれぞれの娼妓数をあげておくと、三十七、百六、百四、十五人である。芸妓に比べて著しく少ないのは芸妓が娼妓を兼ねていたからである。

『石川県誌稿　制度部』所載の、九年七月一日付の「芸妓自稼仮規則」の第一条には、「娼妓の淫を売る醜業と区域あるものとす」となっているが、十二年十一月二十四日付の「芸妓取締規則」では「猥褻の所業あるべからず」と、規定を微妙に変えている。芸妓の娼妓行為を黙認するための措置ではなかったかと思われる。二十五年の県の規則では娼妓の賦金の月額が一等二円、二等一円五十銭、三等一円に区分されていたが、別に音曲器を携帯し客に侍るものは一円増額とある。一円増額された者は芸娼妓兼業ということになる。当地を含めて上方文化圏では兼業が普通だった。

金沢市域については十六年に出版された『金沢区治一覧表』に、納税した芸妓が六百六十四人、娼妓が百五十人とある。芸妓の人数は全県よりも多いので延人数だろう。十二で割るとおよそ五十五人となるが、これでは少な過ぎる。現在の県域となってからの同年の「戸口」の項では、芸妓が四百三十五人、娼妓は百八十人だったが、翌年には芸妓が三百四十九人に減り、娼妓が二百三十五人に増えている。二十一年の『石川県統計書』による芸妓の内訳は、金沢(235)、大聖寺(28)、小松(46)、松任(47)、津幡(1)、羽咋(27)、七尾(48)、輪島(28)、珠洲の飯田(9)、計四百六十九人だった。

福井県 福井県ははじめ敦賀県と言った。『敦賀県歴史　政治部七』には七年の統計に基づいた芸娼妓の概況が郡別に記録されている。人数は娼妓だけが計上されており、若狭が十九人、越前が百五十九人となっている。芸妓については、大飯郡「なし」、遠敷郡「解放後漸次減衰す」、三方郡「なし」、敦賀郡「減衰」、南条郡「減衰」、今立郡「減衰」、丹生郡「なし」、足羽郡「芸妓の数総計前より増多なり、娼妓なし」、坂井郡「漸次減少す」、吉田郡「なし」、大野郡「なし」という状況だった。解放令後に増加しているのは県庁が置かれた足羽郡だけだった。福井(足羽郡)や小浜(遠敷郡)には江戸時代から芸子がいたので、減衰と記されている地域にもいたであろう。

七年九月の『敦賀県治一覧表』(早稲田大学)の「芸娼妓授業所」の項には、武生八十六人、福井橋南五十人、福井橋北七十四人、丸岡十五人、敦賀百八人、阪井港七十二人、小浜百五人の、あわせて五百十人が数えられる。「授業所」は北陸特有の呼称で、遊所女紅場のことである。先の娼妓数を引くと三百三十二人が芸妓となる。十一年六月十四日の『郵便報知新聞』には鯖江に十四、五人、粟田部に七、八人の芸妓がいると、報じられている。また、同月二十六日の同紙には「福井芸妓は凡そ二百余名、大妓は東京風を慕い、雛妓は西京の形に倣う、娼妓なし」とある。『石川県誌稿』によると、十二年には旧越前地域に芸妓が二百十一人、娼妓は九十三人となっている。なお、九年から十四年まで若狭地域は滋賀県に属していた。

『福井県歴史　政治部』の「民俗」の項には、十七年の概況が記されている。足羽郡は福井市街中に芸妓一百余名、娼妓六十余名あって盛んに流行す」、吉田郡は「芸妓盛んならず娼妓なし」、坂井郡は「坂井港及び金津に芸娼妓ありといえども両三年に比すれば衰微の景況なり、丸岡に芸妓のみあって近来繁殖の勢いなり」、大野郡は「娼妓なし、芸妓は土地に比すれば多く、かつ、盛んなり」、丹生郡は「両妓ともになし」、南条郡は「武生市街に両妓合わせて六十余名」、今立郡は「両妓合わせて二十名」、敦賀郡は「本港に芸妓十七名、娼妓百八名」、三方郡は「絶えてなし」、遠敷郡は「小浜市街中に合わせて十余名あれども近来大いに衰微」、大飯郡は「絶えてなし」とある。

二十一年の『福井県警察統計表』によると、福井署(52)、大野(42)人、阪井(16)、武生(53)、敦賀(50)、小浜(41)、計二百五十四人となっている。

愛知県　県下には名古屋をはじめ主要な都市には江戸時代から芸者がいた。『名古屋市史　風俗編』(一九一六)には「明治二年、芸妓の禁を解き、他藩との交際に当りてこれを招くことを許す」とある。

『愛知県誌』の「禁令」の項に、七年一月の布令として「今般無鑑札にて営業の者これあり」とあり、すでに鑑札制度が発足していた。同年十月には改めて「芸妓賦金并免許鑑札料収納規則」が定められている。「戸口」の項には七年十二月の調査として、尾張に芸妓五十四人、娼妓三百八十七人、三河に芸妓が百二十五人、娼妓はこれ無しとある。三河では芸妓が娼妓を兼ねていたことになる。尾張の芸妓は概ね皆名古屋市中にいた。

森川昭氏が出羽国加茂在住かと思われる人物の道中日記を紹介されている(『明治七年の旅』二〇〇九)。その七年五月十四日の条に、名古屋の東本願寺庭前にて見物した「芸子芝居」について記されている。そこには「唐人踊りにして、三味線五人、唄五人、太鼓三人、鼓三人、踊り二十六人、〆四拾弐人、衣装残らず同じなり、誠に目をおどろかせられたり」とある。名古屋の芸子芝居は江戸時代以来の伝統があった。

尾崎久弥氏が『軟派謾筆』(春陽堂、一九二六)中の「宮駅遊里沿革略」に土地の古老から聞き書きを書き残している。それによると、「げいしゃ専門の、すなわち、芸者置屋は遊廓があった神戸町、伝馬、古町を通じて一軒もなかった、これが明治の後に現れたが、以前は女郎本位で、少数の芸者がともに置いてあるのだった、その頃は女郎で芸者も兼ねていた、現におやま芸者とよんだこともある」ということだった。小寺玉晁氏による『熱田駅芸妓表』(早稲田大学)は妓楼ごとの名簿で、冒頭に明治七年五月改めとあるが、そこには百九十二人もの名前が列記されている。尾張全体の芸妓数をはるかに超えているので、遊女をすべて芸妓扱いにしたのではないかと思われる。

愛知県は七年十二月に遊廓を公許し、「熱田、岡崎、豊橋の三駅以外では日の出町（名古屋）以外で芸妓稼ぎを禁止する」という布告をして、八年一月末までに鑑札を返納して四カ所のうちに移動するように求めたが、徹底できなかった。『名古屋市史　風俗編』によれば、十年には納税した芸妓が二百五十九人いたとある。同じ十年十二月二十五日の『郵便報知新聞』では名古屋の芸妓は二百四名となっている。十三年一月に出版された旭廓の名鑑『浪越古《なごやこ》登葉《とば》』には芸妓百五十六人の名が載っている。その余が市中にいたことになる。十五年九月二十日の『愛知新聞』には名古屋区の芸妓は一等が百二十八人、二等が四十人で、『浪越古登葉』とほぼおなじ人数になっている。十六年の三輪富三郎氏編『くるわ穴さがし』も名古屋の旭新地の番付だが、冒頭に「上等娼妓二つ市　合九十七名、上中芸妓六百八十六名」とある。「二つ市」とは名古屋独特の半玉の呼称なので、これは「上等芸妓二つ市」の誤植と思われ、上中芸妓が娼妓の人数なのだろう。これらとは別に中等芸妓の番付には四十九名が載っているので、上等及び二つ市と中等芸妓を合計すると百四十六名になる。十六年版『浪越古登葉』によれば、廓成立以前からの盛栄連芸妓が五十二人いたので、これを足した百九十八人が名古屋の芸妓数となる。

十七年の『愛知県統計書』によると、名古屋に百二十四人、熱田に七人、岡崎に八人、豊橋に二十三人、西尾に八人、名古屋を除く尾張地域に四十二人、上記市街地以外の三河地域に十人、計二百二十二人がいたとある。ただし、前年に出版された相馬政徳氏の『岡崎廓の花』（淡月堂、一八八三）によれば、芸妓が三十人とあって県の統計とは大きな開きがある。全体に少なく計上されているらしい。

二十年の数字を載せる『愛知県警察統計表』によると、栄町にあった名古屋第一署管内に四十九人、遊廓があった門前町の第二署に百三十九人の芸妓がいた。以下、熱田(27)、半田(30)、津島(20)、一宮(24)、布袋野《江南》(1)、稲置《犬山》(5)、瀬戸(3)、知立(9)、大浜(6)、西尾(10)、一色(1)、岡崎(27)、挙母(7)、足助(5)、豊橋(53)、田原(4)、富岡(7)、新城(10)、計四百三十七人という状況だった。

この統計では小牧分署管下にはいないことになっているが、『東春日井郡史』(一九二三)には、「小牧町にては明治十年以降断続的に置屋ありし」とある。また、『一宮市史』(一九三九)の「花柳界」の項には『清因日記』を引用して、「維新後における当地の芸妓は僅々十数名に過ぎず、…二十年五月の懇親会の席上に酌人、芸妓十二名出ずと見える」とある。二十一年の浅井静夫氏による『愛知四季の花』は県内四遊廓の芸娼妓名鑑であるが、巻頭に名古屋の長者町と長島町を中心に小田原町などに盛栄連の芸妓五十一人の名が並んでいる。旭廓には貸座敷の抱え芸妓が八十一名、および廓内芸妓が三十六名、熱田に抱えが十七名、岡崎には抱えが二十一名と伝馬町、板屋町に十二名、豊橋は遊廓があった札木町に抱えが二十一名と他町に四十七名の名があがっている。

二十二年七月十日に東海道線全線開通ならびに、鉄道一千哩の祝賀会が名古屋で催された。翌日の『大阪毎日新聞』は、「懇親会には東京より芸妓が二十名、大阪より十五名、京都より十名」が呼び寄せられたことを報じている。三十九年五月二十日にも名古屋で鉄道五千哩祝賀会が催され、二十三日の『読売新聞』は次のような記事を載せている。

数年前、新橋でも有名の腕揃い二十名ほど彼の地へ押しかけ…いざ腕くらべという一段になって、憐れ無惨に弾き捲られ美事に失敗を取りてほうほうの体、尻に帆を懸け逃げ帰り、新橋の名折れとなりし事あり。

ここでは数年前のことになっているが、十七年も昔の失態がいまだに語り種になっていた。新橋芸妓にとってはよほど忘れられない痛恨事だったのだろう。二十日付の『東京日日新聞』にも「東都の芸妓五十名ほど出張して大いに失敗せることあり、今回は名誉回復すべき抱負をもって来たれるなり」とある。

これは名古屋芸妓の芸がいかに優れていたかを伝える逸話としてしばしば語られるが、二十二年には京の舞子や大阪の芸妓も芸を披露しており、新橋芸妓だけが事前の準備不足のために見せた失態だった。新橋芸妓にとって芸は二の次だったのだから当然の結果だったのだが、むしろ、名古屋芸妓より土産として高価な鳴海絞りの反物を各自に持たされて、東京芸者のお株を奪うような気風の良さを見せつけられたショックの方が大きかったのであろう。この時に植えつけられたトラウマが名古屋芸妓が東京で巾を利かす一因となったにちがいない。名古屋芸妓を代表したのが上長者町を根城にしていた盛栄連の面々だった。連とは名古屋独特の名称で、一つの検番に属する芸妓団体である。

七年末に遊廓が公許されて、そこへの移転を命ぜられた芸妓の中には市中に留まる者が多くいた。『市史』は盛栄連の成立を「実に明治六、七年の頃」としているが、おそらく、七年末の廓内への移動命令への対抗措置だったと思われる。十二年に発刊された『愛知県人物誌続編』の芸者の部に、名古屋に五十四人、熱田に八人、岡崎に五人、豊橋に一人の名が掲載されているが、書物の性格からみてこれは売れっ子のみの数だろう。名古屋の部では十五人が上長者町、五人が隣町の長島町に住んでおり、残りの大半は官許によって設置された大須観音裏の遊廓、旭廓を形成する諸町に属していた。上長者町と長島町が盛栄連の根城であった。

『愛知県独案内』(愛知県農会、一九〇〇)には、「芸妓なるものの『連中』は十年前まで僅か二、三に過ぎない」とある。十年前というと二十三年のことになるが、十六年三月に出版された『浪越古登葉』には旭廓の芸娼妓とともに「盛栄連芸妓の部」として、長者町、長嶋町、呉服町、針屋町、富沢町、西魚町、菅原町に住む五十二人の名が並んでいる。その年頃にはまだ盛栄、廓連の二連のみだった。その後に多くの連が生まれ、分裂と合併を繰り返した。それにともなう対抗心が芸を競わせたのであろう。同時に、明治後半期から大正期にかけて名古屋の花柳界がいかに繁栄したかを物語ってもいる。以下でいわゆる名古屋十二連が出揃う過程を追っているが、その経緯は複雑であり、関心のない方は読み飛ばしていただきたい。

『市史』には二十年頃に掘詰町、浅間町を中心として巾下に「浅遊連」が成ったとある。『近代歌舞伎年表名古屋編』(岩波書店)に芸妓に関する地元新聞の報道が集められているが、十七年六月十一日の『名古屋絵入新聞』には「巾下の猫芝居」とあって、後に浅遊連を形成する巾下芸妓の活動が認められる。しかし、二十三年出版の『盛栄旭廓里のたより』および、二十六年八月発行の『名所案内名古屋節用』には盛栄連と廓連しか載っていない。ところが、二十七年に出版された細川甚吉氏編『きぬふるい』の表紙には外題とは別に「盛栄、朝日、巾下」と大書されている。『市史』が二十六年に蒲焼町に朝日連が生まれたとするのを証明してはいるが、浅遊連はまだ巾下と通称されたままだった。なお、朝日連は盛栄連から分かれたと山根秋伴氏の『日本花柳史』に見える。

『市史』は二十九年に朝日連よりさらに東雲《しののめ》連が分かれたとしている。御園座の落成式を報じる三十年五月十五日の『新愛知』に、「盛栄、旭廓、睦、朝日、東雲、浅遊各連もおり」とあって、東雲連の独立が確かめられる。ここに睦連の名が出ているが、『市史』には三十七年には睦連(廓連の誤り)に紛議がおこり、翌年に福田屋の甚鍵ら六軒が分かれて睦連が七つ寺にできたとある。だが、二十八年十一月二十二日の『扶桑新聞』がすでに、「西川石松女の門弟大温習会」に盛栄、睦、旭廓、朝日連の芸妓らが出演したことを報じており、これ以前に睦連は発足していた。

雑誌『大正演芸』(一九一三・一〇)に載っている近藤蕉雨氏の「名古屋芸妓」には、「遊廓では芸妓屋は軽んじられるので、遂に二十八年にいたって廓内を去り門前町(七ツ寺付近)に移って営業、これが睦連」と、独立の理由を明らかにしている。これに対して『珍物画伝』(楽山堂書房、一九〇九)は、日清戦争当時に三枚襲ねを禁じたが、長者町芸妓はこの限りに非ずとの規約ができた。名古屋甚句で一世を風靡した福田屋の甚鍵が「一方ならず憤慨して一連を組織した、これが睦連」という説を立てて、甚鍵の写真を載せている。『市史』の三十八年は二十八年の誤植であろう。

三十三年の『愛知県独案内』には、盛栄連(上長者町)、廓連(新地廓内)、睦連(七ツ寺)、朝日連(富沢町)、東雲連(富沢町《(ママ)》)、吾妻連(相生町)、八幡連(大曽根)、柳連(米屋町)、浅遊連(巾下六句)、栄連(巾下)、東陽連(東陽館前)の十一連が載っている。

『市史』が三十二年に鍋屋町などに「吾妻連」が成ったとするのはこれによって確かめられる。また、二十五年に深井町、替地町に「栄連」ができ、二十九年には大曽根に「八幡連」ができたとしているが、確かめられなかった。当時、集会所、宴遊所として最も傑出していた東陽館は二十九年に前津に建てられていた(『名古屋市中区史』一九四四)。さらに、三十六年に朝日連、東雲連から分かれたものが「金城連」を称したとあるが、三十六年出版の『名古屋案内』(長谷川百太郎氏編、名古屋通信社)には、『市史』が示すとおり金城連が加わっている。

長江銈太郎氏編『名古屋便覧』(柳城社、一九〇九)には十一連が名を連ねている。同書に記載される四十一年十月時点での芸妓数は、盛栄連(71)、廓連(214)、睦連(33)、朝日連(179)、東雲連(79)、金城連(55)、浅遊連(38)、栄連(19)、米連(7)、吾妻連(7)、熱田連(69)、計七百七十一人であった。『最新名古屋案内』(名古屋経済会、一九〇九)には四十二年のこととして、西区長者町の盛栄連、中区旭廓の廓連、中区七ツ寺境内の睦連、東区富沢町の朝日連、同蒲焼町の東雲連、同富沢町の金城連、西区六句町の浅遊連、同沢井町の栄連、同米屋町の米連、東区鍋屋町の吾妻連、南区の熱田連、大曽根の八幡連など、十二連の名をあげている。だが、十二連はこれで安定したわけでなく、さらに集合離散が続く。

『市史』は四十二年に「米連」が起きたが、十カ月で朝日、東雲連に合併したとある。しかし、四十三年の浪越鯱磨氏編『名古屋案内』(参元社、一九一〇)でもまだ米連のままである。また、三十四年に八幡連が和合連に改称したというが、これも八幡連のままである。ただし、両連とも四十四年発行の福田由道氏編『はなくらべ 梅の巻』(花競会)では名が消えている。『市史』は四十三年に車道東町、千種町に開業したものが大正元年に蝶遊連と称したとしており、同年五月に針屋町、長島町、南桑名町、入江町に葵連ができたが、十二月に中券番に合併。また、同年中に朝日、東雲、金城、葵を合併して柳券番と称したものが、元年にさらに中券番組合と改称したとしている。元年十二月には東川端町、大池町に鶴舞連ができ、二年に栄連から分散したものが「美遊喜連」を作ったとある。実に目まぐるしい。

大正元年十二月二十八日に出版された芸妓写真集『中京花の栞』は、盛栄連、廓連、睦連、中検番(住吉町)、葵連(蒲焼町)、吾妻連、熱田連、栄連(沢井町)、蝶遊連(赤萩町)、大曽根連の十連からなっており、八幡連は大曽根連として名を連ねている。『市史』は大正元年中に朝日、東雲、金城、葵の各連が合併して柳券番と称したとするが、前年の四十四年四月二十六日付の『新愛知』が柳券番の設立祝賀会を報じている。元年十二月八日の『名古屋新聞』にも「柳券」として出ている。しかし、同月末の『中京花の栞』にはすでに柳券の名はないので、柳券が元年十二月中に中券番に改称したことが確かめられる。まだ葵連は中券番と別に掲載されており、同連が合流したのは二年になってからであろう。なお、券番は検番の関西での表記で、名古屋花柳界が関西系だったことを物語っている。

『市史』に掲載される大正三年の芸妓組合による調査表によると、名古屋には千百九十八人の芸妓がおり、盛栄連

(80)、廓連(240)、睦連(52)、中券(600)、熱田連(70)、浅遊連(52)、美遊喜連(45)、吾妻連(16)、蝶遊連(19)、鶴舞連(10)、和合連(14)という内訳になっている。ここには戦前期に最大勢力を誇った浪越(なごや)連の名はまだない。同五年十月二十一日の『読売新聞』が東区富沢町に浪花合資会社と称する検番が創立されたことを報じている。富沢町は中券番の所在地でもあるので、「浪花」は中券番から分離独立した浪越連の誤植であろう。『大正五年名古屋市中区現勢一斑第三回』には、旭廓連(231)、睦連(66)、中券(74)、浪越連(146)、蝶遊連(4)、蓬連(10)、連外(7)、計五百三十八人となっている。中区で名古屋全体の半数を占めていた。浪越連、蓬連、および連外については前年の数字が計上されていないので、浪越連らが中券から独立したのが五年だったことが確かめられる。また、大正三年の中券の六百人は疑問視される。

長尾盛之助氏による同十二年の『名古屋案内』には、盛栄連、廓連、睦連、中券、浪越連を五連妓と唱え、第一流とし、熱田連、浅遊連、美遊喜連、吾妻連、大曽根の大和連、沢上方面の南連、同年に旭廓が移転して新たにできた中村遊廓の旭連を含め、総じて十二連と称すとある。ここにいわゆる名古屋芸妓十二連が出そろったが、その後も数を増してゆく。名古屋芸妓の最盛期は昭和五年で、市内に三千九百七十九人、県下に七千百二十六人もの芸妓がいた。

岐阜県　当県は解放令と同時に廃娼県となり、しばらくは芸妓すら許されなかった。しかし、十五年七月に岐阜市に芸妓が許可されたと『岐阜県警察沿革史』(一九三六)に見える。『岐阜県史稿』の「警保」の部に載る同年の「警察統計表」には、芸妓の合計人数は二百二十六人とあって、内訳は、岐阜(79)、笠松(8)、高須(10)、島田(13)、大垣(39)、北方(11)、関(10)、八幡(9)、太田(3)、御嵩(6)、中津川(12)、高山(26)となっている。営業許可は全県に及んでいた。おそらく、それ以前から営業していたのを追認したというのが実情であろう。

十九年の日栄万之助氏編『技《ぎ》婦《ふ》案内楊柳党妓』には、加和屋町(6)、末広町(20)、桜町(30)、万力町(3)、米屋町(9)、中竹屋町(12)、秋津町(5)、笹土居町(2)、白木町(2)、愛宕町(1)というように、各町に散在する芸妓が九十人、末広町および桜町には半玉の「二つ市」が十人いた。これらの町は岐阜町の中心地であり、ほとんどが名古屋出身と記されている。ちなみに、同年の県下の総数は二百三十二人だった。

岐阜市に金津園遊廓が設置された後の二十五年には、芸妓らは「廓内に居住すべしとの県令を発したるよし」と、四月十五日の『朝野新聞』に見える。同時に遊廓が設けられた大垣、高山町については、大正十二年に市中での営業が止められている。

四十年の数字を載せる『岐阜県警察統計書』によると、岐阜署(179)、笠松(36)、竹カ鼻(5)、高須(13)、高田(9)、垂井(16)、大垣(84)、揖斐(17)、池田(32)、北方(13)、八幡(14)、関(4)、金山(2)、上有知(1)、太田(4)、八百津(2)、御嵩(2)、多治見(21)、土岐津(3)、中津(15)、付知(1)、大井(8)、岩村(9)、下呂(1)、小坂(1)、高山(26)、船津(18)、古川(8)、計五百四十四人だった。

関西地方

三重県　『三重県市稿』の「租法」の項によると、六年二月四日付で「貸座敷芸娼妓の三業に免許鑑札を付し、毎月鑑札料(貸座敷壱円五十銭、芸娼妓各七十五銭)を徴す」としたが、七年一月にはこれを賦金と改称し、九年四月には芸妓については他の諸職業と同じく県税に含めると改められている。この分離は大蔵省の方針によるものだった。七年の戸口調査によれば、伊賀と伊勢の北部を管轄する安濃津県には百八十三人の芸妓と千三十五人の娼妓がいた(『三重県史料分類旧県之部』)。伊勢南部・志摩及び今の和歌山の一部地域はかつて度会《わたらい》県といった。『度会県一覧表』には七年の調査として、芸妓百六十人、娼妓四百七十二人とある。貨幣博物館が所蔵する六年九月付の鳥羽的矢村の貸座敷五軒からの上納金羽書(はがき)には、遊女二十二人分のほかに芸妓一人分と思われる十五銭が上納されている。

両県は九年に合併しているが、同年七月十九日に改正された「芸妓規則」には「居住の儀は貸座敷これある の所、幷に在来の地を除くほか一切あいならず」とある。十一年の数字をあげる『三重県統計書』には、芸妓は上等百九十八人、下等六十人とあって、かなり減っている。等級は場所によるとの注がある。警察署別の芸妓数がわかるのは、三十五年末の数字を載せる『三重県統計書』からである。各署届出の人数は以下のとおりである。

津(71)、神戸(40)、一身田(24)、四日市(71)、菰野(10)、桑名(74)、大泉原(5)、亀山(37)、上野(50)、名張(19)、久居(13)、松阪(96)、相可(5)、宇治山田(129)、吉津(2)、鳥羽(14)、尾鷲(29)、長島(7)、木本(12)、計七百八人。

伊勢古市には江戸時代から芸子がいた。坂本広太郎氏は『伊勢参宮案内記』(交益社、一九〇六)に古市の古風な風習を書き残している。芸者に「かかり」が来て行く時は必ず仲居と禿が付随してくるが、その禿が始終妓と離れないでキチンと待っている。これは昔この廓中はかの枕転を堅く禁制した習慣に起因するとしている。また、松阪の芸妓の数は四日市、津市などよりも遥かに優勢で、遊廓以外に町芸者もいるとも記している。確かに古市を擁する宇治山田に次いで多かった。

和歌山県　『和歌山県史案　第一編』の「禁令」の項には、三年四月に芸娼妓類を厳禁したが、酌取女(芸妓)については黙許するようにした、とある。そして、五年十月には貧窶《ひんく》細民の子妹にして生活に窮する者に限り鑑札を与える、とある。十年の『和歌山県一覧概表』には九年の数字として、芸妓の数は百十一人とある。和歌山城下には江戸時代から芸子がいたが、十一年三月二十日の『郵便報知新聞』は、和歌山市内の芸妓は五十名ほどと報じている。二十一年の『和歌山県警察統計書』には、和歌山市街に六十一人、湯浅に七人、田辺に十三人、新宮に十一人、この他の村落に六十九人、計百六十一人となっている。

三十四年の統計を載せる『和歌山県警察統計書』には、和歌山署(79)、黒江分署(5)、那賀郡署(1)、粉河分署(8)、安楽川分署(2)、伊都郡署(5)、妙寺分署(5)、九度山分署(1)、有田郡署(11)、箕島分署(5)、日高郡署(41)、南部《みなべ》分署(6)、由良分署(3)、西牟婁《むろ》郡署(56)、串本分署(5)、東牟婁郡署(96)、古座分署(16)、下里分署(21)、計三百六十六人となっている。西牟婁郡署は田辺、東牟婁郡署は新宮を管轄していた。

滋賀県　『滋賀県史』の「警保」の項には芸妓と娼妓の人数が載っており、八年(167／144)、九年(298／184)、十年(269／157)となっている。九年の統計に基づく『滋賀県治一覧概表』(国立公文書館内閣文庫)では芸妓が三百十八人、芸娼妓が八十四人、舞妓が三十四人、娼妓が二百十八人となっている。概表では芸妓と芸娼妓兼業が区分されているだけでなく、「県史」と人数が大きく異なっている。兼業者をどちらにふりわけるかで人数が大きく違ってくるが、「県史」の合計四百八十二人と概表の合計五百三十六人との差、五十四人が何によるのかはわからない。十二年の『同概表』(同前)には芸妓が三百五十九人、兼業が百三十五人、舞子が五十六人、娼妓が二百七十七人とそれぞれが増加している。なお、九年から十四年までは若狭地域を県域に含んでいた。

十七年の『滋賀県統計書』によると、大津市街に芸妓百七十二人と舞子が十一人、八幡市街に芸妓のみが二十二人、彦根市街に芸妓三十八人と舞子が六人、長浜市街に芸妓二十八人、上記の市街地以外に芸妓四十人がいた。ところが十八年の『滋賀県統計書』では芸妓二百七十一人、舞子九人と一気に減少している。同年の内務省の数字は両者を合計した人数であることからすると、内務省がその存在を認めない兼業者を省いたのであろう。同じ十八年四月十二日の『日出新聞』は大津の四遊廓の賦金高を報じており、娼妓及び芸娼妓兼業者の人数が併載されている。それによると、娼妓が百十四人、芸娼妓が百五十四人となっている。大津町には兼業の芸妓しかいなかった。

『滋賀県警察統計表』の二十一年の統計では以下のとおりで、前者が芸妓、後者が舞子の人数である。大津上馬場町(48/0)、下馬場町(11/3)、眞町(37/1)、甚七町(21/2)、八幡町(21/0)、八日市町(17/1)、彦根袋町(61/1)、長浜片町(30/1)。いずれも遊廓地であり、芸妓の総計は二百四十六人だった。三十三年の『滋賀県統計全書』では上述の町の外に、草津に九人、水口に十八人、日野に十二人が数えられる。これらも遊廓があった町で、総計は三百四十五人となっている。この間の二十五年の調査結果を載せる『神崎郡愛知郡統計書』には八日市署に芸妓二十二人と舞子一人、愛知川《えちがわ》署に芸妓十九人とある。

京都府　『京都府史料　勧業類』に収録される五年三月の「府下諸商売職業記」によると、遊女召抱が四百三十二戸、芸者召抱が六百二十八戸と、千軒以上がこの商売に携わっていた。六年十二月には租税寮からの照会に現員数として「遊女五百六十一人、芸者七百八十一人、半芸者七十二人、遊所席貸渡世八百五十一人」と答えている。また、七年八月の「遊所人員記」には各遊所ごとの人数が出ている。括弧内の前者が遊女、後者が芸妓の人数である。島原(30/35)、八坂新地（45／413）、二条新地（22／28）、上七軒（7／63）、七条新地（1／10）、先斗町《ぽんとちょう》（15／86）、内野《四番町、五番町》（5／27）、宮川町（2／47）、五条橋下（40／0）、清水（3／0）、新三本樹（0／15）、下河原（0／17）、中書島（34／13）、墨染（23／0）、恵美酒町《俗称撞木町》（11／0）である。0とある土地は遊女ないし芸者のみしか営業が許されなかったからである。総計は遊女が二百三十八人、芸者が七百五十四人で圧倒的に芸妓の方が多かった。遊女は大きく減ったが、芸妓が増え、席貸渡世は五百六十七軒と大きく減少している。

十一年版の『都の花競』では伏見地区も含めて、芸妓が五百三十三人、舞子が九十五人数えられる。これに対して娼妓は島原の太夫二十二人、天神十二人のほかに百五十八人となっている。あいかわらず芸妓が圧倒している。郡部については福知山が六、七人、綾部、山家にはなしと、十一年四月二十日の『郵便報知新聞』が報じている。

十二年末の調査に基づいた『京都府治一覧表』（国立公文書館内閣文庫）には、遊廓ごとの娼妓と芸娼妓の人数が出ている。ここでは芸妓はすべて芸娼妓として数えられており、括弧内の前者が娼妓、後者が芸娼妓の数である。すでに撞木町以来の長い伝統を持つ伏見恵美酒町の名は消えている。

上七軒（6／36）、五番町（24／20）、二条新地（24／34）、先斗町（40／131）、八坂新地（69／453）、島原（66／34）、宮川町（9／58）、七条新地（空欄／20）、墨染（40／11）、中書島（49／15）、福知山（7／5）、宮津（7／40）。総数は実際の合計と合致しないが、娼妓が三百四十一人、芸娼妓が八百五十七人となっている。芸娼妓にくらべて娼妓の増加が著しい。

十三年一月十一日の『朝日新聞』には京都府の総計として、芸妓八百十四名、娼妓六百十二名とある。ここでは兼業をすべて芸妓としている。同紙によれば、郡部には宮津に芸娼妓四十八名と娼妓七名、福知山に芸娼妓五名、娼妓八名がいたとなっており、市内と郡部で表記を変えている。十八年四月二十二日の『東京日日新聞』では、京都区部の遊所九カ所の芸妓が六百四十七人、娼妓が五百五十四人となっており、かなり両者の差が縮まっている。

三十年十月に貸座敷免許地以外に、木津町、亀岡町、園部町、八木町、須知村、綾部町、網野町、間人《たいざ》村、峰山町などの郡部および、京都市内の新三本木での芸妓の営業が認められたが、新三本木のみ施行が延期されている（『京都府警察取締規則』一九〇三)。かつて、府の方針に逆らって女紅場を設けず貸座敷が禁止された過去がたたったのであろう。郡部の芸妓数は四十二年の『京都府統計書』に初めて出てくる。それによると、伏見署(46)、井手(14)、木津(4)、亀岡(20)、園部(6)、福知山(26)、綾部(24)、舞鶴(42)、新舞鶴(35)、宮津(37)、峰山(39)、網野(6)となっている。井手署は橋本遊廓を管轄していた。

大阪府　『大阪府史料　六』によると、堺県を合併する前の八年十二月には、芸妓は八百六十一人で、七年より二百三十一人減、娼妓は六百七十九人で、二百一人減となっている。解放令の影響であろう。十一年三月七日の『郵便報知新聞』には、大阪府の現員は九百三十五人(内止業は二十四人)とある。十四年の『大阪府統計書』には、堺県と奈良県を含めた延べ人数が出ており、十二で割るとおよそ千百八人となる。

十三年十月二十四日の『朝日新聞』は、大阪府が「芸妓は地方税が課せられたるうえは、区域外にて営業するも勝手次第」という判断を下したことを報じている。しかし、十四年に堺県を編入した後の、十六年の布達では芸妓の居住地を「大阪四区及び接続町村、大和国は奈良及び郡山市街、河内国は枚方市街、和泉国は堺区及び貝塚市街」に限り、六カ月以内に移住するか、そうでなければ、廃業するように方針を変更している。十五年の『大阪府統計書』には、大阪の四区内に千八百三人、堺市街に八十五人、奈良市街に十五人、上記市街以外の摂津区域に三十人、和泉地域に二人、大和地域に二十四人、河内地域に十二人となっている。先の規定によれば、和泉は貝塚、大和は郡山、河内は枚方の人数ということになる。摂津ではどこにいたかはわからない。

堀部朔良氏は『大坂穴探』(思天堂、一八八四)で、「市内各所に町芸者あり、築地、北浜、御霊裏は最も盛んなる所なり」と述べているが、ほとんど私娼に近かった。府は二十五年一月十一日付で「芸妓(酌人を除く)は貸座敷免許地区内に住居すべし、又外泊せんとする時は所轄警察署もしくは最寄巡査派出署に届出べし、違う者は三日以上十日以下の拘留に処し、又は一円以上一円九十五銭以下の科料に処す」という達しをしている。ここには「酌人を除く」とある。関西特有の「やとな(雇仲居)」が生まれたのはこれが原因とされる。

二十二年の『北区勧業統計表』によると、年末には曽根崎新地に芸妓が百九十七人、娼妓が六十人、安治川には芸妓が一人と娼妓三十九人が数えられる。同年の『西区農商工統計書』では年末時点で、新町遊廓に芸妓百三十六人、娼妓二百二十三人、堀江遊廓に百一人と七十一人、松島遊廓に芸妓が十八人と娼妓千二百五十三人となっている。

『西区史』(一九四三)は二十七年八月二十五日付『朝日新聞』を引用して、新町遊廓は日清事件開けてより花街さながら火の消えたようになり揚代が三分の一に減ったことを伝えている。

堀部氏は各所の芸妓には自ずから差があり、新町は「娼妓をもって鳴れば芸妓は品格落ちで、これを道頓堀、北の新地に比べれば、さながら主従の別あるに似たり」としている。また、この廓の芸妓が枕金を得て客と寝るのを娼妓がこれを怪しまず、咎めないのは昔からの習慣なるゆえか、とも記している。

「主従」の主にあたる道頓堀の五花街は、「芸妓をもって鳴れば、…娼妓を女中というは大方これを卑しめるの言なるべし」と苦言を呈している。中でも宗衛門町を上等とし、九郎右衛門町、櫓町、阪町これに次ぐ、難波新地の芸妓は一階を下れるものであるが、よく客に勤めるによってかえって興ありとしたうえで、「元来、大坂の芸子ははじめより芸をもって売るにあらず、ただ乱転のよく客が気を取るの一芸あるのみ」と、芸子らの無芸、不愛想の由来を説いている。ただし、舞妓については「閑雅」と誉めている。これら南地の芸妓には生意気にしてはねっかえりが多いのに対して、北野新地は「従順(おとなしき)の風あり、この地も娼妓を女中と蔑んで言うとある。また、堀江は瑕もなければ、良くも悪きもなし、とする。湊だった新堀では娼妓は芸妓を兼ねる者にして、船頭の客が多いとある。

『大阪府警察統計表』には三十年末現在で、西署(655)、南署(566)、北署(349)、堺(118)、岸和田(16)、枚方(23)、計千七百二十七人とある。摂津管内には計上されていない。三十二年の『南海鉄道案内』に宇田川文海氏は、堺南新地の竜神町に芸妓七十七人、娼妓五十九人と記している。残余の四十人余は乳守遊廓にいたのだろう。三十三年の『大阪市西区役所統計』によると、新町遊廓には芸妓が五百八十人に対して、娼妓が三百六十九人と人数が逆転している。堀江では芸妓二百十五人に娼妓が百六人と、あい変わらず芸妓が中心だった。松島だけはさすがに娼妓が三千十五人と他所を圧しているが、それでも芸妓が二十一人いた。同年の南区の統計書には、宗衛門町に芸妓が五百九十二人、娼妓はいないが貸座敷が四十三軒あった。西櫓町は芸妓十六人に娼妓百二人、東櫓町には貸座敷のみあって両妓ともいない。阪町には芸妓七十五人に娼妓百十人。九郎右衛門町には芸妓二百十三人に対して娼妓はなし。難波新地の一丁目に芸妓四十三人と娼妓二百人、二丁目には百三十八人に対して娼妓が二百九十人いた。同三、四丁目は娼妓のみとなっている。芸娼妓のいない東櫓町を見ると、いったい大阪の遊廓はどうなっているのかと思うだろうが、大阪では娼妓や芸妓は家方《やかた》、小方《こかた》から揚屋や茶屋に送り込まれるのが主流だった。

『戦時影響調査報告』(大阪府第一部、一九〇六)に、三十五年から三十七年にかけての府下の芸娼妓数が出ている。芸妓の各年末現在数は大阪市が千八百、千九百八十九、二千百十七人、堺市が百三十三、百二十二、百十五人、郡部が九十七、百十、八十九人となっている。郡部は貝塚と枚方を合わせた人数ということになる。

奈良県　奈良町の木辻遊廓には江戸時代から芸子や舞子がいた。十一年七月十三日の『朝野新聞』には、「五条に芸妓二十名余ありしが、売淫厳禁なりしよりとみに衰微」とある。十四年四月二十二日の『朝日新聞』は、郡山の東岡町の遊所は娼妓を廃し、「芸妓のみを存して町芸者となす」と報じている。しかし、娼妓がいなくなることはなく、逆に、十七年の『大阪府統計書』からは奈良市街および、大和の芸妓が消えている。それが、大阪府から分離後の二十一年の『奈良県警察統計書』には、芸妓は五十人、内訳は奈良が三十一人、三輪が七人、郡山と五条が各六人となっている。二十五年五月三十一日には芸妓の居住地を「当分のうち奈良町及び郡山町は遊廓区域内に限り、その他は料理店に限る」と定めている(『奈良県警察規定』一八九六)。

兵庫県　『兵庫県史　政治部』の「民俗」の項に、四年五月二十七日付で「町芸子などと唱え候ようの者は市中雑居あいならず候間、遊女同様(福原)廓内へ移住すべし」とある。しかし、「禁令」の項によると、六年六月以降は兵庫神戸両市中ではどこでも営業できるように変更されている。また、この少し前の五月七日には「娼妓より芸妓を兼ね、芸妓にて娼妓を兼ねるは自今兼業の鑑札あい渡し候」と兼業が認められていた。「戸口」の項によると、七年の芸娼妓数は五百七十八人となっている。九年一月七日に定められた「芸妓取締規則」では「芸妓にて娼妓の稼ぎいたしたき者は芸娼兼業の鑑札願い受け」ることとし、娼妓の倍額の鑑札料を課している(『兵庫県史　禁令3』)。

古田隆一氏は神戸の『花柳界美人の評判記』(一九〇九)で、柳原について「慶応一、二年の頃より純全《（ママ）》たる貸座敷風となり、明治十三年中、新川に遊廓起りしより兵庫柳原は総て料理屋と変じ、全く芸妓のみ存する事となり」としている。神戸元町も同じ事情だったようで、「神戸の地に貸席廃せられしより全く独立の町芸者たるにいたれり」とある。神戸の花柳界は遊廓が福原や新川に移ったあとに残った芸妓たちによって形成された。十四年二月五日の『朝野新聞』は、(明石)大蔵谷には娼妓が十三、四名、芸妓が八、九名いて、娼妓といえども三絃を携う、所謂二枚鑑札の類と報じている。明石町では八ヶ町村に芸妓が散在していた。

姫路を中心とした旧播磨は飾磨県と称された。九年七月八日の『郵便報知新聞』には、姫路城下での芸娼妓の沿革が次のように綴られている。すなわち、藩政期には「婬をひさぐ娼妓なく、媚を献ずる歌妓僅かに数名隠然と出没したるも娼妓、歌妓の名を付するに至らざりしが、(四年の)廃藩置県後初めて二妓の名、姫路市間に公出したれども当時これを聘するの客、千中の一、二に過ぎず」という状況だった。二十五年に片岡三千次氏が著わした『姫路新繁昌記』には「現在五十四名残すことなく」芸妓の評判が記されている。橋本政次氏編『姫路名所案内』(一九二二)には、「いわゆる花柳の巷は恵比須町、西魚町筋とす。検番は南陽検と東検の二検番ありて、大正二年七月末で芸妓一三七名、舞妓十九名」とある。

旧但馬、丹後と丹波の一部地域は豊岡県と称した。『豊岡県史　政治部』では、七年に芸妓三百四十七人、舞妓百五十七人、娼妓二十二人となっている。娼妓が極端に少ないのは宮津と福知山にしか貸座敷が許されていなかったためと、芸妓の多くが兼業だったからであろう。九年八月九日には「芸舞妓税則」を定めて、但馬は豊岡、出石、湯島(城崎)、丹波は宮津、舞鶴、峰山、丹波は福知山、篠山、柿芝(氷上町)を免許地とし、営業中は婦女子一般の工芸を励み換業いたすようにと、女紅を勧めている(『同前　禁令』)。

三県合併後の、十二年の『兵庫県統計概表』には芸妓が三百九十七人、舞妓が五十二人、娼妓が九百四人で、芸妓と舞妓の内訳は摂津が百九十人と四十一人、播磨が百四十七人と八人、淡路が四十九人と三人、但馬が十一人と「空欄」になっている。同年七月五日付で定められた「営業税雑種税賦金則」には、雛妓について「十三年未満のもの」との注がある(『兵庫県史　禁令4』)。また、十二年四月十二日付で「芸娼妓兼業以来あいならず」と、定められた(『類聚兵庫県法規大全』下巻、一九〇五)。

十三年の『県統計概表』には芸妓が六百十七人、舞妓が七十三人、娼妓が千二十九人とあって、いずれも大幅に増加している。芸妓と雛妓の内訳は神戸元町(135/21)・福原町(71/22)・柳原(88/2)・佐比江(9/3)・今在家(4/空欄)、御影(5/1)、西宮(72/6)、伊丹(4/1)、明石(42/1)、姫路西魚町(56/6)・野里(9/2)・飾磨津(2/空欄)、龍野(7)、室津(1)、赤穂加里屋町(12)、山崎(4)、豊岡(11/2)、湯嶋(2)、洲本(85/5)だった。淡路島の洲本が二番目に多いのが目をひく。これは港町に特有の芸達者な娼妓を芸妓に数えたことによると思われる。

二十二年の『兵神花流細見』には、神戸東検番に十六名、中検番に百六十七名、西検番に二十三名、福原検番三十五名、柳原芸妓三十八名、新川に一人、計二百八十名の名前が並んでいる。三十年に出版された農美重由氏編『神戸の花』(明輝社)には神戸市の芸妓は四百二名となっている。同年の出版になる岡太郎吉氏編『神戸みやげ』(神戸同盟出版社)では、明治になって佐比江に代わって遊廓として栄えた柳原の現状について、「娼家なくただ芸妓あるのみ…芸妓の風を一言すれば姿色をもって勝ると言はんよりはむしろ技芸をもって勝る」としており、一方、元町の芸妓については「数ほとんど二百にものぼる…もっぱら姿色を持って勝ることを勉む」と評して、東京の新橋にたとえられている。

中国・四国地方

岡山県　『県治紀事』には、七年五月三日に「芸妓営業の儀については兼ねて詮議の次第もこれあり候ところ…取り調べのうえ免許鑑札下すべく候」とある。九年三月十五日の『朝野新聞』に、岡山の「芸妓料理屋は次第に増え、三府にもおとらぬ位なり」と書かれている。九年五月にはいったん岡山市内の芸妓人員を百五十名に限るとしたが、九月に早くも撤廃している（『岡山県布達類聚目録』一八八〇）。ほぼ現在と同じ県域となっていた十三年の『岡山県統計書』に、開業が三百七十五人で廃業が二百二十人とあって、出入りが激しい。芸妓税は他業種とくらべてきわめて高額であり、しかも月払いだったので負担に耐えられない者が多かった。岡長平氏の『岡山太平記』（宗政修文館、一八九〇）には、明治十四年四月八日の『稚児新聞』を見るとして、遊廓があった東、西両中島の芸妓の総数五十七名、娼妓は百四十四名とある。十六年の県の『統計書』には芸妓の総数が八十九人で、うち岡山が六十二人となっている。八十九人は中国地方ではむしろ少数だった。

『津山市史』第五巻には、「近年市中において妄りに芸妓の類を引き寄せ候者もこれあり趣に…、今般は追廻において一所に取りまとめ」という、四年三月二十一日の布令が引用されている。追廻は後に材木町遊廓となった。かつての北条県は津山市を中心とした美作地域に相当したが、『北条県史』の禁令の部に収められている五年九月四日の布令では、「市中において俗に女芸者と唱え来たり候…格別身売りに紛らわしき儀の事いたすまじき筈の処、近頃心得違い致しおり候もこれあるやにあい聞こえ候」というように、警告を発している。

十月三日には解放令に先だって、「今般国内一般右など御改正の御趣意もこれあり、断然芸者などの名義廃止以来事、皆よんどころなき次第にて活業致したき者は酌取と唱え替え月々一人一円づつ収税いたすべく候」としている。芸者を酌取と改称するのはこれを娼妓とみなそうとしていたのであろう。六年一月九日には「芸妓体の者増員を止め、現在の者ども改業いたし紡績機織をあい営み候様」と、女紅に従事するように促している。津山を含む『北条県史』の戸口の項には七年分として、娼妓が九人と記されている。年代からすると芸者が娼妓に名を変えたのであろう。

小田県は旧備中と備後東部に相当し、『旧小田県歴史　2』によると、六年の芸妓出願者は八十人、廃業が二十三人、七年は出願が八十二人、廃業は三十二人となっている。人数が多いのは福山や府中を含んでいたからで、これらは九年に広島県に併合された。

十九年の『岡山県統計書』によると、岡山市街に五十五人、高梁市街に一人、津山市街に十六人、市街地以外に備前地域に四人、備中地域に七人、美作地域に二人、計八十五人とほとんど変化がない。潮上謙三氏著『岡山鏡』(梨山書閣、一八九三)には西山下、野田屋町、天瀬可真町、川崎町、大雲寺町、上ノ町、紙屋町、磨屋町に所在する青楼に抱えられる八十七名の芸妓の名が並んでいる。

三十四年の『統計書』には芸妓と酌婦の現員数が載っている。括弧内が酌婦である。

岡山署百三十二人(5)、石井(岡山西)三人(10)、味野(児島)九人(36)、西大寺十三人(7)、邑久一人(20)、和気八人(2)、玉島二十七人(2)、笠岡三十七人、新見八人(1)、高梁十七人(1)、成羽十人(1)、総社三人(8)、倉敷十三人(13)、津山五十六人(3)、勝山十七人(3)、勝間田一人、英田三人、計三百七十人(140)だった。

広島県　『国史稿本　禁令1』に収録される廃藩置県にともなう四年八月九日の指令で、士族らの通行制限を緩めて、「江波島へ行き候儀勝手たるべき事」という一条を設けている。太田川と天満川に挟まれ、海に面した江波島は遊興の巷になっていた。五年四月の『広島新聞』第二号には「当県去歳晩《おそく》より飲店開くもの少なからず、随って何処よりか芸妓も数人入り…四月限り江波島の外は新に飲店をはじめ芸妓など居住の儀は厳禁」と報じられている。五年六月には「当市料理店の義は遊客酌女など勝手に寝宿致させ、全く遊廓同様の体…寝宿は一切あい成らざる事…寄留の酌女はもちろん当地入籍の者たりとも自今江波島へ移住の事」と命じている。同年十月には芸妓酌人を対象とする「妓女税目改正」を定め、六年二月には「他府県管轄の者当県下に寄留芸妓稼ぎいたし候者は必ず江波島に寄留候様かねて布令候通り」としたうえで、当県下の者に対しては「以後明星院村一円、尾長村のうち不老谷山瀬水道石橋以西、江波島同様に居住差し許す」としている。しかし、江波島以外に移住する者は少なかったようで、同年三月四日には本柳町(中島新町の内土手側)と江波島を貸座敷免許地に加えるとともに、「芸妓酌女規則」を定めて「宿泊の儀は貸座敷に限る」が、「旅籠屋の外にて技芸を売り候は勝手」としている。ここでの貸座敷は文字通りの貸座敷で、芸妓が主体だった広島町では娼妓を抱える店ではなかった。八月十五日には芸妓酌女の「東柳町、山口町、畳屋町、上地方町」への居住を認め、しかも、他に例がないことだが、貸座敷だけでなく料理屋、旅籠屋での宿泊も許可している。また、七年五月四日には酌女は芸妓の業をもって出願すべしとしており、あくまでも娼妓を公認しない方針をとっていた。十三年三月三日の『郵便報知新聞』には「割烹店は畳屋町にありて芸妓の鑑札を受ける者は凡そ六、七十人あれども娼妓は一人もなく、芸妓これを兼業し、又酌取の名ある婦女にして淫を鬻《ひさ》がざるものまれなり」とある。その一方で、八月三十日には従来営業地だった尾道、御手洗、鹿老渡《かろうと》、竹原、忠海、厳島では娼妓による貸座敷営業許可を与えている。

『広島県史　4』の「戸口」の項によると、まだ旧安芸国のみを県域としていた八年末には「芸妓百四十四人、前年比十九人増」だったが、備後を編入した九年には三百十一人になっている。ところが、十年は二百七十八人、十一年が二百十六人、十二年は百三十九人と大きく減っている。また、十一年の『広島県治提要』では安芸が二百十八人、備後が九十三人となっており、合計人数が違っている。

十八年の『広島県統計書』によれば、広島市街に百十三人、尾道に二十五人、福山に二十二人、市街地を除く安芸地域に二十八人、備後地域に三十九人の芸妓がいた。二十七年の『広島県警察統計表』には、広島署(257)、廿日市(38)、竹原(14)、内海(3)、西条(2)、忠海(6)、瀬戸田(3)、御手洗(9)、木ノ江(25)、吉田(8)、加計(1)、尾道(42)、三原(31)、鞆(5)、福山(33)、府中(39)、西条分署(3)、庄原(7)、上下(5)、計五百四十人となっている。同年四月刊行の小阪清作氏編『西備名所案内』(尾道北辰社)には、尾道の「芸妓は新地にありて五十余名」、その他に芸娼兼業及び娼妓が新開にいるとある。

『広島県警察全書』下(一八八八)に収録される「芸妓営業制限」には、二十年十月一日より広島市内について、「貸座敷免許地もしくは西地方町、西新町に住居するものであらざれば営業をなすことを得ず」とある。『広島県警察類典』(一九一一)によれば、二十五年六月には下柳町内柳橋以南が追加されている。林保登氏は『広島繁昌記』(東瀛社、一九〇〇)に、「芸妓はもと市の目貫《めぬき》とも称すべき大手町二三四丁目辺に群がり居りしが、明治二十六年本川以西に居を移すべく厳達せられ、今は西地方町に住居せり、東券番とは地方町の三軒の置屋の総称…この他に町芸妓なるもの市内松川町、下柳町、新川場町、鉄砲屋町、空鞘町、広瀬村、天満町などその界隈に屋形を有し、総数殆ど四十名、大方は町家の婚礼、年賀その他の慶事に招かれ」と記している。「屋形」とは京阪地方で芸妓を抱えるところを意味する言葉であるが、営業内容からすると、多くは自前だったであろう。

高橋一雄氏による『広島県豊田郡治一斑』(一八九三)には、二十五年四月一日現在として「芸妓十六人、酌取二十二人、娼妓百二十五人、貸座敷十九戸」とある。『広島県統計書』によると、同年には同郡の貸座敷は御手洗町と大崎東野村と大崎中野村の十七戸となっている。芸妓、酌取もこれらの遊廓にいたものと思われる。

池田幸重氏は『呉案内記』(田島商店、一九〇七)で市内の券番について、「呉券番をはじめ河原石券番及び朝日《(ママ)》券番があり、そのうち河原石と旭はただ名義のみで舎なく、その各料理店より現わるる」として、中通りの呉券番所属が六十八人、河原石に十一人、遊廓内の旭券番に五人がいたと記している。

鳥取県　鳥取町内に衆楽園という歓楽地ができた経緯について、五年十月十五日の『鳥取県新報』が報じている。そこには、桶匠の豊田仁治という者が正月に旧藩主池田家の別邸を購入して衆楽園と号して開場したところ、「楼を起し、妓を飼いて宴席を助け、媚を呈する者数十」という賑わいになったとある。『鳥取県歴史　制度部』の「禁令」の項に五年九月の「隠し売女の儀に付」という布達が載っており、「四月中に厳重布告候儀これあるところ近頃娼妓風の者他所より寄留いたし料理屋などにて客引き受け、遊興のうえ淫を鬻《ひさ》ぎ売女に紛らわしき者追々あい増し候」とある。津山と同じように鳥取でも娼妓に先んじて芸者が出現していた。六年一月五日には解放令を受けて「速やかに解放し、右寄留の者どもそれぞれ原籍に復すべきを令す」とある。ところが、六年九月二十五日に「鳥取、米子、境、隠岐西郷の四箇所に限り女芸者の営業許す」という達しをして、芸者のみ営業を許した。税額は十三歳以上を七十五銭、以下を三十七銭五厘と定めている。

九年の「政治部　禁令」の二月十八日の条にも「伯耆国芸妓並揚茶屋営業場所をその区長に達す」とある。大西音吉氏による『西郷町誌』(一九二〇)には、九年二月十八日に「芸妓幷《ならびに》揚茶屋渡世者これまで米子幷境各街において営業差し許し来たり候ところ…自今米子は灘町、境は遊亀町の外揚茶屋渡世の義は差し許さず」とし、芸妓も同所に寄留し他町で招くことが禁じられた。「芸妓は鳥取衆楽園、米子灘町、境遊亀町、隠岐西郷港の外寄留あい成らず、芸妓渡世の名目をもって淫売等の義固く相成らず」と釘をさされている。

県は「芸妓新規営業は一切これを許さず」という厳しい姿勢で臨んでおり、十一年には因伯地方あわせて三十三人の芸妓がいたが、娼妓は計上されていない。この時期までは廃娼県だったと言える。九年に島根県に併合されたが、分離独立後の十四年の『鳥取県統計書』では米子灘町に二名の芸妓がいるだけになっている。十六年になると鳥取町に五十四人もの芸妓が登録しているが、他町村にはいなかった。

二十四年の数字を載せる『鳥取県治一斑』には、鳥取に三十九人、米子に九人、倉吉は空欄、米子、倉吉以外の伯耆地域に十人、計五十八人とある。ところが、同じ二十四年の『鳥取県警察統計書』では、鳥取署に四十人、藪片原(鳥取)に兼業が十六人、倉吉に七人、米子に六人と兼業が七人、境に五人、計本業五十八人、兼業二十三人となっている。倉吉町の瀬崎町での営業が許可されたのは、二十二年十月二十四日付の「芸妓営業取締規則」によってであった(『警務要録』一八九四)。柴田文次郎氏による『倉吉案内記』(一九一四)には「検番事務所を越中町に設け、芸妓の総数四十二名とある。また、同氏は『米子案内記』(松川商店、一九一四)に、「芸妓の数は七十名、その産は大阪、名古屋を筆頭に、京都、岡山と記している。

島根県　当県は最初、旧出雲地域のみであった。七年の数字が載る『島根県一覧概表』には、芸妓の解放人数を四十六人として現員は空欄、舞子は解放が二十九人で現員が三人となっている。九年二月二十二日に改正された「芸妓仮規則」には和田見(松江)、杵築、安来、美保関の四カ所が免許地となっているが、いずれも遊廓地であった(『島根県史料五』)。九年四月の浜田県、八月の鳥取県併合後の芸妓営業許可地は、先の出雲の四カ所に石見の温泉津、浅井村外浦(浜田)と、米子灘町、境遊亀町が加わっているが、やはり遊廓地ばかりである。十一年の『島根県一覧概表』では十年末の芸妓の人数が、因幡に二十名、伯耆に十三名、出雲に百十七名となっており、娼妓は出雲地域の四十四名のみである。

十一年四月十六日の『朝野新聞』は、「これまで(浜田)市中にアンコロと称する怪しき芸妓あって、招きに応じて料理屋に出しが、近頃庁の厳命下りしより琴ノ浦なる官許遊里へ合併し、公然鑑札を受けたり」と報じている。琴ノ浦は外浦の誤りで、市中の芸妓らが遊廓に移住して娼妓となったことを意味している。また、同年十月一日の『東京曙新聞』には、津和野の貸座敷商は五、三名、芸妓もこれに準ずるとある。『第一回島根県年報』には十四年の統計として、芸妓は杵築と温泉津に各一人のみとなっている。

二十五年の『島根県警察統計表』には、松江(82)、美保(2)、安来(20)、広瀬(6)、木次(3)、今市(13)、杵築(5)、平田(10)、大森(7)、温泉津(1)、大田(5)、浜田(12)、益田(2)、津和野(15)、西郷(5)、計百八十八人となっている。

山口県 五年の『山口県統計書』には芸妓の現員が二百五十五人とある。十一年八月十日の『郵便報知新聞』によれば、山口町には七、八十人がいた。十二年五月二十日になって「芸妓取締規則」、同年六月には「芸妓免許地幷貸席娼妓免許地」が定められている(『現行山口県達類纂』一八九二)。十六年一月一日現在の人数を載せる第一回『山口県統計書』によると以下のような人数になっている。

小松開作村(6)、岩国町(25)、柳井津町(26)、室木村字新港(22)、大畠村(34)、室積浦(11)、曽根村水場(2)、上ノ関(5)、室津浦(5)、徳山村遠石(23)、宮市町(32)、三田尻福聚町(13)、浜方村・田島村中ノ関(16)、西ノ浦新地小茅(1)、山口相物小路町(1)、同馬場殿小路町(3)、同北ノ小路町(1)、同港屋町(1)、同道場門前町(4)、宇野令村(8)、下郷村(7)、山口上立小路町(8)、同諸願小路町(2)、同久保小路町(21)、同中河原町(8)、船木村布目(1)、清末村(4)、小月村(2)、瀬戸崎村(4)、赤間区赤間町(9)、同稲荷町(32)、同裏町(23)、同西端町裏町口(2)、同豊前田町(33)、同竹崎町(5)、同今浦町(6)、同新地町(4)、計三百五十五《(ママ)》人(実数は四百十人)。山口町や赤間区(下関)のいくつかの町を除くと、あとはみな貸座敷許可地であった。娼妓は百八十人と少なかった。

『警察法典類　山口県下』(一九三二)に四十二年以降の芸妓居住指定地が出ているので、その後の芸妓の広がりを見ておこう。

四十二年(柳井町字柳井村中開作、柳井津町土手、萩町貸座敷免許地、宇部村貸座敷免許地)、四十三年(萩町東田町新堀の内唐樋町通より新横町まで、久賀町字浦、厚西村厚狭、伊佐村伊佐字市ノ後)、四十四年(美祢郡大田村河原)。

大正五年(川棚村片山地、須佐村原田、田万崎村江崎、彦島村江ノ浦、西市村殿敷、小串村先ノ浜)、八年(小郡町下郷字新町)、十年(豊東村田部字水神)、十一年(俵山村湯ノ沖、深川村東深川村字岡および岡下、福川町中市、長府町金屋浜、麻里布村今津)、十二年(井関村阿知須、日置村蔵字渡場、宇部市小串)、十三年(玖珂町椿土井、徳山町井下境、出雲村堀)、十四年(平生町字新町、高森町下久原字車所)、十五年(下関市関後地村稲荷山、田布施町波野字上寺家田、鹿野村鹿野上)。

香川県　かつて香川、徳島、淡路からなる名東県という県があった。『名東県史5　租法』には六年四月十二日に「芸娼妓鑑札料を収め定む、芸妓十八歳の者金壱円五十銭、十七歳以下、十九歳以上壱円…収税は儲金高百分の一」、六月二十九日には「芸娼妓鑒札手数料を定む、但し一人五十銭」、七月十三日に「儲金百分の一の収税を廃し、鑑札税と改称す、但し絃色を兼ねる者一ヶ月金壱円五十銭、舞妓一ヶ月七十五銭」とある。県は兼業を認めていた。

『香川県警察史』(一九三四)によれば、九年六月の布達十三号で「芸妓中売色する者あるときは即日娼妓と見なして取り締まる」としており、娼妓とみなすことでこれを認めることにした。また「九十六号」で芸妓を遊廓免許地の置屋に寄留させるとともに、他の区域への居住を禁じている。

九年に香川県は愛媛県と合併している。十年一月二十四日に愛媛県は丙十号で、「芸娼妓兼業の儀これまで願いにより差し許し候ところ、取締上不都合の儀これあり自今兼業あいならず候、この旨讃岐国右営業の者に布達候こと」という達しをしている。また同日付丙十二号で「芸妓舞妓営業の者貸座敷以外において営業ならず」、「置屋寄留の者は更に貸座敷へ寄留替えいたすべし」という布達も出している(『愛媛県布達全要』)。芸者を抱える置屋は香川県特有の制度だった。これらの布達はそれへの対策だった。

『愛媛県史　9』の「戸籍」の項には十年分として、讃岐には芸妓四十人とは別に芸娼妓兼業が百九十四人となっており、さらに娼妓が百七十三人いたとある。圧倒的に兼業者が主流だったことがわかる。十一年の『愛媛県治一覧概表』には十年の数字と思われるが、伊予には芸妓はたった三人だったのに対して、讃岐は芸妓が四十人、舞妓が二十人となっている。しかし、同じ十一年の統計を載せる『愛媛県統計概表』には高松東浜(8)、丸亀(2)、琴平(5)、多度津(1)、坂出(3)の計十九人しか計上されていない。愛媛県側には芸妓はなく、娼妓のみになっている。伊予では兼業の禁止が徹底され、みな娼妓になっていた。翌年も二十七人と少ないままであるが、十三年には七十九人、十四年には百十四人と復活している。十六年には伊予が百七十六人に対して讃岐は三十五人と逆転している。

熊上正氏は「娼妓の賦金と芸妓税」(『伊予史談』一九六八・六所収)において、「現在(明治十八年)高松、丸亀に一人の芸妓もいない。それは本来芸妓であるものが前垂女《まえだれ》と称して税をのがれているからである」と、統計の裏事情を明かしている。だが、津田桃紅氏は『丸亀』(一九二四)に、券番所は十六年三月の創立としており、芸妓がいなくなったわけではなかった。三十五年に長尾折三氏が著わした『高松新繁昌記』(宮脇開益堂)には、「いまだかつて高松のごとき自前芸妓の多き地あらざるなり、芸妓として真に芸を売るものなり」として、「明治二十一年の交、置県と相前後して券番所の設けあり、数年前東西券番の別起こる、東券番は片原町にあり妓数雛妓と合わせて四十珠内外、西券番は常盤橋内にあり、妓数三十珠に満たず」と、記されている。

『香川県史』(一九一〇)によると、愛媛県との分離後の二十二年に県令五十九号で「遊芸営業人取締規則」を定めたものの、「弊害多ければ」ということから三十三年に「芸妓取締規則」を定め、遊芸をもってする者を甲種、仲居、酌婦を乙種と区分した。四十年末には甲種が四百六十二人、乙種は百四十九人となっている。

四十四年の『香川県統計書』に警察署別の人数が載っている。前者が甲種、後者が乙種である。乙種芸妓(酌婦)の増加が著しい。

長尾(7/5)、三本松(9/3)、志度(6/10)、平井(8/12)、土庄(7/20)、草壁(10/19)、高松(112/114)、仏生山(6/23)、坂出(43/20)、滝宮(12/19)、丸亀(68/7)、善通寺(81/3)、多度津(23/なし)、琴平(46/8)、観音寺(65/84)、豊浜(2/8)、計甲種五百五人、乙種三百五十五人。乙種芸妓すなわち、酌婦については別項で後述する。

愛媛県　『今治市誌』(一九四三)には「いつの頃よりか町芸者と称し、民家のもとめに応じて酒間を斡旋し、絃歌を事とするものが二、三名いたらしい。明治二年開化楼、鈴竹などが時の家老に出願し、築地に料理屋兼置屋を営み芸妓を置いた、一時は二、三十人いた」とある。当県北部ははじめ石鉄《いしづち》県といった。『市誌』に収録されている五年八月付の同県布達には、「先般布告に及び候、酌取女の儀、料理屋に限り申すべし、宿屋へは往来あいならず、芸子は揚屋に限り他の往来あいならざる義に候処」とある。芸者と酌取女の区別は同年九月の石鉄県布達に「芸者　売淫する者　一カ月税金二円宛、酌取女　売淫せざる者　税金一円」とあって、通例とは逆であった。営業許可地は「道後湯月町、三津浜、波止浜、今治新地川之口」の四カ所とされている。だが、今治新地は明治四年に全廃となり、置屋は川岸端に移ったが不振のため二十年頃に米屋町で営業を始めたとある。

『愛媛県史　2』によると、六年六月(日不詳)に芸娼妓の営業箇所を三津、今治、道後の三カ所に限っている。「戸口」の項には、七年末調べとして芸妓が四十三人、娼妓が二百二十七人とある。九年五月二十日付の布達で、賦金のうち芸妓の免許料、月税を県税に変更している。九年一月一日の数字を載せる『愛媛県統計概表』では芸妓が六十六人、娼妓については百五十二人となっている。九年の香川県との合併以前なのでいずれも愛媛県だけの人数である。『みつが浜』(三津浜商工会、一九二三)には同地の花柳界について、「往昔は十軒茶屋と称して現今の住吉町上手、住吉橋から堀川橋の通りにかけて赤暖簾に角行灯の花街気分を見せたものである…(二十一年に)伊予鉄道が開通して横町に移るようになった」とある。

香川県を分離したのは二十一年である。二十四年の『愛媛県警察統計表』には、松山署(123)、三津(36)、今治(63)、西条(17)、郡中(6)、久万(2)、大洲(12)、八幡浜(14)、宇和島(43)、計三百十六人となっている。

坂本建一氏編『八幡浜港』(竹馬会、一九一六)には「日露戦役後における経済の膨張にともなう生活の向上は…遊蕩放逸に流れ…我が八幡浜にありてもここ五、七年前までの花柳界は寂寞たるものなりしに…二、三十人に過ぎざりしもの一時大小八十人を算し」とあって、日露戦争後に急増したことが述べられている。浅井伯源氏編『宇和島案内』(一九一九)には「旧宇和島の花柳界を内町と呼び、八幡村の花柳界を川端というている、内町は川端の発展と反比例に衰退して今ではわずかに三十名内外、しかし、内町芸妓は多く大阪や神戸で仕込まれた芸妓らしい、芸をもって立つという気分を失うていない、川端の花柳界は新旧両検番を通じて百五十名を数え…娼妓化している、県でも取締について考究し、両川端と鶴島町に散在する業者を一廓に集めて取り締まろうということになった、…須賀川左岸の八幡村藤江に地を選定し、ここに事実上の藤江遊廓を作ろうと計画している」とある。

徳島県　『高知県布達要約』上(一八八〇)に、当時は同県の管轄下にあった「旧名東県之部」が含まれている。県は六年二月四日の布達第百二十六号において、芸妓ら遊芸人に鑑札を与えるとともに、「料理店その外において芸妓及び浄瑠璃芸、並びに軍談、噺家などを雇い上げ候儀は勝手次第」としている。芸妓は芸人と同じ扱いで、どこでも商売ができた。規則では芸妓と舞妓の鑑札料が定められており、舞妓は芸妓の半額だった。また、『名東県史　7』には同年九月二日に「鑑札手数料自今《いまより》道路営繕費に充てる」という達しが収められている。

八年の『名東県一覧表』によれば、旧阿波地域に百十一人、淡路に二十三人、讃岐に三十七人の芸妓がいた。十四年四月四日の『郵便報知新聞』には、撫養(鳴門)には「芸妓は雛妓とともに二十四名にて、芸妓兼業の鑑札を受けざるも客に枕を薦む」とある。二十年の『徳島県警察統計表』によると、徳島市内の富田町など五カ町に八十九人、撫養には林崎町などに十一人、脇町に六人、計百六人がいた。

次に市町ごとの人数がわかるのは四十四年の『徳島県統計表』まで降る。以下は警察署ごとの芸妓舞子の合計人数である。

徳島署(174)、撫養(24)、板四(2)、川島(4)、八幡(5)、脇町(17)、池田(6)、三野(3)、小松島(6)、富岡(7)、立江(9)、日和佐(9)、川西(13)、計二百八十三人。

井上羽城氏の『徳島案内』(黒崎精寿堂など、一九一三)には、「芸妓は富田町を本場とし、内町がこれに継ぎ、秋田町がそのまたつぎで三検番に分かれている」として、それぞれの芸妓と舞子の人数が記されている。富田町(109/15)、内町(27

／2)、秋田町(23／3)で、秋田町は郊外の遊廓である。

高知県　十一年十月三日の『郵便報知新聞』の「高知通信」欄には、「芸娼妓とも凡そ二百人、実に寂々寥々たり」とある。十三年の『高知県統計表』では芸妓の現在営業人数が百二十人となっている。二十六年の『高知県警察統計表』によると、高知署管内に(84)、中村(7)、宿毛(5)、須崎(2)、佐川(3)、高岡(1)、伊野(4)、後免(3)、山田(5)、安芸(1)、田野(3)、計百十八人だった。

九州・沖縄地方

福岡県　『県史稿』の「租法　下」には七年(月日欠)の新規取立見込みの大蔵省への報告書が含まれており、そこに「芸者現分人員」は五十九人とある。当初は筑前のみが県域だったが、九年に現状と同じ県域になっている。十一年版『福岡県治一覧概表』(国立公文書館内閣文庫)に十年の芸妓税が計上されており、月額の三円で割ると延べ三十六人ほどになる。十三年版の『福岡県概表』には四十人とあるが、同年の『福岡県統計書』では七十七人と大きく数字が違っている。しかしながら、この人数は十四年版の統計書と同じなので、おそらく十四年の人数であろう。

十一年十一月二十九日の『東京曙新聞』には「小倉には芸妓は一人も居ずといえども、類似商のあるをもって不都合なし、貸座敷営業の許可なし」とある。県は十二年に定めた「芸妓取締規則」を十六年に改定し、居住地を以下のように定めた(『福岡県警察提要』一八八九)。竪粕村水茶屋、福岡区柳町、福岡市街、博多市街、芦屋村、若松村、久留米市街、柳川市街、向島村若津町、小倉市街、田ノ浦、宇ノ島。最後の二カ所は門司町にある。二十年の『福岡県警察統計書』によれば、年末時点で博多萱堂町(20)、柳町(28)、竪粕村水茶屋(41)、小倉船町(37)、久留米新町(30)、若松(19)、若津《今の大川市》(11)、芦屋村(4)、高畑村《柳河》(2)、田ノ浦村(1)、計百九十三人がいた。

『筑前博多』(福岡協和会、一九三八)には新茶屋(水茶屋)について、明治五年から二十三年までは対岸下流の柳町とあい対し殷盛をきわめていた。二十三年に水茶屋遊廓が撤廃されたあとに芸者が残り、「水検は昔から芸と意気で売ると誇っていた」とある。下村海南氏の随筆『四番茶』に「博多のおえん」という一文があり、「日露戦役後…相手の婆さん達には馬賊の頭目をもってなるおえん、おはま、おくに、おつるなどの老骨が控えている、いずれも悪口雑言の限りをつくして舌戦に夜をふかしたものだ」と語っているが、『福岡市』(博多毎日新聞社、一九一六)にも、「近年水茶屋に馬賊組とて姐様株連によって作られた一団あり」とある。

辰巳豊吉氏は『新編福博たより』(森岡書店、一八九六)に、水茶屋については本年調べで四十四人ほど近所に住み、「芸でも装束でも相生町に一歩ゆずるがごとし」としている。一方、相生町は「芸妓舞妓あわせて六十七人、おのおの屋形に陣取り、…芸は二の段、…過ぐる年風流知事のおわせし頃、県令六十八号を発して芸者の明かし(泊まり)を許せたまいしより相生町も大繁盛」と記している。なお、氏は中州の芸者には一言もない。先の『筑前博多』には相生券番については、「博多四検番のうち最も古い歴史を持つ花街でありまして、釜屋町にあります。昔萱堂町に内芸者がおりました、これを三味線引きと呼び天保銭十枚と相場が決まっていたのです」とあって、歴史が古かったことがわかる。新興の中州券番の起源については「明治二十六年の頃、伴蜂籠という人が水茶屋で経営していた料亭をやめて旗亭を開き、五、六人の芸妓を抱えたのが始まり」としている。また、上野雅生氏は『現在の福岡市』(九州集報社、一九一六)に、東中州南新地の南券番は「明治四十三年の創立にして雇女百六十余人、芸妓三十余人を有す」と記している。

三十六年の『警察統計書』によると、福岡署(253)、若松(49)、芦屋(3)、直方《のおがた》(45)、飯塚(10)、甘木(5)、二日市(14)、前原(2)、久留米(92)、松崎(1)、吉井(7)、田主丸(7)、福島(12)、大牟田(9)、柳川(3)、若津(14)、小倉(54)、門司(77)、行事(16)、八屋(12)、権田(1)、香春《かわら》(6)、計六百九十二人となっている。

佐賀県　武雄や嬉野《うれしの》といった温泉地には江戸時代から芸子がいた。『佐賀県史』の「租法」の項に、七年一月十八日付で「芸娼妓及び貸座敷営業の地を佐賀、諸富、柄崎、嬉野、唐津、伊万里に定め、免許鑑札を下付しその税を収む」とある。『歴史稿本　県治之部』によると、七年には芸妓九十人、娼妓百五十人がいた。同年六月五日付の「芸妓規則」では、呼子が加えられている。いずれも遊廓所在地であった(『旧佐賀県史原稿　制度部』)。八年六月七日付の「芸娼両妓及び貸座敷営業取締（規則）」では、貸座敷免許地以外での営業が許されている（「制度部　禁令」）。「戸口」の項によると、八年には芸妓が六十三人、娼妓が百二十三人で、ともに減っていた。当県は九年に三潴《みずま》県とともに長崎県に合併し、十六年に分離独立している。

十六年九月七日付の「芸妓取締規則」には、「芸妓は貸座敷免許区域内に住居又は寄留すべし」という一条がある。また、十七年五月の改定で「旧佐賀市街は芦町をもって住居免許区域とす」とし（『旧佐賀県甲号布達　1』）、同年に移転した芦町遊廓の跡地に芸妓を住まわせるようにした。二十年の数字を載せる『佐賀県警察統計表』によると、芸妓は四十三人で、内訳は佐賀署(30)、伊万里(10)、武雄(3)となっている。

長崎県　県は二年十月十日付で、「これまで市郷小前娘どもの内、勾当《こうとう》の弟子分にて料理屋そのほか客席などに罷り出、客の望みに任せて三味線を弾じ、遊女町芸者同様の所業致し候者もこれあり…当節改めて町芸者差しゆるし候に付き銘々町方係へ申し出、鑑札を申し受けるべく候」として、町芸者を許可している（『長崎県史稿　禁令』）。同じく「租法」の項には四年八月に、市郷芸者二百八十八人に対して一軒につき一年に金二分を課すとある。

『県史稿　明治六年』には芸妓百二十名、娼妓四百名とある。十二年の『長崎県統計書』に計上されている芸妓の納税額を月額で割ると、前期が延べ百六十四人、後期が百七十六人余となり、やや増えている。十七年の『長崎県統計書』には、長崎に百五十七人、大村に三人、平戸に五人、その他に三人、対馬の厳原に五人、その他に三人、計百七十三人でほぼ同じである。二十年の『長崎県警察統計書』では、長崎署管下に百四十二人、島原に四人、大村に七人、平戸に八人、厳原に九人、肥前地域の村落に二十一人、計百九十一人と少し増えている。

二十九年に近藤鋏氏が著わした『佐世保繁昌記』によると検番なく、徽燈を軒頭に掲げざるため彼らの巣窟を詳らかにせずとしながら、天満街の芸妓二十八人と舞妓一人の名が列記されている。このほかに遊廓内にも三人がいたとある。

三十七年の『県警察統計書』では、長崎署(145)、瀬戸(12)、梅香崎(85)、稲佐(20)、高島(1)、島原(19)、口ノ津(6)、大村(5)、佐世保(115)、早岐(4)、諫早(2)、平戸(11)、山口(2)、志佐(4)、福江(10)、武生水(2)、香椎(2)、厳原(20)、

鶏知(36)、佐須奈(10)、計五百十一人と大幅に増加している。最後の三カ所は対馬である。長崎、梅香崎、佐世保署には舞子が各十人、福江署に一人が登録していた。

大分県　大分城下には江戸時代から芸子がいた。『大分県史料　二十』にはまだ豊前地域が編入されない八年一月の調べとして、「娼妓八十人、ただし芸妓を兼ねるもあり」とある。県が「芸妓渡世者取締規則」を定めたのは九年三月十三日だった（『大分県史料　四』）。九年八月に豊前を併合したあとの『第二回大分県年報』には、十年の数字として十二人の芸妓と八十七人の娼妓とともに、「芸娼妓」という区分を設けて兼業する者が百三十二人という人数があがっている。芸のみで生きる者は一割にも満たなかった。これらの芸妓はすべて豊後に在住していた。九年十月二十八日の『郵便報知新聞』によれば、豊前中津では「猫はご制禁にてことごとく大坂、下関へ駆り出され」とあって、芸妓がいなかったからである。

西南の役には大分県下も戦場になった。佐藤蔵太郎氏の『佐伯案内記』（豊国史談会、一九一六）には、「明治十年西南の役には…一攫千金の奇利を狙いて年若き夥多の婦女子を率い諸方より佐伯町に入り込むもの数限りもなく、一円、二円は水臭い、五円あるならまたおいで、とは当時炮来豆《ほうらいまめ》、すなわち淫売婦の鄙歌《ひなうた》なり、…（西南の役後）跡もなく消えて、その年の暮頃より化粧の者一人来たりて…弾絃奏歌、その名を阿米《およね》と呼び、翌十一年にはその妹を呼び寄せたり、当時佐伯の粋客は彼を米利堅《めりけん》と名付けて甚だ寵遇したるが、この阿米こそ佐伯における芸妓の嚆矢《こうし》…明治二十三、四年の交までわずか一、二名に過ぎざりしが、二十六年にはすでに十幾名」と、芸妓出現の顛末が記されている。

十一年十一月十四日付の「娼妓芸妓取締規則」では免許地を別府港浜脇村市街、関港、下之江港に限っているが、いずれも遊廓地である（『大分県史料　禁令』）。十二年の『大分県統計書』では芸妓六十三人、娼妓百三十五人に対して、芸娼妓は百三十六人とある。芸娼妓の数は変らなかったが、娼妓と芸妓が増えている。十四年版の『県統計書』では芸妓がたった十人、娼妓七十人、芸娼妓六十二人に激減している。ところが、『大分県史』所収の『第五回年報』によれば、十四年には芸妓が百二十一人、娼妓が百八十四人、芸娼妓が三百五人と一挙に増加している。後者を採るべきであろう。

やはり兼業が圧倒的に多いが、芸妓の人数を見ると年長者だけとは考えられず、芸妓のみを通していた者が兼業者の三分の一以上もいたことに驚く。

二十一年の『大分県警察第七次統計表』によると、大分市街に四十四人、中津市街に四十一人、臼杵市街に二人、市街地以外の豊後地域に九十四人、豊前地域に十二人、計百九十三人になる。『大分県警察史』(一九四三)所収の二十一年末の『県の友』第三号によれば、「一昨年各地ともに芸妓の営業を許せしより…二、三百戸の小市街必ず両三名の芸妓を見る」とある。十九年に居住地を遊廓とする制限が撤廃されていた。

三十五年の『大分県警察統計表』によれば、大分町(46)、西大分町(5)、戸次村(1)、日出町(24)、杵築町(21)、別府町(14)、脇浜町(11)、国東町(15)、武蔵町(1)、安岐町(6)、西安岐町(2)、奈狩江村(2)、富来町(2)、玉津町(2)、高田町(2)、四日市町(3)、長洲町(9)、中津町(49)、日田町(10)、森町(6)、竹田町(15)、王来町(1)、三重町(8)、牧口村(3)、佐伯町(20)、蒲江村(2)、臼杵町(49)、佐賀関(8)、計三百三十七人となっている。

熊本県　熊本の遊廓や花柳界の来歴については『南国紅燈夜話』が詳しい。そこには「三浦栄次という人物が慶応の頃京町一丁目に《ゆくとせ》という料理屋を開業し、それが漸次時世に適合し、明治四年廃藩置県の制と共に当時城内二之丸にあった八代松井家三万石の一日のお茶屋であった別邸の払下げをうけて新堀町に引き直し、一日亭そのままの名で営業を続けた」とある。同書には「ゆくとせ」および「一日亭」時代の芸子、雛妓の名が挙がっている。

熊本県は当初、白川県と称した。『白川県国史』によると、六年四月十七日に「酌取女弁に料理屋規則」を定め、「酌取稼ぎの者売淫厳禁の事」としているが、「小路町家祝事などの席へ亭主より招きによりて罷り越す儀は苦しからず」とあるので、ここでの酌取女は芸妓とみなされる。十一年十月二日に改正された「芸妓営業規則」では、居住は貸座敷許可地に限られていたが、他所から呼ばれれば応じてもよいとされており、兼業の者は貸座敷への寄留、宿泊も可とされていた(『熊本県史料　十五』)。十三年の『熊本県概表』には延べ人数が出ており、月で割ると百二十四人ほどになる。十七年の数字を載せる『熊本県統計書』では全県で九十二人となっている。

十八年二月十七日付の甲十九号布達「芸妓取締規則」においても住居は貸座敷免許地に限るとあるが、熊本町だけは市街及び近郊での居住が許されていた。営業地は「熊本市街及び最寄り町村、八代町、天草郡富岡町、牛深村、崎津村」の五カ所となっている(『警察要務 初編』一八八六)。二十五年の数字を載せる『熊本県治一斑』には、年末現在百二十七人、一年間の開業八十八人、廃業八十六人とある。年間に半数以上が止め、ほぼ同数が新たに加わるというのが実情だった。『熊本県警察類典 地方部 第一巻』(一九一二)に収録される二十六年一月付の「芸妓取締規則」では、熊本市については二本木遊廓がある古町村のほかに塩屋町、裏一番町、紺屋町三丁目、松原町、光琳寺町が居住地とされている。熊本市以外でも遊廓所在地のほかに、山鹿町犬ノ馬場、人吉町紺屋竪町、本渡町土手町通が許可地となっていた。

当県には明治期の町村別統計が見あたらなかったので、大正五年の『熊本県警察統計書』の人数をあげておく。熊本署(61)、春日(61)、三角(12)、長洲(2)、山鹿(7)、隈府(13)、宮地(2)、原町(2)、八代(37)、宮原(1)、左敷(2)、日奈久(1)、水俣(4)、人吉(24)、多良木(4)、本渡(10)、富岡(5)、計二百四十八人。

宮崎県 『宮崎県史資料編近代2』(一九九三)に収録される七年一月の布達坤第九号で、芸妓の営業を第一区は中村町、河原町、松山(宮崎市)、第五区は富高新町(日向市)、第九区は外の浦(日南市)の五カ所に限るように決められたが、いずれも遊廓地である。七年の六十七号規則を八年十月二十三日に改定した際には、「娼妓兼業の義堅く相成らず」とある。十六年四月二十七日の『郵便報知新聞』には、中村町に芸妓一名、娼妓四十三名、松山町に芸妓十二名、娼妓四十五名とある。同年一月十一日付の同紙によれば「皆大坂産」だった。二十一年の『宮崎県統計書』によると、芸妓は宮崎に十七人、飫肥《おび》に十二人、都城に三人、延岡に一人と、すっかり減っている。

今村次郎氏の『松山芸者評判記』には、「近頃同所にて娼妓貸席の業を営むことを禁ぜられ、一同女郎を廃業し芸者となり、都合三十幾名…芸妓は大抵大坂下りにして、その外は宇和島や鹿児島の産まれ」とある。本書は二十五年の刊行になるが、宮崎の大淀河口の湊にあった松山町の遊廓は二十三年十二月を限りで廃止となっていた。娼妓がみな芸者になったのはもともと兼業だったからであろう。

四十二年の『宮崎県警察統計書』では芸妓が甲種と乙種に区別されている。同様の区分は香川県でもなされていた。乙種は酌婦である。前者が甲種の人数である。

宮崎署(77/7)、飫肥(4/10)、油津(6/2)、福島(0/4)、都城(41/0)、小林(5/5)、加久藤(0/1)、高岡(6/5)、高鍋(20/9)、下穂北(12/6)、細島(7/4)、延岡(32/5)、高千穂(2/3)、計(212/61)。

鹿児島県　鹿児島城下には江戸時代から芸子がいたが、九年十月十二日の『朝野新聞』には「芸娼妓一人もなし」とある。『鹿児島県史』(一九四一)には「芸妓規則」は十二年九月二十五日制定されたとあり、営業場所は従前免許地である日向の宮崎、油津と鹿児島市街に限るとある。同年八月五日の『朝日新聞』はこれを見越してか、「鹿児島大門の万勝(満藤のことか)亭…大坂芸妓の頗る別品なる十二、三名を凡そ千五百円にて雇い入れ」と、報じている。同じ年の『鹿児島県治一覧概表』には芸妓鑑札免許料として六十六円、月税百八十二円が計上されている。同年の内務省による『各府県営業雑種税額比較表』には月額三円となっており、十四年の『鹿児島県規則便覧』でも同額である。もし、百八十二円が一カ月分ならば六十四人となる。この時期の鹿児島県は現在の宮崎県を含んでいたので、同県分を除くと五十人ほどになる。そのすべてが鹿児島市街にいた。二十一年九月に隈之城、上出水両村が居住地に加えられ、二十四年三月十日には島部の大島郡金久、伊津部両村が許可地に追加されている。二十八年の『鹿児島県警察統計書』には鹿児島署に百十人と大島の七人だけとなっており、隈之城、出水には計上されていない。

二十年に刊行された東道主人著『鹿児島案内記』には「大門口遊廓」と題して、十二棟からなる料理店街には八十名近い芸妓がいたとある。中でも満藤亭の芸妓十数名はみな京阪地方の産だった。この地で営業が始まったのは六、七年前のことで、「士族輩が家禄、賞典など不時の資金を手にした十二、三年より、たちまち一大進歩を来し」とある。また、『鹿児島市案内』(一九一〇)には「市内に南券、西券の二券番あり、芸妓の数は南券九十余人、西券八十余名あり、その産は主に京摂にして」とある。

三十年代にはそれほどではなかったが、四十年代に入ると居住地が急速に広がっている。ここでは四十五年の数字を載せる『県統計書』を用いて芸妓の居住地と人数を示しておく。

鹿児島署(252)、谷山分署(2)、指宿(2)、加世田(4)、知覧(1)、南方(6)、伊集院(3)、伊作(5)、市来(7)、隈之城(21)、宮之城(4)、大口(2)、加治木(5)、岩川(1)、志布志(10)、鹿屋(11)、柏原(2)、大根占(1)、種子島(5)、大島(9)、喜界島(1)、徳之島(2)、計三百五十六人。

沖縄県　十三年二月二十二日の『朝日新聞』が、長崎丸山の貸席業者が料理屋を開こうと芸妓を連れて沖縄に赴いた、と報じている。十七年の内務省の統計に見る四十人の芸妓とは、『辻の華』にも出てくるが、日本料亭に抱えられた出稼ぎ芸者の人数であろう。青木紫水氏の『恋時雨』(春水文庫刊行会、一九一九)は桃太郎という芸妓の半生を聞き書きしたものである。主人公は母親にたかられるのを逃れるために、十六歳の時に京都の祇園から鹿児島の大門口の店に住み替えたが、まだ年も若かったので二枚鑑札を避けるため、他の八人とともに一年半の約束で那覇に廻されたとある。その折の客に森有礼氏がいたとあるが、彼が沖縄県を視察したのは二十年二月のことだった。三十四年の『沖縄県警察統計表』では、那覇署管内の二十八人と糸満署に七人となっている。翌年には宮古島と八重山にも一人ずつがいた。

これまで見てきたように、資料によっては現員数を出さずに納税額のみを掲載するケースもあった。東京府は十年三月十日の甲第二十九号の布達で「芸妓開廃業の義は自今東京警視本署へ願い出るべし」とし、「但し、収税の義は従前通り」としている。警察と財務当局の関心の差がその違いとなっていた。ただし、十五年以降は税金も警視庁に納めることになった。府県によって年次に違いがあるが、東京ではこの時点で芸娼妓は警察の管轄下となった。娼妓や賦金、税金についての統計が比較的整っているのに対して、芸妓人数の経年変化を見ることができる資料は限定的である。長期にわたるという点で『静岡県史　統計編』(一九九五)は貴重である。断続的ではあるが、明治十七年から昭和十五年までの芸妓数が掲載されている。明治十七年には二百六十九人だったのが、昭和十三年には十倍に達していた。

『大日本帝国内務省統計報告』の第一回に明治十七・十八年分、第二回に十九年分の芸妓数が県別に掲載されているが、この年以降はこの項目がなくなっている。西日本では多くの芸妓が娼妓を兼ねていたので、それをどう扱うかで人数が大きく違ってくる。内務省の統計に三年とも計上されていない京都府や三重県は区分不可能という見解だったのであろう。また、統計は鑑札数を元にした数字であり、しかも年度途中で開廃業する者がかなり多数にのぼっていたので、実態はきわめて流動的だった。現員数はあくまでも目安でしかない。

以下に十七年の芸妓の人数を掲げる。数字が欠けている県は他の年度で補った。なお、十七年段階では奈良県は大阪府に、香川県は愛媛県に含まれ、北海道は函館、札幌、根室の三県に分かれていた。また、『種村氏警察参考資料第十三集』(内務省警保局)の「警察取締に属する営業者調べ」に、四十一年末調べの芸妓数が出ているので、比較のために後ろに併記しておく。

札幌59、根室27、函館307／北海道1450、青森(十九年44)／174、秋田61／268、岩手95／218、宮城96／168、山形(欠、十二年105)／327、福島171／564

群馬204／465、栃木72／593、茨城138／356、埼玉46／220、千葉133／239、東京1365／4091、神奈川401／797

静岡269／851、山梨33／157、長野258／1441、新潟596／1948、富山299／1121、石川349／1075、福井233／663、岐阜173／654、愛知222／2057

三重(欠、十一年258)／670、和歌山42／466、滋賀317／421、京都(欠、十三年894兼業を含む)／1556、大阪1109／2861、兵庫(欠、十九年405)／2048、奈良(十五年32)／164

鳥取78／140、島根35／280、岡山99／462、広島(十八年227)／856、山口311／726、徳島119／218、香川(十六年35)／462)、愛媛144／634、高知141／629

福岡154／1002、長崎163／595、大分28／395、佐賀36／228、熊本92／156、宮崎13／270、鹿児島123／238、沖縄40／39、計8651(三県分を欠く)／3万5702人。

京都、三重、山形については参考として十七年に近い年度の人数を出しておいた。十一年の『三重県統計表』には上等百九十八人、下等六十人が挙げられており、二十四年版の『京都府統計書』には十六年度から二十年までの芸妓の納税額が旧国別に計上されており、月額は区部が四円、郡部が三円となっている。山城は郡部を含んでいるが、単純に十六年度の納税総額を区部の月額で割ると八百三十四人となり、丹波と丹後が合わせておよそ六十人なので、これを合計すると八百九十四人ほどになる。ただし、これは延べ人数であって現員数ではない。

十七年に三百人以上いた府県は、多い順に東京、大阪、京都、新潟、兵庫、神奈川、石川、滋賀、山口、函館となる。二百九十九人の富山がこれに次ぐので、三都以外では北陸地方が目立つ。それとともに、神戸、横浜、新潟、函館などの開港地を抱える県が上位を占めているのと、山口県が上位に入っているのが目をひく。最少は宮崎県の十三人だが、これは二十八人の大分県ともども兼業者を娼妓として区分していた可能性がある。

十六年八月二十八日の『朝野新聞』は『統計集誌』二十四号に基づいて、十五年には芸妓を一万千八百七十六人としている。十七年については仮に、総計に欠けている京都、三重、山形三県分および、十八、九年分しか計上されていない県の人数を加えるとおよそ一万人近くになる。十八年は九千五百四十八人、十九年が九千十人なので漸減傾向にあった。

だが、芸妓はそのまま減少し続けたわけではない。廃娼運動家の山室軍平氏は『社会廓清論』(警醒社書店、一九一四)に「芸妓論」の一項を設けて、明治三十一年および、四十二年から大正元年までの数字をあげている。そこでは三十一年は二倍以上の二万四千二百六十一人となっており、四十二年が三万五千七百二人、大正元年が四万一千六百四人と一万人単位で増加している。

また、内務省の『警察統計報告』(国立公文書館内閣文庫)に、大正十三年から昭和十六年までの芸妓数が出ている。この間の人数の変化は少なく、昭和九年が最少で約七万二千五百人、同二年から五年にかけてが八万人ちょっとで、戦前期のピークをなしている。一方、娼妓はより変化が小さく五万人前後で推移している。

芸妓の年齢層に対応する十五歳から四十歳までの女性の全国総数は、内務省の『日本全国戸口表』によると十七年は約七百四十二万人だった。先のように同年の芸妓をおよそ一万人と見積もると、同世代の七百四十人に一人が芸妓だったことになる。

十七年の娼妓数は二万八千四百三十二人だった。娼妓の年齢層は芸者にくらべるとより狭い。たとえば、静岡県は明治二十三年の布達第十四号の取締規則で、娼妓の年齢を満十六年以上、満三十年限りとしている。これを標準とすると、十七年における同じ年齢層の全国の女性人口が約五百五十八万人なので、同世代のおよそ二百人に一人が娼妓だったことになる。芸妓に比べるとかなり高率である。

酌婦　身を売る女性

当然のことながら、生活の苦しさから身を売らざるを得なかったのは娼妓だけではなかった。一枚鑑札の芸妓であっても恒常的ではないにしろ、大半がそうせざるを得なかった。だが、娼妓と芸妓のみを見ていては性売買の実態には届かない。そのほかに私娼の存在を考える必要があるが、性格上その実数は把握しにくい。一言しておくと、「私娼」という名称は誤解を生むので使用を避けるべきではないかと思う。いかにも個人が商売をしているかのようだが、そのほとんどは借金によって料理屋や銘酒屋に縛られるか、もぐりの斡旋所に属していた。

内務省による十七年の『大日本帝国第一回統計報告』によれば、私娼行為で処罰された者は全国で六千四百二十人である。これが全体の何分の一かはわからない。中には芸妓も含まれていたであろうが、芸妓の八千六百五十一人にかなり近い数である。東京府には無鑑札の芸妓が鑑札持ちの芸妓に匹敵するほどいた。六年には五千人ほどのもぐりがいたとも推測されており、よほど少なく見積もっても芸妓と同数以上の私娼がいたのはまちがいない。

鷹野弥三郎氏の『都市経営上から観た福島』(福島公論社、一九一六)では、福島市の私娼は六十七名の私娼芸妓および、待合、料理店などの女中を足した三百二十余名であるのに対して、一本杉遊廓の娼妓は五十三名となっている。大正五年時点では市内の私娼は娼妓のおよそ六倍に達していた。これを直ちに国全体にあてはめるわけにはゆかないが、ちなみに、サンフランシスコで発刊されていた邦字新聞『新世界』(一九〇七・七・三)に、「名古屋におけるユー・マーッヒー氏の日本警察の統計に就きて調べた所によれば、四十人の婦人に一人淫売婦という算当である」という記事がある。

鷹野氏は「待合、料理店などの女中」と言っているが、警察では彼女らを「酌婦」と称した。この名称で一括されるようになるまでに、各地でさまざまな異名が唱えられてきた。平賀源内の『里のをだ巻』の例や、『甲子《かつし》夜話』のお抱え力士が集めた隠語はよく知られている。ここでは嘉永二年(一八四九)の序をもつ『積翠閑話』巻二の「遊女の異名」をあげてみよう。

南部では「なまだこ」と言い、「おしゃらく」は軽井沢の呼称で、「やかん」は江差で用いられ、松前は「がの字」と言ったとある。また、近江では「そぶつ」、酒田は「をば」、越前大野は「韋《かわ》足袋」、越後寺泊は「ひしゃく」、紀州は「幻妻」、遠江は「やぞう」、美濃は「もか(藻花)」、勢州境は「出女房」、三遠の辺は「をじゃれ・はすは」、小田原では「むぎ」と言うが、これは「よね」に次ぐという意味だとある。

関口友愛・浅井冽氏著『松本繁昌記　下』(高美書店、一八八三)では市中の私娼事情を述べつつ、松本では「ハリバコ」、長野は「獅子」、上田は「弁財」、飯田、高遠は「二百蔵《にひゃくぞう》」という呼称が集められている。また、関甲子次郎氏は『越後の婦人』(一九〇二)に県下各地の隠語を載せているが、長野県ともども町ごとに呼称が変わっている。『仙台繁昌記』の著者、富田広重氏は淫売婦を「くさもち」と呼ぶようになったのは戊辰の変(一八六八)以後のことで、官軍が城下に乗り込んできた時に草餅売りが淫を売るようになったとして、当時、「猫は鼠取る、官軍さん鶏取る、仙台くさもち金を取る」という俗謡が流行ったことを伝えている。

明治三十三年五月三十日の『二六新報』に、「近来、東京市を始め各地方に酌婦芸妓と称する一種の婬売婦増加し、その害悪を社会に流すこと芸妓よりも甚だし」という記事がある。同紙は救世軍とともに廃娼運動の急先鋒だった。「酌婦芸妓」は名称からすると芸者と酌婦の中間的存在のようだが、ここではまったくの娼妓扱いである。池田錦水氏の『社会各面恋の婦人気質』(大学館、一九〇三)に、「酌婦なる者や、無鑑札にして芸妓と娼妓を兼ねたる者」とあるように、「酌婦芸妓」は「酌婦」と略されることが多かった。無鑑札の芸妓および私娼はともに酌婦と称されていた。いったいいつ頃から酌婦という存在が世間、ひいては警察から注視されるようになったのだろうか。群馬県の六年九月の布達第四十二号「芝居手踊並芸技料理屋其外納税ノ儀規則書」には、月額が「芸妓　壱円五十銭、酌婦舞子　七十五銭」とある。「酌婦舞子」という呼称は他に聞かないが、芸妓の半額ということは年少の者で、私娼である「酌婦」とは異なる。おそらく、「お酌」という通称を官庁風に改めたのだろう。なお、同県の酌婦舞子の納税は八年十一月の布達第百六十六号によって九年一月一日をもって廃止されている。

その一方で、貸座敷業が許されなかった土地では、お酌、酌人、酌取と称される雇女が飲食店にいた。十年八月三十日の『郵便報知新聞』には、豊前中津では表向き売婬は厳禁されていたが、銀杏町に「晩装して客を待つをお酌という」者がいるとある。十一年六月十九日の同紙には、鹿児島では「酌人と唱え酒宴の席に出る女、何れも絃歌を知らず、唯茫然と酌を取るのみ」とある。広島でも「酌取の名ある婦女にして淫をひさがざるものはまれなり」という状況だった。彼女らは後の酌婦と同様の存在と見てよいだろう。

永沢信之助氏の編集になる『東京の裏面』（金港堂書店、一九〇九）に、半酔という筆名の者の手になる「銘酒屋」という一文がある。そこに、「今から二十四五年前ほど、浅草奥山の興業物が六区に移された頃」のこととして、奥山の矢場女の顰《ひそ》みにならって客を呼ぶ女を抱えた店が一、二軒、新看板を掲げたのが銘酒屋の濫觴、とある。一九〇九年の二十五年前、すなわち、明治十四年に浅草公園が六区に区画され、六区で興業が始まったのが二十年というから、銘酒屋に酌婦が出現したのはこの間のことだろう。その後、二十四年の片岡橘坪氏編『通客必携符牒《ふちよう》便覧』（壱万伝授社）に、酌婦が用いる符丁が載っている。この頃には世間で酌婦が注目されるようになっていたと思われる。警視庁が銘酒屋を営むものに届出を命じたのが二十八年四月一日付の官報においてである。新堀哲岳氏の『明暗の浅草と不良少年』（北斗書房、一九三六）によれば、三十年には十二階下を中心にして銘酒屋は百二十六軒にも及んでいた。

十五年五月二十九日に千葉県が定めた「地方税中各種営業規則」に、営業許可を受け鑑札を申請すべき者の中に「芸妓（酌人トモ）」とある（『千葉県歴史』禁令）。ここでの酌人は年少の芸妓と思われ酌婦とは考えにくいが、二十年の統計を載せる『千葉県警察統計表』にも「酌人」という項目があり、その数は芸妓の百二十九人に対して、三倍以上の三百九十一人を数え、娼妓の二百九十九人をも上回っていた。人数から見てここであつかう「酌婦」とみなしてよいであろう。府県の統計上の出現時期としてきわめて早い。この間の十八年六月二十七日付で、「料理店、待合茶屋において、三味線を携えず客の酒席に陪し、遊興を助ける酌人たるもの本年七月一日より所轄警察分署に願い出免許鑑札を受くべし」と定められていた（『千葉県改正警務便覧』下、一八九五）。二十八年の松風散史編『千葉繁昌記』には、酌婦は「酒間を斟《たず》くるもの、ほとんど准芸妓」として、大半が東京出身で三十九人が数えられると、千葉市の状況が記されている。

二十八年に発表された樋口一葉氏の『にごりえ』は、いち早く酌婦を主人公にした小説と言えるだろう。主人公のお力を通して彼女らの悲哀が短い文章に凝縮されている。そこでは三弦の音も響くように描かれているが、彼女らが酌婦になったのは芸妓の廃業者が極めて多いことが示すように、鑑札料や税金があまりにも高額だったからである。私娼の増加の理由は遊廓の不足にあったわけではない。

二十五年一月二十一日の『朝日新聞』は、埼玉県がこれまで「達磨と称する酌婦」に税金を課していたが、いかにも私娼を公認しているように見えることを懸念して、これを取り止めたと報じている。近隣で酌婦から税金を取っているのが千葉県だけというのも理由の一つだった。埼玉県の統計書に酌婦が登場するのは三十年からで、芸妓が二百十四人、娼妓が二百六十七人に対してほぼ同数の二百六十一人がいた。

『秋田、埼玉、群馬県廃娼善後措置』（内務省警保局）によると、群馬県は二十六年十一月限りで廃娼県になったが、同年十月五日付で定められた「飲食店取締規則」に、客席に出すべき婦女二人以上を雇い入れる場合には警察に届け許可を得ること、歌舞音曲を禁じるなどの規則を付け足している。廃娼に備えた代替措置を警察は用意していた。同報告書はこれが「群馬県におけるいわゆる酌婦の濫觴」とし、県は彼女らを私娼を意味する達磨と通称していた。届け出させるということは、警察の管理下において私娼行為を黙認することにほかならない。黙認されるためには相応の代償が必要だったであろう。

長野県が二十七年に布達した「飲食店営業及び雇婦女取締規則」には、「雇婦女をして遊芸を演ぜしめ芸妓に紛らわしき所為をなすこと」を許さずとある。ここでの「雇婦女」は料理店で給仕にあたる存在であるが、借金のため抱主から売春を強要されていた。すなわち、酌婦である。滋賀県は二十八年三月に「酌人取締規則」を定め、「貸座敷料理屋飲食店において客席に侍し、杯盤の間を周旋する婦女であって、芸舞妓に紛らわしき所業を禁じるとしている（『滋賀県法規類纂』）。三十一年の『滋賀県統計全書』を見ると、大津、堅田、草津、水口、石部、土山、寺庄、守山、八幡、武佐、日野、八日市、愛知川、彦根、高宮、長浜、入江、醒井、速見、木之本、塩津、今津、大溝各署に計三百二十八人の登録がなされており、県下でいないのは長野署のみであった。

栃木県では二十八年に一等芸妓と二等芸妓を設け、その後すぐに甲種、乙種と改称して警察の統計書に載せている。香川県は三十三年三月に県令をもって芸妓を二種に分け、「仲居、酌婦と称するものを乙種として」取り締まることにしている（『香川県史　第三編』下　一九一〇）。おなじ手法は植民地でも用いられた。岐阜県は三十二年七月に「芸妓酌婦取締規則」を定めている（『警察規則類聚』一九〇二）。岡山県が三十三年十月に定めた「芸妓酌婦取締規則」では、酌婦は「纏頭《てんとう》」、すなわち、チップを収入源とする者と定義したうえで、芸者同様に酒席で「演技する」者とある。一方、北海道庁の『警察必携行務便覧』では三十九年の「芸妓酌婦取締規則」に基づいて、「酌婦が客席で歌舞音曲」をしていないかどうかを調べるとしている。

酌婦の実情については『世態調査資料　第四号』（司法省調査部、一九三八）中の「甲府地方における乙種料理店について」や、『同　第五号』（一九三八）の「千葉地方の料理店に就いて」で詳しい聞き取り調査が行なわれている。前者では「乙種料理店は銘酒屋カフェーのことで、酌婦のことを淫売またはサボシといいます」とある。サボシの由来については、中山亀吉氏の『万業之起源』（中山天聖堂、一九二五）に、「酌婦、淫売婦をさぼしという事、江戸深川附近に三ツ星屋という酒食店を兼ねた旅人宿あり、女中数名を置き、客に靡くによって、三ツ星屋をつづめてさぼし屋というに起る」

とある。

酌婦がいたところは「甲府穴切町、塩山、日下部、勝沼、韮崎、龍王、小笠原、飯野村、倉庫町、小井川、鰍沢、市川大門、大月、猿橋、笹子、上野原、吉田」と広範囲にわたっており、県下に二カ所しかなかった公認遊廓の代替地となっていた。『同　第五号』では「千葉市内の酌婦は亭主持ちで一家の柱…絶対に酌婦から(花柳病)は出ない」と述べる一方で、「東金や銚子の田中の料理店は別で」と洩らしている。また、酌婦に対する教養機関が古くからあって生花や裁縫を教えるともある。地方によって実態に大きな違いがあった。

京阪地域には「ヤトナ(雇仲居)」と呼ばれる者がいた。『明治大正大阪市史』第一巻(一九三五)によれば、二十五年一月に府令をもって芸妓(酌人を除く)に対して貸座敷免許地域内(遊廓)に住居し、外泊するときには警察に届け出るように命じたために、町芸者が恐慌をきたして酌人に転業したのが、いわゆる雇仲居(やとな)の起源とされている。東京の酌婦の出現と時期が接している。山村愛花氏は『女百面相　当世気質』(日本書院、一九一八)で、「大阪に始まったのも七、八年前からであるのだ、その名も仰々しい雇仲居供給株式会社」と述べている。これは、七、八年前、すなわち明治四十三年頃に「やとな」が出現したという意味ではなく、芸妓と同じように検番組織を作って営業を始めたことを言っている。ちなみに、兵庫県が「雇仲居、同置屋営業取締」を発令したのが大正五年二月二十五日付であった。

彼女らは芸者同様の芸を持ちながら仲居と同じように給仕もし、しかも、身軽でどこにでも呼べたのでたいそう人気が出た。「ヤトナ」は身を売ることを専らとしていた者ではなかったが、東京に進出したヤトナはまったくの私娼であった。『女百面相　当世気質』には、「雇仲居というものが東京に産出したのは近い頃」とあるが、墨堤隠士著『女魔の怪窟』(啓仁館書房、一九二二)には、「京都から東京へと流行ってきたが、関東大震災の三年前になくなってしまった」としている。理由は美形が少なく、あまりにも無芸だったからという。なお、彼のルポルタージュによれば、京都の雇仲居は客と寝ていた。

『今治市誌』には「大正六年十二月…株式会社大正社(雇仲居置屋)を組織した…県はこれを廃止せしめる方針だったの

で、十一年三月をもって廃止とある。また、『福岡市』（一九一六）には「東中州南部の空地は全部雇女町となり、その数百五十三名を算している。雇女の特色は東京でいわゆる大正芸妓の一種で、その芸を売るにあらず」とある。

『社会廓清論』掲載の表によれば、明治三十一年段階で酌婦は三万四千十五人に達し、娼妓の四万九千二百八人に近づいていた。芸妓は二万四千二百六十一人だったので、すでにこれを上回っていた。（『女学雑誌』四九五号、一八九九・〇九、掲載の表では酌婦が三万四千二百六十一人となっているが、下三桁が芸妓と同じなので誤植と思われる。）

中央職業紹介事業局の調査では、大正十三年には芸妓が七万五千三百六十五人であるのに対して娼妓が五万二千二百五十六人と、人数が逆転している。芸妓の増加がすさまじいが、酌婦も四万八千二百九十二人と娼妓に迫る勢いで伸びている。娼妓は遊廓にしか居住できなかったので増員には限界があるが、居所が制限されない酌婦は歯止めがきかなかった。すでに芸妓と酌婦を足した数は娼妓の倍以上になっていた。

芸娼妓の数だけを見ていては、金融恐慌や凶作に直撃された少女たちの行く先は正確に把握できない。小島光枝氏は『売笑問題と女性』（一九三六）において、「昭和九年から昨年にかけて、…娘身売防止運動が東北六県を中心にして相当強硬に行なわれましたため…娼妓は許可されず、結局、女中奉公という名義で雇いに来る、料理屋の酌婦、或いは私娼屋に前借りで務めさす結果になった」と、的確に分析している。なお、小島氏は存娼論者の一人である。

片岡正一氏の『社会の情勢と公娼問題』（全国貸座敷聯合会本部、一九三三）に、大正十二年から昭和七年までの全国の酌婦の人数が出ている。昭和元年には芸妓を抜いておよそ十万二千人に達し、最多は同二年の十一万一千人で、四年から七年にかけては、七、八万人といったん減少している。第十八回『警察統計報告』には昭和九年から十六年にかけての酌婦の人数が出ているが、十二年までは十一万人前後だったのが「国家総動員法」が成立した十三年に十万人を切ってからは激減してゆく。だが、単純に減ったわけではなく、彼女らが海外植民地に向かった可能性が考えられる。同じ昭和十三年のことになるが、先の『世態調査資料　第四号』に山梨県下での酌婦の不足を語る中で、「最近神戸港から朝鮮、満州、支那に一日平均二百人ぐらい渡航し、五十人ぐらいは帰るそうです」とある。これには裏事情があった。十三年二月二十三日付で内務大臣から庁府県宛に出された「支那渡航婦女の扱い」と題された文書には「あたかも軍当局の諒解あるがごときの言辞を弄する者、最近各地に頻出しつつある…醜業を目的とする婦女の渡航は…北支、中支方面に向かう限り当分黙認する」とある(警保局文書)。社会の実像を写し出す尺度は人数の変化がほとんどない娼妓ではなく、酌婦にこそある。

昭和五年には国勢調査が実施されている。この年の芸妓はおよそ八万人、娼妓は五万二千人、酌婦がおよそ十一万人なので、その総数は約二十四万二千人となる。この年の十六歳から三十歳までの女性人口は約千二百六万人だったので、比率はおよそ五十対一になる。都市部ではその比率はもっと縮まるはずである。女性に選択できる職業がないということがいかに悲惨な状況を招くか、数字がはっきりと示している。

7　芸娼妓等解放令がもたらした影響

維新後の遊廓新設ブーム

五年十月の「芸娼妓等解放令」が芸妓社会にどのような影響を与えたかを考えなくてはならない。すでに見てきたような数量的な変化もさることながら、それ以上に芸妓の生活がどのように変わったかを問う必要がある。

解放令布告にいたったいきさつについては詳細にあとづけられてきた。だが、実際に対応したのは府県だった。同令以前と以後とでどのように各府県の政策が変化したかについてはまったく不明のままである。芸妓の業態の変化を見る前に各府県の対応ぶりを一覧しておきたい。明治期に入ると従前営業地だけでなく、これまで遊廓がなかった城下町でも許可されるようになった。すでに見てきたように新設に先行して芸妓が出没しはじめ、開業に連動して芸妓が増加している。彼女らの多くは居住が遊廓内に制限されていた。

城下町での新設のきっかけは明治維新前後における統治機能の流動化にあった。目先のきく者がその空隙をぬって、藩政期には規制が厳しく開業が難しかった女郎屋を始めている。解放令は遊廓設置熱に浮かされていたさ中に布達されたことを承知しておく必要がある。解放令によって既存の遊廓はいったん衰亡したが、新興地では解放令を無力化し、既存地もそれにともなって復活していった。その原因を明らかにしなくてはならない。

近代における都市での遊廓設置の動きを扱った書物に、加藤政洋氏による『花街　異空間の都市史』(朝日新聞社、二〇〇五)がある。明治初年の例として鳥取、富山、和歌山などが取りあげられており、以下でも参考にさせていただいた。ただし、氏は花街を「芸妓の所在(営業)する場所」と定義するとともに、その大部分は遊廓と混在していないとして、この「狭義の花街」を研究対象にするとしている。

だが、もともと「柳巷花街」を語源とする「花街」は遊廓を意味する言葉であり、花柳界の語源も同じである。狭義も広義もない。たしかに東京のような大都市には芸者街がいくつも存在していたし、神戸や長野のように遊廓が移転したあと地が芸者街となった例もある。しかし、京都や大阪をはじめとして金沢や和歌山の遊廓ではむしろ芸妓が主体となって経営されていた。現実には多くの府県で芸妓の娼妓兼業を認め、芸妓の多くは居所や営業場所が廓内に限定されていた。遊廓には必ず芸妓がいた。加藤氏が言うのとは反対に、花街の大部分は芸妓と娼妓が混住していたのである。

住民の反対が強く新設が容易ではなかったこともあって、遊廓のない町村では明治の中頃から芸妓の営業地が広がってゆく。だが、それは遊廓の代替地としてであった。『警察実務教科書』第4巻(一九三六)によると、東京では三十年に類業者の存在せざる地に芸妓屋が許可されなくなった。待合茶屋が指定地制度の下に置かれるようになったのは四十二年のことで、花柳街の新設が進んだのは大正元年以降である。そうした土地は芸者置屋と料亭と待合茶屋の三業からなることから「三業地」と称される。わざわざ言うことでもないが「待合茶屋」とは芸者と客が飲食をしたり、寝る所である。大正十一年に日本実業社から出版された『三業名鑑』は、東京各地の上記三業者の名簿である。

しかしながら、「三業地」も芸者街を指す言葉としては用いにくいところがある。というのも「三業」という言葉が吉原から始まっているからである。東京府は明治八年四月二十三日に吉原の業者から提出された「三業公社設立願書」を受けて翌日に許可している。この場合の三業とは、元の遊女屋(女郎屋)である貸座敷と、解放令後は自由意志で営業することになったはずの娼妓と、客と娼妓との媒酌をする案内者となる引手茶屋の三者を指す。昭和四年の『品川遊廓史』は品川三業組合の発刊になり、同十二年の『洲崎の栞』も洲崎三業組合が刊行している。大正末昭和初期までは遊廓も花柳界もともに「三業地」と称していた。

芸者だけが集まる場所を意味する言葉はないのも同然である。強いて言うならば、今日もっぱら芸者街を意味する言葉として用いられる「花柳界」を採用すべきであろう。遊廓が存在しない現代において、まったく成り立ちが違う遊廓と芸者独自の社会を同じ「花街」という言葉で論じるのは、遊廓そして芸妓を誤解させるもとになる。少なくとも研究者は狭義、広義で区分するのではなく、用語を明確に区別すべきであろう。

以下に、各府県における貸座敷の設置状況を追ってゆくが、最初に、解放令が布達される直前に新設に沸いていた都市の例をいくつか見てゆく。あわせて遊廓地の広がりも追ってみた。北海道では四年に小樽に遊廓が置かれ、札幌では五年一月二十三日付で黒田清隆開拓次官が遊廓設置を政府に求め、「芸娼妓等解放令」の直前にあたる五年の晩秋に完成を見ていた。こうした開拓地を除くと、その多くは藩政時代には遊廓が許可されなかった城下町であった。

高知県　『高知県史　近代資料編』(一九七四)に収録されている一史料に、「国中従来花街柳巷の設けなく、故に芸娼妓営業の者は嘗《かつ》てこれ無きところ」とある。しかし、『真覚寺日記　十』(『土佐群書集成』三十五)の慶応四年(一八六八)五月二十七日の条には、十余年来城下に通うたびに宿所としていた大徳屋の主人が亡くなって家が売られた末に、「今は入り口に行灯を掛け格子を構え…東灘の女四五人を雇い入れ、酌取と出し懸け後には閨の伽となる」とあるように、状況が一変した。高知城下では明治維新と同時に遊女屋が出現していた。なお、東灘という地名は土佐市高岡町にある。

『高知県史』所収の先の史料には「明治初年において高知上下町の両端に新たに一つの遊廓を開くを許せしより、芸娼妓営業の者初めて他府県より輸入し来たり」とある。両新地とは「玉水新地(俗に上の新地という)、玉江新地(稲荷新地又は下の新地)」のことである(『新地穴誌』一八八三)。『高知県歴史』の「禁令」の項には解放令を受けて、「明治五年十一月(日欠)本県庁はかつて娼妓芸者身分の義御達しに付き」として、遊女芸者を抱えることを禁じ、遊女芸者が自分の好みで渡世するのは許す、と自主営業のみを許可していた。また、両新地外での住居をも禁じている。ところが、『高知県布達要約　上』(一八八〇)に収められる七年二月八日付の戌第三十一号布達には、「貸座敷、芸妓、遊女の営業場所を東西両新地に限り差し許す」とある。これによって貸座敷業者は息を吹き返すことができた。なお、「貸座敷娼妓規則」は九年五月十七日をもって定められた。他県でもそうだが、これらの規則の制定は現状の追認と、検黴、賦金の制度化を意味する。

九年一月の調査に基づく『高知県史料』の、「戸口」の項には娼妓は七十二人となっている。解放令の影響だろうが、十年年初の県の戸口調べでは娼妓は三十人に激減している。しかし、翌十一年十月三日の『郵便報知新聞』は「芸娼妓とも凡二百人」と、急増したことを報じている。免許地は高知町内だけだったが、二十年ほどたって各地で貸座敷の営業が許可されてゆく。明治二十六年『高知県警察統計表』では中村の岩崎新地が、三十年の統計表では須崎の琴平新地が、三十五年には宿毛の松田川新地が新たに加わっている。新設は県令の意向によって左右されることが多い。

山梨県 甲府県は二年に遊廓新設を公許していた。それは三年十一月の次のような榜文によって判明する。内容は「先にこの甲府柳町旅店、私に飯盛女と唱うる者を置いて売淫せしむる家多し、去年新たに増山町の地について妓楼を建てこれを公売せんを願う者あり、これを許す。ここに至りて棟成り新柳町と称し、その業を開く」、というものである。六年三月には「黴毒検査及び娼妓芸妓席貸規則」が定められ、そこには「娼妓芸妓は免許場所外へ住居堅くあいならず」、「芸妓もし売淫いたし候儀あい聞こえ候はば、娼妓の規則あい守らせ申す可きこと」という条文が含まれている。県は兼業を認めていた。

十年十月十七日には新たに三業（娼妓・芸妓・貸席）取締規則を定め、「新柳町に限り、他の町村においては一切営業するを得ず」としている。また、「免許地において一の女紅場を設置し、…娼芸妓無益の耗費省略の方法協議を遂げ伺い出ずべし」と、娼妓の負担を軽減するように命じている（『山梨県史料　禁令』）。

「内務省警保局文書」に、新柳町の遊廓移転問題に絡む非移転派からの上申書に対して、逆に、移転を進めようとする知事が彼らの贈収賄容疑を告発した回答が含まれている。ことの発端は二十二年六月の規則を二十六年に改定する際に、芸妓の住居地を制限し、甲府近郊に遊廓を設置するという県令が発せられたことにあった。非移転派の文書に「憲法に抵触して芸妓の営業地を制限し、すでに消滅に属する県令を再炎せしたる」という批判が含まれているのは芸妓の廓内居住制限が違法であるという認識を示していて興味深い。なお、騒動の結果は県知事側の敗北に終わった。

県下にはもう一カ所、上野原町に遊廓があった。『山梨県統計書』によると、三十年分には載っておらず、三十二年になって出ている。甲府での遊廓設置は早かったが、県全体には広げはしなかった。なお、新柳町遊廓は四十年の大火で全焼したため、翌年に穴切町に移転している。

長崎県は二年十月十八日に浪ノ平に限って下等遊女屋の免許を出している。『長崎県史稿　禁令』によると、隠売女を厳禁すると同時に浪ノ平に限り下等遊女屋を差し許すので、抱える者は早々免許の者へ相談するように命じている。「租法」の項には、四年八月に戸町村浪ノ平の遊女、延べ千四百六十二人に一人一カ月六十二文五厘の「遊廓税」を課すとある。月平均ではおよそ百二十人となる。また、丸山町、寄合町の遊女七百二人には一人年一両の冥加金を課すとある。解放令が出される直前の五年（八月以降九月以前）には「貸座舗及び芸妓娼婦の営業を許す規則」を定めているが、これは江戸時代以来の丸山町、寄合町を対象にしたものであった。十月には「先般御下命の次第これあり自今遊女幷芸者の類増員禁止せしめ候」として、増員を禁じ、同年十月十九日には解放令を布告して養女名義の娼妓を禁じている。さらに、同月中に「芸者の令」および「遊女の令」を示して、芸者や遊女の代金のみで家族が暮らしている者については営業を許さないとしている（『府県概則』第八巻）。

『長崎県史　明治六年』によると、一月六日に貸座敷の税額が一カ月一両と決められていた。十五年の『長崎県統計書』には各地の賦金の納入額が計上されている。納入した土地名を列挙すると、長崎、浪ノ平、戸町、樺島、松島、面高、稲佐、福田、瀬戸、崎戸、島原口ノ津、嬉野、伊万里、柄崎、佐賀、唐津、呼子、田助大島、厳原で、当時佐賀県は長崎県に編入されていた。

二十一年の『長崎県警察統計書』によると、船津村が十九年以来、日宇村が二十一年から営業を開始していた。二十二年三月時点で許されていた営業地は、長崎丸山町・寄合町、西彼杵《そのぎ》郡戸町村大浦郷笑河内・桐木、淵村稲佐郷森木・道園・稲田・江ノ浦、戸町村字船津、福田村字丸木郷、樺島村字古町・新町、瀬戸村字樫ノ浦・板ノ浦、松島村字釜ノ浦、崎戸村字蠣ノ浦・本郷、面高村字本郷、平島村字宮崎郷、日見村網場名字岡ノ上、東彼杵郡早岐村字小賤津、佐世保村、南高来郡口ノ津、北松浦郡平戸村田助浦と大島村神ノ浦、南松浦郡福江村舸子町、有川村船津町、壱岐の田川村芦辺字宮ノ町、対馬の厳原大手橋町である（『警務摘要　中』一八九六）。

このうち稲佐郷については鈴木力氏が『長崎土産』（一八九〇）に、「十数戸の妓楼と数十戸の茶屋然たるものあり、…

その景色秋の野辺にも似たるも、号砲一発数艘の露鑑入港すると、同時に黄金の花が咲くという奇妙なところ」と記している。ここではロシア語が通用していた。長崎の女性が朝鮮を経て中国、シベリアへと、あるいは、南方へと稼ぎを求めて渡ってゆく下地がうかがえる。

佐世保については近藤鋏氏の『佐世保繁昌記』(一八八六)の「花街」の項が詳しい。そこには「佐世保の花街を小佐世保と称す、本島街の中央より東に距ること五丁…妓楼総て十八、廓内の妓に三種あり、一を娼妓といい、一を芸妓兼娼妓といい、一を芸妓という」とある。揚げ代は兼業が一円七十銭で娼妓より五十銭高かった。

宮城県　『仙台砂子』(国文学研究資料館)には、「遊女町南染師町東裏の辺也、寛永五年頃出る、政宗公寛永五年に若林へ御移也、忠宗公御代初同十四年頃南材木町西裏合せ本弓矢町へ移さる也」とある。一方、元禄八年(一六九五)の『仙台鹿の子』には、「本御舟丁へ寛永十四年の頃若林染師町東裏辺より遊女町を移し遊女町となる、十二、三間(軒)あり、その後南の町を塞ぎ裏の辺より左北の方一方口とす、万治三年の秋遊女を禁止す」とある。内容に若干のくい違いがあるが、仙台城下では寛永五年(一六二八)頃にできた遊女町が万治三年(一六五〇)に禁止され、明治の初めまでそのままだった。

富田広重氏の『仙台繁昌記』(一九一六)には、「藩政時代には塩釜と石巻に限って遊女屋の営業が許されたほかは絶対に御法度《はっと》だった」とある。在竹小三郎氏による明治十六年の『仙台繁昌記』にも、「仙台もと遊廓なし、明治維新に針生庄之助なる者、官に許され始めてこれを国分町に設く」とある。富田氏はさらに詳しく、明治二年頃から塩釜から遊女屋が仙台国分町に漸次移転し、開祖は八百屋を営んでいた針生正之助の営業にかかる中正楼だとしている。庄司正光氏は『宮城の栞《しおり》』(一八八八)に、「そのはじめ一区をなさずして国分町、二十日町などの市街に散在」と記している。

県はそうした現状を追認して、「これまで一定の規定これなき」ということから、解放令前の五年四月に「売女営業取締税則」を定め、月末までに届け出た者に限って営業を許可するとしている。しかも、抱え入れ人数の制限もなく、新規営業も土地柄によって差し許すこともあるという寛大さであった(『宮城県国史　制度部』)。

従って、解放令前後で方針の変化はなく、富田氏は解放令によって一時閉店したものの二カ月ばかりで復活したと述べている。六年六月には改業の目途《めど》なき者に対して税額を定めて許可するとし、芸妓で娼妓同様の所業をいたす者に対しても「娼妓税取り立て鑑札換え渡すべし」として兼業を認めたが、政府から苦情があったのだろう、九月にはこの条文を改めて芸妓の娼妓行為を禁止している。内務省の成立は六月十一日だったが、まだ警察の風俗業界への影響力はなかったので、これは大蔵省からの指示となる。

六年十二月十一日付の「貸座敷規則」では従来免許地として、仙台のほかに「塩釜、寒風沢、岩沼、白石、宮、角田、荒浜、吉岡、古川、岩出山、湧谷、登米、気仙沼、若柳、石巻」を挙げて、他所は禁じている（『宮城県国史　制度部』）。七年には娼妓は県下で三百五十八人に達し、十年三月一日付の『朝野新聞』には「貸座敷も国分町に多し」と、復活した様子を報じている。ところが、県は九年一月十五日に甲三号で許可を取り消すとともに、九年九月八日に散在する貸座敷の一廓への転移を命じた。十年十月十日の『郵便報知新聞』によれば、県庁は本月を期限として国分町の妓楼に対して移転を命じた。十一年十月十一日の『朝野新聞』は「妓楼は支倉という地に移され常盤町と改称」と報じている。しかし、二十七年には兵営に接近しているという理由で常盤町遊廓をさらに小田原町へ移転するように強いている。再度の移転にもかかわらずそのたびごとに蘇っているのは、それに見合うだけの資金を蓄積できていたのであろう。

十四年九月一日から施行した「娼妓規則」には娼妓になれない者として、「十二歳未満の者」という一項がある（制度部「禁令」）。九年九月八日付の規則では全国共通の「士族の者及び十五歳未満の者は免許あいならず」としていたのを改悪している。満十三以上という規定は他に数県しかない。

県は遊廓地を拡大する方針をとった。『宮城県統計書』によれば十四年から新たに大河原町が営業しており、宮が消えている。十五年に中新田町、野蒜村、簗舘村、十七年に佐沼町、丸森町、門脇村、中野、石浜、蒲生が加わり、岩出山と寒風沢（塩釜）が消えている。その一方で、十八年には簗舘村、十九年に野蒜村、二十年に石浜、二十一年に門脇、二十二年に中野と次々に消滅している。それでも、六年時点よりは増加していた。営業を許可しても長続きしないのを見てだろう、二十四年十二月二十三日付の改訂規則では「仙台及び石巻遊廓のほか他の町村において新規開業することを得ず」という一条が加えられている（『警察例規』一八九八）。

だが、石巻にしても『石巻案内』（高長書店、一九〇二）には「青楼の一廓を旭町という、明治二十一年已前は町内に散在せしが、風紀の取締上現在の地に移転せしめられたり」とあって集約を実現したものの、大正元年の『石巻案内記』（北神義倉）には、「当初は十四軒あったのですが、三十一年春火災に罹りまして今はご覧の通り僅か四戸」と、さびれた様子が語られている。『古川案内』（九皐書院、一九〇二）には、「十日町にあるのを小幡楼、日盛楼、七日町にあるのを三国楼という」とあり、また、『苅田の実業』（一九一二）には白石の遊廓は「柳町とそのほか北町地方にあり…青楼二三ヶ所」とあって、いずれも遊廓をなすような規模ではなかった。

徳島県　徳島の遊廓の成立事情については田所市太氏の「徳島花柳史」（『土御門院奉祀問題と徳島（其二）』一九四〇）が詳しい。同書に収録される市中大年寄向けに出された明治四年正月の「遊廓取立市中遊所指留《さしとめ》触書」には、「今般遊廓取り立て候については、従来それぞれ右商業いたし候者のうち遊廓移住あい望む者は、取調べのうえ移住までの間、これまで懸り商業さし免《ゆる》すにつき、移住のうえは市中において芸妓をはじめ、遊所に似寄る商業の義は一切さし留め候」とある。城下の富田町には遊廓公認以前から芸妓を置いて遊女屋同様の商売をするものがいたが、県はそれを郊外の一画に集めようとした。その結果、南郊の二軒屋駅辺に新地が許可となり、「明治四年頃に市内の遊街、殊に富街（富田町）は引越した…不夜城は勢見山下に現出した」とある。そして、解放令後の七、八年には南廓はいったん衰えたものの、九年頃に公娼の許可を得て今のようになったとある。

今の徳島、香川県、および淡路島を名東県と称した一時期があった。『名東県史（愛媛県史料）』の「民俗」の項には、「明治四年十一月阿波国名東郡秋田町において遊廓を置き、酒楼及び芸妓をもって業となす者を徙《うつ》し富田新地と称す。明治五年十月遊廓を廃し、富田新地に農工商の雑居を許す」とある。秋田町は市内にも及ぶ細長い町なので紛らわしいが、勢見山下の不夜城である南廓イコール、秋田町の富田新地ということになる。南廓は酒楼及び芸妓からなっていたというから、芸妓主体の遊廓だったことになる。五年十月の遊廓廃止は解放令に伴う措置であろう。

『高知県布達要約索引』(一八八〇)には、かつて管理下にあった名東県の布達が付属している。そのうちの五年九月五日付の第百三十五号には、「富田新地を設け芸妓移住の事」とあり、そして、同年十月二十二日の第百六十五号には「遊女芸妓等親許へ引き渡し、富田遊廓を秋田町と改称の事」と、『名東県史』と同様の事情が記されている。六年六月二十九日付で「芸娼妓鑒札手数料」を定め、七年七月十三日には芸娼妓の鑑札税を賦金に改め、八月二十日に貸座敷の賦金を定めている(『名東県史』「租法」)。ところが、八年一月の『名東県一覧表』の統計では、徳島には娼妓が計上されず、芸妓のみ百十一人とある。

九年八月二十六日の「貸座敷取締規則」によって、秋田町と板野郡林崎村(鳴門市撫養)の二カ所に限って営業が許可された。しかし、十年七月二十五日の『郵便報知新聞』は、「秋田町の遊廓は日々に衰え、富田町の妓楼は頗る盛んなり芸妓の数二百人ばかり、すべていわゆる応頼なる者なり」と、報じている。「応頼(応来)」については後述するが、身を売る芸妓のことである。郊外の秋田町遊廓よりも市街地の富田町に戻った芸妓の方に人気があった。これは大阪に近い土地柄によるのだろう。

県は、十二年の高知県甲第九十五号「貸座敷并娼妓取締規則」を十三年八月七日に改定した時も、富田浦町の内、秋田町旧遊廓と林崎村内丸山を貸座敷免許地としている(『徳島県歴史　制度部』)。条文の一つに五年十月の解放令について「人身売買禁止」と「年季解放」が主旨だとしており、娼妓や遊廓を禁じたものとは理解していなかった。また、娼妓と芸妓の兼業を認める条文もあった。

十九年十二月二十八日付県令第四十号の「芸娼妓貸座敷規則」によって以下の場所が免許地となった。徳島町の富田町、桶屋町、新肴町、東新町のうち字鍛冶屋町、富田浦町のうち字新栄町と字秋田町旧遊廓、撫養林崎村のうち字丸山、字新町、字九軒丁、撫養岡崎、弁天両村間字通町松ヶ下以西河岸以東、小松島浦村のうち字夜市小路、脇町のうち字中町、字梅ヶ枝小路、桜小路、池田町のうち字西ノ谷、東井川村のうち字新町のうち柿ノ下小路。このうち梅ヶ枝小路と池田町は二十年にはまだ営業実績がない。

このほかの城下町でも遊廓が新設されている。伊賀上野も廃藩置県が女郎屋の開業のきっかけとなった。九年二月二日の『東京日日新聞』は、「伊賀通信」の欄で「以前より女郎屋の無き処なれば、地獄または淫風の甚だしき処なりしが、(四年の)置県以来は女郎屋が出きたるゆえ…私娼が収まった」と報じている。また、『彦根市史』下冊(一九六四)には、四年四月に袋町に遊廓設置の許可が出され、許可書には地図に朱引きしたところに柵門をこしらえ、売女芸妓ともに風俗が平人と紛らわしくないようにせよ、と命じたとある。こうした状況を踏まえて解放令が布達された意味を考えなくてはならない。

解放令布達の経緯

五年十月二日の「芸娼妓等解放令」はしばしば誤って「娼妓解放令」と称されるが、太政官布告二百九十五号には「従来、年期奉公等種々名目を奉公住みいたし、その実、売買同様の所業にいたりもっての外のことにつき、自今厳禁となすべきこと」としたうえで、「娼妓芸妓など年季奉公人一切解放いたすべし、右についての貸借訴訟総て取り上げざる候こと」とあって、娼妓のみを対象にしたものではなく、人身売買全体を禁じたものであった。

「解放令」は人身売買に等しい長期の年季奉公を禁じただけでなく、後には無効にされてしまったものの、もともと違法の行為だったのだから借銭を返す義務なしに解放することを課している。七日後に出された司法省布達二十二号において、「人身の権利を失う者にて牛馬に異ならず」とたとえられたことから、しばらくの間は芸者に「牛馬ございます」と挨拶することが流行ったという。ただし、同じ表現はすでに津田真一郎氏による明治二年二月の建白書に用いられており、「娼妓は…年季中は牛馬同様なる者なり」とある。

一般に「解放令」は、修理のため横浜港外に停泊したマリア・ルーズ号から脱出して英国軍艦に救いを求めた清国人奴隷の訴えから始まった裁判において、相手国の弁護士から日本にも人身売買による奴隷のような娼妓がいると反論されたことに対する、明治新政府の緊急措置と理解されている。だが、「身分買い取り」と「永年季奉公」という人権に関わる課題の検討はそれ以前から政府内で始まっていた。外圧によって娼妓の解放が実現したとする通説が検討を要することは、すでに大日方純夫氏が指摘している。氏は『日本近代国家の成立と警察』(校倉書房、一九九二)において、英国代理公使の書翰を副島外務卿にもたらされる直前の、六月二十三日に司法省において人身売買禁止の建議が正院に提出されていたことを明らかにしている。

草間八十雄氏が『灯の女闇の女』(玄林社、一九三七)において詳細に分析しているように、娼妓には借金がかさむ一方の者が多かった。『萬朝報《よろずちょうほう》』に連載された「貸座敷の罪障　娼妓の虐待」(明治三十三年九月八日〜十月七日)からほんの一例を挙げると、「身附金と称し、前借金の凡そ三分の一を控除し、その半額ぐらいの器物(身の回り品)を与う」とある。その他の経費や手数料を引くと娼妓の手元には前借金の半分も残らなかった。また、貸金が回収できないような稼ぎの悪い娼妓は抱え主が自由に転売できた。こうしたからくりは芸妓も同じで、人身を金銭によって束縛、支配されるという点では奴隷と変わりがない。

だが、『横浜開港側面史』(横浜貿易新報社、一九〇九)における鈴木隣松氏の談では、マリア・ルーズ号の清国人クーリーは五人ずつ丸太に縛り付けられていたために「人間の目刺し」に喩えられている。生涯拘束され、生殺与奪権すらも握られていた西欧諸国の奴隷と、年季があければ遊廓を出ることができた娼妓とを同一視するのは短絡的とも言える。「芸娼妓等解放令」が出された背景としては、維新政府及び地方の官吏の間にかねてから内在していた、公娼制度の存在を恥じる人道的な精神があったことを汲み取ってやる必要があるだろう。

あまり知られていないが、東京府では解放令後には年季を短くすることが行なわれていた。警視庁が十五年十二月二十七日に乙第十八号をもって改定した「貸座敷引手茶屋娼妓取締規則」の三十二条には、「二十年未満の者は娼妓免許の期限を満三年以下とす、其期限の満ちたる者は貸座敷との結約その他いかなる事情あるを問わず返納すべし、但し従前渡世の者はこの限りにあらず」とある。続く三十三条には「前条満期の者で猶継続出稼せんとするときは、更に新規渡世の順序をもって願出べし」という抜け道もあったが、二十年五月の改正では「通算して六年に超ゆることを得ず」とされた。二十二年四月二十四日の『読売新聞』には吉原娼婦の三分の一が廃業し、同年六月六日の『東京朝日新聞』には、「来る二十三年五月三十一日には吉原貸座敷の娼妓中三ヶ年の期限満ちて廃業する者合わせて六百余人」と報じている。また、同紙は同年十月十七日に、三年の期限が満ちた娼妓に対して楼主が「二十円程の残金を負けて負債を済ませた」という記事を載せている。

解放令とマリア・ルーズ号事件との先後関係を確かめるために、『大日本外交文書』第五巻に収録されている文献に拠って経緯を簡単に振り返っておこう。五年六月七日に清国人奴隷が英国軍艦に救いを求め、英国代理公使は六月二十六日に書簡をもって副島種臣外務卿に処置を求めた。外務卿は大江卓氏を神奈川権県令に据え、省内の反対を押し切って七月一日付で公使の書翰を彼に託すとともに県が審理を行なうよう命じた。大江権県令は四日から審理を始めて二十三日に解放するという判断を下し、二十七日に関係者に申し渡した。この間の七月十九日にペルー側代言人(弁護士)が提出した訴状の第六条に「売奴の一件は日本法律及び規矩上かつて禁制するところにあらず」とある。だが、そこには「売奴」とのみあって、明確に芸娼妓の存在を指摘したものではなかった。

その後、八月八日に提訴された「移民契約履行損害賠償訴訟」の法廷が八月十六日から二十一日まで開かれている。角田九郎氏著『大江卓君之略伝』(一八九〇)には、この時にペルー側代言人から遊女年季証文の写しと横浜病院の報告書が提出されたとある。この事実については早くに伊藤秀吉氏が『紅灯下の彼女の生活』(実業の日本社、一九三一)で詳細に論じ、注意を促している。

八月二十四日の判決文では、「原告の代言人にて申し立てたる彼の一種の約定日本国にも存在せる故、訴訟の帮助ともなるべき積もりにて引用したるなれども、当裁判所にては右約定は比例として執り用ゆべき物には見なさざる也」として、証拠としては退けながら、「この地にて結べる諸約定は統べて廃棄すべきものなるを保證する」と断言している。大江権県令がこう言い切ったのは、解放令に関する議論が政府内で煮詰まっていたことを承知していたからであろう。

だが、この時点では政府内でまだ決着がついていたわけではなかった。

大日向氏の研究によると、司法省の建議から解放令の布達にいたるまでにはかなり紆余曲折があった。その過程は国立公文書館の『公文録』(明治五年第四十一巻・七十一巻)所収の文書群が物語っている。

六月二十三日の司法省による建議に対する、七月三十日付の大蔵大輔井上馨名による正院あての文書では、「人の婦女を売買し、遊女芸者その他種々の名目にて年期を限り、或いは終世その心身自由を束縛しもって渡世いたし候者これあり」としたうえで、布告案文第二条で従前より営業していた者に対して貸座敷渡世を許し、東京において吉原以下の遊廓の存続を認めるとともに、「遊女貸座敷規則」と「遊女芸者等取締規則」を示している。大蔵省内部ではこの段階で解放令後の遊廓公認の指針が形をなしていた。早稲田大学の「大隈関係文書」の中には年次は不詳ながら、大蔵省の用箋を用いて翻訳された「伯林府(ベルリン)娼妓警察規則」や「比律悉(ブリュッセル)府娼妓規則」が含まれている。

これに対して左院は八月に、「鑑札渡し方、税金の件は公然淫楽」を許可するごとく聞こえる、と批判している。松延眞介氏が「芸娼妓解放と陸奥宗光」(『仏教大学総合研究所紀要』九号、二〇〇二)で、七月三十日の大蔵省の意見書は「租税寮が起案を担当し、責任者は租税頭陸奥宗光」だったことを明らかにしている。松延氏は大蔵省の狙いを炙り出した。氏が引用する八月十三日付の陸奥宗光の書状はひたすら正院による早期の決断を仰ぐものであるが、「中秋後四日(八月二十四日)」付の書簡では遊廓を温存すると非難されたことに対して、「場所の限定とを賦税を重く行なうことで、漸進的に改業に導き、最終的に根絶する」という苦しい弁解をしている。だが、これはまったくの詭弁であった。解放令後も遊廓は増殖する一方だったし、芸妓の税額を高くしたことでいったんは減少したものの、たちまち増加に転じている。陸奥租税頭の役割をどう考えるかであるが、彼は大蔵省案の推進者ではなく、賦金、税金の確保を念頭において遊廓の温存を主張する上司、井上馨大蔵大輔の意図に添って条文化した者とみなすべきであろう。彼は実務者であり、補佐的立場にあったのではないだろうか。

大江権県令はペルー側からの賠償請求裁判の訊問を行なう前日の、八月十五日付で井上馨大蔵大輔に対して、「当県下、養女年季證文など悉皆先達て来取り調べ何時廃止仰せ出され候ともさらに差し支えなく御座候、且は、今般ペルー国船支那人買奴一件裁許のことにも大いに関係これあり、…至急仰せ出され候様催促くだされたくこの段申し上げ候」と、早急な決断を迫っている。同日付で神奈川県から大蔵省宛てに提出された伺いには、「遊女廃止の好機会は今日にこれあるべし」という文言さえ認められる。この時点では大江権県令は明快に廃止を求めていたが、後に大蔵省案に従っている。

決着を急ぐ必要に迫られた司法、大蔵二省は意見の相違をいったん収め、九月五日に示された「貸借訴訟総て取り上げず」解放するという左院案に同意し、十月二日の解放令布達が実現したのである。マリア・ルーズ号裁判が解放令の布達を早めたことは否定できない事実であるが、解放令自体はかねてから人身売買や公娼制度の存在を疑問視していた、維新政府および地方官吏たちの人権意識が実を結んだものであった。遊廓は必要悪という当時の常識の中でよく実現できたと思う。しかし、井上馨大蔵大輔は政府案がまとまった九月五日という当の日付で、先の合意を無にし、さらにはその後の公娼制度に大きな影響を与える布令を府県宛てに出していた。この点については後述する。

『井上世外公伝』(内外書籍、一九三四)には、解放令は「公の英断による」と称えられているが、同書に収録されている井上馨氏自身の「正院建白書」にも「司法省の建言」と明記されており、出発点はあくまでも江藤新平氏が率いる司法省側にあった。だが、それ以上に太政官左院が重要な役割を果たした。後藤象二郎氏を議長とする左院が大胆かつ根本的な処断を両省に迫ったのが最大の推進力だったことはもっと強調されるべきであろう。

マリア・ルーズ号事件を担当し、国よりも先に神奈川県で芸娼妓を解放することを命じた大江卓権県令は、八年に後藤象二郎氏の次女と結婚しており、江藤新平司法卿も五年四月までは左院の副議長だった。大江権県令はしばしば解放令の最大の立役者とされるが、そうするには少々問題がある。彼は前任者の陸奥宗光氏の後を追うようにして神奈川県から大蔵省に移動しており、大江氏が定めた神奈川県の規則も大蔵省寄りである。雑賀博愛氏が著わした伝記『大江天也伝』(一九二六)によると、大江卓氏は「陸奥と意気投合し、義において兄弟の観があった」とされており、二人は十年に薩長藩閥政府に対する反乱を企て、ともに禁獄に処されている。

人身売買を禁じた解放令は娼妓の存在自体を禁じたものではなかったため、布達後も営業形態をめぐって司法、大蔵両省の間で論争が続いた。早川紀代氏は大日方純夫氏の研究を受け継ぎつつ、営業再開までの複雑な過程を「近代公娼制度の成立過程」(『近代天皇制国家とジェンダー』青木書店、一九九八)で追っている。細部はそれによっていただきたいが、そこで同列視されている大蔵省の「明許集娼」、司法省の「黙許散娼」の質的な違い、対立構造がはらむ意味、そして、解放令後になぜ遊廓が蘇り、それどころか増殖した理由について追加史料を交えて考えてみたい。

先の『公文録』には、東京府が解放令後の五年十月十九日に正院の判断を仰いだ伺書が収録されている。府は「人身売買を致し候義を厳重に禁止せられ候のみの事にて、娼妓芸妓の業御差し停めの義にてはこれ無きはず」という解釈のもとに、鑑札制度や税額の協議を大蔵、司法両省としたところ、大蔵省は異存なしということだったが、司法省からは「売淫一切差し止め候義に候わば強いて異存これ無く候えども、名のみ相廃しその場所の制限もこれ無く、一般売淫許しおかれ候ようにては最も不取締なるべし」というクレームがついた。

実にまわりくどい文章だが、同日に司法省が示した意見書を見るとその意図がはっきりする。意見書には、「遊女自売の業をもって鑒札などあい渡し、かつ、税金を政府へ収め候ては顕然明許の売淫を主張いたし候わけにて、…然るべからず」、「遊女の名を廃し、一般に芸妓の業をなし候者は勝手たるべく、勿論、自売をもってあい働き候右芸妓の鑑札はあい渡し然るべきこと」、「芸妓は客を迎え売娼候者で貸座敷においてあい働き…芳原廓内を初め所々の料理屋などすべてその許を受け、鑑札あい渡すべきこと」、「右女業は芸妓の一色に帰し、自売をもって貸座敷の働きとあい成る」などとある。そこには娼妓、とりわけ遊廓と女郎屋をなくしたいという意図が読み取れる。十月二十九日には左院も司法省の黙許案への支持を表明している。

板挟みになった東京府は正院に判断を仰いだが、十一月五日付の正院から東京府への回答は「右などの業を営む者は人々の自由に任せ、政府において公然これがため制を立て禁を設けず、総じて黙許に付して」とするもので、完全に司法省寄りであった。同時に地方で内規を設けて鑒察制馭せよというように、国は関知しないとする方針だった。大阪府も十月十七日付で「向後自分働きいたしたきものは遊所に限らず自宅その他都合の場所にて営業苦しからずや」と、司法省案に添った伺いを出しているが、これに対しても正院は東京府への返答書を添付して、これを照準とするようにと回答している(『公文録』百六十三巻)。そこに地方の監督官庁であった大蔵省はつけこんだ。

明治六年の『公文録』第百九十六巻の「東京府伺録」によると、同年二月十日に正院の史官が大久保一翁東京府知事に「戸長において近日芸妓等の取締規則あい調え置き候趣、右急々差し出さるべく候」と、取締規則の提出を求めている。これに対して知事は同月十三日付で「右は戸長において取り調べ候儀にはこれなく、当府より司法省へ打ち合わせの上編成いたし候」と返答している。この時に示された規則書は司法省の考えに全面的に沿ったもので、第一条には「遊女芸妓の名称一般を廃し、あらためて芸者と唱う様に致すべし」とある。第十一条には「新吉原、根津幷四宿などの免許場所貸座敷渡世の儀は自今廃止」とある。また、第十二条には「日本橋通り四街を除くのほか、土地の盛衰繁閑によって貸座敷の多少や有無は戸長の見込みをもって印鑑を渡すべき」などとある。

東京府はいったんは司法省案に従おうとした。当然のことながら、井上馨大蔵大輔はこれに猛反発し、二月十四日付で正院に対して、とりわけ第一条や十一条については改定するように求めている。その主張は「芸妓と娼妓とその名を異にしてその実同じ」と認識しながら、「辺隅区郭を定めて貸座敷の地とし売淫の徒を駆てこの地に入れて他所においては一切これを禁止し、各所の芸妓と称する者は単に歌舞の技を売るものとし、娼妓は偏に淫を売るものとなし、その間もし相侵すあれば法を厳にしてこれを懲らしめる」というものであった。彼は娼妓と芸妓を同一視していたにもかかわらず、芸妓を芸のみを売るものと規定し、その一方で「偏に淫を売る」女性の存在や、彼女らから移動の自由を奪って遊廓に閉じ込めることに何の疑問も感じていない。若い頃から芸妓に馴染んでいた井上氏は芸妓と娼妓は「その実同じ」と言いながら、法制上では両者を区別するという、自分たちに都合のよいダブルスタンダードを設けていた。白柳秀湖氏の『食慾と愛慾』(千倉書房、一九三二)には、「木挽町の田中家は井上馨が新橋の芸妓丸子に出させた待合で、丸子を手に入れたのは十六の時であったという」と記されている。丸子は「十四歳の時から雛妓に出て井上に可愛がられた」とある。

『木戸孝允』(民友社、一八九七)に、外遊中の六年一月二十八日付の井上馨氏に宛てた手紙が収録されている。そこには解放令に対する懸念が示されている。文面には「俄急に娼妓放置のご詮儀いかなるご情実候や、元より改めるところはきっと御改めにあいならず候ては見苦く候えども、かくのごとくあいなりては玉石あい混じり風俗もますます紛乱、かつ又ついに人の健康の保護も決して行き届きがたきこととあい察せられ申し候、当時英(イギリス)や孛(バイエルン)はかえって少しく本邦に相反したる取締をつけ健康を保護し風俗を改めるの論頻りにあり、…この一条は欧米一般その醜体本邦に一倍いたしおり申し候、開化も粉飾の開化にてはかえって国のため人のためにもあいなり申すまじきかと愚考仕り候」とある。井上馨氏は木戸孝允氏の考えに意を強くしたであろう。

その後しばらく膠着状態が続いたが、結局、東京府は監督官庁である大蔵省に屈し、大久保知事名で六年十二月十日に吉原以下六カ所の遊廓の営業を許可する布達を出している。大日向氏はこの間の方針の変化について、十月の征韓論をめぐる政変による司法卿江藤新平の下野との関連性を想定しているが、従うべきであろう。もっとも井上氏自身は江藤司法卿から尾去沢銅山の汚職を追求されて六年五月に辞任していた。その後は大蔵卿に就任した大隈重信氏が省の方針を堅持したものと思われる。

大蔵省の遊廓温存による賦金の確保という現実路線のもとで娼妓が公認され、貸座敷と名を変えた女郎屋が復活した。こうした言葉の言い換えは官僚がもっとも得意とするもので、「貸座敷」という言葉は大江氏の発案とされる。もっとも、言葉自体は早くは井原西鶴の文章にも出ており、一時期大坂に住んだ平亭銀鶏が天保六年(一八三五)に著わした『街迺《の》噂』で仮住まいと記しているように文字通り、上等の貸間という意味だった。

大蔵省の芸妓と娼妓を区別する案は、井上氏自身が両者は同じと言っているように、現実を無視した架空の想定に過ぎない。司法省案の方が実際的であったにもかかわらず、非現実的な「芸・娼二元論」が勝利を収めた。解放令では

「芸娼妓」というように両者は一体視されていたが、東京府の「芸妓規則」の第二条には「娼妓に紛らわしき所業一切成らず」とあって、娼妓とは厳格に区別するように求めている。そこには芸者を妻妾にしていた政府高官や官員の意向が強く反映されていた。八年三月五日の『郵便報知新聞』には「近来、官員の妻は芸者か、芸者が官員の妻か、どちらがどちらとわからぬ世の中」と皮肉られている。

司法省案は娼妓を廃止し、芸妓と娼妓という二重構造の解消を目指していた。身を売るかどうかは個々人の判断に任せ、場所も遊廓に限らせないことによってその衰亡を目論んだ。一方の大蔵省は業者、娼妓両方からの賦金を府県に上納させることで税収を確実なものにしようとしただけでなく、芸妓には「浮業」という理由から、より多額の税金を課すようにしていた。大蔵省案は遊廓を温存しただけでなく、芸妓の娼妓化というおまけがついた。また、吉原がある東京と違って地方都市では娼家を一廓に集めることは容易なことではなく、数十年経て実現したという例は少なくない。

井上馨大蔵副大臣名による五年九月五日付の布告には、遊女や芸者の「取締の儀は遠からず公布あるべきはず」とあり、解放令後に各府県で施行された鑑札、徴税制度が前々から大蔵省内で検討され、すでに雛形が用意されていた。これが公娼制度の存続に与えた影響は決定的だったと思うが、少なくとも六年十一月まではむしろ司法省が優勢だった。しかし、十月の江藤新平司法卿の下野にともなう政変をはさんだ六年の末には大蔵省が完全に優位に立つにいたった。

地方官庁における廃娼の動き

解放令はいったんは劇的な効果をあげた。吉原の遊女が駕籠を連ねて退楼する姿や、彼女らの荷物を積んだ車でごったがえす光景を描いた「吉原売女解放退散雑踏の図」は、これを『明治奇聞』第三編に転載した宮武外骨氏が出典を「柳水亭種清作の小説に見ゆる」としている。図版には「明治十三年版　艶娘毒蛇の淵　楊洲周延画」との注がある。この図に添えられた文章には「九月《(ママ)》十三日吉原の遊女屋残らず、警視に濫業の科に因りてそれぞれの罰を蒙り、解放のご布告厳しく遊女残らず親元へ返し遣わす事とはなりけり、これや従来俗の浮説の吃驚(びっくり)箱を開けたるなり」

とある。解放令は遊女屋への処罰だとするのが庶民の率直な感想だった。

吉原では遊女を解放するにあたって一人一人に事情聴取がなされ、調書が作成された。早稲田大学の「大隈関係文書」に「新吉原遊女解放探索書」と題された文書がある。文面は「本月八日午前八時頃新吉原扱所へ東京府官員出張、総遊女屋抱え遊女残らず銘々呼び寄せ、検査の上その主人召し仕え方悉く吟味に及び候処、左の抱え遊女主人の暴虐をもって使役するを申し建て候に付き、明九日午後二時迄にその親元え引き渡し申すべき段厳に申し付けあいなり候　大黒屋金兵衛抱遊女今紫」というもので、むしろ「遊女解放調書」とすべき内容である。

同じ大隈文書中の、五年十一月付の「遊女解放に付嘆願書」によると、「七百人いた遊女のうち戻ってきて鑑札を受けたのは百人内外」とある。この文書についてはあとで神奈川県の項でふれるが、吉原でも同じような状況だったと思われる。東京府は十月に五遊廓の芸娼妓の人数を調べている。前者が遊女、後者が芸妓である。吉原(三千四百四十八／百七十一人)、根津(四百七人／三十一人)、内藤新宿(三百七十五人／三十人)、品川宿(六百九十二人／空欄)、板橋宿(二百二十七人／八人)、千住宿(六百人／四十人)。千住については概数となっている。品川の芸妓は『品川遊廓史考』(一九二九)に、幕末から明治初め頃までの人員が、新宿に女芸妓三十五名、北品川宿に五名とされている。東京ではいったいどれほどの芸娼妓が解放の対象となったかというと、娼妓が五千七百四十九人、芸妓が三百二十人、あわせておよそ六千人あまりだった。

妓楼の主人の決断で解放された例も少なくない。『古河市史』に引用される昭和二十一年の「古河町貸座敷の沿革」には、「舎主皆婦女に旅費を給し帰国せしめり」とある。『新聞図会第一号』には大坂新町通り二丁目の置屋、倉橋屋が「近年遊女解放の令ありしの際…数金を出して抱えたる多くの女郎も各々その籍に復せし後は活業を醤油屋に改めし」という記事がある。五年十一月二十六日の『東京日日新聞』には福島・須賀川の遊女屋主人が資金を取り上げず、旅費をも出して遊女を皆親元に帰したという記事を載せている。七年の『島根県一覧概表』には今日の鳥取県も含めての数字になるが、娼妓の解放人員が二百十九名で現員が百四人と三分の一に減っており、芸妓は四十六人が解放で現員が空欄、舞子は二十九人が解放で現員が三人と激減したことが記されている。

五年十一月二日付の『東京日日新聞』には伊勢古市の娼妓らが十月二十三日に解放されたとあり、また、著名な備前屋の主人が娼婦、歌妓八十余名を旅費を与えて解放したと、六年一月六日の同紙に載っている。だが、これはほんの一部であって、古市が所在する伊勢南部と志摩地域以外の数字になるが、『三重県史　下編』(弘道閣、一九一八)には町ごとの解放人数が表として掲載されており、解放令が出たわずか九日後の十月十一日から十一月二十五日までの間に、千七百六十九人もの娼妓が解放されたとある。ところが、十一年には解放令以前とほぼ同数の千六百七十五人が復帰し、多くは古巣に戻ったとある。

『大津市志』(淳風房、一九一一)には抱女を解放した業者への県令からの褒状の文面が収録されている。珍しいので全文を転載しておく。

大津町之内馬場町目賀田平六　その方儀、従来揚屋渡世いたし抱女六人有之候所、今般娼妓芸妓解放致すべき旨仰せ出され候御趣意を厚く奉体し、早速年期証文はもちろん当人所持の品を落ちなく付与し、衣類など別段あい添えその親類のものへ引き渡し候始末格別行き届き候趣き奇特の事に候によって褒美《ほうび》金三百疋これを遣わし候事
明治五年壬申十一月二十五日　滋賀県令松田道之

ところが、『大津市志』によれば、稲荷新地遊廓は直後の五年十二月に営業が許可されており、十四、五年には全町ほとんどが貸座敷業を営む状態だったという。また、江戸時代から著名な遊廓だった馬場町(柴屋町)も七年に許可されたとある。表彰状と褒美はいったい何だったのだろう。せっかくの解放令はもとの木阿弥に帰した。その原因を明らかにしてやることが、苦界に沈んだ女性たちの恨みを晴らす一助になるのではないだろうか。

解放令に関しては、これまでは政府内の動向しか考察されてこなかった。大蔵省と司法省の暗闘にばかり目を奪われていたのでは「解放令」の、ひいては「公娼制度」のまっ当な評価はできない。以下に各府県の解放令への対応を見てゆくが、厄介なことに、解放令は県の併合分離が目まぐるしく行なわれているさ中に布達されているために、規則が及

ぶ範囲が把握しにくい。また、解放令が出た十月二日の直後に暦法が変わり、太陽暦の採用によって五年十二月三日が六年一月一日となった。五年は通常より一カ月ほど短い。解放令自体はごく一部を除いて十月中に府県内に告知されているが、府県がそれぞれに取締規則を固めていったのは概ね六、七年からである。

解放令に接した県は芸娼妓を抱え主から親許へ帰すことを実行した。しかし、ほぼ一月前に大蔵省が新たな制度を検討していることが伝えられていたために、静観を決め込んだ県もあった。いったい国は公娼制度を廃止しようとしているのか、それとも新たな遊廓制度を目論んでいるのか、府県はさぞかし判断に戸惑ったであろう。それは東京府の対応にも現れている。明治初期には府県は独自の方針を打ち出すことができた。したがって、解放令への対応も一律ではなかった。司法省寄りの県もあれば、一歩進んで断固として廃娼した県もあった。だが、六年以降になると次第に大蔵省案に添った同じような貸座敷、娼妓、芸妓規則が各府県で定められてゆくようになる。

先に、解放令以前に遊廓の新設を公許した都市の例を見たが、次に、これとは反対に、同じ時期に廃娼を目指した県の例を見てゆこう。

政府は四年四月三十日付の「太政官達」で黴毒対策の施設の設置を求め、同年五月には民部省布達第十三号において、「遊女売婦の類新店開業の儀は堅くあいならず、従来開店の向きも人員増殖を禁止すべし」と命じている。民部省令は新規や増員を認めないことによって、自然衰退を目論んでいたが、これを機会により強硬な措置をとってほしいと願う県や、これを拡大解釈して廃止を実施しようとした県も少なからずあった。

埼玉県　前身の浦和県は四年七月九日に「今般遊女売婦の儀につきお達しの趣き民部省より示諭の条謹んで承り仕り候、…天下一般の牢固の宿弊を一時にあい破り候事ゆえ…三年ないし五年を限り必ず廃絶に至り候様御処置あるべきか、…今般お達しの折から永く弊害断過のご主法仰せ出されたく、懇願の企望仕り候」と申し出ている（『公文録』第七十六巻）。だが、政府からの回答は五月の布達を繰り返すだけだった。

浦和県がこのように具申したのはすでに廃娼を実行していたからである。『埼玉県史料』の「民俗」の部には、七年十一月十四日に白根多助権令が内務省に問い合わせた文書が収録されている。そこには「三街道とも宿駅娼妓を蓄え…明治三年浦和県庁建築適《たまたま》に成る首《はじめ》に該駅娼妓売淫を禁ず、五年十月芸娼妓解放の令あり…懇切説諭して他の商法に転業せしむ…歳月変遷にしたがい隣府県を援引し、まま官許を願い出るものこれあり…許不許の儀いかが取り計らうべきや」と、三年にいったん宿場の娼妓を廃止にしたものの、隣県が許可している事を理由に許可を迫る業者らをどうしたらよいかと伺っている。なお、三年時の廃娼は県下の全宿場で実施されたようで、『越ヶ谷案内』(子吟書屋、一九一六)には「江戸時代の大沢遊廓は…明治三年の廃廓後も茶屋小屋がはやって…芸妓酌婦の絶ゆる時はない」とある。

白根県令に対する伊藤博文内務卿の回答は、貸座敷渡世は新規は許可しない、芸娼妓は本人の実情により許す、娼妓は免許地の貸座敷の外では許可しない、というもので、民部省による新規を認めないという方針を踏襲していた。県は解放令直前の五年七月二十八日にも「料理茶屋、立場茶屋に多くの婦女を雇い売淫に類する所業を禁ず」としている(県史料「禁令」)。伊藤秀吉氏の『紅灯下の彼女の生活』には、白根太助氏が八年に「復活せる遊廓の禁止を断行」とあるが、これは誤りである。だが、間違えるのも無理はない。廃娼にいたるまでのいきさつは一筋縄では無かった。

『埼玉県布達索引』(博文社、一八七九)によると、六年十月十八日付の第百六十四号で「貸座敷渡世禁止」とある。県は毎年のように禁止する措置をとっていた。『久喜市史　資料編4』(一九八八)には「今般売色の義御達書拝見」として、青毛村、栗原村の正副戸長惣代による白根県令宛ての七年七月十五日付回答書が含まれている。内容は、近宿に遊廓が設置されれば「大切な農事を相はずし、悪疾を生じ候」というもので、「否」とするものだった。白根県令は六年の解放令布達後に各町村に遊廓設置の可否を尋ね、その回答にもとづき、九年五月八日に甲第二十七号をもって、改めて「貸座敷娼妓禁止」を命じている。白根県令は手順を尽くして廃娼を実現した。どの時点で廃娼を達成したかについてはさらに複雑な事情を考えなくてはならない。

これより先の八年八月三十日に千葉県から葛飾郡四十二村を所轄するよう内務省から命じられた。『県史』の「民俗」には、九年五月八日には同郡「西宝珠花村、中島村にある貸座敷娼妓などの業を禁止す、もっとも本年中は旧により営ましむ」とある。九年十月六日には丙五十五号「娼妓貸座敷規則」を設け遵守するよう戸長に達して、やむを得ず営業の継続を認めている。

さらに、「貸座敷娼妓禁止」を打ち出した直後の九年八月二十一日には、熊谷県管轄の武蔵国部分が編入された。これは岩倉具視右大臣の建言によるものであった。「禁令」の部には、九年九月二十一日に「芸娼妓並貸座敷営業向きについて他日その規則頒布すといえども、仮に熊谷県において布達(昨年十一月)する所の規則を遵守せしむ」とあって、深谷と本庄については熊谷県だった時の規則に従って従来通り娼妓貸座敷の営業を認めざるを得なかった(『現行埼玉県警規彙纂』一八八九)。十年一月十五日には改めて熊谷県から移管された深谷と本庄について娼妓貸座敷の営業を許可している。

勘繰りすぎかもしれないが、東西に接する隣県からの編入は、いかにも埼玉県の廃娼方針に対する政府の嫌がらせのように見える。だが、県は十年十一月十五日に甲第百十四号をもって、各区戸長に対して「区内人民をして芸娼妓など浮薄の渡世を断念し、良業に就かんことを誘導せしむ」よう達している。

十四年四月十三日『郵便報知新聞』は、埼玉県が「娼妓の営業を許さざるをもって、土俗達磨などという私窩子(じごく)が各所に出没」と、報じている。新聞は公娼がいないのが私娼の流行の原因というミスリードをまき散らした。多くの県は私娼の跋扈を理由に遊廓を公許しているが、埼玉県はこうした報道の圧力にも屈することなく、また、三十一年に県会が十三カ所に遊廓設置を議決したにもかかわらず、時の知事はこれを採択しなかった。昭和三年十二月の県会議員二名による建議の結果、五年末には公娼制度を廃止している。

だが、その一方で県は料理店と酌婦という名称で売春営業を継続させることを許し、許可は全県下に及んでいた(『秋田埼玉群馬県廃娼前後措置』内務省警保局)。埼玉県の政治家、岸上克己氏は『香摘文抄』(岸上後援会、一九四〇)において、「達磨屋を語らざれば埼玉を語る能わず、白首の趣味を説くに非ずんば埼玉の趣味を説く能わざるに非ずや」と記している。これは皮肉なのだろうか。

群馬県　『群馬県史』の「民俗」に含まれる前橋藩庁による三年四月五日付の布令には、「近年宿駅において抱下女と唱え、その実、売女同様風儀よろしからざる自儘の振舞…きっと取調べ当人は勿論、親類、組合の者まで科《とが》に処す」とある。同年八月二十七日付の伊勢崎藩庁の布令にも「遊里通いいたし候者で、父母よりいたくあい禁じ、もし、教訓聞き入れざる者これあり候わば容赦なく、その段訴え出候事」とある。

四年十月の高崎藩庁の布令には「市中料理屋などにおいて給仕女など差し置き候儀は余儀なく候えども、御一新の折から心得違い、中には売女に紛らわしきもこれあり、…近日御布令の趣もこれあり…非常の御処置仰せつけられ候条、心得違いなく正路に渡世いたすべく候」と達している。「近日御布令」とは民部省令をさすのだろう。四年十月末に群馬県となったあとの五年正月十六日にも「市街割烹店或いは旅館において、少婢をして叨《みだり》に宴席に陪し、絃を弄し、或いは歌舞を奏し、往々芸妓に類せしめ、甚だしきに至りては淫を売り色を鬻《ひさ》ぐ…その悪習を禁ず」と、同一趣旨の布告が出されている（『群馬県史　民俗』）。同じく「民俗」の項に、「娼婦は子弟をして淫佚に陥れ、終に家産を失い…甚だしく風教を害するをもって、本県まさに禁絶せしめしとし、管内に告諭す」という五年七月十二日付の布達が収録されている。もともと群馬県は廃娼の気運が強かった。

群馬県は一時期岩鼻県と称した時期がある。『群馬県史　岩鼻県禁令』に見える五年五月二十八日の布達には、「市中において芸者又は売女に紛らわしき者差し置き候やに聞こゆ、先達て達し置き候ところの布告の趣意候節は容赦なく厳重に処置に及び、戸長も落度となすべし」とある。同じく「民俗」の項には七月十二日付で「娼妓の類差し置き候者は…用捨なく捕縛いたすべく候」と、厳しい姿勢で臨んだことが記されている。

五年九月五日付の大蔵省令に接した青山貞県令は同月二十三日に、「新町、倉ヶ野、板鼻、安中、坂本の諸駅、玉村、一ノ宮、妙義、伊香保以上九ヶ所飯盛女の儀は従前税金等取り立てず候えども公然営業し来たり候儀につき、俄然廃業いたさせ難く候間、御達規則第三章に準じ、以来新たに相当の税額をあい定めこれまでの通り営業差し許し来る、しからざるや至急御指揮これある候様」と大蔵省に伺っている。これに対して井上馨大蔵大輔はわざわざ解放令後の十月二十日付をもって、「すべて放解いたすべく候、本文の所業あい営みたき旨願い出候わば規則類取り調べさらに伺い出るべきこと」と回答している（「租法」）。すなわち、解放と新たな制度化を同時に行なえと命じている。

十一月の布令では、解放令の趣旨を述べる中で、青山県令は「従前の飯盛女を遊女芸妓と引き直し候わけにはくれぐれもなきよう」と説いている。解放令後の六年五月九日においても、「すでに娼妓並びに貸座敷ども廃し候ほどの儀、方々相済まない事」なので、芸妓並びに酌婦の職業の差し止めを命じている。大蔵省の方針のもとでなんとか廃娼を実現しようとしていた。

県は六年四月十七日付でいったん「芝居、手踊并娼妓、芸妓税」を定め、貸座敷の免許を与えるとしたが、直後の五月五日付で「やむを得ず請願の向きは仮に一ヶ年免許、鑑札下げ渡し候…改業の者これなし…きたる二十日限り娼妓、貸座敷断然廃業」と達している。五月九日にも河瀬孝治県令は「晩近ようやく芸妓、酌婦の挙動ほとんど娼妓にひとしく…管内に令してこれを厳禁す」としたうえで、「すでに娼妓、貸座敷ともあい廃し候ほどの儀あいすまざることに付、自今右体男女密会等取締らざるの儀あい聞え候…十五日以上、二ヶ月以内その職業さし止め候、料理屋その他別してあい守り心得違いこれなきよう」と命じている。

六年六月に岩鼻県は熊谷県となった。直後の九月二十二日に早速、芸妓と酌婦舞子の納税額を定めている（『旧熊谷県禁令』）。また、九年一月一日をもって酌婦舞子を廃止して「芸妓渡世規則」を改正し、さらに「娼妓並貸座敷渡世規則」を定めて、武蔵は深谷、本庄、上野は玉村、新町、倉賀野、安中、板鼻、坂本、妙義、伊香保、一ノ宮を免許地としている。

三年後の九年八月には熊谷県が廃止され、現状に近い群馬県が発足した。九年（月日欠）には第百号「芸娼妓貸座敷渡世規則」を布達し（『群馬県諸達沿革表』一八八四）、十二年一月十三日の甲四号で「貸座敷娼妓渡世を願う者はその戸長奥書を受け最寄警察署へ願い出さしむ」として、以前と同様の「貸座敷免許場所」を定めている（『群馬県命令索引』一八八九）。十二年十月二十四日付甲百二十九号では木崎宿と川俣村が加えられている。三年間だけ存在した熊谷県は、埼玉、群馬両県の廃娼の動きに楔を打ち込む役割を果たしただけのように見える。

群馬県は廃娼県として広く知られている。県会の廃娼決議を受けて十五年五月に楫取《かとり》素彦県令が出した「貸座敷娼妓稼廃止令」では二十一年末を期限としていたが、伊香保村は率先してこれを実行し、十六年六月までにことごとくが転業している。理由は十五年四月十一日の『郵便報知新聞』が報じている。「伊香保の温泉場は夏季に至れば貴顕方の入浴せらるるが多ければ、本年六月を限り同所の出稼ぎ芸娼妓は残らず引き払うべし」とあるように、彼女らを貴顕の家族の目にふれなくするためだった。狩野平六氏は『群馬県公娼廃止沿革史』(群馬県警察本部、一九三〇)を、「温泉地の関係上他に転業するに大なる困難もなく、翌年六月に到り悉く他に転業し、全く廃娼地となりかえって温泉の神秘的気分を味あわせたり」と、結んでいる。

二十一年とされた廃止は当時の知事の判断によっていったん延期されたが、新町、安中町、妙義町の三カ所は二十三年三月に廃止となった。残る七カ所も二十六年十一月限りとされた。だが、廃娼後もしつこく再開を企てる動きは止まなかった。「旧内務省警保局文書」に、二十八年十二月十六日后三時四十五分発の「公娼設置の建議今可決ス」という知事からの電文が含まれている。しかし、議会の賛否が拮抗していたため、県当局はこれを採用することができなかった。

森川抱二氏の『敢闘七十五年』(紫波館、一九四三)には、三十一年七月に草刈親明氏が知事に就任すると、公娼設置派は中江兆民氏を黒幕に据えて県内の利権屋を動かし、同年十一月十八日に再設が決定された。しかし、中央政界にも働きかけた反対運動の結果、「十一月二十四日、草刈知事は免官となり、同日付けをもって内務大臣の訓令に基づき公娼設置県令の取り消す県令が発布された、…巷間伝えるところによれば数万円の予約金はすでに草刈前知事の嚢中深く秘められ、馬鹿を見たのは利権屋であった」という。遊廓の新設、移転には贈収賄がつきものだった。県令罷免という強硬な措置がとられたことからすると、よほど目に余る腐敗が横行していたのであろう。しかしながら、その後も設置運動は止まなかった。

和歌山県　『和歌山県誌』下巻（一九一四）には遊廓の歴史が綴られており、それによれば、和歌山城下では幕末期にいったん遊廓が許可されていた。同書に収載されている安政二年（一八五五）四月付の口達では、北之新地田町の辺に一廓を指定して七月までに引き移るように命じている。ところが、『和歌山史要』（一九一五）には、同三年に完成した安原遊廓が万延元年（一八六〇）十一月に取り払われたとある。

津田出藩参事は藩政時代の方針を踏襲し、明治三年四月二十日に「淫靡の弊風を禁ず」として、「在町遊女渡世、隠し売女体の者抱え置き候儀、料理店の宴遊、素人芸子、ボン屋と唱え男女出合いの宿並びにかかりとり、妾宅を構え或いは妾を預け置き候儀」は厳罰を処すとした。二十二日には三味線、胡弓《こきゅう》さえも停止された。二十七日には私娼である「惣嫁」の類を含めて再度厳禁している（『和歌山県史前記　風俗』）。

『和歌山県史案　政治部』の「民俗」の項によると、四年十二月一日にも同趣旨の達書を出している。県は解放令に接した後の五年十一月二十日に、政府に対して次のように上申している。「本県は南方に偏し応来寄寓する者少なく、故に仮令（もし）娼妓を置くを許す効なくしてかえって害あり…もって固くこれを禁じて許さざるなり」と、改めて禁止する方針を表明している。ただし、「音曲歌舞を演じ或いは遊園を置くはこれを許与せり」というように、少し禁止内容を緩和していた。

しかし、『和歌山史要』には「上下新内《あろち》がさながら廓の体裁となり」とあり、また、明治六、七年の交には新内の一部が移ってきて番町遊廓ができたとされている。大川墨城氏の『紀伊名所案内』（一九〇九）には、番廓は六年五月に「内川堤を開きて妓楼を置きたり」とある。『県史案』によれば、その後「先の禁令が甚だ過厳にわたり人民の歓楽を駐《とど》めんことを慮《おもん》ばかり、歌舞音曲の類を許し、又酌取女と称え酒楼もしくは旅店などの客席に出て弾絃舞踊しもって一夕の興を鬻ぐ物は、これを黙許したり（酌取女は都府のいわゆる自主芸者の類なり）。近時に至り…やや淫靡の所業あるを聞き、悉皆これを禁止し、更に貧窶《ひんく》細民の子妹にして一時生活に窮する者に限り鑑札を与える」と、改めている。「自主芸者」とはあまり聞かない呼称だが、自前芸者を意味するのだろう。和歌山県は司法省案を採用したことになる。『和歌山史要』

では「本市に一の公娼と称するものなし、市の誇りとするところなり」と、胸を張っている。

県は六年九月に酌取女(自主芸者)に条件付きで許可を与えるにあたって、鑑札を受ける者は毎月金七十五銭、満十三年以下は三十五銭五厘を上納すべし、と定めている。七年五月十五日に「酌取女規則」十三条を定め、割烹商の同居を許さず、また、十三歳未満の営業を許さないと変更している(『和歌山県史案　風俗』)。当県は芸妓のみを許可していたため低年齢でも就業が可能だった。「租法」の項には「鑑札料は県下の道路、橋梁の修繕費に充てる」とある。八年四月三十日には酌取の賦金を増額しているが、「もって女紅場開設の資本に供せんが為なり」としている。内務、大蔵両省への具申書には「(鑑札料金の)収入遣払いの儀に道路橋梁修繕の補費にあい充て、時宜により医学校の費用にも差加え」としていた(『同前　勧業』)。

長く娼妓を許さなかった和歌山県が新宮町相筋、由良糸谷、大島村田代に遊廓の設置を許したのは三十年以上もたった三十九年のことで、和歌山市の許可は大正八年まで降る。由良糸谷については『和歌山県日高郡誌』(一九二三)に次のように記されている。「嘉永安政頃より明治初年頃まで戸数わずかに十八、しかも、四分の一は茅屋なりき、夏秋入船の多きを見込んで湯浅、比井より賤女が一時的にありしが、永住するものとてはなかりき」という状況だった。明治以降には「芸妓酌婦及び仲居の跳梁は御坊を最とし、南部、印南これにつげるが、糸谷のごときも明治十二、三年頃甲府屋徳兵衛の子物助が和歌山より数名の賤女伴い来たり、ついに私娼の巣窟なれり」とある。だが、遊廓が公認されたものの四十四年の県統計書には出ておらず、すぐに衰亡したと思われる。

地元出身者で、大逆事件に連座した経験を持つ沖野岩三郎氏が、『娼妓解放哀話』(中央公論社、一九三〇)に次のような逸話を記している。

それまで歴代知事は置娼案の通過を拒んできた。和歌山新報社長は置娼案が県会に提出されるたびに、提出者の姓名を刻んだ「公娼設置案提出者何某の墓」という石碑の図を一面に毎日掲載していた。ところが華族であった清棲《きよす》家教知事が女郎屋知事、置娼伯と呼ばれようがかまわず置娼案を通過させてしまった。

新宮の妓楼の中に特に宏壮な一建築があった。その楼主は置娼案が同町の有力者と称する政治屋の手で盛んに運動されつつあった当時の同町警察署長であった。署長は同時に部下を遊廓取締兼駆黴院書記に転任せしめ数倍の俸給を与えた。しかし、彼は旧職に未練があったと見え、居室の床の間に正装した自己の肖像を掲げ、前に礼帽と帯剣を飾り、娼妓らに署長と呼ばせたので、町民は彼を「女郎屋の署長さん」と呼んだという。

遊廓反対派はこれを熊野権現から引き離そうとして一敷地を選定したところ、政治屋連は町会に手を入れて小学校を建てさせた。熊野から官憲の威信が天外に飛び去るのは当然である。そこに無政府主義者が現れて幸徳事件の一味に加わって天下を騒がしたのである。その後、遊廓が火災に罹って権現の森を焦がしたのを口実に移転運動が起き、町の中心にある山を切り崩して町に不相応な不夜城を現出せしめた。その敷地の埋め立てには町費をもってし、敷地を高く貸し付けて町費の補助にしようという算段だった。だから悪口屋はこれを「町営遊廓」と言った、とある。

筑摩県　同県は長野、上田地域を除く現在の長野県の大部分と飛驒を合わせた大県だった。『筑摩県史　政治部』の「娼妓」の項には五年三月十七日付の、下諏訪宿の「飯売女」を六月末までに一人残らず引き払わせるべし、という布令が収録されている。「飯売女」とは宿場の旅籠屋に二人だけ置くことを許された飯盛女のことで、江戸時代の文書ではこのように表記されていた。同じ項には当時管下にあった高山町の四十二人の娼妓が二年二月に廃止、松本町では娼妓百人が三年十二月に、飯田町の二十二人、塩尻駅の百九十七人、洗馬《せば》駅の六十七人、本山駅の六十五人が四年に廃止とある。これらに続いて下諏訪駅の八十人が五年中に廃止されたことが記されている。

県は同年三月二十七日にも「宿駅に置いて売淫を禁ず」として、飯盛女一人残らず引き払わせるように再度命じており（『同前　制度部　禁令』）、さらに、四月三日には全管下に「茶屋渡世の者など飲食給仕のため下婢召し抱え、その実娼婦売色に均しき所業に及び候…当人はもちろん主客ともに速やかに差し押さえ…厳重に処置に及ぶべく候」という布達を出し、見かけしだい県庁に訴えるように指示している（『同前　娼妓』）。すべて永山盛輝権県令時代のことであった。県立長野図書館所蔵の『筑摩県令』（一八七三）は永山権県令による布達集であるが、六年三月二十日付の県令には「これまで無年期奉公住まい、ならびに芸妓娼妓などに差し出し置きしに、いまだ解放あいならざる者これあり候わば、至急申出候え」と再度念を押している。

しかしながら、筑摩県は九年に長野県に統合され、長野県が十年に遊廓を公許したのにともなってこれらの布令は反故となった。対照的に廃娼県の岐阜県に編入された高山は同県が二十一年に遊廓の設置を認めるまで廃娼のままだった。

当の長野県も方針を覆している。やはり解放令以前のことになるが、『長野県歴史　庁則・馬市・娼妓之部』に、解放令以前の五年四月十七日付で「管下に令して飯盛女の類を解放せしむ」として、「近来飯盛或いは給仕酌人、又は糸繰りなどと唱え、猥りに雇女抱え置き売婦同様の振舞いたしなし候族…五月三十日までに旧里へあい返すべく候、…万一このうえ不用意にこれあるにおいては速やかに召捕り、雇主は勿論当人にいたるまで厳重の科申しつけ候」と、厳しい姿勢で臨んでいた。この時点で、県下には、追分駅、沓掛駅、軽井沢駅、長久保新町、和田村、坂木村、下戸倉村、中野町、平穏村（湯田中）、旧権堂村（長野）に千四百九十一人もの娼妓がいた。同様の布達は五月十七日および、解放令を受けた十月三十日にも出されている。

愛猫散人なる者が十三年に著した『長野遊廓細見』には、「十年六月の臨時県会において長野、松本、上田に遊廓を置くことを決したとある。設置場所はいずれも郊外が選ばれており、長野町では即日に鶴賀を敷地に定め、十一年の春に土木を起こして、十月には早くも落成に漕ぎつけるという迅速さだった。時の楢崎寛直権県令は長州藩士だった。十二年六月十八日付乙九十七号で「来たる七月一日以後娼妓貸座敷営業出願の者は鑑札料、手数料とも上納に及ばず」という、類例のない県令を出している。あたかも奨励しているかのようである。おそらく、これは松本と上田を対象にしたものと思われ、松本は横田村、上田は常盤城村に設けられた。『松本繁昌記』には直後の「十三年中全焼その後再築」とある。

十五年三月十六日の『郵便報知新聞』には、長野県下の公許遊廓は先の三カ所に加えて塩尻、平穏、追分、坂木（十九年に坂城に改名）があるとしている。十六年の『長野県統計書』によると十五年末には飯田町にも貸座敷が許可されていた。『飯田町近世年表略』(一九三二)には十五年四月二十三日に設置の出願があり、七月一日に係員が位置を検分、九月二十三日に開業したとある。十六年末には長久保新町、上諏訪村、下諏訪村にも設置されていた。追分村の遊廓は二十二年になくなり、かわりに『長野県現行令達類聚』に二十二年三月に岩村田町を公許地にするという布達が見出される。二十三年には松本の横田村が消え、本郷村に変わっている。

愛知県　『愛知県史』の「禁令」の項に、五年四月に「料理屋渡世の者給仕女のほか酌取を抱え置き候儀あいならず」、「旅籠屋ども飯売女抱え置く趣業体よろしからず、産業替え世話いたすべし」という布告を出している。さらに同年六月には「児女を声妓となし、売奴に等しく駆使するの弊を禁せんことを請う」と、太政官に申し出ている(『太政類典』第二編第百六十八巻)。「声妓」とは芸妓のことである。五年八月の『愛知新聞』二十一号によれば、県は熱田宿の飯売女を年季に限らず七月に原籍へ差し返すように命じたとある。同年九月の『内外各種新聞要録』第一号に、「愛知県にては七月下旬管下へ売女を禁ずるの令を下せり」とあるのはこれを指すのだろう。同紙は「公然売女の行なわるるは独り日本国のみにして、文明の国にはかつてあらざる所」としたうえで、今回の決断を「国家の美事」とまでたたえている。

小寺玉晁の『見聞雑々集』(早稲田大学図書館)の五年七月の項にこれに相当する文書が収録されている。内容は「飯売女の儀、年季定めの酌取などにかかわらず来癸酉(六年)七月□それぞれ原籍に差し返し申すべし、…向後、更に召し抱え候儀は一切あいならず候事」というもので、一年間の猶予を与えている。その一方で、「十五歳以下の者はこの節原籍へ差し送り申すべし」と、即時の解放を求めている。この布達は熱田宮宿と鳴海宛であるが、清洲、起、萩原、一宮、津島、稲置、茶ヶ淵、作屋の旅籠屋にも同趣旨の文書が出されていた。解放令後には井関盛良権令名による十月十九日付の布達をもって、芸妓に対して鑑札を申し受ける以前は儲業を差し止めとするとともに、「熱田、鳴海駅の飯売女の義も尤も一旦解放致し候わば、更にそれぞれ業願い出候までは同様あいならざる事」と命じている。

尾張の宿場女郎は廃止できたが、「紅の家おいろ」なる者の著になる『名所案内名古屋節用』(一八九三)には、名古屋の旭遊廓が営業許可にいたるまでの奇妙な話が載っている。「四年三月十一日に石ケ谷善助と云うが発起にてわずか十余軒にて、…芸妓の許可を得て営業せしも、何分容貌の美なるのみにて芸とては無きにより、ひそかに嫖客の求めに応じて枕席に侍りしも…しばしば法網にかかれり」という状態だった。その後同人はもう一名とともに鷲尾隆聚県令に遊廓開設の出願したものの、「七年十月十九日聞き届け難くとの指令に一同失望せしに、翌二十日官より公然遊廓開設の旨布達せられ、…八年一月一日より開業せし」とある。一夜にして不許可が許可に覆ったというのである。

『名古屋市史　風俗編』には、県は遊廓設置に向けて適地を物色して十月に新たに大須の日出町近傍に遊所の区画定め、十二月十五日以後はそこに限って貸座敷の営業を認めたとある。たしかに、『愛知県史料　禁令2』に収録される、十月付の「遊所席貸定場規則」などを定めた九十七号布達の前文には、「今般日出町近傍において遊所の区画を定め…十二月五日後は稼方差し許す」という文言がある。そこには女紅場の建設、娼妓の外出券の設定などがうたわれており、同時に、賦金に関する規則も定められていた。県令が用地の選定が進んでいたことを知らないはずがなく、一夜にしてはおおげさにしても短期間に方針が覆ったことがうかがえる。なお、浪越《なごや》鯱麿氏は『名古屋案内』において、日出町の「開所前数年間は隣地白川町に僅々数戸の娼家ありし、同町大光院裏を今に元新地という」と記している。ここは安政年間に設けられた遊所で、「北野新地」ともいった(『名古屋市中区史』一九四四)。

遊廓公許後にも廃娼を求める声は根強くあった。十四年九月八日の『郵便報知新聞』は、名古屋区会にて「遊廓御廃止の議は満場の議員残らず同意にて去る七月二十七日副議長より県令に建議したり」と、報じている。同紙はこれに続いて遊廓公許にいたった経緯を「旧藩の頃は娼妓なく、ただ、百花《もか》なるものが所々に出没せしまでにて、後に明治元年より芸娼妓と称して公然その業を営む者市街に顕れ、明治五年に解放となりしにも拘らず漸々増殖するをもって、翌六年三月断然停止し営業鑑札を取上げしに、密淫売盛んになり七年十月大須観音裏に遊廓開業」と、説明している。

新聞報道では禁止後に密淫売が増加したことが公許の理由とされているが、密淫売対策として娼妓公許を持ち出すのは論議のすりかえで、遊廓設置後に私娼が増えるという事実に反している。また、業者からの請願が却下されているところを見ると、業者の攻勢が方針転換の主因とは考えられない。その裏には県令をも屈せしめるほどの強い圧力があったことを思わせる。

『一宮市史』には、二十四年の大震災後、復興を見込んで翌年十二月に臨時の町会を開いて遊廓設置運動を行なったが功を奏せず、三十年十二月にも設置方を出願し町会を開いたが、これまた成功しなかった、とある。県には旭廓、熱田、岡崎、豊橋の四カ所のほかには増やさないという強い方針があったようだ。後に旭廓と熱田の遊廓を市中から移転させてもいる。また、『豊橋志要』(一九〇九)には「遊廓移転地は大字東田にあり、目下地均《なら》し工事中なり」とある。岡崎については大正十二年四月に伝馬町、板屋町に散在していた業者を中町の東遊廓に集めている(『岡崎』岡崎市、一九二五)。中小都市では集娼のため郊外に移転することは営業不振に直結していたので、集娼には長い歳月を要することが多かった。

完全な廃娼を断行した岐阜、鹿児島両県については別項で後述する。

府県の動向

解放令の対応は府県によってかなり温度差があった。従前営業地をそのまま認める県や、営業許可地をさらに増やす県もあれば、減少を実現した県もあった。たとえ減らすことはできなくても少数に限定して増加を認めなかった府県も少なくない。

以下では残りの府県について取捨選択することなく、解放令前後の方針の変化を見てゆく。あわせて明治期における貸座敷免許地の増減や変遷を追ってみた。注意しなくてはならないのは、豪奢を競いあう貸座敷の建築には多額の費用を要するため、許可年イコール営業開始年にならないことである。中には開業にいたらなかったケースもある。また、いったん開業しても、営業不振のため中絶、廃業という例も少なくない。

北海道・東北地方

北海道　黒田清隆開拓使次官は、五年十一月二十三日付で「先般娼妓等解放令之御布令は聖世の美典と深く感戴たてまつり候えども、北海道は百度草創の際人気に関係致し候、情実これあるに付き緩急弛緩の順序の施行の方法など取調べ不日に伺い奉りたく、その問いは右御布告管内布達の儀ひとまず見合わせたまい候条、この段申し上げ候」と正院に願い出ている。当然のことながら正院はこれを認めず、同月二十八付で「早々施行これ有るべし」と回答している(『開拓使裁録』)。

『開拓使事業報告　附録布令類聚』下の「諸営業」の項に、五年十一月布達として「今般人身売買の禁令別紙の通り公布あい成り」という文書が収録されている。ところが、内容は六年二月五日付第四十五号と同じなので、編集にあたって年次に作為が施されたことが考えられる。それを示すかのように、これに次いで六年一月九日付開札第四号として、「一切解放すべき旨去十月中公布あいなり候所、北海道の義は府県とは比較あい成りがたく、次官別段の御評議もこれあるべきのはずにつき、追って達し候まで従前の通りと心得、右公布管内布達の義は見合わせ申すべし」と、解放令の管内布達を見合わせるように命じている。黒田次官がこうした独自の措置をとったのは、五年九月に自らの肝入りで薄野に「御用女郎屋」と称される東京楼が完成したばかりという事情もあったであろうが、彼自身が筋金入りの遊廓必要論者だったからである。

『開拓使布令録』所収の六年二月五日付開札第四十五号で、「正院より布達見合わせ候義あいならざる旨御差図これあり候、ついては民間において万一娼妓など放逐と心得違いいたし目前流離のものあれば容易ならず」として、「当地方は遠隔の絶域につき、解放かえって難渋の輩もあるべし、帰頼する所なきものは旧主または債主に寄寓いたす義苦しからず」という布達をしている。実質的に猶予を与えているのに等しい。また、「自今芸娼妓等の渡世いたしたきもの願い出しだい各人へ証印相渡し、証印税、期限は追って相達すべきこと」と営業の継続を認め、さらに、「貸借は和談のうえ穏便に取り計らうべきこと」と、達している。この時には追って定めるとしているが、先の『附録布令類聚』下収録の同日付の文書では司法省の布達に反して、負債の額に応じて前借金を月賦で返すように細かく定められている。

『沿革類聚布令目録』（一八九一）によると、開拓使庁は六年二月二十八日付の「開札無号」で「貸座敷並芸娼妓渡世規則」を定めて各出張所に達している。『森町史　第四編』（一九八〇）によれば、渡島半島の森町では早速、六年三月九日付で芸妓五名と娼妓二十名が連名で、以後は規則を守り「貸座敷へ誘引のうえ遊狂《ママ》寝泊いたす事」として、営業許可の請願書を提出している。ただし、冒頭には貸座敷業者と示談のうえとあるうえに、同月に業者らが規則を定めて届け出ているのをみると、業者の言うままに従ったのであろう。解放令はまったく無視されていた。

『小樽市史』（一九四四）によると、十年五月三日には札幌、小樽向けの規則が布達されており、両地では芸妓の自宅営業が認められていた。条文の一つで、芸娼両妓に対して「読書習字紡績裁縫の業に務め正業に遷るよう心がけよ」と諭しているが、両所に女紅場が設置されたという情報はない。『開拓使事業報告　第五編』（一八八五）には、十年十月に「石狩市街貸座敷並芸娼妓三業規則」を制定、十一月十五日には小樽市入船町の従前料理渡世の者に限り、満三年を限り貸座敷業を許し、小樽郡貸座敷営業の者は十一年より満三年を限り換地に移転すべき旨を諭し、十三年三月には三業規則を定め、四月一日より施行とある。十四年の大火後の十六年三月には札幌県の布達により遊廓は住之江町に移転している。

近年の『函館市史』には遊廓の歴史が詳述されている。それによると二年九月には旧例にならって豊川町、上山町の遊女屋、引手茶屋、見番業者に税を課している。両地は江戸時代以来の遊廓地であった。開拓使編『北海道志　租税下』（一八八四）には「福島、津軽、爾志、檜山四郡青森県所轄の時娼妓税一箇年金二分を収む、明治五年九月本使所轄となり、六年三月以降収税の法は旧により」とある。六年二月十三日付の「開函民」第二十四号で解放令が布達されたが、二月二十七日には函館支庁は蓬莱町、台町、豊川町の三カ所に限り貸座敷渡世を許可している。直後の三月に豊川町が火事によって大半が焼失したため、支庁はこれを機に同月二十五日に蓬莱町、台町二町への移転を促している。同年四月には仮規則を、七年八月に「貸座敷、娼妓、芸妓規則」を設けたあと、九年八月六日には開拓使函館支庁が管内向けの「貸座敷芸娼妓規則」を定めて、税額などの細目を定めている。

なお、『開拓使事業報告附録布令類聚』下に収録される十一年八月二十七二日付の「函館区域外貸座敷芸妓娼妓仮規則」では、「津軽郡蔵町(福山)、中川原町(同前)、福島郡吉岡村、檜山郡新地町(江差)、茅部郡森村、寿都郡中歌村、歌棄郡潮路村、磯谷郡島古丹村大黒ヶ沢、久遠郡一艘澗村、三艘澗村、山越郡山越内村、長万部村」が許可地となっている。また、『函館県布達全書』(一八八四)収録の十六年の規則によると、十一年の許可地のほかに湯殿沢町、影ノ町、津花町海浜、姥神町海浜、寿都郡新栄町、久遠郡上古丹村字宮古が許可地として増えており、久遠郡一艘澗村、三艘澗村がなくなっている。

根室支庁が解放令を布達したのは、なんと七年七月十日のことだった。「今般人身売買の禁令別紙の通り御布告あいなり」としているが、内容は開拓使庁が独自に定めたものに変わっている(『開拓使根室支庁布達全書』)。『根室郷土誌』(一九一八)には明治二年に根室に花咲楼が開業していたこと、解放令が布達されたのと同月に「貸座敷規則」が実施されたことが記されている。たしかに『根室県史草稿　政治部　警保』には「七年七月改定貸座敷娼妓営業規則」がある。また、『根室県史草稿』の「租法」の項には十一年十一月二十七日付で「貸座敷娼妓規則」を更定し、鑑札料と税額を決めたとある。同じく「戸口」によれば、十五年末に厚岸郡、釧路郡、沙那郡で貸座敷が営業している。また、二十二年の郡役所統計書には野付郡別海村、標津郡標津村、国後郡泊村にも貸座敷の存在が記されている。

十六年の『札幌県統計書』(札幌市中央図書館)に見える貸座敷営業地は以下のとおりである。

札幌区南四条より六条、西三丁目より四丁目、石狩郡弁天町、浜益郡茂生村、厚田郡厚田村、小樽郡住ノ江町、同銭函村、忍路郡塩谷村・忍路村、余市郡富沢村・沢村、古平郡浜町・新地町、美国郡船澗村、岩内郡橘町・吹上町、古宇郡泊村・盃村・神恵内村、室蘭郡札幌通・幕西町、勇払郡苫小牧村、幌泉郡幌泉村、浦河郡浦河村、十勝郡大津村、苫前郡苫前村、留萌郡留萌村、増毛郡弁天町。

北海道は開拓使庁時代、札幌、函館、根室三県時代、北海道庁時代というように行政を担当する役所が変わるたびに新たに規則が出されている。その都度に営業許可地が定められているので、貸座敷の営業開始年次を判断するのが難しい。

『現行北海道庁例規全集』(一九二九)に道庁時代における各地の許可年月日と地図が出ている。二十六年七月に古平新地町、十一月千島沙那郡留別村、二十七年八月に幌泉村字沢町、九月に広尾郡茂寄村、十月に網走郡北見町、十一月に厚岸村、および古宇郡盃村、十二月に苫前郡羽幌村、瀬棚郡瀬棚村、留萌村、二十八年二月に松前郡吉岡村、苫前郡焼尻村、三月に室蘭本町、四月に古宇郡神恵内村、六月に忍路郡塩谷村、岩見沢村、九月に礼文郡香深村、二十九年四月に枝幸村が許可となった。同年五月には小樽郡住ノ江町を廃止して入船町に移転を命じている。九月に厚岸郡霧多布、十月に空知郡滝川村、三十年三月に浦河村、八月に上川郡旭川村、九月に千島国蕊取郡蕊取村、三十一年十一月に礼文郡船舶村、三十二年三月に苫前村、四月に静内郡下々方村、四月に利尻郡鬼脇村、三十二年八月に河西郡下帯広村、九月に札幌郡江別村、三十三年六月に空知郡歌志内村、雨竜郡深川村、利尻郡本泊村、虻田郡虻田村、四十年三月に上川郡永山村が許可、九月に函館区大森町を指定し、蓬莱町と台町を四十一年末限りとしている。大正六年に札幌区白石町を指定し、同十年六月に苫小牧町の遊廓地を改め、同十四年九月には明治二十八年六月に定めていた岩見沢の遊廓を元町畑に改めている。綱島儀太郎氏は『室蘭案内』(抱山堂、一八九四)に「戸数、人口に対照して貸座敷の数遥かに超過せり、札幌通りにあるもの四、幕西町にあるもの二」と記している。

北海道での遊廓の広がり方はすさまじいが、その一方で、大正八年には爾志郡熊石村、古宇郡泊村、忍路郡塩谷村、松前郡福島町字原町、同郡吉岡村寺町および清水町、天塩国苫前村、留萌郡鬼鹿村、同焼尻村、厚田郡厚田村、千島国蕊取村は数十年ないし十数年絶無という状態なので廃止したいと、内務省警保局に申し出ている。

明治四十五(大正元)年の調査に基づいた『北海道庁統計書』に見る営業地は、札幌、江別、石狩、浜益、函館、森、福山、江差、瀬棚、寿都、磯谷、岩内、神恵内、小樽、余市、古平、岩見沢、滝川、深川、旭川、増毛、留萌、羽幌、室蘭、伊達、苫小牧、浦河、下々方、帯広、茂寄、釧路、厚岸、霧多布、根室、別海、標津、国後、沙那、網走、紋別、

宗谷、枝幸、鬼脇、香深、鴛泊など四十五町村である。だが、翌年には神恵内、別海、鴛泊が消えている。

『北海道及花街』(一九二五)には全道の貸座敷所在地は六十二カ所とあるが誤りで、五十カ所である。また、最後に認可を得たのは小樽の手宮と旭川の中島遊廓で、明治四十年のことと記されている。たしかに『最近の旭川』(弘文堂書店、一九一〇)には「曙遊廓の新設は三十年にして、中島遊廓は四十年正月新設を許可せられたり」とある。芳川清三郎氏編『最近之函館』(一九一三)には「四十年大火は蓬莱町、台町両廓を全部消失せしめたれば、同年九月二十六日に道庁告示をもって区の東部なる大森町の一部に免許地を指定し、両廓は四十一年二月に廃止せられたり、十二月まで延期して移転せしめ四十二年十月までに全部移転を結了」とある。

青森県　当県は解放令の前後で何の変化もなかった。『青森県史』第六巻(一九二六)に、港町における船頭相手の私娼の扱いについて大蔵省に伺った文書が収録されている。この文書は芸娼妓解放令が布達された翌月、五年十一月に提出されている。そこには年季抱えの娼妓はすでに解放したが、「古来の風習」である「鰺ヶ沢、深浦、八戸鮫浦の諸港にいる年季抱売女以外の洗濯師、雁字、産物、菰冠り、おしゃらく等」の私娼について、なるたけ改業を申しつけるがその身に限り稼業を続けさせ、代わりに税を課して「道路、堤防、橋梁の営築、羅卒の入費あて、残半は病院の資本」に充てたいと願い出ている。文書には「衒色をなすもの十に七、八」とあり、十人いれば七、八人が客を迎えていた。なお、伺いの末尾には「無指令　当時より目今にいたるまで本文に照準施行いたしおり候」という一行がある。目今がいつのことか分からないが、その後においても禁止されなかったようだ。また、『青森県歴史』の「民俗」の項には、深浦港について「居民十に二、三は売奴を畜《やしな》い営業とす」と記されている。

『青森案内』(実業之東北社、一九一八)には、「当市遊廓の起源は寛政二年(一七九〇)、当時塩町にありたり」とある。『青森市沿革史』(一九〇九)によれば、五年三月の大火に類焼した塩町遊廓の業者らが提出した諏訪神社旧地への移転願いに対しては、同年五月にさっそく許可されている。『青森県歴史』中の「戸口」の項に、七年一月十九日付の「芸娼妓並貸座敷規則」が含まれており、「昨年中、戸長手許においてそれぞれ取締の方法申し出候えども、とにかく隠密営業の者これあり」とある。六年中は戸長任せであったものを、七年になって県が規則、税額、罰則を定めている。

十五年の『青森県統計書』に、十一年以来の各年ごとの貸座敷戸数が出ている。十一年には青森町では塩町(6)、堤町(1)、大町(2)、米町(1)、浜町(1)というように散在していた。その他は鰺ヶ沢新地町(7)、野辺地村(5)、三本木村(10)、田名部村(3)、大湊村(3)、大畑村(2)、川内村(2)、鮫(19)、小中野村新町(30)、同佐比代(3)となっている。

最後の三カ所は今日の八戸市内になる。十二年には青森の米町と浜町がなくなり、塩町が十一戸と集中化が進んでいる。また、弘前川端町の一戸が新たに増えている。十三年には青森町は塩町の十三戸のみになり、新たに黒石裏町の四戸、深浦の一戸が増えている。十五年には五戸村新町の五戸が新たに加わっている。二十年の『青森県警察統計表』には三戸郡梅内村が加えられており、大湊村と大畑村が消えている。二十二年の『同表』では火災に遭った青森の塩町がなくなり、代わりに造道村が加わっている。また、三十二年には木造村が増えている。

『青森県警察類典』(一九三二)に各市町の遊廓の許可年と免許地域が出ている。黒石町は統計書より一年遅い十四年一月十五日となっている、五戸町は統計と同じ十五年一月三十一日許可、三戸町梅内は十七年四月十四日となっている。営業開始に三年もかかったのだろうか。鰺ヶ沢町新地と八戸市は二十六年、深浦浜町は二十七年に許可地を限っている。八戸では二十七年五月に中道諏訪堂内が追加され、弘前市は三十年九月二十八日に北横町、田茂木町が遊廓に定められている。木造町と七戸町は三十一年八月三日に許可、三本木町金ヶ崎は三十六年二月、大湊町の平町は同年七月である。野辺地町が四十年三月、田名部の谷地町が同年六月、青森市旭町遊廓は四十三年五月の大火後の六月十四日に許可されている。

岩手県　『岩手県史』第六巻(一九六二)に、四年正月付の「売女云々の嘆願は追って吟味の筋もこれあるべし、まず銘々家内にて制道いたしおくべきこと」という胆沢県の傍示が収録されている。また、『岩手県史　年表編』(一九七二)には、五年四月に「水沢県、元胆沢県で賦課してきた酌取女税を廃し、売女渡世の業を禁ずる」とあり、解放令以前に酌取女名義の売女を禁止していた。先の嘆願の趣旨は売女免許の継続を求めるものだったと思われる。なお、水沢県は九年に岩手県と合併している。

『巌手県史』の「戸口」の項には、五年に「娼妓六口」とある。おそらく年末の人数で、解放令の結果であろう。解放令後の十一月五日には、「芸者、酌取或いは飯盛、洗濯女の類一切あい廃止」とし、十五日のうちに親許に返せと命じながら、「改業難渋候者はこれまで通り営業差し許す」としている。また、同日にはこれまで盛岡において「御免茶屋と唱え遊女同様の所業」であった者に、「貸座敷、料理茶屋の名義をもって更に願出ずべし」という営業継続を認める布達を出している（『巌手県布達全書第一巻』一八八三）。さらに、「租税」の項には同日をもって「娼妓及び料理店の税額を定む」とある。六年の「戸口」の項では娼妓は二百二十二口と大はばに増加している。七年十月二十二日には旧約の年季を継いだり、年季の内約をもって営業する者に解放令の趣旨を守るように改めて布告している（同第三巻）。だが、同年も二百三十一口といっこうに減る気配はなかった。

県は十年五月三日付で「貸座敷娼妓取締規則」を定め、許可地を盛岡八幡町、郡山（紫波）、花巻、黒沢尻角町、水沢町宮下、磐井台町花川戸、遠野裏町、岩谷堂（江刺）、釜石町沢村、山田町引廻、鍬ヶ崎町一丁目・二丁目、大川目（久慈）に限っている（『巌手県布達書　坤号1』）。二十三年三月末に告示された免許地を十年と比較すると、沼宮内上町裏、里川口町裏町、山目村花川戸（一関）、高田馬場町、大槌町大須賀、軽米村寺通、福岡町長嶺、一戸町袋町が増え、郡山（紫波）、花巻が消え、久慈町が荒町・港となっている。この間の二十年の『岩手県警察統計書』では郡山、花巻、遠野、岩谷堂が消えており、横田裏町、軽米寺通、福岡長嶺が加わっている。二十四年の『同統計書』では横田裏町が消え、三十年には日詰町が加わり、三十一年には花巻川口町裏町で営業が始まっている。三十二年に高田町の馬場町、三十四年に千厩町北方、盛町柳、大沢が許可地となったが、三十五年に沼宮内が消え、四十年には千厩がなくなっている。

秋田県　『秋田沿革史大成』下に、六年二月の「遊女貸坐布《ざしき》の儀に付達示」の条文が載っている。遊女は貸座敷業者から「相当の貸し賃をもって」座敷を借りるという新しい業態に従うよう命じられている。これではとても借金は減らない。また、「遊女免許は必ず一カ年限りとする」とあるが、情実あるものは一カ年後に再度願い出るべしとしている。

芸妓については遊女のように場所を限らず、「業の営み勝手たるべき」とある。同年八月には芸妓の月税は五十銭、娼妓は七十五銭だった。芸妓税の方が少ないのは珍しい。十五年十月二十七日の改正では、十二年十二月の規則で「十三歳未満の者へは許可あいならず」としていたのを十五歳に改めている（『秋田県史稿』禁令）。

佐藤清一郎氏による『秋田県遊里史』（無明舎出版、一九八三）には、「御維新前には能代は免許されていたが、秋田市内には遊里はなかったと称されている」とある。だが、解放令後には許可された。七年五月九日に規則を改定した時の前文で、遊廓公許の場所を秋田米町、土崎湊新地、能代柳町、横手、大館、本荘の六カ所と定めている。十六年の『秋田県統計書』では免許地に大曲村が加えられ、十九年には秋田米町が南鉄砲町に変わっている。二十年には湯沢町が、二十五年には花輪町が、二十八年には角館が追加されている。

なお、伊藤秀吉氏の『秋田県廃娼顛末』（一九三三）には、廃娼運動の高まりと警察の英断により昭和八年六月三十日限りで公娼廃止とあるが、内務省警保局の分析では「農村疲弊と近代人の趣向に合致せざる」という構造的原因が指摘されている（『秋田埼玉群馬廃娼前後措置』）。なお、翌九年には秋田県につづいて長崎県の業者がすべて料理屋に転業している（『風俗警察概観』内務省警保局、一九二四）。同様の転業は個別の遊廓でも生じていた。

宮城県　解放令以前に遊廓を新設した都市の項（202頁）を参照。

山形県　山形県は当初、村山、最上二郡のみを県域としていた。『山形県史　10』の「風俗」の部に、藩政時代には「免許これなき場所にて遊女芸妓など抱え置くべからず」としていたとあるが、解放令の直前に繁昌の地に限って売女を置くことを許可していた。「禁令」の項の五年九月十八日の布令によると、「管内町村旅籠屋、茶屋などにて従来免許あい成り候者のほか、猥に売女体の者差し置…厳禁」としながらも、「山形はじめ町村の模様により商売繁盛の地には数軒を定め、年季をもって指し許す、…来たる十月十日限り遅延なく願い出るべく候」と、むしろ積極的に勧めている。五年十月十九日に解放令を布達したが、二十四日には希望する者には月額三十銭と引き換えに鑑札を渡すとする一方で、十三歳以下にはすぐ暇を出すように命じている。七年には山形県内に三百三十七人の娼妓がいた。

酒田では文化十年(一八一三)三月に今町、船場町に茶屋が公許されており、維新後も営業していた(『飽海郡誌』)。刊行年不詳の『酒田県治一覧概表』には「芸娼妓税は取調中」として、空欄になっている。酒田県は鶴岡県となる明治八年八月以前に制度を準備していた。中村禎吉氏編『酒田案内』(一九一二)には二十七年の震災後、「新町のみに一括せられたり、当地方で俗に台湾と呼ぶは新開地という意味ならん」とある。

米沢を中心とする山形県南部は置賜《おきたま》県と称した。『置賜県歴史　制度部』には五年四月二十五日付で米沢大町札ノ辻に立てた掲示が収められている。文面には「自今庁下旧藩以来引き続き旅籠屋渡世の者を除くのほか、芸妓酌人の類抱え置きもって利を営み候儀堅く禁止せしめ候」とある。以前からの旅籠屋については売女営業を認めていた。「民俗」の項には五、六年のこととして、「県下の有名の市街往々妓楼を補理し、糸竹歌舞市街の景色を添え」とも、また「坊間に妓楼酒亭日々に増加し」とも記されている。市民は廃藩置県後の解放感にひたっていた。『粡《あら》町史』(一九四二)の、「明治初年の繁華」の項には、「松川、都亭、若半をはじめ各所に貸座敷が開業した、また、米沢の芸妓移入の濫觴はこの松川」とある。

解放令後の五年十月二十五日には「飯盛芸者規則」が定められ、飯盛渡世の者に一日銀三匁の税を課している。「禁令」の項には六年十二月二十九日付の「貸座敷規則」が載っている。第二条で米沢の柳町、小出(長井)、宮内、小松、荒砥、赤湯、小野川、小国町が許可地とされ、米沢以外では軒数を限っている。現状以上に増やさないための措置であろう。米沢については柳町以外の業者に七年三月限りという条件で営業を許している。この間の事情を伝える一文が清水彦介氏の『天雷子』(米沢市立図書館)に、「貸座敷一廓を開くべき事」(十三年五月)と題されて収められている。そこには「米沢は従前娼妓なく…貸座敷の出でたる以来無頼の子弟多く…六年権令関義隆氏が二之丸元寺院跡に一廓を開き、悉くこれを移さんと欲し厳達すれば、主人共悲嘆愁訴なり、ここにおいて主人共に病院建築の献金を願わせこれを聞き届けたり。一ヵ年の延期を許したる、尓来延び今年すでに七年なり」とある。

規則の前文に、解放令後に「仮に規則を定め、当人希望真意出願の者に限り遊女渡世を差し許し、貸座敷渡世の儀も適宜その数を限り差し許し」とある。「仮規則」とは、先の「飯盛芸者規則」を指すのだろう。同時に定められた「娼妓規則」では、第一条で「飯盛の名称あい廃し…一般娼妓とあい唱う」とある。また、前文には「右業体処分の儀、大蔵省よりあい達せられる次第もこれあり候に付、今般東京府にて所定の規則に照準し、県内の情勢をも斟酌して左の規則を定める」と、大蔵省からの指導があったことが記されている。同県の八年の「戸口」の項には、娼妓は百四十九人で七年より十六人増とある。なお、『置賜県歴史』等を用いた先行論文に原島陽一氏による「明治十年代における米沢の貸座敷営業史料」(一九七七)があるので参照願いたい。

三県が統合されて山形県となったのは九年八月だった。十六年一月十五日には「貸座敷取締規則及び営業人心得」が布達され、警察の管理するところとなった(『山形県警察法規　天』一八八九)。『山形県令類纂』下(一八八七)には十七年三月に定められた「貸座敷場所ノ制限」が含まれている。指定地は以下のとおり。

山形市小姓町、酒田市今町・船場町・新町・上台町、鶴岡市七日町・八間町、上ノ山十日町、天童町、長崎村、谷地大町村、左沢《あてらざわ》村、寒河江《さがえ》村、楯岡村、尾花沢村、新庄十日町村字満場町、田川湯村、大山村字浦町、湯野浜村、湯温海《あつみ》村、松嶺町字新町、赤湯村字守道、小松村、高畑村字中河原、小出村(長井)、馬場村(荒砥)、宮内村字宮町、手ノ子村(飯豊)および、加茂村緑町(十七年十月追加)、南置賜郡福田村北浦(十八年五月追加)。

十八年の改正(『山形県令類纂』)で米沢市街地の貸座敷は五カ年後に廃止とされ、福田村への移転が進められて相生町遊廓となった。同村は二十二年の市制発足時に米沢市の一部となった。

福島県　現在の福島県東部と宮城県南部を県域としていた磐前《いわさき》県は、ごく短期間ではあるが廃娼県の一つだった。県庁は平に置かれていた。眠花粋史氏の著になる『平繁昌記』(一八八六)には、「明治の四とせの頃紺屋町に遊郭を開きし(マヽ)も、磐前県の設置せらるるや時の令尹(県令)は善知識(僧侶)の再生にや、その遊郭を毀ちわずかに県社の地内に二、三の歌妓を許したる」とある。埼玉県の白根県令と同様の措置をとった県令とは武井守正氏のことだろう。

『磐前県日誌稿　4』によると、県が解放令を管内に布達したのは五年十月十九日付だった。その時に、同月中に三春の庚申坂遊廓ほか管下十カ村に対して以前免許の年月、税金の有無、抱え置く飯盛女、洗濯女の人員、出所、年齢を届け出るように命じている。これは九月五日に出された大蔵省の命を受けての調査だった。

六年一月には、旅籠屋にてこれまでの業に等しき振舞があるとして、厳重に申しつけると達している(『同前　5』)。ところが、同年の十二月二十四日付で権県令は大隈重信大蔵卿に「遊女芸妓貸座敷等渡世に付伺い」を提出し、「税金を取立、管下道路橋梁修繕費用に充てたい」と申し出ている(『県庁文書』大阪市立大学遊廓・遊所研究データベース所収)。時の村上光雄権県令は大蔵省出身だった。八年十二月二十七日の『読売新聞』に、「磐前県下元娼妓芸妓のない土地でありましたがこのほどお許しになり」と報道している。九年五月九日の『郵便報知新聞』にも小高町について、「芸娼妓は従来厳禁なりしに、当一月以来開業」と報じられている。この時、村上氏は県令に昇進していた。

会津地域は若松県と称していた。『若松県史料』には解放令に関する記事はないが、「民俗」の項に「芦名氏の時より若松に遊女あり、加藤氏に及んで花街を開いて堀江町という、のち承応元年保科氏領内の売女を止めて厳禁とす、爾来《じらい》戊辰にいたるまでこの地に売婦あるなし」とされている。『若松市史』(一九四二)によると、「明治六年にいたり大町、名子屋町に貸座敷業許され、十二年には栄町二丁目、甲賀町の七日町などに営業を許され、三十五年に七日町の北に一廓を設け、市内の貸座敷を悉くここにまとめ磐見町と称せり」とある。

旧白河県は四年八月に白河、白坂、矢吹、須賀川、郡山各宿の肝煎役宛てに「旅籠屋抱えの飯盛女一日一銭を納めて病院費を助けしむ」という布告を出している(『元白河県史』)。当県は他二県と違って、解放令以前から娼妓を制度化していた。『福島県史料　政治部』の「戸口」の項によると、七年分として娼妓は七百二十八人の多数にのぼっていた。白河県および二本松県のあとを受けて九年に成立した福島県は当初、中通り地域だけであった。

『福島県令達全書』(一八八九)によると、「貸座敷娼妓取締規則」が定められたのは十二年のことで、十七年度の『福島県統計書』に見える貸座敷営業地をあげると、福島町、瀬ノ上村、松川村、土湯村、上飯坂村、桑折《こおり》村、藤田村、保原村、川俣村、二本松町、本宮村、郡山村、須賀川村、白河町、矢吹村、三春町、小野新町村、中村町、原町、若松町、北会津郡湯元村、喜多方町、磐前郡湯本村、同中ノ作村、行方郡南小高村、菊多郡植田村、宇多郡中村、および、当時、福島県に含まれていた東蒲原郡津川町である。

平町はこの中には含まれていない。いったん廃止になると復活は容易ではなかったようだ。古和口虎雄氏著『石城しるべ』(一九一三)によれば、同地の鎌田に遊廓が許可されたのは四十年のこととある。ところが、『磐城平町案内』(一九一三)には鎌田五色町遊廓は四十四年の設置となっており、たしかに、四十四年の『福島県統計書』には平が営業地として出ている。残念なことに、四十年から四十三年までの統計書には貸座敷の項目がないので確定にはいたらない。

しかし、四十年六月刊行の『いはき』新聞に、平町会は五月十六日をもって遊廓設置に関する坂員正「醜劣町長」の諮問案を可決し、土地は買上げのうえ貸座敷業者に貸与すると、報じられている。許可は四十年だったが、開業が延び延びになったのかもしれない。

関東地方

群馬県　廃娼県の項(220頁)を参照。

栃木県　北部の旧宇都宮県では、解放令直後の五年十月十八日に早くも「芸娼両妓営業規則」が制定されている。『宇都宮県史』の「警保」の項に掲載される条文には、「これまで娼妓在来候宿町のほかにおいて右渡世いたし候義決してあいならず」となっている。その後、「先是既に娼妓解放の令あり、然るに従前人身の売買を周旋し…なお密かに旧により奸計をなすあるを聞く、是月(十一月)令してこれが厳禁を申す」とある。同県は解放令を人身売買に関する禁令と解釈していた(同「県治」)。

栃木県は現在の県域の南部と群馬県の一部からなり、宇都宮県と六年六月に合併している。『栃木県史材料』の「租法」の項に、六年八月に定めた「貸座敷渡世規則」が収録されている。そこには「これまで飯盛、旅籠屋駅町を除くのほか新規営業あいならず」とある。同時に「娼妓稼規則」が定められ、貸座敷業者ともども毎月賦金を納めるように定めている。同「禁令」の部によると、六年九月に「飯盛女貸座敷渡世規則」の一部を改めて、揚代、貸座敷の損料に関する訴訟を、これまで取り上げないとしていたものを裁判に付すとしている。司法省の布達を反故にしていた。七年十二月二十八日に「追々達し置き候貸座敷娼芸妓規則、明治八年一月一日より更正候条、犯則のものこれなきよう注意いたすべし」とし、同年十二月に改めて「貸座敷並び娼妓渡世税則」を定めている(『警察例規類纂』一八八二)。

十五年段階で営業が許されていたのは、宇都宮町、白沢宿、徳次良宿、雀宮宿、板橋宿、鹿沼宿、金崎宿、楡木宿、奈佐原宿、文挾《ふばさみ》宿、富田宿、合戦場宿、小山宿、間々田宿、小金井宿、喜連川宿、氏家宿、太田原宿、佐久山宿、鍋掛宿、越堀宿、芦野宿、烏山宿、堀米町、福居町、梁田宿だった。ほとんどがかつての宿場であった。もっとも多くの娼妓がいたのは堀米町(現在の佐野市)で、二百四人がいた。十八年には足尾宿が許可となる一方で、雀宮、板橋、楡木、文挟各宿では十九年に貸座敷がなくなっている(『明治十九年栃木県統計書』)。旧宿場町は衰退のため廃業の道をたどる土地が多かった。

三十二年の「遊廓設置規定」(『栃木県警察類典』一九〇二)には、宇都宮市河原町、富屋村上座禅堂、小山町長福寺、石橋町牛井戸、富山村竹ノ内、壬生町下台東、家中村関取塚、堀米町安良町上北、田沼町中道、御厨村中里、鹿沼町一丁田、西方村金崎、今市町清水川、足尾町向原、喜連川町松並、氏家町伊勢後、矢板町東原、大田原沼ノ袋、佐久山町四ツ谷、烏山町東裏、黒羽町郷前、東那須野村黒磯原街道上、真岡町妹内、茂木町上ノ平、久下田町天水場の二十五カ所となっており、若干、増加している。

茨城県　茨城県東部ははじめ新治《にいはり》県といった。同県は解放令に従って「磯浜、潮来《いたこ》、竹原など五カ所」の妓女を放遣させたものの、すぐには他の生業につけないという理由をもって数年間の延長を請うのを許し、五年(月日欠)中に芸娼妓及び貸座敷の賦金を定めている(『国史科　旧新治県部』)。『国史科甲』の「警察の沿革」によると、七年五月二十八日に「芸娼妓貸座敷賦金をもってその不足を補うことを得ん」と、内務省に申請して警察費に充当する許可を得ている。七年の『新治県一覧概表』には、遊里の項に祝町(磯浜)、潮来、銚子、筑波、石岡が記されている。八年十二月四日には平潟、筑波、磯浜、潮来、古河、中田、取手に貸座敷を認め、茨城郡竹原、竪倉両村、石岡町、多賀郡神岡村は営業の久しきをもって十年十月を限って存続を許すとしている(『国史料乙』)。十二年の『県治一覧表』には遊廓の項に十年限りだった土地は載っておらず、八年の七カ所のみが記載されている。十五年六月二十日付で貸座敷、引手茶屋、娼妓を対象とした「三業規則取締」が定められた(『茨城県警察必携』)。四十四年の『茨城県統計書』では、貸座敷は湊署(那珂湊)、松原署(高萩)、麻生署(潮来)、北条署(筑波)、古河署、幸手署管下のみになっている。

千葉県　『印旛県歴史』によると、五年二月に隠売女に対して「正路に渡世を遂げれば咎の沙汰に及ばず、後来犯するはその家長はもちろん村吏にいたるまで厳重に咎を申しつける」という布告をしている。解放令に際しては「十一月朔日以後万一御趣意にもとり、又は名義曖昧の所業これある向きは…いささかの容赦なく至当の処置を申しつける」と、厳しい態度でのぞんでいた。

『木更津県歴史』には、五年四月の「遊女渡世に紛らわしき儀はかねて禁制のところ、宿村の内売女酌取女に類し候者差し出し淫りがましき儀もこれあるやにあい聞ゆ…それぞれ正路の家業あい営み候よう注意いたすべし、自然等閑に打ち過ぎるものこれあり候わばところ役人の越(落)度たるべき」という布達が載っている。解放令に際しては「年季奉公などの名目をもって家主抱主芸娼妓などに紛らわしきを致しなし候様の者…容赦なく捕縛糾弾に及ぶべし」と、やはり厳しい姿勢を見せている。

六年に千葉県が成立したあとの、七年五月七日付で「娼妓芸妓渡世の儀は一般差し止め置き候ところ、今般特別の詮議をもって他に活計の目途これなき者に限り、貸座敷娼妓芸妓渡世差し許し候」として、営業規則を定めている。「娼妓規則」には「満十三歳以下のものには娼妓営業許さざるべし」とある(『千葉県歴史　禁令1』)。八年一月十九日には芸娼妓ならび貸座敷渡世の者の賦金の納め方を改めている(同「租法」)。「戸口」の項によると、七年には三百十九人の娼妓がいたが、八年には八十五人に激減している。九年には百十三人とやや回復してるが、十年は空欄となっている。これは何を物語っているのだろうか。

この時に県はいったん廃娼をめざした節がある。九年八月二十二日の『東京日日新聞』には、「芸娼妓は当年十二月限り廃業さするという県庁の見込み」との報道がされている。たしかに、九年三月三十一日付の布達で、「貸座敷娼妓営業の義は明治八年二月九日甲第二十四号をもって一切営業差し許さざる」としたうえで、「今般県会において従来営業差し許し置き候者も本年十二月限り禁絶すべき旨決議(乙八十八号)あい成り」とある。新聞報道は事実であった。

ところが、翌十年の二月五日には一転して「貸座敷并娼妓規則」を改定している。「娼妓規則」には「娼妓正業に転就せんと欲するときは決して故障いたすまじき事」、「満十五歳未満の者は免許あいならず」、「居宅より出稼ぎし、または貸座敷に同居するも勝手」などという娼妓に配慮を見せた条文が含まれていた。十年三月三十日の『読売新聞』は「一日、貸座敷と娼妓を廃されましたが、また、銚子、船橋、松戸の三カ所へ許されて」と報じている。こうした目まぐるしい変転は庁内に廃娼と置娼をめぐる激しいせめぎあいがあったことを物語っている。

十一年には娼妓は百十七人と九年並みの人数になっている。松風散史氏による『千葉繁昌記』(一八九五)には、千葉新地は十二年に創設の許可を得たとある。千葉町に遊廓を認めるためと思われるが、県は十二年二月三日に規則を再び改正している。同日の『郵便報知新聞』によれば「娼妓なく、市内にただ五、六人の絃妓あるのみ」という状況で、それまでは遊廓がなかったことを物語っている。「戸口」の項には十三年は百九十六人となっているが、同年の数字を載せる『千葉県統計表』によると、娼妓は千葉に五人、松戸を含む東葛飾郡に百四十八人、銚子を含む海上郡に七十八人、計二百三十一人で、やはり千葉町は少ないままだった。二十年の統計書の記載によれば、十五年段階では千葉新地、松戸平潟町、木更津稲荷新地、銚子本城及び松岸村と並んで九日市(船橋)が営業許可地となっており、二十三年の統計書によれば、佐倉は二十一年から営業が開始されている。増島信吉氏編『千葉町案内』(一九一二)には「遊廓は町の西端、新町通りに大門があって、登戸の方へ抜ける」とある。

埼玉県　廃娼県の項(217頁)を参照。

東京府　『東京府史料四十四』に「娼妓芸妓隠売女」に関する史料が集められている。そこには根津遊廓が慶応四年

(一八六七)二月に、「兵卒掃毒のため梅毒院御取り建てにつき」免許されたという文書がある。明治二年には同所に百二十八人の遊女がいた。三年六月の民部、大蔵両省への東京府の伺い文書には、「慶応年間に深川、根津に開き、御維新の始めに島原の遊廓を創立…今度深川富岡門前遊女町焼亡に及び、右場所は元来吉原失火の節仮宅の者共に候えば。この度吉原へ旧復申し付く、…島原は外国人居留地繁栄の目的に候、即今、遊客数なく、…皇居に接近の場所ゆえ、深川に移転となし島原の一廓はまったく廃除」として、必要経費の下付を願い出ている。新島原遊廓は新富町に営まれていたが、同年七月に遊廓の発起人らに十月までに浅草田町裏へ移転するように命じている。しかし、同地は吉原に近く、もともと吉原など五カ所の遊廓から集まってきた者であるから、元の地に戻るか渡世を改めるかして、四年七月までに引き払えと再度、命じている。

解放令にあたってはわずか二日後の十月四日に、大久保一翁県令名による「当人の望みにより遊女芸妓等の渡世致したき者はそれぞれ吟味の上さし許すべき次第これあるの条、規則の儀は不日あい達し申し候事」という大蔵省の意向に沿った達しを出している。これでは業者はしばらくは様子見ということになるだろう。ついで、十月八日付で遊女・芸者渡世を望むものは印鑑を申し受けるべし、と達している。六年の政変があった翌月の十二月十日には「貸座敷渡世規則、娼妓規則、芸妓規則」を定めて布告している。この時の娼妓規則では「自宅より出稼ぎするも貸座敷に同居するも各自自由に任すといえども、渡世は免許貸座敷に限る」としていた。しかし、内務省のクレームがあったのだろう、九年二月二十四日付の警視庁第四十七号で「遊所以外の区域外の地へ住致すまじき、区域外に徘徊いたす儀あいならず」というように方針を変更し、娼妓を廓内に閉じ込めるようにしている(『日本警察全書　甲編』一八七八)。この時点で東京の遊廓は警視庁の監督下に入った。この間の七年には千八百八十四人まで娼妓の人数が復活している(『東京府史料』戸口)。芸妓については『警視庁史稿』上巻(一八九四)に、「十年二月二十六日付で東京府管掌する芸妓開廃業の措置を警視本署に属す」とある。十五年十二月十日付の「三業渡世規則」の改訂によって賦金をも警視庁へ納めるように変更された(『改正警吏須知』一八八六)。

解放令後に東京府と警視庁は貸座敷増設を願い出ていた。これに対して、伊藤博文内務大臣は七年九月三十日付でこれを認めないとする意見書を太政大臣に提出し、承諾を得ている（『公文録』）。伊藤内務大臣はこれ以上の遊廓の増加を認めない旧民部省の方針を維持していた。十八年十一月には「小笠原娼妓取締規則」が定められている（『公文類聚』）。なぜ、ここに、であるが、移住者には補助金が出たこともあって、当時、急速に住民が増加したことと、唯一、例外的に外国船舶が自由に寄港できたからであろう。

神奈川県　中里機庵氏による『幕末開港綿羊娘《らしやめん》情史』（赤炉閣書房、一九三一）には、「横浜の港崎遊廓が慶応二年（一八六六）十月の大火で焼失し、その後太田町に仮宅を設け、同三年三月、南吉田新田沼地の埋立て工事が終わり、ここを吉原町と命名したものの、（明治）五年に移転となり高島町遊廓ができた」と、経緯が簡単にまとめられている。詳細は『横浜史稿　風俗編』（一九三二）に見ることができる。加藤晴美氏の「軍港都市横須賀における遊興地の形成と地元有力者の動向」（『歴史地理学野外研究』一四号、二〇一〇）によれば、慶応三年十月に遊女屋の許可が下り、慶応四年八月に営業が開始され同時に横浜に続いて外国人向けの「遊参所」が開業している。『神奈川県史』の「戸口」の項によると、二年五月時点で「娼妓遊民」が四百五十名、横浜町々の分として千六百七十名（内遊民三十八、娼妓六百四十名）とある。七年十二月には芸妓が百四十六名に対して娼妓が千百六名となっている。

県は解放令に先立つ五年九月十七日に「遊女芸者幷宿場飯売女或いは洗濯女その他種々の名目を附け、身売り奉公に差し出し候儀向後一切あい成らざる事」という布令を出している。太田久好氏による『横浜沿革誌』（一八九二）の五年九月の項には、「吉原町及び神奈川駅の芸娼妓、横浜住吉、常盤、羽衣各町の芸妓を神奈川県庁に招集し正業に復すべき旨を懇諭し、而して楼主にまた解放の令を再諭す」とある。これが解放令以前の九月に実行されたとすれば注目に値する。

横浜市立図書館所蔵の『神奈川県布達（明治六年）』に大江権県令名による解放令後の布達が収められている。十月六日付で「娼妓、芸妓など年季奉公人一切解放申し付け候えども、身貧窶などにて渡世の道わきまえざる者はさらに高島町において遊女渡世願い出れば差し許す」としている。なお、同じ内容の布達は『神奈川県史』の「禁令」の項では十月十五日付になっている。

解放令直後の十月七日には「遊女売買に携わる者どもの内には右改正の機に乗じ売女ども引き取り養女の名義を結び…種々の奸謀あい働き候者これあり…官員出張し抱え主どもは申すに及ばす遊女どもへは一人別改正の趣意説諭いたし」と、業者を牽制している（『神奈川県史　禁令』）。同じ七日付で大江権県令は「すでに官員出張、抱主は申すに及ばず遊女どもへは一人別改正趣意を説諭いたし候間」と達している。十月には東京の吉原と同じように官員が遊廓に直接出向いており、県庁に呼び寄せた九月の措置とは異なっている。県は二度にわたって解放を呼びかけていた可能性が強い。『横浜沿革誌』にも「解放の令を再諭す」とある。

「租法」には「芸妓娼妓税幷に鑑札料」については五年十月にはじまり、七年六月に改正とある。貸座敷税と鑑札料は少し遅れて六年七月に定めている。『横浜沿革誌』によると、解放を促す一方で、五年四月には「高嶋町の名称を付して遊廓地と定め」、十一月には「高嶋町遊廓家屋過半落成す」とあるように、解放と遊廓建設とが同時進行であった。県は遊女の解放を積極的に推し進める一方で、遊廓を新設するという矛盾した行動をとっている。これは大蔵省の方針に従ったためである。

山室軍平氏の『社会廓清論』に、大江卓権県令から直接示された自筆の規則原案が収録されている。第一条は解放令の趣旨の通りであるが、第二条で身代金の残高の返済方法を決めており、司法省の方針とは異っている。第四条では自分の好みにより遊女芸者をしたいものは十月五日までに願い出るようにとし、第七条では業者にも同様の措置をとっている。山室氏は「遊女屋を貸座敷と呼ぶことは大江氏の発案であったそうである」と記している。言葉の言い換えによる印象操作は官僚の特技であるが、もしこれが事実だとすれば、彼は廃娼の立役者であると同時に、近代公娼制度の設計者の一人だったということになる。

しかし、大江権令は十月二十七日付の江藤新平司法卿、福岡孝弟司法大輔連名による借財の返済不要とする布達を受けて、十二月二十九日付で「月賦返済などの方法は取消」として、「十日あいふれ置き候ところ…示談に及ばず一切返弁いたさず候とも苦しからず」と、前言を撤回し、十一月九日には再度解放令の趣旨を達している(『神奈川県布達』)。この点は評価すべきであろう。

早稲田大学の「大隈関係文書」に、提出者名のない五年十一月付「遊女解放に付嘆願書」がある。そこには解放は先月十八日夜に仰付けられ翌朝には「親共を呼び寄せ年季証文を差し返し、銘々身柄引き渡し候」とある。そして、「当所遊女の儀は京、江戸、大坂その外の遊女屋とは抜群に仕り候」と待遇の良さを自慢し、貸座敷渡世免許を許されたことを謝しながら、七百人いた遊女のうち戻ってきて鑑札を受けたのは百人内外で、軒別に分けても拾人足らずで渡世が成りかねると申し立てている。『神奈川県史　禁令』によれば、県が五年十月に「遊女渡世規則」を定めていることや、七百名という人数から見て、横浜の高島町遊廓から提出された嘆願書ではないかと思われる。

嘆願の趣旨の一つには、無鑑札の「黒縮緬と唱う隠売女仕り候者往々公然と流《はや》り」として、「料理茶屋、会席屋等において右娘の所行堅く仕るまじく仰せ付けなされ候」というものがあった。八年一月二十三日の『郵便報知新聞』によれば、長崎では街娼を「縮緬」と言い、「昔縮緬の頭巾を深くかむりしかば」とある。二十五年に出版された吉々野人氏による『長崎町名尽』の八坂町には、「縮緬はこの町の名産…辻妙神に唐婢あり、五十歩百歩の黒縮緬…夫人気取り実にあさまし」とあって、権妻あつかいである。しかし、長崎と違って横浜では料理茶屋、会席屋に出没していたので街娼ではなく、黒羽織を着た芸妓が私娼行為をするものだったと思われる。

その後、七年三月には五年十月の規則を改定して「遊女規則」を定めている。以後も九年十一月十一日、十三年十二月二十八日、十四年五月十九日、十五年十一月、十七年六月末と毎年のように行なわれている(県史「禁令」)。他県でも同じだが、県令が賦金にきわめて関心が強かったことを物語っている。『旧足柄県合併之部』の「租法」の項には、「娼妓、芸妓、貸座敷」の賦金の使途について「梅毒病院入費、その他道路橋梁の入費遣い払いのつもり、明治七年四月大蔵省伺い済み」とある。

『神奈川県警察規則』(一八九三)に載る「貸座敷引手茶屋娼妓取締規則」の営業許可区域を以下に記しておく。欄外には二十二年四月に改正したとあるが、十四年の改正時とほとんど変わりがない。なお、十四年時には横浜区については戸数の制限なしとあるが、他所は戸数が定められていた。

横浜区(永楽町、真金町)、神奈川町(西ノ町など十町)、川崎町(久根崎十六、十四番地以西、新宿、宇久保町)、保土ヶ谷町(字上岩間、上神戸)、府中駅(字本町、新宿、神戸町、番場町)、調布町(国領、上布田、下布田、布田小島分、上石原、下石原)、八王子町(横山町、八日町)、三浦郡豊島村(字渡戸柏木田)、浦賀町(谷戸)、三崎町(入船)、藤沢大富町(大鋸)、藤沢大坂町(大久保町以西、坂戸町、白旗横町まで)、戸塚町(一丁目より四丁目まで)、平塚町(西仲町、東仲町、廿四軒町)、大磯町(南本町、北本町、茶屋町)、小田原町(十字町、幸町、万年町)、吉野駅(新町、本町、竜田)。

高島町の遊廓は十五年四月に閉鎖され、長者町の仮宅で営業が続けられた。黄金町、永楽町への移転が終わったのは二十一年七月のことだった。二十年までは横須賀では大滝町が免許地だったが、ここでは豊島村柏木田に変っている。これも県が二十一年に移転を命じたもので、二十三年十二月中に引き移るはずと、県は陸軍省副官からの質問に答えている。石川淺吉氏による『八王子案内』(熊沢文華堂、一九一二)には「横山町大通り郵便局前より北へ入り進むと三丁余にして左に碧瓦高楼十数棟を望む、これ則新開の遊里にして以前は市内横山町に散在せしが、さる三十年当町の大火の後目下の地に移遷し廓となす」とある。『八王子』(八王子市、一九二六)には「三十二年に移転して田町遊廓と呼ぶ」となっている。また、神奈川町の妓楼は町内に散在していたが、「三十六年四月に反町の新廓に移るはず」と、『横浜繁昌記』(横浜新報社、一九〇三)に見える。朝倉誠軒氏著『大磯案内』(三宅書店ほか、一九二二)には市内に散在していた妓楼を「三十六年にいたり長者林の北化粧坂の南に一廓を作って化粧町と唱え」とある。

中部地方

山梨県　解放令以前に遊廓を新設した都市の項(200頁)を参照。

静岡県　『県治紀事本末　伊豆国之部2』に、「本州中娼妓の公然たるもの三島、下田の二所あるのみ、その他東南の辺隅の海湾船舶輻輳する所、旧来売淫を業とする者少なからず、…維新の今日行なわるべきに非ず、明治六年三月県庁より禁止の令を下し、遂に撲滅に帰さる」とある。しかし、同時に「遊女酌取女貸座敷願い出候者ども取締仮規則」を定めて、真意に出願する者には鑑札を与えるとし、あわせて三島と下田の酌取女(芸者)、遊女、貸座敷業者の税額を定めている。また、七年一月の改正で芸妓、娼妓に改称させている。

駿河を県域としていた静岡県は解放令に接するや、その月のうちに安倍川町及び、従前から飯盛女を置いていた宿場に限って営業を許し、税額を定めることの正否を政府に伺っている(『公文録』)。『県治紀事本末3』には、五年十一月二十日に解放するとともに、禁令を広く配布したとある。その内容は「安倍川町ならび従前飯盛女これある駅に限るほか宿村町には一切稼ぎあいならず」として、芸妓、遊女の税金を決めている。だが、解放令によって娼妓は五年の六百二十六人から六年末には四百八人に減っている。困窮した安倍川遊廓の業者は新規の娼妓を認めてほしいと、七年四月に嘆願している。県は十七日付でこれを認め、さらに税金の減額にも応じており、同年十二月には新規を認めたことによって二十八人の増員があったと記されている。

浜松県は解放令に接した直後の五年十月九日に、井上馨大蔵大輔に「娼妓芸妓取締方指令」を示して指示を求めている。内容は「飯盛女は娼妓芸妓に異ならざる者にて、一切解放致すべし」としながらも、「飯盛女渡世致したき分は、従来女功(紅)も不芸者に付き活計に困却いたす」という理由で、「九月五日御布達の通り飯盛女の名義をもって渡世致し候事」として鑑札を与えるがよいか、というものであった。返答は「至当」であった(『県治紀事本末　遠江国之部』)。

六年二月には「自今芸妓、飯盛の名を廃し、娼妓とあい称すべし」として、黴毒検査及び納税を義務づけている。六年中に娼妓の鑑札を得た人数は、浜松宿伝馬町(26)、同旅籠町(5)、見附宿(22)、掛川宿(9)、白須賀宿(8)、金谷宿(1)、袋井宿(4)。七年の十月までに得たのは浜松宿(61)、見附宿(23)、袋井宿(17)、金谷宿(1)、白須賀宿(12)、掛川宿(5)、新居宿(7)、中泉宿(13)、二俣宿(12)、舞阪宿(2)で、七年の合計は百五十三人だった。その一方で、六年三月十三日に見附駅の旅籠屋の主人が女どもへ御布令の趣を申し聞かせ証文墨引きして、一同を旧里へ差戻したことに対して褒詞を与えている。解放と営業継続とが同時並行で行われていた。

九年に三県は合併している。『沿革静岡県諸達類聚目録』(一八八四)の、十年四月二十三日付の甲三十三号には「芸娼妓貸座敷引手茶屋営業者の願いの類本支庁に差し出し来たり候ところ、警察署に差し出すべし」とある。警察への所管替えとしては早い。十一年五月十日には賦金も警察に上納するように改めている。十二年段階の遊廓許可地は、安倍川町、江尻、藤枝、島田、興津、沼津、吉原、三島、下田、網代、掛川、金谷、横須賀、見附、袋井、二俣、中泉、浜松、気賀、新居、白須賀、新所、三和(三ヶ日)である(『静岡県統計概表』)。

十八年三月に改定された「娼妓貸座敷引手茶屋取締規則」に見る許可地は以下のとおり(『類聚警察要務』一八八六)。浜松伝馬町・旅籠町、三ヶ日村上町・西町、新所村日ノ岡、新居町泉町、掛塚村横町・埋地、白須賀村東伝馬町・西伝馬町、気賀村刈谷・落合、三和村金指下町、二俣村古町、中泉村田町、見附町馬場町・東・西坂町、袋井宿、掛川宿仲町・連尺町(三十六年限り失効)、金谷宿田町、相良町新町、横須賀町新屋町、静岡安倍川町、藤枝鬼岩寺町上伝馬町、藤枝益津町上伝馬町、島田宿二丁目・四丁目、江尻宿志茂町・仲町、興津宿北側、沼津上・下本町、吉原宿六軒町・本町・東(西)本町、三島宿大・小中島町、網代村、下田町七軒町・坂下町、入間村仲木、長津呂村、妻良村、子浦村、田子村。

二十三年十月の県令第四十四号による免許地は上記と大きく変わるところはないが、伊豆では下田町以下が消えている。二十九年に下田町が回復し、森町中河原、御厨町御殿場、大宮町茨木が増え、三十年に笠井町西浦、西方村南海口、三十一年に掛川町下俣、西南郷村下俣裏、浜松町の七反田、東上久、房僧、一里塚、見附町の西川尻、中泉町の院内下、大須賀村横須賀坂下ノ谷、相良町福岡字浜山、金谷町南裏、藤枝町益津字蔵前差出、島田町祇園裏、網代村寺町、三十三年に六郷村初先が追加されている(『改正静岡県令類纂』)。一方、三十七年の『静岡県警察統計表』では、六郷村、三ヶ日、新所村、新居町、気賀町、金指、網代村が消えている。

新潟県　今泉鐸次郎氏による『河井継之助伝』(目黒書店、一九三一)には、慶応三年(一八六七)十二月五日に長岡の上組、千手町、横町、赤川村、石打町の業者らに転業を促した演説が収録されている。また、西沢新次氏著『出雲崎』(佐藤書店、一九〇六)の「遊廓の沿革」に、「明治三午年より、蒲原郡新潟に百六十二戸、中条に十一戸、新発田に十七戸、新津に十七戸、五泉に十四戸、三条に六十八戸、津川に十一戸、三島郡寺泊に四戸、尼瀬出雲崎に十五戸、古志郡長岡に六十四戸、刈羽郡柏崎に二十戸、頸城郡高田に三十三戸、直江津に四十一戸、合わせて十三カ所、四百七十九戸を限りとし、これまで各市街五十四カ所に差し置くを差し止められ、遊女を娼妓その出稼ぎ宿を貸座敷と改称せしめ、さらに区域(朱引き内という)を定め、その外地へ寄留は勿論いたずらに往来するを禁ぜられたり」とある。江戸時代以来の営業地五十四カ所を十三カ所にまで減らしている。

『新潟県史　制度部』の「禁令」の項にはこのような布令は見いだせなかったが、五年三月十九日には「これまで旅籠屋にて揚屋兼業のものこれあり、…決して混淆これなきよう致すべき旨市町へ布令せり」とある。新潟町については同年七月四日に「当港揚屋渡世の者住居場所の儀、先前より朱引境界相立てこれあり候所その後追々猥りに相成り、…当年限り相違なく朱引き内へ引き移り申すべきこと」と、指定された場所への移住を命じている。五年十月二十四日(布達は二十三日付)には、解放令の趣旨に従って速やかに改業すべきではあるが、窮迫の者はこれを許すとして、管内の三条、新発田、五泉、新津、中条を免許地に定め、売色者を飯盛女と唱えるようにとしている。あわせて、貸座敷の鑑札料を一カ月七十五銭、飯盛女一人に付き一カ月五銭と定めている。

六年一月には「貸座敷芸娼妓規則」を制定し、九月には「昨年解放後…幾度願出候とも決して採用相成らず、…相当の職業に従事いたすべき旨重ねて相違候事」という布達を出している。これは新規営業は許可しないという方針を意味するものであるが、許可を求める業者はいなかったと思われる。というのも、新潟町では廃業したものは少なく、「今般解放の令下るといえども全く御趣旨徹底せず、芸妓娼婦六百人の所、改業する者僅か五十二人」と、『日新真事誌』二二三四号が報道しているからである。六年六月の柏崎県の廃止にともない、七年五月二十日に高田今町、柏崎などにおいて貸座敷、遊女渡世を許しているが、従来営業の地であり追認になる。

佐渡島を管轄する相川県は六年十月に、「これより先に管内貸座敷遊女芸妓営業税金規則あり、これに至りさらに改正し、かつ、その営業人心を達示せり」としている。九年四月十五日にも「貸座敷幷に娼妓規則」を定めて、相川水金町、小木、二見亀崎新地、夷港(両津)の四カ所に営業の許可を与えている(『相川県史』)。なお、同県は九年四月に廃止された。

新潟県が九年一月十九日に改正した規則には「遊女にして歌舞管絃を兼ねる者を歌舞遊女と称し、一般遊女の取り扱いたるべきこと」という条文がある。しかし、六月一日付の布達で「歌舞遊女望みの者出願延期のこと」とされている。県は十五年二月十五日をもってこれを廃し、娼妓または芸妓のどちらかを選ぶように指示している。兼業を認めない内務省が全国共通の呼称に習うように求めたのだろう。十三年三月二十一日付の改正の娼妓規則には「自宅より貸座敷へ出稼ぎする娼妓は決して来客を誘い自宅へ連れ帰るは勿論、自宅といえども無届けにて宿泊すべからず」という条文があるので、上方方式が維持されていたことがうかがえる。

十三年以来の統計を集めた十六年の『新潟県統計書』では、新潟町の横七番町自一丁目至七丁目以北、古町通六番町・古町通八、九番町、西堀前通八、九番町・南毘沙門町、北毘沙門町など四カ所、新発田旭町、中条、新津、五泉、三条町東裏館村一ノ木戸村、寺泊、出雲崎、長岡、石内村、柏崎長町・扇町・大町、高田横村、直江津中島町・出村町・新町・新川端町・下新町、相川水金町、二見村、湊町・夷町・夷新町、小木町村の各町村が免許地になっている(字名は二十一年の規則によって補った)。十五年五月十五日付の規則改正で、新潟区内において営業する者は賦金を元締めを経て所轄警察署へ納むべし」とされた(『明治十八年七月改正版　警察取締規則』一八八五)。この年から警察の管轄に入ったことになる。二十一年の「貸座敷取締規則」では津川町、草生津町村、千手町村が加えられている。

新潟県下各町村の遊廓の起こりや、主要な町の移転の実態については小田金平氏による『柏崎華街史』(一九〇九)中の「越後の花柳界」が詳しい。ここでの引用は省略するが、散在する娼家を一廓に集まるまでにはかなりの年月を要したことがわかる。また、村松町は三十二年一月、小千谷は四十一年二月に遊廓が許可されたと、同書にある。

富山県　当県ははじめ新川県と称した。『旧新川県史稿』には五年十一月に「芸娼妓解放の令に基づき、管内の芸娼妓の営業を禁じ、或いは茶肆食店などにおいて年季奉公などと称し芸娼妓類似の者を蓄える事を禁ず」とある。ところが方針は一カ月で一転し、『富山市史』(一九〇九)には、同年十二月に「芸娼妓貸座敷を一廓に聚合するの議あり、遂に千歳御殿跡に移転せしめ桜木町と称す」とある。稲荷町、北新町に散在していた貸座敷を取締に不便という理由で、旧藩主別邸に集め遊廓を設置している。

当県は九年にいったん石川県に編入され、十七年になって富山県が設置された。同年段階の免許地は富山桜木町・同北新町、東岩瀬中町、魚津四方町・紺屋町・臼屋小路・鴨川町、高岡新横町、放生津立町、伏木玉川町、今石動越前町、杉木(礪波)新東新地である(『富山県史料　警察・監獄』)。十九年五月十一日付「貸座敷及び娼妓営業取締規則」では、魚津町馬場と高岡下川原町、氷見本川町、福町村川岸丁、滑川の常盤町新屋敷が追加されている(『富山県警察類纂』一八八九)。三十三年の『富山県統計書』には二十九年から当年までの統計が出ている。二十九年には富山市内は清水町のみになっており、婦負《ねい》郡桜谷村字愛宕村(現在富山市)が最多人数となっている。愛宕遊廓は後に清水町に移転している。三十二年に井波町山見村、八尾町鏡町、泊町沼保村神田、三十三年には福光町、射水《いみず》郡掛開発《かけかいほつ》村(高岡)が加えられている。三十六年の『富山県統計摘要』では高岡市内の遊廓が消えているので郊外の羽衣遊廓への移転が終わったのであろう。

石川県　金沢では維新時に遊廓が新設されていた。『石川県誌稿』には五年十一月十三日に、解放令を受けて出された布達四カ条が収録されている。いずれも解放令の趣旨にそったもので、第一条は遊女芸者を親類受人などの本籍に戻す、第二条は養女を厳禁、第三条は実娘の場合は改業、第四条は寄留者は当月中に本籍に差戻す、という内容である。『稿本金沢市史』(一九三三)によれば、五年十一月二十三日正午を期して東西新地の家主及び抱え女すなわち娼妓、養女、年季雇いの婦女を区会所に招集し、布令の趣旨を懇切に説き聞かせてその場にて暇を申しわたさしめ、二十九日を限りに娼妓一同を本籍地へ戻し、親元より当人引き受けの証書を出させるという徹底ぶりであった。六年二月の『郵便報知新聞』四〇号には解放令に従って「金沢両所新地を始め加能両州の遊女屋はいずれも御主意を奉体し、抱えの婦女を残らず親元へ差し戻した」とある。県は解放令を厳格に執行していた。

だが、九年七月八日には「更訂芸娼妓貸座鋪営業仮規則」を頒布し、九月一日から施行している。その解説文に「六年八月以来稍《しばらく》仮規則を立て区吏をして督せしむ。ここに至り従前の諸規則及びかつて新川県定める所の規則を廃し、この規則を立てる」とある。すでに六年八月に仮規則が定められていた。八年の数字を載せる『石川県治一覧表』には加賀の遊廓は八カ所、能登が六カ所となってる。

明治十二年の『金沢珍聞』には「芸妓が九分で娼妓一分」とある。『廓のおんな』の主人公は明治三十三年に八歳で茶屋に身売りされているが、そこには「芸者六人と娼妓一人がいた」とある。娼妓を一人置かないと営業許可が下りなかったからだった。茶屋が貸座敷を兼ねていることの言い訳を役所が必要としていた。伊藤秀吉氏による『秋田県廃娼顚末』には、「石川は娼妓を廃して芸妓に代用せしむる県是を定めてすでに廃娼に着手し、大正十四年以来娼妓の新規登録を許さぬ」とある。廃娼といっても芸妓をもってこれに代えていただけだった。こうした方針は明治十二年には確立していたと思われる。十年四月の「芸妓自稼規則」には「娼妓に類似する所業は決して致すまじき」とあるが、十二年十一月二十四日の規則では「猥褻《わいせつ》の所業致すまじき」と、微妙に変化している。

二十年一月二十一日付県令十一号では、以下のように貸座敷免許地が定められている(『現行石川県警察必携』下巻)。

大聖寺今出町、串茶屋村、小松本折町の内清水町と宮の前、美川町南町、松任辰巳町、金石相生町、鶴来町金剣神社裏坂、金沢市の愛宕、石坂町、栄町と松ヶ枝町、羽咋《はくい》郡福浦村、七尾常盤町、輪島河合町の内字観音町、宇出津《うしづ》村の内字天保島・字天徳寺小路町、飯田村(珠洲)西寺町、小木村。

金沢の栄町・松ヶ枝町遊廓については、雲田平太郎氏の『金沢市街独案内』(一八九四)に「北廓、北野新地は栄町にあり、岩村高俊の本県の知事たりし時創設を許可」とあり、『石川県統計書』には二十年にはじめて出てくるので、この年に開業したことが確かめられる。しかし、二十七年六月八日に定められた免許地からは除かれている(『現行石川県警察必携』下巻、一八八八)。三十四年十月の改訂では大聖寺今出町、串茶屋村、小松町宮の前の業者は当代限りとし、自然減少をめざしていた。また、金沢については愛宕町、石坂、南石坂、石坂角場が許可地となっており、宇出津が小棚木に変わっている(『現行石川県令規全集　第三綴』一九一〇)。

福井県　当県はかつて敦賀県と称した。『敦賀県歴史　禁令』によると、解放令前の五年四月五日に遊女屋渡世を含む諸職の者に対して、新規に始めるものに鑑札を出すとしている。十一月一日には解放令に基づき「朔日より来る十五日限りその者父兄などへ引き渡し方区戸長などにてきっと取り扱い申すべし」としながら、同時に「難渋の次第これあれば…鑑札受けるべし」とし、同月二日には遊女屋渡世を希望する者にも鑑札を与えるとしている。また、六年九月二十八日には芸娼妓税の上納法についての布令が見える。県は一貫して遊女屋に寛容だった。しかし、九月の大蔵省の布令を載せた地元の『撮要新聞』九月号では、「十年後には遊女、芸妓の種類は一人も残らず廃絶の御趣意と見えたり」と、受けとめられていた。

十年版『石川県治一覧表』(国立公文書館内閣文庫)によると、当時管轄下にあった越前の遊廓地は武生《たけふ》町、金津町、鯖江町、坂井港の四カ所のみで、福井町にはなかった。同地に許可されたのは十三年のことだった。玉村直氏の『福井案内記』(一九〇九)には、「遊廓の濫觴は旧幕時代に足羽《あすわ》山の西麓伊勢町に四軒の置屋がありしよりはじまり、明治十三年貸座敷規則発布されて隣町玉井町を免許地に指定されしが、同十八年今の九十九橋南詰西へ足羽川の流れに添い移転し、三十三年の大火の折、…現今の石場畑(栄新地)方に移された」とある。

二十年の『福井県警察統計表』では、福井は玉井町・若松町・九十九町・石場畑町が免許地となっており、他には坂井港橋本町・今新町・平木町・滝本町、坂井郡二面村(芦原)、丸岡石城戸町、大野東三番町・西三番町・東四番町、武生尾花町・有明町・幸町、鯖江清水町、敦賀常盤町・浪花町・境町、小浜香取町・飛鳥町に貸座敷があった。二十二年には玉井町が消え、大野は神明のみになっている。

愛知県・長野県　廃娼を目指した県の項(225頁、227頁)で既述した。**岐阜県**については次節でふれる。

関西地方

三重県　『三重県史稿　政治部雑載』に「娼妓解放」の項目がある。そこには「四日市駅旅店娼家を兼ねる森与右衛門以下六名より延期を嘆願するをゆるさず、戸長吉村増之丞また建言してその期を緩やかにすべきを陳ず、直ちにこれを却く、…十月十三日大蔵省に稟准のうえ十一月九日に『遊女芸者渡世規則』を定め、翌六年二月四日またこれを改め鑑札を付す」とある。県は遊女解放を強行したものの、直後に大蔵省と協議のうえ娼妓営業規則を定めたことが明記されている。『三重県史稿　禁令』所載の条文によると、遊女芸者は自宅または借宅に住居して貸座敷への同居を禁じており、自宅から貸座敷に出向いて営業する上方方式をとっていた。

「娼妓解放」の項には「娼妓解放員数表」が付属しており、二十七町で千七百六十九人が十月十一日から十一月二十五日までの間に解放されている。上位は四日市が南町、北町、河原町三カ所で五百十三人、津は藤枝と贄崎とで三百七十五人、一身田が百八十九人である。当時は度会県に属していた伊勢古市の人数はここにはない。

『県史稿』の「租法」の項には、六年二月四日付で「貸座敷芸娼妓の三業に免許鑑札を付し、毎月鑑札料を徴す」とある。また、七年一月十九日付で毎月の鑑札料を賦金と改称するとある。八年十二月十九日付の大蔵省への届けには、賦金を増額し「学校、病院、警察などに支払う」としている。九年一月十二日付の同省の指令には「右(貸座敷)税并娼妓税は県外税とみなし稟議《りんぎ》に及ばずその県限り処分いたすべし、芸妓税は申し立ての通り県税として徴収いたすべし」と回答している。この時点で芸妓税は賦金から外れていた。九年には県税よりも賦金の方が五千円ほど多く、三万四千二百九十五円三十五銭五厘に達していた。これがすべて県令の自由裁量経費となっていた。

県は九年七月十九日付で「娼妓貸座敷規則」を改正し、第一条の但し書きで「満十二歳以下の者相成らず」としている(『三重県史稿』)。同年四月十九日には「十四年未満学齢の者、諸遊芸、芸娼妓の出願を許可せる旨を達す」と一年繰り上げているが、本来娼妓は十六歳以上でなくてはならなかった。低年齢の娼妓を許可した例は他県にもあり、宮城県、千葉県、岡山県では下限が十三歳だった。

『三重県警察要編』中(一八八八)には、二十年八月施行の「娼妓貸座敷規則」が収録されている。そこに記される以下の免許地は十二年六月に定めた「賦金規則」の指定地とほとんど変わらないが、梁瀬と丸木浦がなくなっている。

桑名町内船馬町・本町・川口町・船町・片町・江戸町など六町、長島村中町・下町、四日市内の南町・北町・高砂町、菰野村、亀山東町、関中町、石薬師村、一身田村、椋本村、上野村、神戸町の常磐町・十日市町、江島村、南若松村、津贄崎町・藤枝町、久居旅籠町、松阪愛宕町および川井町、山田一ノ木町字北町、同大世古町字新道、同曽根町字新町、宇治古市町、神社及び港、大湊、田丸のうち勝山町および新田町、贄浦、小浜村、鳥羽町本町・鳥羽港・字大里町、的矢村、安乗村、渡鹿野村、三ヶ所村、浜島村、尾鷲中井浦、天満浦、須賀利浦、引本浦、二木島浦、上野桑町・田端町、名張松崎町・八町。なお、津の岩田川河口の贄崎町は後に伊勢街道の藤枝町に合併され消滅している。三十四年三月八日付の「免許区域表」には藤枝町のみで贄崎の名はない(『三重県警察類典』一九三二)

『三重県史』(一九一八)の「貸座敷取締」の項の冒頭には、「遊廓地の多きと娼妓の多き点において全国の冠たるの誇りを有せり」とあって、経済発展の象徴だと胸を張っている。付載される十五年の貸座敷及び娼妓数の表には、小浜、的矢、渡ヶ野、五ヶ所、安楽、天満、須賀利、二木島については貸座敷がないと注記されている。小浜には百二十人、的矢には六十二人もの娼妓がいたが、彼女らはいわゆる「ハシリガネ」で、船泊りだったのでそれが不要だった。岩田準一氏は「たいてい三味線を弾いた」と述べている。三十八年五月二十二日に水本警察署長が県警に、二木島遊廓の娼妓の多数が「酒席に侍し放歌三絃を弾じもしくは太鼓を打ち鳴らし遊興を助けつつある」のは、今般発布の「芸妓酌婦取締規則」に抵触するのではないかと伺っているのに対して、保安課長は「規則を適用するに及ばず」と回答していた(『三重県警察類典』一九三二)。

滋賀県　『滋賀県史　政治部　勧業6』によれば、五年九月に、「遊女飯盛食売女幷女芸者その他種々名目を付け、その実は売女芸者稼ぎの類の者…来月十五日限り申し出候」という布令を出している。これは大蔵省令に基づいた調査だった。十月二十三日には解放令の趣旨を布達し、同月二十九日には鑑札を得ての営業を許可するとしている。十一月十二日には、解放にあたっては「綿密に取り調べ人口出入り錯雑これなきよう送籍をもって加除いたし、その段届け出る」ことを命じている。娼妓解放と営業許可が交錯した状況にあった。

六年三月八日には外国人への売淫を厳禁する旨を大津の甚七町、四ノ宮、真町の各遊廓に達しているが、これは解放令が外国向けのアピールだった一面を物語っている。同年十二月二十七日には大蔵省の指令に従って、芸妓遊女の生籍などの調査を大津町の三カ所と八幡池田町・元玉屋町、八日市村、長浜南片町、彦根袋町に命じている。七年二月二十二日には「席貸茶屋賦金幷に免許鑑札料」を定めて、上等は四ノ宮町と真町、中等は八幡、彦根、長浜町、下等は甚七町、八日市村とした。大津馬場町の名はまだないが、「警保」の部に収録される九年二月十日付の改正規則には上馬場町が載っている。規則の六条に、通例とは逆に「遊女にして芸妓に紛らわしき所為いたすまじき」とあるのは、芸妓が主体の遊廓であることを物語っている。同時に、「遊女舞妓舞子賦銭並免許鑑札規則」で鑑札があれば兼業を認めていた。なお、『大津市志』には五年十二月に大津の甚七町の稲荷新地遊廓の営業が許可され、馬場町（柴屋町）は七年になって許可されたとある。

『県史』の「警察」の部に載る十一年四月二十三日付「芸娼妓舞子営業規則」に見る免許地には、当時県域だった敦賀の常盤町、浪花町、月見町、境町と小浜の飛鳥町、香取町が記されている。ただし、両所ともすでに九年に免許地となっていた。また、十三年十二月七日には神崎郡浜野村寺ノ前を新たに加えている。しかし、二十二年十一月の「貸座敷営業取締規則」からは浜野村が消え、草津、水口、日野が新たに許可されている（『滋賀県現行警察法規綴』下巻、一九〇二）。

京都府　『旧山家《やまが》県立庁始末』によれば、丹波地域に設置された山家県民政役所による三年三月の布示の条文一つに、「遊女一切抱え置くべからざる」とある。一方、京都市街では様相が違っていた。『京都府史　政治部　民俗類』によると、二年二月二十二日に「農家市人の妻娘など、或いは遊治の宴席に陪し絃を弄し舞を奏し、往々娼妓の倣顰し甚だしきに至りては淫を売り色を鬻ぐ」という状況だった。『同　勧業類』によれば、三年閏十月五日に「遊所の儀、従来傾城町支配或いは出店出稼ぎ等の名目を付け取締仕り来たり候えどもその実顕れず、かえって束縛の弊風これあるに付自今あい廃す。以来その町組々々限り茶屋、遊女屋ども会社を結び一区の取締方規則伺い出べき事」と布告しており、自治組織を通じた統制を目ざしていた。同年閏十月二十八日には遊女、芸者、茶屋三商社にて取り締まるよう告諭している。四年十一月には遊女、芸者の鑑札《ママ》を定めている。鑑札の裏面には「健全」の印が捺されていた。

解放令直前の五年九月五日には、「官まさに各地方娼妓取締規則を公布せられんとす、而して、大蔵省先ず該業税法及び免許など目下取締の各条を定めこの日をもって諸府県に令示し、現今該色人口を査計し、税目帳戸ともに録申せしむ(第百二十七号答申未詳)」とある。解放令に先だって井上馨大蔵大輔名による取締規則制定予定の方針が各府県に布達され、それに従って現状の調査が行なわれていた。

日付は不明だが解放令が出たのと同月に京都府は「今般遊女芸者の類改正に付、左の通り相心得るべき事」として、「遊女芸者の類、従来免許の場所以外に住居堅く相成らず候条、外住居のものは其場所へ入籍か、出稼ぎなど相極むべきこと」、「十五歳以下の芸者、半線香と唱え候者は(税金)半減たるべし」と定めている。府は解放令をまったく意に介していなかった。

六年二月には免許地として、島原傾城町、祇園町、八坂新地、二条新地、北野上七軒・下の森、七条新地、内野四番町・五番町、宮川町、五条橋下(遊女許差許《ばかり》)、清水(同上)、新三本木(芸妓許差許)、下河原(同上)、中書島、墨染(遊女許)、恵美須町が定められた。

同月には「これより先大蔵省令して邏卒の費用を民間に課出せしむに至りて、本府これを府下各色の浮業人らその最も邏卒保護の労煩するものに課し…従前課出する所の授産所助費は本月を限りこれを廃免し更に出金規則を布示」としている。賦金の使途を貧窮者のための授産所から邏卒へと振り替えている。京都府は色業がもっとも警吏の厄介になっていると考えていた。

『庁府県警察沿革史　其の三』（内務省警保局、一九二七）の京都府の項によれば、十四年六月に貸座敷などに関する事項が警察の所管となり、営業の許可、鑑札の下付は警察の事務に帰した。十五年に遊廓許可地は五条橋下と清水を除いた市内の九カ所と、郡部は墨染、恵美酒、中書島（以上伏見）、福知山柳町、宮津万年町および新浜の六カ所に定められた。『丹後宮津志』（一九二六）には、慶応二年（一八六六）に万年町が開発され、三年中に新浜より移転してきて明治元年冬には三十余軒からなる遊廓が完成したが、経営二十年にして新浜の復帰許され、復帰を拒むものもいたが、三十年頃には新浜独り復旧して今日の盛りをいたすとある。『京都府警察取締法規』（一九〇三）にはまだ万年町が免許地に含まれているが、すでに実態はなかったことになる。その後、二十年五月に橋本が、二十一年二月に舞鶴朝代町が追加され、同年四月には市内の二条新地が除かれている。『京都府警察類典』下（一八九九）によると、福知山の柳町は洪水のため三十一年一月から猪崎に移るように命じられ、『京都府警察統計表』によると、舞鶴の竜宮新地が三十四年に営業開始となっている。また、『舞鶴市史』には加津良遊廓は三十八年からとなっている。

大阪府　『類聚大阪府布達全書』（一八八六）には、二年八月に西高津新地六丁目、本町橋詰町、玉木町、新瓦屋町、古川二丁目、徳井町、西高津村、馬場先町、北平野一、六、七丁目、天王寺村中小路町、曽根崎村、北野村、上福島村、吉左衛門肝煎地に対して格別に株指し許すに付き、茶屋、置屋に税金を納めるよう命じている。

『大阪府史料　禁令』によると、四年三月二十四日に「妓院に課す」として、「花街を設け娼妓を聚め人をして…患苦を受けしむる、文明の時にあたって禁ずべき論を待たず」として、増員を認めないとしながら「松島に限り増加、増員は随意」として納税を課している。許可地は二年と比べると、生玉社地、湊町、幸町二、五丁目、崎吉町が増え、古川二丁目が消えている。同年十月二十五日には上記の土地での泊茶屋渡世を差し止めるとともに、再度、松島遊廓への移転を求めている。解放令が出された当日の五年十月二日には「来客のため無鑑札の遊女芸者、座着女を呼び寄せ候儀堅く相成らざる旨」を達している。

解放令後の十八日には養女名目を禁じ、二十七日には営業地を限定して各所に散在するのを禁ずるとともに、「松島へ移り候儀は随意」とし、同日に「遊女席貸営業規則」を定めている。二十八日には遊廓免許地から安治川を削除しており、その結果、道頓堀櫓町、九郎右衛門町、南阪町、難波新地、新町、北堀江、曽根崎、松島のみが許可地となった。府は松島への一局集中を目指した。それは実現できなかったものの、「幾十街の多きに及ぶ」遊所の数を減らすことには成功している。

『類聚大阪府布達全書』(一八八六)第六巻に収録されている十四年六月二十五日付の「娼妓並席貸賦金徴収規則」に見る免許地は、道頓堀東西櫓町、九郎右衛門町、宗右衛門町、東西阪町、難波新地、新町北通、新町通、新町南通、裏新町、北堀江上通、同下通、曽根崎新地、松島仲ノ町、同高砂町、同花園町、同十返町、安治川上通一丁目、二丁目、堺区内は栄橋通一丁目、竜神橋通一丁二丁、住吉橋通一丁、南半町、南半町東一丁、南旅籠町、南旅籠町東一丁、枚方は三ツ矢村、汲町村、岡村、岡新町村、貝塚は北ノ村、中ノ村、近木ノ町、南ノ町、貝塚新町、西ノ町である。当時大阪府に含まれていた奈良については略す。

『世態調査資料、第二十八号』(司法省調査部、一九四三)に、大阪市内の遊廓の等級は「甲部において南地、北新地、新町、堀江、今里新地、住吉、港、乙部は飛田、松島、裏新町の順」とある。なお、住吉新地は大正十一年、今里新地は昭和二年十二月に芸妓居住地として許可されたもので遊廓が増えたわけではない。なお、港新地は今里新地と同じ年に許可されていた。甲部、乙部の区別については、新町および堀江遊廓を説明する中で述べられている。新町は甲部と乙部に分かれており、甲部がさらに二つに分かれて一つは芸者ばかり、もう一つは芸者と娼妓の両方が入る。「娼妓が入る」というのは娼妓が送り込まれるということで、乙部は「てらし」といって娼妓の写真を掲げて客が来るのを待つという居稼ぎ方式だった。堀江は甲部だけで、芸者が主で娼妓は送り込みとなっていた。

飛田遊廓の設置については次のように述べられている。四十五年一月に難波新地が大火のため焼失し、約一週間後に知事が廃止の告示をした。困った罹災者が府当局および内務当局に陳情した結果、大正五年に飛田に難波新地を再興する許可が出され、第一期が七年に開業、二期が九年、三期が十一年というように拡張していった。

大阪南部の和泉地域と東部の河内および奈良は当初、堺県と称していた。『大阪府史　旧堺県　令達2』によれば、五年二月二十七日付で「遊女屋の儀は左の町々廃止、さらに新地栄橋、旭橋、菱橋、住吉橋四橋の内、ならびに南高須町の二カ町に相定め、廃止の向きは三月晦日限り四橋内へ移住申し付く」と、六間町、甲斐農人町、戎島穀西町、吾妻橋通町、永保町に達している。解放令直前の九月には売婦に職業転換を求めるとともに、「今般大蔵省より取締概略と仰出候ヶ条之内を左書に記載」として、以下の三カ条を記している。「一、売婦渡世の者改業の事。一、新規営業免許候儀は決してあいならず。一、売婦渡世の者現今の人員よりあい増し候儀は勿論、死亡あるいは改業の跡あい補いのため別人抱え入れ候儀決して相成らざること」。これらは九月五日の大蔵省令に基づいている。十月十九日には「昨日あい達す芸妓売婦年季解放は当二十五日までに…復籍方など届出るものなり」と布告している。ところが、十一月初めには「娼妓、芸妓、茶屋席貸」に関する規則を定め、免許鑑札を付すと通達している。免許地は堺四橋の内、乳守、枚方の三カ所に限っており、貝塚は含まれていない。

堺県は九年二月十九日付甲第八号で五年の「売淫取締規則幷純粋芸妓」を廃し、「すべて売妓と改称し、売妓及び席貸取締規則幷罰則」を定めている。このような名称は例がなく、税所篤県令独自の考えを示すものであろう。営業許可地については堺四ツ橋内と乳守、貝塚、枚方に奈良の元林院町および木辻町、郡山東岡町、同洞泉町を加えた八カ所になっている（「令達」4）。上村彰行氏は『売られ行く女　公娼研究』（大鐙閣、一九一八）で、十七年に竜神遊廓内の居稼ぎの業者が分離独立が認められて栄橋遊廓と称し、枚方については四十三年五月に散在していたものが桜新地に移転したとしている。

奈良県　県は五年九月に「酌取などと称し隠売女体の所業の者の趣に付き、去る六月中布告におよび厳禁いたし候なり、…右体の者共は見聞次第厳重に召し捕り、咎め申すべし」と布達している。ところが、解放令が出された十月には方針を転換し、「酌取女幷に遊女飯盛女などの人員届出、冥加金上納仕り来たり候向きは聞き届け置き申し候」という布令百二十三号を出している（『旧奈良県達令（大阪府史料）』）。そこには四項目が記されており、うち二カ条は堺県と同一である。「冥加金上納」と「人名届出」が堺県になかった条文で、これらが大蔵省が解放令に先だつ九月五日に府県に示した「取締概略」の骨子と奈良県は考えていた。翌月には県令名で貸座敷鑑札制度が出されている。奈良県は九年に堺県に編入され、堺県は十八年に大阪府に併合された。奈良県が再置されたのは二十年のことだった。

二十五年六月九日付の「取締規則」では奈良町の免許地は東木辻と瓦堂となっている(『奈良県警務規定』一八九六)。しかし、十八年の統計書には元林院が遊廓として出ているので、瓦堂とあるのは誤りであろう。金沢昇平氏の『平城坊目遺考』(一八九〇)には「元林院町は明治五年頃より始めて遊廓となり、最初芸妓のみ抱える家三、四戸あり、後娼妓も抱え」とある。

勝部月子氏の「奈良の近代」(『奈良女子大学文学部研究教育紀要』一〇号、二〇一三)によれば、二十七年には県令の命によって元林院遊廓は女郎屋を廃して芸妓本位となり、娼妓はごく少数になったとしているが、『奈良県警察統計書』では、二十九年末に元林院の五十名を含む三百二十一人の娼妓が数えられる。ただし、三十年の統計からは元林院の名は消えている。猶予期間があったのだろう。

兵庫県　最初、兵庫県は旧摂津の範囲のみだった。神戸の福原遊廓は『花柳界美人の評判記』(一九〇九)に、「明治元年藤田泰造ほか数名の出願により許可せられ、今の東川崎町一丁目東宇治川より西停車場構内にわたれり、…四年にいたり鉄道布設の議起こるやこの地停車場の敷地に相当せるより同年六月を限り現今の代地に移転、五年新福原に開店…湊川堤の東側際西国街道の北」とある。

『兵庫県史』の「民俗」の項によると、四年正月二十七日に「異名(チャラ)を唱えて隠売女を置くを禁ず」と私娼を禁じ、「遊女と唱え候者は福原廓内に限り、旅人止宿いたし候は兵庫小広町、神明町、逆瀬川町、東柳原町、右五箇町の内兼ねて差し許し候」としたうえで、洗濯女や女芸者も福原に移住するように命じている。『神戸市史』別録(一九三五)には、安政六年(一八五九)十一月にこれら五箇町に飯盛女が許されていたとある。

解放令直後に定められた五年十一月の「娼芸妓規則」では、「娼芸妓は福原、娼妓は柳原、西の宮のほか渡世あいならざる事」としている。ところが、六年六月十六日には「兵神両市中の儀は何の町村も苦しからず」と、他県とは逆の方針をとった。しかし、八年二月には再び福原町、西柳原町、東柳原町、神明町、逆瀬川町に限っている（『同　禁令』）。こうした方針の変転の理由については、人見知佐子氏の「開港地・神戸と明治初年の売春統制策」（『海港都市研究』二〇〇八・〇三）という論文があるので参照願いたい。理由は居留外国人の買春行為への対応の困難さにあった。

「戸口」の項によると、市街散娼を認めていた七年には、芸娼妓五百七十八人となっている。娼妓を廓内に限定した八年からは娼妓の人数しか出ていない。八年七十五人、九年「七人増」、十年九十八人、十一年「二十二人増」、十二年「五十一人増」、十三年「百十九人増」、すなわち、二百九十人となっている。県は五年に兼業を公認しており、当初は兼業者が主体の遊廓だったと思われる。

播磨地域は飾磨《しかま》県と称していた。『飾磨県史』によると、七年十月に「芸娼妓その外収税方規則」を定めている。但馬、丹後、丹波地域を含む豊岡県は、九年八月九日に「昨八年太政官第百四十号をもって国税、府県税区別公布あいなれどもその後大蔵省よりの達しの趣もこれあり、今般伺いの上県税並娼妓貸座敷税則別紙のとおりあい設け、来る九月一日より施行」と定めている。許可地については「従前免許地の、丹後国宮津の内、丹波国福知山の内に限り」としている（『豊岡県史　禁令』）。

三県は九年八月二十一日に淡路を含めて兵庫県となった。十三年の『兵庫県統計概表』によれば、先の許可地に神戸元町、兵庫今出在家が加わり、西宮は久保町、石在町、中ノ町、東ノ町、明石は東本町、大蔵谷村、高砂は狩網町、北本町、治郎助町、北渡海町、南渡海町、高瀬町、姫路は野里村、飾磨津は須賀町、このほか室津と洲本が貸座敷が免許地となっていた。姫路の野里村梅ヶ坪（梅ヶ枝遊）廓は三十六年五月三十一日で廃止されようとしたが、当分の間延期になったとされる（『類聚兵庫県法規大全』下（一九一五））。同所は飾磨の遊廓に人気を奪われ衰退していた。

篠山町近辺の八上村の貸座敷は四十年の『兵庫県統計書』には載っていないが、四十二年には出ている。国立国会図書館には四十一年の統計書が欠けているが、西羅日出男氏の『篠山案内記』（一九一六）には、「歩兵第七十聯隊の新設にともない四十一年七月に開業」とある。

和歌山県　廃娼県の項(223頁)を参照。

中国・四国・九州地方

岡山県　『県治紀事補遺1(岡山県史料四十四)』の「民俗」の部には、「封内すべて妓楼劇場を置くことを禁じ、遊蕩の道を絶つ」のが伝統だったとある。『現行類聚警察法規』(一八八九)の「風俗」の項には、「五年九月大蔵省第百二十七号をもって遊女女芸者取り扱い方を達す」とあって、解放令に先だって大蔵省の方針が示されていたことを記している。そこでは遊廓の増設を認めないことになっていた。

『花柳風俗誌』中の「岡山の遊廓」の項には明治八年に石部誠中県令が中島に遊廓を公許したとあるが、誤りである。『県治紀事』の「禁令」の部によれば、九年四月十二日付の乙七十一号では「各区内において、一人たりとも芸娼妓のごとき万害ありて一益なきの羞業をなすものこれあり候わば、あくまでこれを諭し…飢餓を救うに術なく真に万やむべからざるの事情に出候者に限り、願書受けつけ候よう」という矛盾を抱えた態度で臨んでいた。同年四月二十二日には「娼妓幷貸座敷規則」を定めているが、「備前国は下津井、その他は旧小田県にて差し許し候場所に限る」として、備前地域では港町の下津井以外では遊廓を認めなかった。

ところが、十年二月二日には丙十七号で「自今、岡山西中島町へ娼妓貸座敷営業差し許し候」としている。また、翌日には「娼妓兼業の者は芸妓営業上においても免許地外へ出るを許さず」と定めている。岡山市内での遊廓公許は十年のこととしなくてはならない。時の県令は高崎五六氏であった。高取久雄氏の『岡山秘帖』(一九三二)にその間の事情が記されている。「廃藩置県後雨後の筍のごとく検番、曖昧屋が西中島を中心に現れた。…中島繁栄策から戸長の許可を得て岡山にあの有名な奈良茶が出現したのが明治五、六年…夜の歓楽境が現出した。…山本重吉が当時町の頭株を集め『正々堂々天下の女郎として立派に営業させたらどうだ』と、たちまち衆議は一決した。時は明治九年の話。…連署のうえ許可願いを差し出した二年後、明治十一年の県令建部郷三氏から正式の許可が下った」とある。ここに十一年、建部郷三氏とあるのも誤りである。「娼妓幷貸座敷規則」では本来十六歳であるべき許可年齢を十三歳としていた。そのために「当時のお女郎はお下げ髪の十三歳位のおいらんがざらに居たのだから驚く」と、客も呆れかえる次第だった。

　備中地域ははじめ小田県と称していた。『旧小田県歴史　1』によると、五年十月二十二日に解放令の布告をしており、「売女女芸妓召し抱え候者はそれぞれ親里へ差し帰し申すべきはずに付き…来月五日まで遅滞なく届け出るべし」としている。しかし、直後には営業を認めており、『同　2』には六年に営業鑑札を出願したもの八人、廃業はなし、七年は出願六人、廃業十人とある。

　九年の三県の合併後に岡山県は貸座敷の免許地を大幅に増やしている。十年十月八日の規則には、岡山区の東中島と西中島町、九蟠村、西大寺村、御野《みの》郡福島村、下津井村、同吹上村、同田之口村、同日比村、同山村、牛窓村、和気郡片上村、賀陽郡真金村、同総社村、上房郡高梁《たかはし》、都宇郡撫川村、浅口郡玉島村、同阿賀崎村、同柏崎村、同寄島村、小田郡笠岡村、津山材木町・舟頭町、湯原村、真島郡垂水村が免許地となっている。港の免許地では舟に招引される場合は貸座敷外とはしないという特例を設けている。また、上方風に自宅より貸座敷へ出稼ぎすることも認めていた。

　『岡山県布達全要』によれば、十一年十一月に浅口郡西ノ浦、十二月に真島郡高田村（勝山）、十二年には窪屋郡倉敷村、小田郡矢掛町、同郡小林村の西町、上道郡金岡村、十三年には新見村を追加している。十四年の数字を載せる『岡山県統計書』には勇崎村と高田村が加わっている。十九年には上記の免許地から金岡村、吹上村、山村、撫川村、阿賀崎村、柏島村、勇崎村、西ノ浦島、小林村、矢掛村、総社村、垂水村が消えている（『現行類聚警察法規』一八八九）。『警察法規』下（岡山県警察本部、一九九七）所載の二十七年五月四日付の布達による免許地は、岡山市東・西中島町、西大寺村西新町、九蟠村大字九番吉井川堤防筋、日比村新地、下津井西町上町、倉敷町の川西町阿知潟神社以西、柏崎村地蔵町、寄島村中安倉、笠岡町伏越町鉄道線以南、津山町の伏見町・材木町である。三十年の『岡山県統計書』では、寄島村、真金村、高梁町も許可地となっているが、営業実績はない。

広島県 藩政時代には広島城下に遊廓はなかった。置県後もそれを引き継ぎ、しばらくは芸妓の営業のみを認めていた。すなわち、司法省寄りの方針をとっていたことになる。六年三月四日に明星院村、本柳町、江波島を貸座敷免許地としているが、これも芸妓のみによるものだった。九年八月に「貸座舗及び娼妓渡世規則」を定めた時に免許地となったのは、従前より遊廓が営業されていた厳島《いつくしま》、竹原下市、御手洗町、尾道、鞆津の五カ所で、広島は入っていない(『広島県警察史』一九四二)。『国史稿本』所載の十二年八月八日の布達で「元締幷娼妓貸座敷営業規則」が定められ、免許地に東野字松浜が加えられた。『県史』の「戸口」の項には十三年から娼妓の人数が出ており、娼妓が二百七十一人に対して芸妓は百六十一人となっている。

十五年の『広島県統計書』によると、広島町の西地方町、左官町および豊田郡東野村、中野村(大崎上島)の貸座敷の開業が同年となっている。二十年の『広島県警察統計表』には十六年以降の営業地が出ている。十六年には忠海村が加わり、十八年には瀬戸田町、三原町、福山新町、十九年には三次《みよし》町、府中市村が開業している。ただし、三原町はこれ以降の営業実績がなく、厳島と鹿老渡《かろうと》も載ってはいるがやはり実績がない。『広島県警察全書』下(一八八八)によれば、二十年九月三十日に宇品町大河通一、二丁目および南新町、十月二十三日に松永村明神鼻と柳津村恩坂津が免許地となっている。

『広島県警察類典』(一九一二)に収録される、十九年十二月の県令甲第八十号以後の貸座敷免許地の変遷は以下の通りである。

広島区西地方町、西新町、左官町、鷹匠町、鍛治屋町(二十年九月消滅、二十四年四月に広島市小網町と船入村を追加)、尾道久保町、御調《みつぎ》郡東野村、三原町西浜(三十九年削除)、沼隈郡鞆町、福山新町、瀬戸田町中町および大元町海岸通り、大崎島東野村 鮴崎《めばるざき》および浜、大崎島中野村、御手洗町字住吉榎町および蛭子町、忠海町字向町、竹原町字明神(榎町、新町は三十九年削除)、倉橋島鹿老渡港(三十九年削除)、厳島、三次町字五日町東裏(三十九年削除)、府中市村字辻町通り(三十一年廃止、同時に字下オ田を免許地とする)、二十年十月に安芸郡吉浦字西開地先海面埋立地、二十七年十二月に広島市において西は薬研堀筋、北は禅昌寺小路、東は下柳町、南は平塚筋で限った区域および、西は下柳町、南は平塚筋、東は中ノ町筋、北は中ノ町筋と下柳町筋に通じる新小路で限った区域が許可地となった。二十八年二月に和庄町川原田および荘山田村岡田宥免、三十七年三月に安芸郡仁保島村字宇品、三十九年七月に音戸町鰯浜が許可地に加わっている。

県の統計書によると、二十五年には広島市小網町に五十七軒の業者が集まっていた。林保登氏による『広島繁昌記』(一九〇〇)には、広島市の「元花街は左官町幷畳屋町の二ヶ所に分かたれおりしを、二十五年今の地(小網町・船入村)に移転を厳命せられ、船入遊廓(西遊廓)と称される…東遊廓は二十八年戦地より帰還の兵士、御用商人、軍属らが入り込むため、二十八年九月に下柳町、薬研堀、平塚に設立」とある。県の統計書を見ても二十八年には広島市に下柳町が現れ、宇品が復活し、新たに呉の荘山田村や倉橋島で営業が始まっており、兵士の帰還の影響が大きかったことがわかる。池田幸重氏による『呉案内記』(田島商店、一九〇七)には、「旭遊廓はもと荘山田村の一隅であったが、二十七年に朝日株式会社が組織せられて遊女町が設けられた」とある。『全国遊廓案内』によれば因島三庄町浪花遊廓は大正八年に新設とされており、『広島県警察統計書』にも同年からの営業となっている。

鳥取県　藩政期には鳥取城下に遊廓はなかった。『鳥取県歴史　政治部』の「民俗」の項には九年五月調査に基づくとして、「鳥取町従来遊廓芸娼妓なし、維新以来芸妓を許し瓦町に故池田三位の別墅《べつしょ》を購い遊廓に擬し衆楽園と号し、料理茶屋を設け芸妓の輩該地に占居し頗る繁華なり、米子町、境港、隠岐国西郷港のごときは埠頭に属するをもって従来芸娼妓を許す、維新以来さらに三カ所とも娼妓を禁じ、芸妓を許す」とある。

鳥取町に衆楽園が完成したのは五年正月のことで、解放令の直前のことだった。『鳥取県歴史　制度部』の「禁令」に、五年九月の「隠し売女の儀に付」という布達が載っており、「四月中に厳重布告候儀これあるところ、近頃娼妓風の者他所より寄留いたし料理屋などにて客引き受け、遊興のうえ淫を鬻ぎ売女に紛らわしき者追々あい増し候」とある。おそらく衆楽園のことを言っているのだろう。津山と同じように娼妓に先んじて芸者が出現し、娼妓紛いの行為に及んでいた。解放令後の六年一月五日には「速やかに解放し、右寄留の者どもそれぞれ原籍に復すべきを令す」とある。島根県に併合される直前の、九年の「政治部」の八月五日の条によると、「維新以来娼妓を禁じ芸妓のみを許せり、真の娼妓なるものは絶えてこれなきといえども男女密会野合の今に止息せず、…幾許の娼舎を許しもって風俗を矯正せんとす」という旨を内務省に稟議している。

隠岐の『西郷町誌』には、七年七月十二日に「米子灘町、境遊亀町、隠岐西郷港の三カ所に限り貸座敷并娼妓営業を差し許し右規則を頒布す」とあるが、九年に島根県と合併した際に定められた規則では鳥取町が免許地に加えられており、十年の遊廓地には「衆楽園」として出ている。だが、同年には因伯地方あわせて三十三人の芸妓がいたものの、娼妓の人数は計上されていない。娼妓禁制の影響がまだ残っていた。

島根県から分離後の十四年の『鳥取県統計書』には、娼妓は鳥取瓦町（衆楽園）に百二十七人、米子灘町に五十人、境町に十三人がいたとある。兼業の欄が設けられているが空欄になっており、兼業芸妓が娼妓に転じたのではないかと思われる。ここに西郷港がないのは島根県に編入されたまま同県所属とされたからである。

小泉憲貞氏編『境港独案内』（一九〇〇）に「遊廓地沿革」という一項がある。それによると、宝暦十三年（一七六三）に飯盛置屋建設が許され、これが因伯二州での免許地の初めで、明治四年に遊亀町が遊廓地に制定されたという。十四年の鳥取県再置後に栄町、松ヶ枝町、遊亀町の三町に制限されたが、従前のごとく全町一般をもって雑居遊廓地に再復した、とある。

『米子市十周年史』（一九三七）には、以前は市中に散在していたのを大正元年に地域を指定して花園遊廓ができたが、昭和九年十一月に酌婦制度に改めたとある。

島根県　当初は出雲地域のみが県域だった『島根県歴史　制度部』によると、五年一月九日付で「市在の処女団子と唱える淫猥の所業を禁ず」として、私娼行為を取り締まっている。十月十五日には解放令の主旨を諭達しているが、「その人の志願」であれば、従前の場所に限り鑑札を渡すとしている。六年一月十五日にも解放令の実施を指示しているが、同年三月十九日には「前業あい営まんと請願し、実情やむをえざる者に限りこれを許し、従前、遊女市在へあい達す」としている。七年年初の調査にもとづく『島根県一覧概表』には、和田見(松江)、杵築(大社)、加賀浦、安来町、美保関の五カ所が遊所に定められている。加賀浦は島根半島中央部の港町であるが、これらが従前地なのだろう。『同概表』では娼妓は二百十九人が解放され、現員が百四人と半減している。同じ七年の「戸口」の項では百二十一人となっている。

八年七月二十二日には、「芸娼妓及び遊技を事とするものの為に条例を設け、その規則に触れ及び類似の所業をなす者を処断すべきに付き、条例を管内に頒つ」とあり、八年版の『一覧概表』では、出雲の娼妓のみ九十八人となっている。九年に鳥取県を編入したあとの十年十一月二十日の「遊妓舞妓取締規則」では、芸娼妓の営業地は和田見、安来、美保関、杵築村内越峠、石見温泉津、浜田外浦、高津村、米子灘町、境遊亀町、衆楽園、隠岐の西郷東町とある。十年の「戸口」の統計には娼妓は百四十八人とあって、「この人員は出雲一国に係る、因伯石隠の四国に係る員数はまだこれを詳にせざる」と注されている。十一年の『一覧概表』によれば、十年末時点の娼妓は出雲の四十四人のみで他地域は空欄となっている。二十二年六月に改正された「貸席娼妓規則」では、松江伊勢宮安来町、美保関、杵築越峠市場、温泉津、浜田片庭町字舸子町と原井村、隠岐の西郷市街が免許地となっている(『島根県警察規定』一八九三)。『島根県警察統計表』によると、杵築は三十四年に営業実績がなくなっており、三十五年には安来、三十七年には温泉津、大正元年には隠岐の西郷が消えている。

佐々木儀太郎氏の『安来港誌』(裏日本社、一九一五)には、「天保年中に遊廓設置を請願して公許を得たり、それより明治初年頃まで次第に繁栄せしも、維新後は漸く衰えてまた往事の俤《おもかげ》をとどめず、明治十七、八年頃にいたりてわずかに七名の娼妓残在して余喘《ぜん》を保ちしのみ、後汽船の出入頻繁を加うるに及び再び頽勢を挽回して二十四、五年頃は二十四、五名の娼妓を見るに至れるが、後年、娼妓廃止以来芸妓全盛時代になる」とある。

『浜田港史』(一九〇〇)には、「三十年遊廓地を町外に移すの目的を以て地を大字原井字下山麓に指定せらる、該地は一面の葦沼又は荒蕪地なるを以て…三十三年一月以降ここに移転」とある。

山口県　『山口県史資料編近代1』(二〇〇〇)に、五年七月十七日付の「向後、売女体のもの抱え置き候儀きっと禁制」という布達がある。しかし、『山口県史料　禁令1』によると、解放令後の五年十月三十日に「娼婦芸妓その他同種類のもの前途活計の目的なく、俄に改業致し難き者に限り自主の遊女をもって営業するを許し、并にその仮規則を設けり」とし、赤間関の稲荷町表裏、岩国の新湊、三田尻の中ノ関、熊毛郡の室積、室津上ノ関、萩の越カ浜に限って遊女渡世を許すとしている。また、「従前、娼婦芸妓その他種々の名目を分かつといえども自今技を売り、色を売るの別なくいっさい遊女と唱べし」と芸妓、娼妓を区別しない方針をとっていた。直後の五年十一月には「赤間関は多人数でたいがい身元が乏しいので、帰家しても活業の方便も難しく神奈川県などへの振り合わせも考えられるが、当分自主遊女は差し許したい」と、政府に願い出ている(『公文録』明治五年　九十九巻)。

『警察法規類典　山口県』下(一九三二)には、維新前からの営業地を含む許可地の増加の経緯が記されている。それによると、前出の地を除く維新前からの継続地として、玖珂郡麻里布村新港、熊毛郡曽根村水場、豊浦郡彦島南風泊、同郡神田村特牛、阿武郡東分村越ヶ浜、赤間関新地町があがっている。その後も十年一月に三田尻福聚町、同年四月に佐波郡西浦村、同年十月に彦島村竹ノ子島と赤間関今浦町、十一年九月に岩国町の米屋町と豆腐町、同年十一月に赤間町、十二年四月に厚狭郡船木村布目、八月に玖珂郡鳴門村大畠浦、同年十月には大津郡深川村湯本門前などが増えている。

『山口県史料』の「戸口」に見る娼妓の人数は、七年(368)、八年(294)、九年(561)、十年(388)、十一年(482)、十二年(592)、十三年(814)、十四年(986)、十五年(833)、十六年(750)というような変化をたどっている。八年までは解放令の影響が残っていた。十年に大きく減少しているが、この年の四月十九日に芸妓、娼妓、貸座敷の「三業規則」を定めている(『類輯山口県布達達書』一八八〇)。業者のてこ入れになったであろう。

『山口県統計書』に見る十六年末の統計によると、赤間関区豊前田町が三百五十一人で最多、同竹崎町に二百七人、同彦島字福浦に百三十二人、同稲荷町に四十八人の娼妓がいた。それ以下は人数を省略するが、彦島字南風泊、同今浦町、赤間町、同新地町、同西ノ端町、同裏町、阿武郡椿郷東分村字越ヶ浜、大津郡瀬戸崎浦、豊浦郡特牛、同小月村、清末村、岩国町、玖珂郡大畠浦、柳井津町、熊毛郡室津浦、同上ノ関、同曽根村字水場、三田尻福聚町、佐波郡中ノ関、同郡西ノ浦、山口米殿小路、馬場殿小路、吉敷郡下宇野令字湯屋町、同下郷村宇津市の名が並んでいる。

先の『警察法規類典』によると、二十一年十二月に都濃郡豊井村浦町、二十七年七月に厚狭郡須恵村小野田中川筋、二十八年五月に豊浦郡清末村鞍馬上、二十九年一月に同郡小月村原ヶ浴と牛ヶ迫が追加されている。その後も四十年六月三日付で柳井町東土手と中開作、萩町土原村と東浜崎、宇部村新堀、四十三年九月二十日に室積町松中と普賢寺、小郡町白髭、四十五年六月二十九日に徳山町代々小路と才の森、大正十一年十二月に室津村家西町、十二年六月に山口町下宇野令東大橋、昭和五年九月十二日に仙崎町十王堂というように増加する一方だった。遊廓地の多さは北海道を除けば、三重県と双璧をなしていた。このうち徳山の才の森遊廓については『徳山案内』(一九一九)に、大正元年九月に遠石遊廓をここに移したが、当時芸妓は十三人に過ぎず、貸座敷業者は三軒にして娼妓十一人だったが、現在は芸妓五十八人、娼妓は百七人とある。

香川県　当県は徳島、高知県とともに解放令直前に遊廓を新設していた。『旧香川県史(愛媛県史料三十三)禁令』には、五年九月二十七日に高松東浜に妓楼の新営を許し、市中の「弦伎あるいは、売女に紛らわしき者」は新築地以外では営業を許さないという布達が収められている。

芸娼妓に関する諸規則は『香川県警察史』(一九三四)に網羅されており、五年十月二十日には解放令を受けて「遊女男女芸者などの抱え入れ渡世の儀は自今禁止」として、父母のもとに帰すように布達している。しかし、『香川県史』の「租法」の項によれば、五年のうちに娼妓税を設定しており、六年二月二日には「遊女芸(妓)処分規則」を定め、第二条に「貸席方法相立て願い出候えば東浜(高松)、丸亀、琴比羅、坂出、多度津の五カ所に限り聞き届け、さらに鑑札を相渡し候」としている。第三条には「身代金は親族の負債とし、年賦又は月割りをもって相対償却」とあって、司法省の布達に反していた。同年四月十二日には名東県高松支庁名義で鑑札料を定めるとともに、再度抱え置き束縛することを禁止し、これからは検番会所を廃して従来どおり「家留稼ぎ」とするように達している。

九年六月二十六日付で改正した「貸座敷営業規則」では、免許地を「高松八重垣(東浜)、坂出明神町、丸亀新堀、琴平、多度津西濱」に限るとし、同時に定められた「芸妓娼妓営業規則」では、芸妓娼妓ともに十五歳未満の者には免許あいならずとしている。同時に定められた「置屋営業規則」では「芸妓娼妓寄留宿」が置屋とされている。香川県では大阪と同じように娼妓も送り込み方式をとっていた。大正十五年になっても「呼込屋」と称して、娼妓を寄留させるものが二、三名いた。

十八年には免許地を高松八重垣、坂出明神町、丸亀の西平山町新堀、琴平の内町と金山寺、多度津西浜とし、三十一年三月には師団設置にともなって善通寺砂古裏が新たに許可地に加わり、同時に坂出は沖湛浦、丸亀は新堀及び福島となり、琴平は内富場に場所が変っている。三カ月後には内富場がさらに富士見町に変更されている。丸亀の福島は文化文政期には芸娼妓遊廓が設置されていたが、天保年間に新堀築成竣工して以来その繁昌を奪われ、維新後に廃止となっていた土地であった(『丸亀』丸亀市、一九二四)。

注目されるのは、『香川県警察史』に「三十三年十月にいたり内務省令をもって娼妓取締規則が制定され全国的統一をみる」とあって、国が基準を設けたことによって公娼制度の全国統一がなったと認識されていたことである。この時の内務省令とは十月二日付で西郷従道内務大臣名で出された第四十四号「娼妓取締規則」をさす。

愛媛県　県南部はかつて神山県と称した。『神山県紀1』によると、五年六月二十五日に、「当管下においては従来右(売女)などの渡世致し候ものもこれなく候えども、万一心得違いひそかに新店開業いたし候者これあらばきっと取り糺し厳重に申し付け候間、郷市役人どもこの旨厚くあい心得取締申すべきなり」と、予防措置をとっていた。

一方、北部の石鉄《いしづち》県では芸者による売色を認めていた。『愛媛県史　資料編近代1』に収められている五年九月の布達八十三号には、「芸子揚屋に限るべし、揚屋の外料理屋幷宿屋へ登り飲食一泊ともに堅く相成らざる候事」とある。十年十月の愛媛県布達九十四号には「芸者の類」に「売淫する者」、「酌取女の類」に「売淫せざる者」との注があって他県とは実態がまったく逆で、五年の布達は揚屋以外での芸者の売淫行為を禁ずるのが趣旨だった。

六年に両県が合併して愛媛県となり、神山県の予防措置は反故となった。『愛媛県紀2』によると、六年六月(日欠)に「芸妓娼妓営業規則」を定め、「芸娼妓営業箇所三津、今治、道後三カ所限りその他の場所一切あいならざる事」とし、七年十二月二十七日付の「貸座敷、娼妓、芸妓仮規則」布令の前文には、「北条津、和地島、長浜、波止浜、川之江の儀…期限に至り嘆きがましき儀申し出候とも決して聞き届けず候間、今より改業覚悟いたすべき事」と、従来よりの営業地であってもいずれ禁止する予定であると達している。

『愛媛県史料六』の「禁令」の項では、八年十二月二十八日に「貸座敷芸娼妓取締仮規則を定めて九年一月一日より施行」としているが、今治町、三津町、湯月町の三カ所に賦金を課すとともに、川之江、波止、北条津、和地、米湊(伊予市)、長浜(大洲市)の賦金は従来通りとしている。しかし、十年一月二十四日の布達では、今治はなく三津住吉町、湯月町内松ヶ枝町のみが営業地とされており、他は予告どおり廃止となった。遊廓を削減した県は少ない。なお、二十六年十月二十八日付の改定で三津浜住吉町は新浜村稲荷新地に移転している(『愛媛県令規類纂』下巻、一九〇一)。

徳島県・高知県　解放令以前に遊郭が新設された都市の項(199頁および204頁)で既述。

福岡県　県は解放令以前に遊廓や芸娼妓に対する課税方式を模索していた。五年三月十八日付で東京府に「遊女幷芸妓その他遊処など何程の御税則がご座候や、この方において少々見合わせたき意これあるに付き」と、問い合わせている。これに対して東京府は五月三日付で、「別段規則と申す儀はまだ確定候儀これなく、先前より新吉原幷根津両遊廓より遊女玉高の一部、吉原看番芸者より一ヶ月八十円、その他浅草芝居三座より一ヶ年千五百円冥加として月々上納取り来たり候、その時々大蔵省へあい納める」と回答している(『東京府史料』)。

『福岡県史稿』によると、解放令を受けて五年十月二十日に「芸娼妓を年期召し抱えもって束縛するを禁ず」という布令を出して、彼女らを解放するように求めている。だが、六年十月(日欠)には「芸妓並貸座敷営業規則」を定め、「娼芸妓の名唱を廃し、更に芸者とあい唱え、営業中一カ月三円宛ての税金をあい納め候事」としている。県は愛媛県や金沢や広島と同じようにはじめは芸妓を名目にした営業を目論んでいた。「租法　下」の項に七年(月日欠)に新規の税の取り立て見込みを大蔵省へ報告した文書がある。その中に貸座敷の項目があるが、税額は一カ月五十銭と低額だった。七年十一月二十日の『郵便報知新聞』は博多の遊廓について、「柳町は娼妓解放の後日閑散して再燈の勢いなし」と報じている。その直後の七年十二月二十四日に県は「芸娼妓及貸座敷営業地を定め、明年一月一日より施行す、依って他場所においてはその営業似寄りの所業なすことを禁ず」として、免許地を柳町、芦屋、若松、太宰府、竪粕村水茶屋、都合五カ所に限っている。

県北部の豊前地域は小倉県と称していた。七年一月十七日付で大蔵省よりの「相撲狂言ノ類諸興業幷遊女、芸妓税」の年収入総計の取調べに対して県は「是は管下にこれなきこと」と回答している。また、七月十二日の内務省への上申書には補亡の経費について、「芸妓税の類を以て費用に充て候義はこれなし」と述べている（『県誌稿本県治三』）。

県南部の筑後地域はかつて三潴《みずま》県と称していた。『三潴県史 制度部2』によると、解放令直前の五年九月二十五日に、「方今士民の着目、或いは絃歌踏舞をもって開化の一端とし自然遊惰淫佚に流れんとす、これ全く方向を錯《あや》まると謂いつべし、近時茶店売酒店にて一旦の黙許を得ず、或いは芸妓売女の類を招集し売婬の体をなせり…今般娼妓の類地方にて新営業許可すべからざるの公布に基づき、来月三日を限りこれを禁ず」としている。さらに、六年四月二十二日には「酒茶店などにて給仕と唱う雇女など、邇来酒席間にて絃歌猥醜の所業これある由聞ゆ…向後厳にこれを禁ずべし」としている。県は大蔵省の布達を禁止令と解釈していた。

しかし、七年一月十三日付で「遊女芸妓俳優者規則」を定め、久留米と柳河は芸妓のみとし、若津に限って娼妓芸妓の規則及び税額を創設している。『県史稿』の「租法 下」によれば七年一月二十五日付で税目を大蔵省に届け出ており、「娼妓規則」には「遊女父兄存在の者はこれを許さざる事」、「遊女は相対をもって借り受けたるにより、本人勝手をもって他家へ変住するともすべて苦情を申し立てるべからず」という特色ある文言が含まれている。

十三年の『福岡県統計書』には遊廓は博多柳町、同水茶屋、遠賀郡芦屋、同若松、三潴郡若津の五カ所となっている。太宰府が消えているのは営業実績がなかったか、あるいは、反対する意見が強かったのだろう。

二十年の『福岡県警察統計書』では、田の浦（門司）が加えられている。二十一年になって小倉船町が加わり、前年にたった一軒一人だった門司の田の浦が消えている。『福岡県警察提要』下（一八八九）によれば、二十一年一月十七日付の免許地とされているのは、博多柳町と北隣の小金町、若津町ノ内五ノ割・六ノ割・七ノ割・八ノ割、小倉船町、芦屋村字東町、若松村字紺屋町ノ内安政町となっている。ところが二十七年版では二十一年の規則を掲げながら若松については「字口（印字不分明）分下」となっている。二十九年の小塚元民氏による『若松繁昌誌』には「連歌町には三層の朱楼があり、糸竹の声を聞くとあるので、二十七年以前に移転していたのかもしれない。竹田秋楼氏の『博多物語』には水茶屋は二十三年をもって撤廃とある。その後二十八年には門司町に遊廓が置かれ、三十年には久留米市原古賀町が新たに加わっている。『福岡県統計書』によると四十二年に直方署所轄下に貸座敷が一軒のみ出ており、また、博多柳町遊廓が新柳町に移転している。理由は医科大学の新設だった。

『福岡県統計書』によれば、大牟田の遊廓が営業開始となったのは明治四十五年、すなわち、大正元年からであった。同所については福岡県知事から内務省警保局長あての、至急認可を求める四十二年四月十一日付の文書が国立公文書館に存在する。長期間にわたる地元および県からの働きかけがあったことがうかがえる。八幡の白川遊廓は『全国遊廓案内』には大正四年の許可とある。同年の県統計書では八幡とともに折尾が免許地になっている。

佐賀県　当県は井上馨氏の政敵だった江藤新平司法卿のお膝もとである。奇妙なことに県の解放令の布達はきわめて遅かった。『佐賀県歴史稿本　制度部』には六年四月二十五日に「娼妓解放の事を布達」として、「娼妓、酌人など解放の儀御布告幷追々あい達し置き候次第もこれあり候えども、今に解放いたさず却て蔓延に及ぶ」というありさまだった。解放は遅々として進まず、「五月二十五日限り…解放遺漏の向きこれあるにおいては厳重の処分に致す」と達している。

結局、七年一月十八日には現状を認めて「芸娼両妓及び貸座敷営業の地を佐賀芦町、諸富、柄崎（武雄）、嬉野、唐津京町、伊万里黒尾町に定め、鑑札を下付してその税を収む」という布令を出しており、六月五日には「貸座敷渡世並芸娼両妓規則」を定めている。免許地は先の町々に呼子を加え、伊万里黒尾町については「普請中は有田町にて営業苦しからず」と、配慮を見せている。ただし、七月七日には「売淫をなす者日に蔓延するをもって更に規則程員を定め、余は尽く原籍に送付す」というように、娼妓の定員を決めて増加を防ごうとしていた。八年の「戸口」の項には、娼妓は百二十三人とある。

十七年の数字を載せる『佐賀県統計書』には十三年以来の貸座敷数が出ている。十三、四年には佐賀上芦町と諸富だけが営業となっているが、十五年から伊万里船屋町、唐津満島、呼子加部島・殿ノ浦で営業が始まっており、嬉野と柄崎は十六年からとなっている。伊万里の舟屋町は黒尾町に隣接しており、『伊万里案内』(一九二七)には「明治十年現在の地に集まり御船屋遊廓として隆盛を極め…目下昔日の観なし」とある。

十七年には上芦町が消えているが、時の県令が県庁に近いという理由で廃止したと伝えられる。十八年には嬉野と柄崎が消え、二十一年には佐賀町の木原が新たに加わるが、二十六年から木原が消えて安住に代っている。安住とは八田江をはさんで木原と隣りあう今宿町(室園遊廓)のことではないかと思われる。さらに、二十八年には武雄が復活し、大正八年に小城の住之江で営業が始まっている。

大分県　『大分県史料　二十』には、まだ豊前地域が編入されない八年一月の調べとして、「娼妓八十人(『県治要覧』では八十六人)、ただし芸妓を兼ねるもあり、別府村、関村、下ノ江村の三カ所に限り自稼営業を許す」とある。『大分県史料　禁令諸規則1』によると、八年四月二十八日付で鑑札を改正し、芸妓酌婦貸席の義はこれ迄通り前月分を翌月十五日に限り(賦金を)月々あい納むべしとしている。十一年十一月十四日付の「娼妓芸妓取締規則」でも、免許地を別府港浜脇村市街、関港、下之江港(臼杵)に限っている(『大分県史料　禁令』)。大分港の生石村(菡萏《かんたん》遊廓)は十六年の『大分県統計書』に初めて出てくる。これ以後増加はない。

宮崎県　『宮崎県警察規則　上編』(一八九一)によると、五年十月二十五日付で解放令を布達していた。解放令後の六年十一月には県の参事が「芸娼妓並遊観物等の税金及び罰金の儀に付」という伺いを政府に出している。そこには「最も調整せずんば叶わざる習俗、二、三件これあり、その第一は一大区内中村町川原町瀬頭辺の芸娼妓にして」とあって、県は芸娼妓の措置に頭を悩ませていた。『宮崎県史資料編　近代2』(一九九三)に収録される七年一月の布達坤第九号では、芸妓の営業を第一区は中村町、河原町、松山(宮崎市)、第五区は富高新町(日向市)、第九区は外の浦(日南市)五カ所に限るように決めているが、いずれも遊廓地であるが、芸妓による営業を考えていた。

ところが、同年四月二十八日には「娼妓の名称を廃し候旨あい達し置き候処、僉議の筋これあり、娼妓名目相設け候に付き、これまで芸妓にて娼妓の営業いたし居候者は鑑札引き換え」という達しがなされている(『宮崎県史料　租法』)。それまで芸娼妓兼業者を主体にした営業をしてきたものの、政府からクレームがついたために新たに娼妓の名目を設けて芸妓らに名義の変更をするように求めたのであろう。あわせて鑑札料と賦金の月額が定められている。『宮崎県雑綴』には「八年十月二十二日庶の番外をもってあい達し候、貸座敷幷芸娼妓規則及び娼妓鑑札料営業税別冊の通り改正」として、九年七月十四日付の新たな条文が掲載されている。娼妓に対して「歌舞音曲など芸妓に類似する所業一切あいならず」と、通例とは逆の規制をかけているのは元々みな芸妓だったからであろう。

これより先の九年四月十日には、「該業(貸座敷・娼妓)は風俗且つ衛生に関わるをもって警察これを担当する、当県においても第四課これを担当すべきなれども従来の通り第一課(庶務)管理すべき」という布達が出ている。

『宮崎県警察規則　上編』では、二十一年の十二月二十六日に宮崎郡中村町(今町以西)、川原町(県庁馬場以東)、北那珂郡松山町、南那珂郡油津町、東臼杵郡細島町明神ノ上(日向)、岡富村船頭町沖(延岡)を貸座敷の免許地としているが、川原町と松山町については二十三年十二月限りで廃止するとしている。同年の『宮崎県警察統計書』には、両町と細島町の名はなく、中村、油津、岡富の三カ所のみになっている。ただし、細島は三十一年に営業を再開している。松山町のその後は『松山芸者評判記』(一八九三)に花柳界として残ったとある。県は遊廓地を減らしつつあったが、四十一年八月の改正によって四十二年の『宮崎県統計書』からは都城が新たに加わっている。

熊本県　『熊本県史別巻』(一九六五)の年表には、解放令以前の五年三月五日に「売春婦を召し抱え酌取りを雇うことを厳禁する」とある。しかし、六年八月五日付で「酌取り」が鑑札を受け取る節には租税課に証書を差し出すよう命じている(『熊本県布達便覧』)。『南国紅燈夜話』には、「明治七年の交、江戸通いの菊川喜太八というのが願い主となって遊廓の請願をなし、許されて始めて熊本に遊廓なるものが産まるるに至った。…区域は新堀、京町一、二丁目に限る」とある。たしかに『白川県国史』の「禁令」の項によると、「貸座敷幷遊女芸妓の心得税則」が七年一月二十五日に定められており、貸座敷渡世は熊本は京町一、二丁目表通りにかぎり差し許し、遊女芸妓の寄留の儀も同町に限るとしている。五年の禁止令の原文は確認できなかったが、解放令の前後で方針転換があった県の一つとみてよいだろう。「戸口」の項には娼妓のみ人数があがっており、百八十人となっている。おそらく、遊廓が公許された七年の数と思われる。南部の八代県には四十七人、人吉県は「詳らかならず」と、それぞれの『国史』に見える。九年には駆梅院が熊本と八代に設置され、医師の給与と経費は芸娼妓に賦課することが定められた。同年五月十六日に税額が決められ、遊女と芸妓は同額だった(同「禁令」)。

後藤蘇風氏の『大正の熊本』(盛林堂、一九一五)には遊廓は十年の兵乱後今の地(二本木)に移転したとある。また、廓内の西券番には塩屋裏一番町の熊券と同数の五十六人もの芸妓が属していた。

十五年の『熊本県統計書』によれば、飽田郡古町村(二本木)、八代町、天草郡の富岡町、牛深村、崎津村に貸座敷が許可されていた。十八年三月二十八日付の「貸座敷幷娼妓取締規則」では富岡町が消えており、二十三年の『熊本県統計書』によれば、崎津村には十九年以来貸座敷がなく、かわって三角浦村が二十一年から営業を始めている。宮武省三氏の『習俗雑記』(坂本書店、一九二七)には、牛深には女郎屋はないとあるので、みな自家稼ぎだった。

長崎県 解放令以前に遊郭を設置した項(201頁)で既述した。**鹿児島県**は次節でふれる。

沖縄県 『明治九年河原田盛美琉球紀行』には、「娼婦那覇の内四ヶ所にあり、一千七、八百人、生涯身を売る、楼主なく娼婦の内より戸主を撰びて一家を治むるの慣いなり」とある。沖縄は十二年四月に藩から県に移行したので、解放令とはまったく無縁のまま琉球王国以来の制度がそのまま継続された。十三年の『沖縄県統計概表』では千六百四十五人の「尾類《じゅり》」の数をあげて、「娼妓ここに尾類と云う」と注されている。だが、彼女らは伝統芸能の担い手であるとともに、いずれは関係する男性を一人に定めて「詰尾類」になってゆくもので、単純に娼妓とみなすわけにはゆかない。年長の者はむしろ芸妓に近かった。十三年二月十四日の『郵便報知新聞』に、「一客の外他客に接せず」とあるのはそれを意味するものである。

大きく違うのは、本土のように廓を出て夫婦になるような者はおらず、一生を廓内で暮らすという点である。人数が多いのはそのためであろう。千六百四十五人という数は途方もないように思えるが、伊知地貞馨氏による明治十二年の『沖縄志』第二巻には那覇三カ所の娼楼には辻だけで「凡千五百人」、渡地が「凡七百人」、中島が「九百人」とある。十六年の『沖縄県治一覧』には「貸座敷娼妓」の項があるが、同年の『沖縄県統計書』では十五年の数字が？マークになっている。ちなみに、十六年末の貸座敷は五百三十三戸、娼妓は千五百六十七人だった。

『公文別録　官吏雑件』中の「沖縄県甲号達」に、十五年三月二十三日に布達した「芸娼妓解放令」を十六年五月十四日付で取り消すとある。さらに、十四年十一月二十九日付の「貸座敷娼妓規則」および、十五年五月十一日付の「芸妓営業禁止」を十六年五月十五日付で廃止している。そして、同日に改めて「芸娼妓貸座敷規則」を布達している。条文には実態に合わせて「芸娼妓」とあって、両者は区分されていない。土地の実情にそって規則を改変したことがうかがえる。なお、免許地は先の三カ所で変りはない。

以上が明治期における各府県の遊廓および娼妓の状況である。早稲田大学に天保二年（一八三一）に増補改正された「諸国遊所見立直段附」という番付けが所蔵されている。岡場所も含めた数になるが全国でおよそ二百五十カ所ほどが数えられる。解放令後には旧宿場や港町および従前免許地を中心に、おおむねそのまま営業を承認する府県が多かった。民部省も大蔵省も新規営業を認めていなかったはずだが、その後は増加する一方だった。では、いったい全国で何カ所の遊廓があったのだろうか。

一時期の『衛生局年報』に遊廓の全国総数が載っている。検黴を担当していた内務省衛生局ははじめは検査所の数を出していたが、明治三十八年から遊廓数に変更している。二十五年には四百八十四カ所の検査所があった。何カ所かの遊廓を統括して検査を実施していた県もあったので、三十七年と比較すると翌年は三十八カ所ほど増えている。ただし、注に「必ずしも一廓をなさざるも娼妓稼業許可地を仮に遊廓と名付く」とあるので、たとえ一軒だけでも一遊廓として数えていた。総数は以下のとおりである。

明治三十八年(575)、三十九年(580)、四十年(568)、四十一年(564)、四十二年(560)、四十三年(553)、四十四年(584)、大正元年(586)、大正二年(580)、三年(576)、四年(577)、五年(540)、六年(535)、大正七年(540)、八年(542)、九年(542)、十年(542)、十一年(529)、十二年(539)、十三年(540)、十四年(539)、昭和元年(536)、二年(535)、三年(516)、四年(511)、五年(509)、六年(500)、七年(492)。内閣統計局が出している『日本帝国統計年鑑』ではごく一時期だけ全国の貸座敷の免許地数が出ており、十三年まで補うことができる。第五十九回『年鑑』によると、昭和九年から十一年まで(468)、十二年(437)、十三年(434)となっている。『警察統計報告　第10回』では十四年は四百カ所となっている。

四十四年に著しい増加が認められるが、これは茨城県の貸座敷数四十四軒を遊廓数と見誤ったためで、遊廓は七カ所だった。この誤りは五年に訂正されるまで続く。同年から五年までは三十七カ所減らす必要があり、そうすると、戦前のピークは三十九年の五百八十カ所で、その後は漸減の一途をたどっている。すでに貸座敷からなる遊廓という業態は斜陽化していた。

最多だった三十九年の府県別の免許地数を以下にあげておく。

北海道(68)、青森(16)、秋田(10)、岩手(20)、宮城(16)、山形(25)、福島(26)、茨城(7)、栃木(27)、群馬(なし)、千葉(7)、埼玉(2)、東京(9)、神奈川(14)、山梨(2)、静岡(23)、新潟(20)、富山(16)、石川(14)、福井(9)、長野(11)、愛知(4)、岐阜(4)、滋賀(11)、京都(17)、大阪(11)、兵庫(9)、奈良(4)、三重(38)、和歌山(2)、鳥取(3)、島根(6)、岡山(9)、広島(18)、山口(31)、徳島(3)、香川(7)、愛媛(2)、高知(5)、福岡(7)、佐賀(6)、長崎(23)、大分(5)、熊本(4)、宮崎(5)、鹿児島(1)、沖縄(1)。ちなみに、娼妓は四万四千八百六十五人を数える。

こうして見ると、北海道が飛び抜けているのを除くと、三重県と山口県がいかに多いかがわかる。これに次ぐのが山形、福島両県で、関東で突出している栃木県もこれに接続する地域として理解すべきだろう。

『公娼と私娼』（内務省警保局、一九三一）には、「昭和四年末現在、貸座敷指定地五百四十一箇所中三十箇所には全然業者が存しない、山口県の十五指定地、島根県の四指定地、北海道の三指定地、石川県、富山県の二指定地、京都府、秋田県、滋賀県、広島県の各一指定地がそれである」とされている。同年の衛生局の数字はこれらを除いた数に合致するので、他の年度も実質の数を挙げていると考えてよい。昭和四年の上村彰行氏による『日本遊里史』や、同五年の『全国遊廓案内』は三十九年のピーク時よりも六、七十カ所ほど減った時期の状況を示すものである。

昭和十四年にはピーク時と比べるとおよそ百八十カ所も減っている。八年に秋田県、九年に長崎県、十年に青森県の全貸座敷が廃業して酌婦に稼がせる料理屋に転じたことが大きく響いている。統計書を見ると、北海道は十六年には三十三カ所に半減しており、三重県は十一年には十四カ所、山口県は十三年には十六カ所に激減している。栃木県も十一年に十三カ所に減っているだけでなく、宇都宮を除いて娼妓はわずかしかおらず、花柳界に娼妓が少々いるような状態になっていた。他県も軒並み減少しており、七カ所しかなかった福岡県でも十三年には福岡、八幡、直方、大牟田のみになっている。山形県では四年段階ですでに営業地は十一カ所に減っていた。

これを単純に受け取ってはならない。須崎の琴平遊廓は昭和元年に、横須賀の柏木田遊廓が同二年に免許を返上して酌婦による営業に転じていたように、不振を嫌った業者らは料理屋に商売替していった。

十年には全国貸座敷聯合会が臨時大会を開催している。これは山形県を中心に警察が新規の娼妓を許可しないということから、内務省が廃娼を目指しているのではないかという危機感から開かれたものである。警察の一連の動きは内務省警保局が九年に出した『農村の窮乏状況に関する情報』に連動しているのではないかと思われる。たとえば秋田県では、およそ七千六百人ほどの県外出稼ぎ人のうち、三千百人余が娼妓、芸妓、酌婦、女給となっているとの報告がされている。山形県はせめて県内だけでも娼妓化を防ごうとしたのであろう。

内務省は三十二年十月五日付の訓令第三十二号で「貸座敷免許地は従来指定のままこれを据え置き、もし、将来新設、移転もしくは拡張の必要が生じた時は稟請すべし」と、各府県に達している（『法規類抄』内務省総務局、一九一〇）。これで増加に歯止めをかけたようにも見えるが、実際にはその後も新規の許可地はなくならなかった。というのも、同省警保局が翌年四月二十六日付で「貸座敷免許地標準内規」を定めて、新設にあたっての条件を示しているからである。第一条には戸数二千以上、人口一万以上、ただし、兵営所、船着場その他特別の事情ある者はこの限りにあらず、第二条には密淫売の弊に堪えざること、第三条では付近に免許地なきがため新設の必要あること、などとしている。民部省や大蔵省は新設を認めなかったが、内務省警保局は方針をまったく逆転させた。しかしながら、新設には反対の気運が強く実際にはそれほどは増えなかった。その代わりに、許可地が減少に転じた三十九年以降には貸座敷にかわって各地で私娼黙許地が増殖していった。台物や遣り手への心付けなど遊興費がかさむ、遊廓という営業形態が敬遠されるようになったのである。警察が把握し、管理していた昭和五年六月末現在の私娼窟は全国で二百七カ所にものぼっていた。これに芸妓の営業許可地が加わる。過去に遊廓だったと称されている土地の中にはこうした公認の貸座敷免許地以外の場所がかなり含まれている。

三十三年は近代公娼制度において、これまで府県の後ろに隠れていた国家が公然と姿を現わした年である。同年十月に西郷従道内務大臣が「娼妓取締規則」を定めており、それまでの府県に任せるという方針を大きく転換している。同年は娼妓の自廃運動がピークに達した時期である。二月には娼妓の自由廃業を認める画期的な判決が下された。三十三年当時の警視庁における風俗警察の担当部長であった松井茂氏は、自廃承認判決後に浅草警察署に任せておいては種々問題が生じるであろうと、九月一日に自身が吉原に出向き某娼妓の廃業を承認することを裁断したと、自著『警察読本』（日本評論社、一九三三）で述べている。氏は「吉原では非常に驚愕したものである」と、貸座敷業界に与えた衝撃の大きさを語っている。それどころか松井氏は、「国家が売笑制度を認める内務省令たる娼妓取締規則は一日も速やかに廃止せねばならない」とまで批判している。一方、芸妓については「昔に帰り、日本旧来の芸道を持って発達するようにし、人数の制限を行なうように」と述べるにとどまっていた。

業者の動揺を静めるためにも内務省は早急に明確な態度を示す必要があった。それが国家が公娼問題の表舞台に躍り出た理由であろう。自廃運動の中心人物であったモルフィ氏に沖野岩三郎氏がアメリカのシアトルで面会したときの話が『話題手帳』(四条書店、一九三四)に載っている。それによると、モルフィ氏は西郷従道氏に面会していた。氏は「内務大臣が西郷従道さんでしたから、話がちょっともわかってくれませんでした。そうですか、よろしい、出来ましょう……というだけで一向要領を得ませんでした。…伊藤博文さんにも会いました。」と語っている。ただし、伊藤博文氏の応答については何も記されていない。

国が三十三年十月に定めた「娼妓取締規則」の第六条に「娼妓名簿削除申請に関しては何人といえども妨害をなすことを得ず」とある。名簿に掲載されない限り娼妓の営業は出来ない。したがって、これは自由廃業を認めたもので、改正の眼目であった。西郷内務大臣がモルフィ氏に「出来ましょう」と言った発言に相当するのがこれかもしれない。また、十二条では「何人といえども娼妓の通信、面接、文書の閲読、物件の所持、購読その他の自由を妨害することを得ず」とあって娼妓の人権の一部を保証している。だが、外出制限が撤廃されるのは昭和八年五月まで待たなくてはならなかった(『警察業務教科書』一九三六)。

三十三年五月二十四日にも西郷従道内務大臣名による訓令第十七号が出ている。内容は「自今十八歳未満の者には娼妓たることを許可すべからず」という一条のみである。その唐突さからみて、これがモルフィ氏への回答に当たる可能性が強い。だが、娼妓の年齢引き上げに対する業者からの反発は大きく、警保局長は四年後の三十七年四月十八日に、再び十六歳に引き下げるよう求めて山県有朋大臣の決済を得ている。理由はお決まりの、私娼の増加とされている。しかし、この決定は日の目を見なかったようで、大正七年四月十五日の全国貸座敷営業者大会においても年齢制限を十六歳に戻すよう請願が行なわれている(『内務省警保局文書』)。

遊廓温存の理由

五年九月の『内外各種新聞要録』第一号に、白川県は「淫戯場など四時の差別なく出願、あるいは芸妓体のもの崎陽(長崎)、島原などより渡来、間々は売淫の聞こえもこれあり」ということから、酌取女税をもって巡邏の給料にあててよいかと、大蔵省に伺いを立てたという記事がある。業者らが争って営業許可を求め、各地から芸妓が流れ込んでくる様子が伝わってくる。

十月の同三号にはこれに答えたかたちで大蔵大輔井上馨名の布告が収録されている。それによると、「遊女、飯盛売女、芸者の類、旧来税金収入の上差し許し来候向きも少なからず、間々不都合の儀もこれあり候間取締の儀は遠からず公布あるべきはずに候らえども、差し向き左の通り相心得べき事」として、「これまで税金収入これある分、本年より上納に及ばず…、収納金は道路堤防橋梁の営築、邏卒取締の入費に充て行うべし…、旧来の税額を増加いたし候とも、又は廃業申しつけ免除いたし候とも伺い出るに及ばず、府県限りに処置いたす苦しからず…、ただし無税にて稼ぎ方いたし候儀は勿論、減税いたし候儀は決してあいならず」と達している。簡単に言うと、営業を認めるならば増税しても構わないし、上納するに及ばず、ただし、無税や減税は認めないという内容である。

後段では、「女芸者、洗濯女、そのほか種々の名目にて遊女同様の所業をたし候儀を黙許いたし候分は、とくと糺して普通飯盛りの名義にあい改め候か、あるいは改業いたし候か、両様の中に改正するつもりを取り調べ伺い出るべし」とし、「右種類これなき地方において新規営業さし許す儀は相成りがたく候こと、右種類の者現今の人員よりあい増し候儀は勿論、死亡あるいは改業の跡、補いのためさらに別人抱え候儀とも決してあいならず」と新規の増加を認めていなかった。すなわち、遊廓の新設を許さない方針だった。後段は前年の民部省令と趣旨が同じなので、前段がこの省令の骨子となる。

この布告は『官令全書』(梶原虎三郎氏編、一八八一)に五年九月五日付で出ており、『新聞要録』でも全文を見ることができる。これがすでに幾度もその存在に言及してきた、政府内で解放令の合意がなったその日に大蔵省側が独自に出した省令の具体的な内容である。白川県の伺いとどちらが先かというと、九月五日以前から大蔵省内で検討が進められていたはずなので、布告後に白川県が早速、制度導入の許可を求めたもので、順序が逆になっている。遊女や芸者の「取締の儀は遠からず公布あるべきはず」とあるのは、新たな鑑札、賦金制度の検討が省内ですでに済んでいたことを物語っている。先に、置賜、群馬、足柄、静岡、浜松、三重、豊岡、堺、奈良県および、京都府などでこの布告に基づいた指導があったことを確認したが、各府県はこの通達を念頭において解放令に対処したに違いない。大蔵省は賦金の使途を地方に任せることによって、結果的に遊廓を維持する方向へと誘導し、あわせて国が娼婦を公認している印象を薄めようとした。

文中の「間々不都合の儀」とは、マリア・ルーズ号裁判における公判中の八月に、奴隷に等しい公娼の存在を指摘されたことをさすものと思われ、税金が娼妓および女郎屋を公認していると見られることを懸念したのであろう。布告は公娼については議論中として、とりあえず私娼対策を先に示したものであるが、私娼についても公娼化への道筋を示したかたちになっている。「芸娼妓等解放令」が出たのは翌月の十月二日である。その裏側で芸娼妓や貸座敷業者からの賦金を地方財政の財源として認めているようでは、解放令が有名無実化するのは目に見えていた。この布告が遊廓が温存された最大の原因である。それどころか、禁止に向かっていた県すらも方針転換させた。

『類纂大蔵省沿革略志』(一八八九)にも、「五年九月に遊女の類の税金は府県を限り徴発し、道路堤防などの支費に充用せしめたり」とある。また、七年一月十九日付で「僕婢、馬車、人力車、乗馬、遊船および劇場、芸妓などの諸税にして府県を限り収入するものを賦金と称し、ともに地方費に充てしむ」という太政官布告書が出ている。七年の措置は各府県が遊廓に関する諸制度を制定するはずみになったと考えられる。解放令によっていったんさびれていた遊廓はこれで息を吹き返した。ただし、先の太政官布告がいったん賦金とした芸妓税は十一年十二月二十日付の太政官布告によって「営業雑種税」とされ、娼妓、貸座敷の賦金とは別扱いとなった(『規則類纂　乙』慶応義塾出版会、一八七九)。これに対する県側の対応策が芸妓の娼妓兼業を認めることだった。芸妓税は賦金と並ぶ地方税収の大きな財源だった。兼業にすれば賦金として県令が自由に使用できた。

愛媛県では明治九年以降は賦金と称するのは貸座敷と娼妓税に限っており、使途は県令の自由裁量とし、十二年の県会で病院経費と警察費の一部をこれに充てることを決したと、『愛媛県史』に見える。県が自由裁量にした根拠は娼妓と貸座敷の賦金は地方税に属するものではなく、府県において適宜徴収支出するようにした九年二月十日付の内務・大蔵両省の達し「乙第七号」に基づいている(『三法指令類聚』一八八〇)。解放令後に遊廓が増殖していった最大の理由は府県による財源の確保にあり、とりわけ県令の自由裁量経費の潤沢化にあった。中でも警察機密費の存在は鹿児島、岐阜県のように解放令後に廃娼を維持してきた県すらも、その方針を覆す原因となった。

鹿児島県　東道主人氏著の『鹿児島案内記』(一八九七)には、「藩制時代には一箇の料理屋のごときすらあらざりしに、…明治の五、六年頃(と覚ゆ)に始めて料理屋を大門口に営業する者ありし」と、維新前後の様相が述べられている。五年九月の『新聞雑誌』六十一号には少し違う理由で遊廓を始めようとする噂話が掲載されている。すなわち、「鹿児島県管下は旧来男色の悪弊ありしが、近時はその風やや衰えたり、よって妓楼を設けんことを企つる者これあるよし」とある。

しかし、九年十月十二日の『朝野新聞』には、「芸娼妓一人もなし、大坂辺より来り、土地でもソロソロ始め掛けたけれど県庁からお触れが出て皆お廃止」とある。同紙には以前にいったん公許されたとあるが、『鹿児島県規則便覧』(一八八二)によれば、九年七月に鹿児島県に編入された宮崎県地域に対して貸座敷、娼妓規則の布達が出ているので、それを意味するのだろう。すでに、宮崎県の参事が解放令後の六年十一月に「芸娼妓並遊観物等の税金及び罰金の儀に付」と、政府に伺いを出している。

県警察部による『宮崎県廃娼史』(『買売春問題資料集成第六巻』三進社、一九九七)にも見えるが、十年十一月二十五日に岩村通俊鹿児島県令名による「密隠売並びに貸座敷、芸妓、娼妓等の渡世あいならざる旨さらに出す」という布達が、旧宮崎県域に関しては規則を守って営業すべしという但し書きつきで、重ねて出されている(『鹿児島県布達』鹿児島県立図書館、二〇〇七)。十一年の『鹿児島県治一覧概表』には「芸妓免許鑑札礼料」および、「娼妓賦金」の収納額が載っているが、これも宮崎地域を対象にしたものと思われる。十二年十月十六日の『朝日新聞』に来月一日付で遊廓、芸娼妓公許と報道されているが、これは明らかな誤報だった。遊廓設置に反対する気運が強かったことは、二十四年十一月の県会が廃娼建議案を議決していることからもうかがわれる。山口県とは方針が正反対だった。

『鹿児島県史』(一九四二)によると、「貸座敷及び娼妓営業規則」が定められたのは二十一年三月二十二日のことで五月一日より施行されている。許可地は鹿児島市街のみとなっていた。二十二年刊『鹿児島案内』(竜泉堂)には上向江町の「青柳楼仲三支店」および上浜町の「一蝶楼」という貸座敷が銅版画によって紹介されている。竜泉堂版をはじめとするこの時期の各種の「案内書」によって各地の豪壮な貸座敷建築を目にすることができる。『全国遊廓案内』(日本遊覧社、一九三〇)には業者は市内春日町、浜町、向江町に散在していたとある。東道主人氏による『鹿児島案内記』には築地貸座敷の創設は二十二年のことで、「当時はわずか二、三の貸席に十名内外の娼妓ありて、それすらも繁昌せず、日露戦役後はさらにこの形勢を一変し、十五楼二百五十人というに至り」と、発展ぶりが記されている。『全国遊廓案内』には停車場の新設にともない三十二年三月に免許地が築地遊廓から現在の位置(甲突町)に指定変更され、九月に移転を命じられたとある。

三十二年三月に出版された森新太郎氏の『鹿児島土産』は移転直前の築地遊廓の様子を次のように伝える。「錦江の清波にのぞみ、巨渠を画して街をなす、彩橋三、四…楼台二十余、娼妓三百余」。『鹿児島県案内記』(吉田書房、一九一〇)には甲突町の遊廓について「沖の村にあり常盤遊廓という、楼数二十一軒娼妓三百四十余人」と、さらなる隆盛ぶりが述べられている。

岐阜県　廃娼県における遊廓公許の理由は、岐阜県での遊廓復活の過程を追うことによってよりはっきりとする。岐阜県は解放令と同時に遊廓を全廃した唯一の県であった。『大垣市史』(一九三〇)には、慶応三年(一八六七)六月に新町遊廓が許可されていたが、「五年十月二日長谷部恕連県令の英断により布告二百九十五号をもって岐阜県下遊廓すべて廃止、妓楼を禁じ娼妓を解放せらる」とある。二百九十五号とは太政官布告による解放令のことで、長谷部県令はこれを廃止令と解釈した。同時に県から出された「同布告心得方の事」が『岐阜県警察沿革史』(一九三六)に収録されている。内容は以下の三条からなる。

一「娼妓、芸妓を雇入れの資金は不正な手段で得たものとする、苦情を言うものはその金額を取り上げる」

二「娼妓芸妓へ貸す金銀は一切取り立てられることはない」

三「金談のうえ養女にして娼妓芸妓の虚業をさせるのは人身売買なので厳重に処置」

これらの条文は解放令の趣旨をもっとも厳密に反映させたもので、その厳格な姿勢が遊廓の廃絶にまで至らせたのであろう。

『岐阜県史稿』の戸口の部によると、五年の「十月二日第二百九十五号御布告娼妓解放の際調査せし人員」として、解放時点で七百二十人もの娼妓がいたが、岐阜町の美江寺大門前の遊廓をはじめとして多くの遊廓がいっせいに廃止となったとある。九年六月二十日の『郵便報知新聞』には大垣の景況として、「解放後、貸座敷を許さず、今なお一頭の往来猫を見ず」と、芸者すらいなかったことが報じられている。県は十年一月二十三日に「売淫の儀は当管内かねて厳禁に候処中には、なお陋習を改めず密々右の業体を営み」というので罰則規定を設け、七月二十三日にはさらに罰則を強化している(『岐阜県県史稿　禁令』)。

遊廓の繁栄は文明開化の一現象とみなされていた節がある。建築には贅が尽くされ、洋風建築や三層ないし五層にも及ぶ豪壮なものもあった。維新後に城郭建築が次々と破壊されて行く中にあって、まるでそれにとって代るかのように各都市に新設されていった。そのためにまるで文明開化の一端を担っているかのように目に映ったのであろう。

八年三月十六日の『東京日日新聞』に次のような記事が出ている。「東京をはじめ三都の地獄の大繁昌なる文明開化の今日なれば」という好況に刺激されて、「岐阜県下に芸娼妓の無きは実に諸県の及ばざる所」だったにもかかわらず、「なにとぞ貸座敷を許してくだされ、税はいくらでも差し上げます」と、早くも遊廓設置運動が始まっていた。中には東京（内務省）に陳情に出る者さえ現れるという大騒ぎだった。貸座敷業は税金が安く大きな利益が保証されており、遊廓地に指定されれば無価値だった土地が高騰する。裏で賄賂が動くことも往々にしてあった。

大阪市立大学の「遊廓・遊所データベース」には八年二月十七日付の県下九宿総代から内務省に出された請願書が収録されている。これは六年、八年の両度にわたって県庁に営業許可を嘆願したものの小崎利準県参事から「御布令により解放の後は管内一般差し止め…生業の目途はあい立て申すべきことなり」、二度目は「貸座敷渡世再願の趣は、一切聞き届けがたきこと」という厳しい回答しか得られなかったため、思い余って上京出願に及んだものだった。しかし、内務大少丞は県を経てないという理由でこれを退けるとともに、「県下において右商売の者これなきは甚だ美事、喜ぶべき事」と言い聞かせている。内務省にも廃娼を歓迎する官僚がいた。

何度も繰りかえされた運動の甲斐もなく、岐阜に遊廓が設置されたのはかなり後年のことになる。二十一年九月十三日の『時事新報』に、「これまで遊廓の設けなかりし鹿児島、岐阜のごときもいよいよ遊廓を設置することとなり、岐阜にては岐阜、大垣、高山の三カ所と定まり」と報じられているが、実際には多治見を含めた四カ所だった。高山では郊外の大名田村花岡が免許地となっている。しかし、二十一年の統計を載せる『岐阜県警察統計書』には岐阜と高山しか出ていない。『大垣市史』には藤江遊廓は二十二年開業（二十五年とも）とある。多治見町西カ原遊廓も『全国遊廓案内』では二十二年の開業となっている。営業許可と開始が同一年でない例は少なくない。

岐阜県の遊廓公許は鹿児島県に半年遅れるがほぼ同時だった。その背景には共通するある事情があった。『時事新報』の報道によれば、岐阜県における遊廓設置の目的は「国庫より支出せし警察費支出の減少」となっている。二十一年八月七日の「閣令第十二号」に、「貸座敷、引手茶屋、娼妓の賦金は府県知事において適宜にこれを賦課し地方税雑収入に編入すべし、警察機密費は警察中の一科目とし、検黴費は衛生病院費中の一科目とし地方税より支出すべし」とあるように、警察機密費と検黴経費をそこから支出させていた。警察機密費の資金源が遊廓の賦金だったことは、すでに大日向純夫氏が中原英典氏をはじめとする先行論文を踏まえながら、実情を報告している。

岐阜県の遊廓復活に警察機密費の問題が介在していたことは、松本哲也氏が「明治期岐阜県における廃娼と遊廓の復活」(『岐阜史学』九十八号、二〇〇一)ですでにふれている。松本氏は十九年には県会で営業が許可されていたことを明らかにし、有力者がこれによって地元への利益誘導をはかるとともに、市区改正費を捻出する目論見があったことを指摘している。せっかくの廃娼県を官民一体となってひっくりかえしたことになる。

十六年十一月十二日に松方正義大蔵大臣と山田顕義内務大臣は、各府県において適宜支出するようにしていた賦金の一部を内務省で扱うことができるように求めて、認められている。趣旨説明には、賦金は営業取締、検黴費、警察探偵費、衛生費に充てられてきたが、県によって収入に懸隔が大きく警察事務に渋滞をきたしている。府県会議員はおおむね探偵事務に理解なく、その名称を忌避、拒絶するため、やむを得ず賦金より支出するのが十中八九である。しかし、その収入僅少、絶無の地方が国庫に下付を請求してくるので、各地の収入の十六分の一を内務省が徴収して適宜分配したい、とある。

「提案主旨説明書」の付表には各府県の賦金額が掲載されている。百円以下を四捨五入すると、筆頭は大阪府で十三万三千円、以下、三重県六万四千円、警視庁(東京府)五万六千円、愛知県五万六千円、京都府五万四千円、神奈川県五万二千円と続く。最少は高知県の七百円で、岩手県千七百円、徳島県三千七百円、鳥取県四千円という順である。たしかに差は大きい。さらに賦金なき地方として、和歌山県と岐阜県、十六年より同所として、鹿児島県が末尾に記されている(『公文別録』)。鹿児島県は同年に宮崎県を分離したため廃娼県であることが表に出てしまった。これら廃娼三県の方針を覆すことが内務省の重点的なターゲットになっていた。

内務省の『大日本帝国第一回統計報告』によると、十七年の賦金の収入総額は七十六万八千二百九十八円で、支出は探偵費が三十六万二千百四十七円、検黴費が二十万四千五百九十九円、病院費が十三万五千四百九十五円、その他が五万九千六百七十六円だった。半分弱が探偵費に充てられていた。その二年後には内務省が賦金の扱いを独占するようになった。山県有朋内務大臣は十八年一月三十一日に警部費増額のために、賦金をすべて当省に徴収し、適宜各府県に下付することを申し出て認められている(『公文録』)。しかし、二十一年七月二十日に森有礼文部大臣、松方正義大蔵大臣、山県有朋内務大臣らは黒田清隆総理大臣に対して「娼妓貸座敷引手茶屋賦金の地方税中雑種税に帰し、高等中学校経費の地方税分担を止め、並びに警察費国庫下渡金の割合改正の件」を提出している。

その趣旨説明において、「十二年以来その徴収を府県の適宜に任せ業体取締費、検梅費及び探偵費充用せしめ、尚余剰あるときは衛生費に補充するを許可し、総て内務省へ徴収した後、前記三費としてその収入の多寡に応じて幾分を下付し、その残額より金十五万円を内務省の雑収入として府県の警部に係る諸費に充てし…一種特異の経済を立てるは会計の整理においては勿論、事理においても甚だ宜しきを得ず」という理由が述べられている。そして、これまで地方税でまかなってきた高等中学校経費の全額国庫負担とするために、「東京府においては警察費総高十分の六なるを十分の四に、その他の地方は十三分の三を十二分の二に改めんと欲す」としている。その結果、配分率は原案通りになったが、徴収方法は従来通りのままと決定された(『公文類聚』第三十三巻)。

中島貫一氏は『賦金沿革論』(浦部商会、一九〇三)において「賦金をもって政費に充つるの制度は明治聖世の一汚点」と断じ、賦金の使用を駆梅病院の経費などに限定すべきであって、賦金がその経費に比して膨大過ぎると主張している。三島通庸警視総監は賦課規則を改定して賦金を前年度倍以上を徴収して流用濫費したとし、「各府県においても賦金を流用せざるところあるなく、はなはだしきにいたりては地方長官の私嚢を温めたる者さえあると喧伝せらるる」と非難している。彼の経歴からみて、まったくの想像で不正を指弾しているとは思われない。中島氏は三十年の全国貸座敷臨時大会では書記を勤めて議事録を刊行しており、同氏の編集になる『廓重宝』(一八九三)では氏の住所は州崎弁天町になっている。遊廓関係者に違いないが巻末の業者一覧には名が見いだせない。『賦金沿革論』の奥付には住所が浅草神吉町となっており士族を称している。士族は貸座敷の営業が禁止されていた。

牧野伸顕氏の『回顧録』(中公文庫)には兵庫県大書記官だった時(十八～二十年)のこととして、「花柳社会の賦金の出納は県会に出さず知事が一人で管理し、多くの場合交際費に使われた、公開できぬ使途もあったように思う」とある。議会の監視が届かない金は不正を生みやすい。二十一年八月八日の『朝日新聞』は森有礼文部大臣らの提案に対する結果を報じるとともに、「これまで賦金は警察機密費と検黴費とになして余贏《えい》ある分は地方長官の交際費となり、或いは国庫に上納せしもありとか言い伝えれど、収支ともに予算も決算も知るを得ざれば」と、批判している。県令の交際費の一部が政府の枢要人物の接待に用いられていたことは容易に想像できる。

新聞報道を受けてか、二十二年二月二日に松方正義内務大臣は「賦金は元と醜業に賦課し徴収するものなれば、これを正税となさば或いは体裁を欠く…故にその賦課方をもって特に府県知事(東京は警視総監)に委任せられたり、然るに…芸妓税幇間税とあえて異なるところなし…知事の適宜に任するは世の疑義を醸《かも》し…他の雑収入と同じく府県会において議せしむる方最穏当」として再度、賦金の地方税化を申請している。

しかし、黒田清隆総理大臣はこれを退け、逆に、東京府だけの例外規定だった「警視総監」が処理するという注を削除するという閣議案を決定している(『公文類聚』)。賦金への警察の関与を覆い隠そうとしたのであろう。黒田総理大臣は北海道開拓使庁次官時代に遊廓を設置し、解放令の猶予を政府に申し出た前歴を持つ強固な遊廓必要論者であった。

磐前、群馬、埼玉、千葉、筑摩、愛知、岐阜、和歌山、鳥取、鹿児島県のように解放令前後に廃娼を実行した県もあった。解放令はこれらの地方官吏を力づけたはずである。しかしながら、千葉県や愛知県は一旦決定した廃娼方針を転換しており、神山、筑摩、鳥取、小倉県のように他県との合併によって娼妓禁止が無効になってしまった県もあった。

解放令が徹底できなかった原因はいくつかあるだろう。身を売らざるを得ない女性の貧困が解消されていないことが最大の要因に違いないが、一つには解放令が遊廓新設に浮かされていたさ中に布達されたという背景を考えなくてはならない。解放令は維新後に急速に広がった遊廓の増加に危機感を抱いた中央や地方の官僚たちが断行した、画期的な政策だった。だが、廃業を迫られた業者らは私娼の増加を理由として遊廓設置を求める声を梃子にして、娼妓らには他に生活の手段がないことを理由に、解放令直後から執拗に再営業の許可を求めた。しかしながら、業者の嘆願、おそらくはその裏面にあった贈賄工作などは副次的な理由とすべきであろう。

大蔵省が解放令の一カ月前に出した、娼妓や貸座敷業者からの賦金の使途を府県に任せるという指令を受けて、多くの県が取締規則を定めている。同省の圧力がなくては愛知県や千葉県のように一夕や一年で方針が覆るようなことはなかったであろう。実際に、東京府は六年の十一月と十二月の間で方針を司法省寄りから大蔵省案へと転換している。従わない県は遊廓を認める県と合併させられた可能性すらある。群馬県や埼玉県はそうした圧力にも屈しなかった希な県である。

遊廓が温存された最大の原因は五年九月五日付の大蔵省令にあった。邏卒経費や道路修繕費に芸妓、遊女、飯盛女税を充てるというアイデアが井上馨大蔵大輔自身の発案になるかどうかはわからないが、彼はこれを全国で推し進めた。京都府のように、邏卒の労煩をもっとも招くのは色業という理由で、上納制度を維持した府県もあった。新治県や白川県などもこれを警察経費に充てることを申請して許可されている。国立公文書館の『明治八年政表・府県税及び賦金の部』によれば、芸妓、娼妓、貸座敷関係の賦金は地方税の五割四分に達していた。支出の高額御三家は道路橋梁修繕費、医院入費、邏卒補亡吏給料である。内務省は当初は邏卒の給料費だったものを警察機密費に名目を変更した。二十一、二十二年の両度にわたって賦金を通常地方税に含めようとする案が閣議に提出されたが、二度とも廃案となったのは警察機密費を確保するためであった。

「近代公娼制度」の創設を指揮したのは井上馨氏だった。『紅灯情話　二代芸者』を著した安藤せん子氏は井上氏について「女(芸妓)を弄ぶ事を煙草を吹かす位に思っていられます」と語っている。バックにいた木戸孝允氏や配下の陸奥宗光氏および、強固な遊廓必要論者だった黒田清隆氏も中心人物とみなされる。六年五月に井上氏が官界から追われたあとの大蔵省を担った大隈重信氏は大蔵大臣の在任期間や、横浜の遊廓移転に関与していたことを考えると、やはり責任の一端を担うべきだろう。大久保利通氏が内務省を発足させたのはすでに大蔵省の指導による公娼制度が形をなしつつあった六年十一月のことであり、警保局が司法省より移されたのが七年一月十日のことなので、制度の創設とは無関係である。東京の遊廓からの賦金を直接所轄分署に納入させるようになったのは十二年三月十九日付の布達によってである(『東京警視本書布達全書　明治十三年』一八八六)。この年まで大警視だった川路利良氏がこれに果たした役割は大きかった。警保局を管下に置く内務省の役割はその経費の財源、すなわち、賦金を確保し続けることにあった。山県有朋氏がこれに尽力した。西郷従道氏は三十三年に国が公娼制度の前面に乗り出した時の内務大臣だったが、条文の漸進性を考えると中心人物からは除外すべきであろう。伊藤博文氏も新規を認めないという民部省以来の消極的な態度を通していたので、首謀者とは言えない。

賦金と芸妓税は地方財源の柱だった。これを前にして遊女や女郎屋を廃止するかどうかという判断に迫られた各府県は、大蔵省の意向もあって温存、さらには新設にまわった。明治期のインフラ整備は彼女らによって支えられてきたと言っても過言ではない。おそらく、各府県内部では維新の理想と現実との間で相当の葛藤があったと思われる。しかし、実利がまさるのが世の常である。政府すら否定していた遊廓の新設や芸娼妓兼業をほとんどの府県が認めたのは、県令が自由に使える賦金を増すためだったと思われる。行政が腐敗する土壌を作った井上馨氏の罪は重い。その後の警察による風俗行政は、芸妓と娼妓というダブルスタンダードだけではもの足らず、さらに酌婦を加えてトリプルスタンダードを設けた。欺瞞から出発した制度であったから、底が抜けるのは目に見えていた。

芸妓の娼妓化

数量的な変化もさることながら、芸妓の生活の質的な変化がより重要な問題である。解放令はそれまでの芸者、芸子に代わって「芸妓」、遊女、女郎、飯盛女、酌取女などに代わって「娼妓」という官庁用語を定着させた。たとえば京都府では六年に芸者は芸妓、遊女を娼妓に改称するようにしたと、『京都府誌』下(一九一五)の「風俗警察」の項に見える。

女郎屋は貸座敷に変わった。『警察法監獄学問題義解』(一九〇九)では「貸座敷とは座敷を供し娼妓稼ぎをなさしむるをもって目的となす営業」と定義して、待合茶屋については「席貸」と称して区別している。待合茶屋は娯楽集会を目的とする席貸業の一種という扱いであった。

大阪では東京と違って引手茶屋の代わりに置家を介して娼妓を妓楼に送り込むのが慣習だった。置屋というと芸者置屋のような業態を思いうかべるかもしれないが、上村彰行氏は『売られ行く女　公娼研究』(大鐙閣、一九一八)において、置屋を「扱店」としている。大阪の置家は江戸の検番にあたるとされるゆえんである。松川二郎氏は『三都花街めぐり』(誠文堂、一九三二)で、「大阪の娼妓の特色は各自それぞれ家形《やかた》を有して貸席へ招かれて営業することで、…その日常生活上にはいわゆる籠の鳥式束縛を受けることもない」と述べている。

したがって西日本では貸座敷という名称がなかなか定着しなかった。十年に定めたものを十一年五月に改正した『兵庫県布達貸席芸妓舞妓規則』では、第三条に貸座敷営業するものは行灯を必ず掲げることとし、図には「貸席」の文字が認められる。二十六年の『島根県警察規定』には「貸席営業は左の免許地内、娼妓営業はその貸席内においてすべし、ただし、免許地に接する港湾の船舶に赴き営業するはこの限りにあらず」とある。三十年の統計を載せる『山口県赤間関市統計書』にも「貸席免許地」となっている。関西系の愛知県でも二十七年の取締規則で貸座敷を「席貸茶屋」と称している。この言葉は関東近辺でも用いられており、十四年の『山梨県治綜覧表』では「貸席娼妓賦金」という項目になっている。

上方では芸妓や娼妓を抱える店を「家形《やかた》、小方《こかた》」と言った。『類聚大阪布達全書』に収められる十七年一月十九日の乙五号「貸座敷並娼妓賦金徴収規則」において、「家形、小方」を「娼妓を抱え置きその営業の媒介を置家に求める者をいう、単に娼妓を抱え置き、家形、小方同様の営業をなすものも含入す」として、置屋を「家形、小方と貸座敷との中間にあって娼妓営業の媒介をなすもの」と定義している。

家形と小方の違いについては、上村氏が小方は「単に娼妓を寄寓させているだけ」とし、家形は「芸娼妓を招聘し、遊興せしむるところ」と区別しており、後には家形は貸座敷と同義になったが、当初はそうではなかった。『大坂穴探』の著者堀部朔良氏は娼妓が仮病を使って検黴を避けて「家形」で内緒の商売をすることもあると、語っている。

「やかた、こかた」の役割は芸妓の場合も同じで、山根秋伴氏は『日本花柳史』(山陽堂、一九一三)において、「芸妓の置屋はやかたと言って、小方やかた、店やかた、自前やかたの三種に分かれている。小方やかたは自前の妓が他の芸妓を抱えた時に扱い店から言う名称、店やかたは扱い店と一間にいる時の名、自前やかたは別居して扱い店に所属している時」というように説明している。京都では「やかた」という言葉が今でも用いられている。

だが、大阪府は全国共通の制度に合わせるべく、十七年二月の「改正規則貸座敷娼妓心得」で、貸座敷をこれまで「置屋、やかた、こかた」と唱えてきたものと、強引な定義をしている。芸娼妓を茶屋に派遣する商売を貸座敷というのは言葉のうえでもおかしいが、娼妓に座敷を貸して営業をさせるという架空の業態に無理矢理に合わせようとしたために生じた不合理であった。『北区勧業統計表』(一八八九)の遊廓の項には曽根崎新地に「小方」が「二」とあってその後もわずかながら残っていた。

愛知県の岡崎でも上店は上方方式をとっていた。『岡崎遊里花競』には二十七年時点での伝馬町遊廓の上店、上中店の業態が詳しく記されている。内訳は揚屋が八軒、揚屋兼料理店が三軒、揚屋置屋兼業が六軒、置屋九軒、芸者屋四軒となっている。ここでの置屋は娼妓のみ、もしくは芸娼妓を抱え、客を迎えないで揚屋に送り込む業種で上方の小方に相当する。今日では置屋は芸者を抱える商売として一般化しているが、岡崎ではこれを芸者屋と称して区別していた。置屋はあくまでも上方生まれの言葉なので、少なくとも明治期には東京や関東では用いられなかった。そのかわりに芸者屋、芸妓屋といった。岡崎は置屋の東限であったが、芸者屋の西限でもあった。当地が東西遊所文化の接点だったことを示している。

吉原の貸座敷業者は送り込みという大阪方式をなくそうとして「三業公社設立願書」を提出した。しかし、三業公社が設立された直後の八年五月二日に、蚊帳の外に置かれていた引手茶屋が抗議のため一斉休業をしたため吉原の客足が衰えてしまい、混乱を収拾するために東京府は警視庁と協議のうえ三業それぞれについて新たな規則を定めることにした。七月二十日付の『朝野新聞』にも条文が掲載されているが、「貸座敷規則」には「娼妓の頼みありとも金銭衣物を貸与して他日の転業の妨げをなすべからず、他の貸座敷へ出入りするを故障致すまじき事」という一項がある。娼妓の拘束を禁じ、正業に戻りやすくするような配慮にもみえるが、かえって家具や衣類などが自前になり、娼妓の負担は一向に減らなかった。

「娼妓規則」の「貸座敷のほか宿泊致すまじき事、貸座敷に同居するも勝手たるべし」という条文が貸座敷業者の狙いであった。引手茶屋での遊興は芸妓が中心にならざるをえなかった。たとえ「引手茶屋規則」に「芸妓らを宿泊いたさせ、又は娼妓に紛わしき所業決して致すまじき事」という禁令が設けられていても、茶屋がこれまでどおりの収益を確保するためには芸妓が客と寝ることを必要とした。茶屋の待合化であり、待合茶屋の出現を招いた。芸妓側にも無下にそれを断れない事情があった。それ以上に解放令後に定められた芸妓規則によって高額な芸妓税が課せられたことが大きかった。高額な月税が芸妓の肩に重くのしかかったために芸妓の営業形態が変わってしまったという一面も否定できない。

二十年に出版された清水亮三氏編『名娼花街演説』(二書房)は、吉原の娼妓らの批判精神の鋭さを示すものであるが、演説の中には娼妓にへりくだるべき存在であった吉原芸者が、解放令後に商売仇に転じた実情にふれた演説が含まれている。

安尾張楼の薄雲は「お茶店を入れない貸座敷の多くなったのは、お茶店の営業に幾部かの損毛を来たすようなものの、お茶店は皆よく転ぶ芸者を二、三人抱えて置きて内々娼法をさせるから、随分帳面には付けられない旨い儲けもあり、又、芸者を転ばす位のお客は皆紳士という金箔付きの金廻りのよい人ばかり」と、皮肉っている。すでに金持ちは茶屋や料亭で芸者と遊び、遊廓は主に職工や学生らが行くところというように階層化していた。尾彦楼の白妙にいたっては「吉原の芸者衆にて内々二枚鑑札主義をやらないものは唯の一人もありません…、近頃世上の噂では芸者を転ばせるのは吉原が一番軽便であるとか」とまで毒づいている。

東京府の規則は趣旨に反して芸者が身を売ることを促進した格好となり、吉原芸者の誇りはまったく地に堕ちてしまった。早くも二年には過半が客取をしているという風聞があったことは「水揚げ」の項でふれた。八年四月二十七日の『郵便報知新聞』によると、吉原博覧会の納場（会期末）の列品には、皮肉まじりの座興として「芸妓の応頼まくら」が陳列されていた。この博覧会は人気を博し、同年三月十三日の同紙には「新吉原の妓院は去歳と事変わり大いに景気よく」とあり、早くも解放令後の不振を払拭していた。

かなり後年のことになるが、二十五年十二月二十二日の『萬朝報』が吉原の「引手茶屋規則改正」を伝えている。そこには「客に芸者を取持ち、又は貸座敷へ送らずして我が家の二階へ寝かせるなどの風聞がその筋のお耳に達し、…改正を命ぜられたる。違背の者あるときは断然営業停止」とある。この改正がどれほどの効果をあげたのかはわからないが、吉原芸者がかつての誇りを取り戻す一助になったかもしれない。

湯浅観明氏の『通人物語　趣味の東京』（鈴木書店、一九〇四）に「老妓の思い出」という一文がある。そこには吉原芸妓の心意気が委細に語られている。文中に「明治二十年頃は」とあるのでその頃にはかつての厳しさがもどっていたのであろう。

維新前に吉原芸者に科されていた厳しい仕来たりについては前にもふれたが、『横浜開港側面史』の「花街柳巷」の項でもうかがうことができる。横浜吉原の芸者は江戸吉原のそれをそのまま受け継いでいた。慶応元年（一八六五）に港崎遊廓の芸者となった杵屋小三女さんは「どんな用事があっても廓外へ出ることはできません。…情人が出来て寝ている所を見つけられるとその帯を七日間見番に曝されて五十日の入牢でした。」と語っている。入牢とは営業禁止にともなう謹慎を意味するのだろうが、これだけ長期にわたれば死活問題である。また、明治元年に横浜に来た落合くめさんは、「芸者を一人呼ぶことはできませんで一組といって二人でした。…半玉というものはありませんで、十三、四位でも島田に髪を結って肩揚げはあっても玉は一本」と話している。二人一組も江戸吉原のしきたりで、勝手に身を売らせないための工夫であった。

だが、こうした厳格さは解放令後にすっかり失われてしまった。その間の事情については某老妓が「横浜の芸者が応来になったのは明治十五、六年の頃からで、…東京から変な獣物(けだもの)が入ってきてからです」と、語っている。ここで「東京の変な獣物」と蔑まれている「応来芸者」の由来にふれておくと、「応来(応頼)」とは英語のオーライのあて字で、明治になってから「転び芸者」に代わって流行するようになった。その出現は三業規則制定以前のことで、七年九月二十三日の『郵便報知新聞』の記事がもっとも早い。そこには柳橋のみねと、福松の連名の投書が載せられている。内容は「この節雑誌とやら申す新聞にオーライ芸者の隊長とお誉め詞をいただき、…たやすくオーライになるかならぬかおためしくださるようご披露お願い申し上げます」とある。どうも新聞記者には芸妓を見れば皆オーライと決めつける偏見があったようだ。芸妓に関する新聞記事は割り引いて読む必要がある。

これより先の、六年九月二十四日の『郵便報知新聞』に、「この頃府下に表は芸妓と号し、その実、売女の所業する者各所に繁昌するといえども別して赤坂の土地を甚だしとす」とあるが、まだ応来の文字は見えない。また、山中共古氏の『続共古日録　十一』(国立国会図書館)に収録されている七年の流行り歌では、「ころび芸者」という江戸時代以来の呼称のままなので、「応来芸者」は七年頃から用いられたとしてよいだろう。応来芸者は五年の解放令によって一時的に遊廓が廃れたことにともなう副産物と言ってよい。八年一月二十一日の『郵便報知新聞』には「オーライころぶは今日の芸妓の半黙許(おおめにみる)」とある。なお、応来芸者が必要とした「待合」の初見も、七年六月の出版になる服部撫松氏著『東京新繁昌記　第二編』においてではないかと思われる。同書の「待合茶店」という一章には、「もっとも招くべき、貴ぶべきはすなわち、酒客と妓客のみ」とある。また、『改正警吏須知』(一八八六)には「待合茶屋渡世は八年以来府税収入の者」となっている。

同じ年の刊行になる、高畠藍泉氏作の『怪化百物語』(東京書林)中の「絃妓の化物」では、「お酌の少女」が旦那の膝に寄りかかって何かでしゃかしゃかしているのを見た姥芸者が、「あんな達者なのが若いのにたんとありますから、応来芸者だとか地獄(私娼)同様に思われるのは一統の面汚し」と、ぼやいている。八年二月八日の『あけぼの新聞』には「名古屋長者町、長島町、魚の棚の三町はオーライ芸者の巣窟」とある。これら三町には県庁御用達の芸者がいた。同年四月十九日の『平仮名絵入新聞』にも、浅草裏門前の水茶屋に来た客が「応来芸者をよんでくれろ」と頼んだとある。

先に遊廓の一時的な衰退が応来芸者の出現を招いたとしたが、十二年に出版された森房太郎氏編『一粲集　巻之上』の「与権妻書　芸妓」と題された戯文の一節では、「霜枯れ三月容易に三円の税を納めるあたわず、又、養母を食わせ難し、これを以ってよんどころなく応来を行なう」と内実を訴え、なぜ芸者あがりの権妻(妾)には税金や罰金が無いのかと皮肉っている。芸だけで食ってゆける芸妓は少なかった。高額な芸妓税が応来芸者を生んだ最大の原因とすべきであろう。

この業界の監督官庁となった内務省も、大蔵省と同じように芸妓と娼妓の区別を各府県に求めた。しかし、お膝下の東京府は別にして、多くの府県は同省の意向を無視して兼業を認めていた。六年三月に甲府県が定めた「黴毒検査及び娼妓芸妓席貸規則」には、「芸妓もし売淫いたし候儀あい聞こえ候わば、娼妓の規則あい守らせ申す可きこと」とある。娼妓にすれば、揚代は賦金になる。香川県が九年六月二十六日に定めた「芸妓娼妓営業規則」には、税金が「芸妓　二円、娼妓一円五十銭、舞妓　一円」とあるが、娼妓の但し書きには「芸妓を兼ねる者　二円」とある。岡山県は十年二月三日に「娼妓にして芸妓を兼ねんと欲する者は第一条の手続きをもって願い出る事」としている。兵庫県が十一年に定めた「芸妓舞妓規則」には、「芸娼兼妓は専ら娼妓規則を遵守すべき事」という条文がある。

また、十一年四月八日の『郵便報知新聞』は滋賀県は芸妓舞子に娼妓兼業を公許し、過半は兼業を出願と伝えており、十二年二月四日には大津の柴屋町遊廓は「芸妓一人、芸娼妓兼勤四十五人、娼妓二人」と報じている。十二年の『大分県統計書』には兼業の芸娼妓は百三十六人とある。十三年一月十一日の『朝日新聞』には、高知の稲荷新地の業者が「本地の芸妓は一同に芸妓、娼妓の二枚鑑札をもって営業させるのが至当」という決議をしたとある。

石川県では二十年に改正された「芸妓取締規則」に、「娼妓にして兼業の者は其免許地以外において営業するを許さず」とあり、鳥取県も二十二年の「貸座敷娼妓規則」に「芸娼妓を兼業するものは貸座敷外において営業するを許さず」と定めている。明治十年に兼業を禁止していた愛媛県も、明治二十一年二月の愛媛県令第二十六号「営業税雑種税徴集規則」の第二条で芸妓を四種に区分し、第二種を「年齢満十四歳未満のもの」、第三種を「自ら賃銭を定めず客の意に任すもの」、第四種を「娼妓にして芸妓の業を兼ねるもの」としている(『香川県史　第三編』上、一九一〇)。第三種は酌婦芸妓のことではないかと思われる。

大正十年の山口県『県税課目課額便覧表』には、芸妓を兼ねる娼妓は一人を半人とみなして賦金を徴収するという注記があり、優遇措置がなされていた。大正十四年に富山県が各県の税制を調べた『県税制整理参考附録』の、「芸妓、酌婦、給仕人」の項によると、長崎、愛媛、徳島、広島、島根では芸娼妓を兼業する者に芸妓税を割引する優遇措置をとっていた。上方文化圏では圧倒的に兼業が主流だった。

兼業の認可は西国に限らなかった。ということは、単に慣習に従ったわけではなく、ほかにも理由があったとせねばならない。すなわち、賦金増収の狙いである。明治二十一年の北海道庁令第二十一号には、「芸妓は娼妓兼業の者にあらざれば貸座敷に居留もしくは宿泊するを得ず」という一条がある。すでに、十五年八月十一日の『郵便報知新聞』には、札幌の「遊廓の芸妓は総員二十余名にて娼妓同様に見世を張るは訝しき」と報じられており、同地の芸妓はまったく娼妓と同じ扱いを受けていた。青森県が二十二年に定めた賦金規則には娼妓の等級を「客席において歌舞音曲の技を演ずる者」を一等とし、しないものを二等にしている。同時に定められた「貸座敷娼妓渡世規則」にも、「芸妓兼業娼妓といえども免許地内に住居すべし」とある。十八年の「岩手県芸妓料理屋取締規則」には「芸娼妓兼業の者は貸座敷免許地以外に居住を許さず」という条項があり、同年に布達された山形県の「賦金徴収規則」にも貸座敷営業者は娼妓とは別に「寄留芸娼妓(遊芸稼女)は一人に付き一カ月五十銭を納むべし」とある。

秋田県だけは例外で、十六年十一月二十一日付の「芸妓営業取締規則」を十八年に改定して、「芸妓は貸座敷免許地に住居又は寄留することを得ず」というように、芸妓を遊廓内に住まわせはしなかったが、ただし書きで「芸妓娼妓を兼業し二様の鑑札を受くる者はこの限りにあらず」としている。ところが二十二年の「貸座敷娼妓取締規則」には、「娼妓は芸妓を兼業することを得ず」とあり、一転して兼業を禁じている。

十一年に出版された『善光寺繁昌記』三編には、芸妓のおおよそは東京から来るとあり、自前で営業する者以外は前借りにあたって二枚証文が要求され、売色が義務づけられていた。そこには芸妓が売色する手続きが次のように述べられている。

客が酒を飲み終えて妓と情を結ぼうとするにあたっては芸妓に直接言うのではなく、「妓主及び女奴(仲居)輩の媒舌を煩わし、別に定情金(枕金)若干を出し、更に予め衣服一襲の価を弁ずる」というのが決まりだった。「媒舌を煩わす」というのは仲介を依頼することで、楼主や仲居への謝礼が別途必要になる。「衣服一襲の価」とは、芸者が泊まるにあたっては座敷着から着替えるために夜着を用意する必要があったからである。それを運ぶのが下地っ子の役目だった。こうした仕組みは全国で共通していた。

繁昌していた権堂遊廓は天皇の巡幸の障りになるという理由で廃止となり、東方郊外に新たに鶴賀遊廓が設けられることになった。若林蕾吉氏による『今昔の長野』(一九一七)によれば、その後の権堂は花柳界になっている。行幸を理由にした移転は他にもある。『横浜開港側面史』には一老人談として次のように述べられている。十二年頃に高島町遊廓を、当時さびれていた長者町に移すことを目論んだ者が、勤王家を動かして「高島町は横浜への咽喉で、…殊に鉄道は聖上をはじめ奉り内外の貴顕が往復の道になっているにかかわらず、彼の娼妓らが白昼裸踊りをなし、または、行幸啓を二階から拝したりするのは臣民の恐懼に耐えない」という口実を考え出させた。この口実は七年三月に高島町遊廓を対象にして定められた「遊女渡世規則」の第十五条、「二階より汽車通行の毎度車客に対し手招きいたし、又は雑言申し罵り、あるいは帯を締めず市中その他歩行いたし見苦しき風体いたすまじき」を下敷きにしている。策略が図にあったのだろう、移転を決意した野村靖県令が替地や猶予期間について、直前まで大蔵卿だった大隈重信氏に相談した四月十日付書状(早稲田大学所蔵、友田昌宏氏が十三年に比定)が存在する。県令や大蔵省にとって遊廓の設置がいかに重要な問題だったかがわかる。

半玉

幼い下地っ子が数えで十四、五歳に達して半玉になると、水揚げを強要された。規則上では芸妓は売色行為ができなかったので、警察は関知しないというたてまえをとっていた。それどころか、業者にとって大きな利益を生む「水揚げ」の実態が世間に知られないように目を光らせていた。娼妓の年齢を十八歳に引き上げながら裏で少女売春を黙許していたことが公になれば、世界中から非難がわきあがるのが目に見えていたからである。

だが、明治期にはそれはほとんど公然と行なわれていた。『紅灯情話　二代芸者』には、東洋汽船社の浅山六十六翁は「蕾を手折るのが何よりの十八番で、花柳界では雛妓のお師匠さんと異名されています」と、大金で多くの雛妓を水揚げしていたことが何はばかることなく書かれている。浅山六十六翁とは一代で浅野コンツェルンを築いた創業者の浅野総一郎氏のことである。

『お鯉物語』には雛妓好きとして、同氏とともに伊藤博文氏と北里柴三郎氏の名があがっている。後者のお座敷では「子供心にもただ何となく嫌な心地がして、そのお座敷に出るのが怖ろしかった」と述べている。伊藤氏については、方々の芸者街から選り抜きの雛妓五、六人が大磯の滄浪閣に連れてゆかれ、「座敷の空気が変な具合になった時、おいく姐さんが葭《よし》町の太郎さんを推薦し、他の雛妓は無事に帰されたことがあった。」と、自らの体験が語られている。政財学界を代表する者たちが好んでしていたことを誰も非難できなかった。十三年八月七日の『朝野新聞』には、天皇の巡幸に供奉した高官が大阪、島の内の富田楼において、年齢十三年八カ月の舞妓、勇子を見染め、枕金五十円、仲居の手数料三十円そのほかを加えて百円を支払って共寝したと報じられている。しかも、旅宿では巡査二人が護衛にあたっていたという。

『朝野新聞』は成島柳北氏が主筆や社長をつとめていたこともあって花柳事情に通じていた。三日後の『朝日新聞』にも同様の記事があるが、『朝野新聞』の方がだんぜん詳しい。新聞記事ゆえ「水揚げ」の文字こそないが、こうした高官が水揚げという悪習を東京に持ち込んだにちがいない。この高官が誰かということだが、『朝野新聞』では「西の郷人」とぼかされている。だが、『お鯉物語』にはこれを明らかにする逸話が語られている。

伊藤博文氏が水揚げしたことから有名になった舞妓は、博文の一字をとって文香と名を替え、十七の時に大磯邸に連れてこられた。元は馬関の雛妓だった梅子夫人もさすがにもてあまし、伊藤博文大臣は官邸に置いていたがそう長くもできず、お鯉さんがしばしば預かる破目になった。彼女は文香のとどまることのない関西弁の愚痴に悩まされたと、こぼしている。「西の郷人」とは伊藤博文氏としてよいだろう。

珍しく「水揚げ」という言葉が用いられた文章がある。これにも伊藤博文氏が関わる。松井広吉氏の『四十五年記者生活』(博文館、一九二九)に、「かつて朝鮮に遊ばれた時、仁川に素ばらしく美しい雛妓がある、その水揚げを公にと抱主の希望で、殊に衣装まで心を籠めて新調した。その手当の段となって随従の漢詩人森槐南や矢土錦山の諸氏が衣装代からみても三百円以下ではと言うと、公は怫然として余り人を愚物扱いにするな、四五十金も遣れば十分だと言われるので流石の槐南も酷く弱った」とある。おそらく、槐南氏がお膳立てをしたのであろう。

同氏が随行員だったのは三十一年の渡清の際で、一行はたしかに途中、仁川に寄港している。香月源太郎氏の『韓国案内』(青木嵩山堂、一九〇二)によれば、「開港は十六年一月、当時唯寂寞たる孤村にして数点の漁家あるのみ」という状態だった。「怫然《ふつぜん》」とは「むっとして」という意味である。伊藤博文氏が腹をたてた裏には、「そんな大金を出すような土地がらか」、という侮蔑の念があったのではないかと思う。

世間はとりたてて水揚げを非難しなかったが、成島柳北氏と廃娼運動家だけは例外だった。柳北氏は上方で行なわれていた舞子の水揚げを「強姦に異ならず」と喝破している。また、山室軍平氏は『社会廓清論』において、ある新聞が富香という十四歳の少女が芸妓に出たことを写真入りで入念に紹介し、「富香は誰が手折る」と見出しを掲げていることに対して、「不徳義破廉恥きわまる」と詰《なじ》っている。

もっと不謹慎な新聞記事もある。四十二年八月十八日の『読売新聞』は、「秋田市吉田家の花子(十六)は同市官民合同の歓迎委員に選ばれて、伊藤老侯の枕席に侍ることと決定せり」と、写真入りで報じている。この日、伊藤博文氏は朝鮮国王の世子を伴って、北海道・東北各地を講演して巡る途中であった。新聞が煽っているぐらいであるから、誰も彼女らに救いの手をさしのべようとしなかった。廃娼運動家といえども本人がその意志を示さないかぎり手の出しようがなかった。もとより当人にそんな知識もなく、訴えるはずもなかった。

江戸文化研究者である田中優子氏による『芸者と遊び』(学研新書、二〇〇七)は先人の考証も手堅く踏まえられており、従来の歴史や芸者観の最大公約数を知るには適切な書である。ただし、田中氏は「白倉敬彦との共同執筆」と断っており、「資料探索から歴史的な脈絡の組み立てまで同氏に拠るところが大きい」としているので、どの部分を田中氏の意見としてよいのかとまどうが、腰巻の惹句「伊藤博文も谷崎潤一郎も芸者に支えられて大物になった」は、氏の承認するところであろう。果たして伊藤博文氏のように多勢の雛妓や芸妓と寝ることが大物の条件なのだろうか。同氏は掃いて棄てるように彼女らに接したことから、ついた仇名が「ほうき」だった。

同書には「水揚げのこと」という一項が設けられている。そこでは「水揚げが、花柳界の中で一つの経済システムとして制度化されたのは、そう古いことではなく、明治に入って、処女崇拝が一般的になった頃からであろう」と、説明されている。しかし、大金を支払って行なわれる芸舞子の水揚げという悪習は、上方では遅くとも江戸時代後期の寛政期には行なわれており、それが「芸娼妓等解放令」後に東京の花柳界に持ち込まれたのである。

水揚げを好む男性の心理を考えるのは憂鬱であるが、当時の老人に「処女崇拝」というような明治の新思想がふさわしいとは思われない。これが田中氏自身の考えだとすればなおさら異和感を覚える。この種の男の関心事は「処女」ということよりも、むしろ、大人になる直前の「子供」にあったのではないかと思う。花園歌子氏は著書『芸妓通』(一九三〇)で、「凡そ男性の未通女を好むのはそのサジズム的傾向の致すところにして、毫も道徳的要求の干与する所に非ず」と、一蹴している。

当時の官庁は子供が遊廓や花柳界で働くことを公認していた。十一年十二月の内務省布告三十九号によって、地方税のうち雑種税に含まれる芸妓税を県独自で税額が決められるようになった。十二年の『各府県営業雑種税比較表』(内務省)には、茨城県の芸妓について「十一未満半額」とあって、年齢の下限が定められていなかった。

十三年に出版された『堺県警保課全書』の「芸娼妓願取調方順序」は、「年齢十二に満たず、又は営業年限の定めなくして正業に復す目途なきもの」かどうかを調べるように求めているが、多くの県では下限を設けていなかった。同じ十三年の新潟県の布達「芸妓営業取締規則」には「十二年未満の幼年の女子、総て芸妓の部分たるべし」とある。十四年の滋賀県甲第七十八号布達「芸妓舞子営業規則」には、「舞子営業は十三歳未満」とある。ただし、貸座敷営業人の養女および、貸座敷免許地に住所を定めないものは営業を許可しないとしている。養女制度を認めないのは解放令の精神を踏まえたものであるが、実効性はまったくなかった。それどころか、舞子という子供が遊廓内に住むことを義務づけていた。また、十六年の宮崎県の『統計書』では十二歳で一等と二等を分けている。

成島柳北氏は江戸末期の安政五年(一八五二)に半妓(お酌)が柳橋に居たことを証言しているが、そこにはかなり年長の者も含まれていた。半妓はあくまでも芸者見習いという位置づけであって、水揚げの対象とされた明治期の半玉と同一視できない。第一、柳橋は芸者が身を売る土地柄でもなかった。

その柳北氏は「玉の称は北国に根ざす」としている。上方では芸妓の線香代を「花」と言った。「北国」とは吉原の異称だが、だからといって半玉の呼称が吉原に始まったわけではない。五年の『新吉原細見』には従前通り男芸者と女芸者しか載っていない。解放令後の吉原は混乱が続いたようで細見の出版をしばらく見ないが、混乱が収まったのであろう、『吉原細見廓の賑』が十年に出版されている。そこには、芸妓の部に続いて新たに「酌人」の部が設けられている。ここでの「酌人」とは「お酌」という半妓の通称を堅苦しく言い換えた官庁用語である。すでに、幼い雛妓が注目されるようになっていた。

解放令後に東京府が新たな制度を布告するのを見据えてのことであろうが、その直前の六年十一月二十六日の『郵便報知新聞』に、新吉原中萬字屋の穂田誠二郎氏による建白書が載っている。これは吉原の全業者を代表して出されたはずである。その主張は娼妓と芸妓は趣は異なるものの「情を鬻ぐ所は同等にて変わる事なし」として、「平等の鑑札を御所有したく」というもので、これまでの吉原芸者の誇りをまったく無視していた。また、芸妓を三種に区分して、上等を「妓芸ある者」とし、中等を「妓芸なき淫売の者」、下等を「十五歳以下で、酌人と唱える者」とし、納税額を違えるように主張している。

おそらく東京府下全域の人数と思われるが、穂田氏は上等の芸妓を千百九十人、下等を百六十人と数を細かく刻んでいる。しかし、淫売専門とする中等だけはごく大雑把に、五千人と踏んでいる。同じ六年一月十七日の『横浜毎日新聞』に、「十四才の年、始めて吉原町俗にムグリと唱る見番外の芸妓」にされた勝志保が、解放令後に養父によって各所を転々と売られていったという記事がある。吉原の「もぐり」とは小格子店のみに出入りし、検番を通して仲の町の大店に出ない者のことと、十四年四月七日の『郵便報知新聞』に説明されている。芸者の実態に精通していた穂田氏はこうした「ムグリ(もぐり)」や無鑑札の芸妓が五千人ほどいることを踏まえて、このような建白書をまとめたのだろう。もちろん東京府が芸妓が身を売ることを認めるわけもなく、翌月に娼妓と芸妓を区別する規則を布告している。だが、上方ではそうもゆかなかった。ほんの一例をあげると、滋賀県では十二年段階で芸妓娼妓兼業を認めたうえで、上等の兼業者は税金一円と賦金一円として、上等芸妓と同額になるように配慮している。ちなみに、娼妓の賦金は一円五十銭で両者を下回っていた。

十三年五月二十二日の『読売新聞』は、東京府が三味線を弾く弾かぬにかかわらず、「満十三年以上を大芸妓とし、以下を小芸妓と定められるという」と、報じている。これにはある裏事情があった。前年の九月十四日に同紙が、千住の芸妓らが新橋や柳橋の芸妓と同じ税金ではとてもやってゆけないと、半額の小芸妓として申請して許可を得たことを報じている。十月七日の同紙によると、府は早速「小芸妓は三味線を用いず、舞、唄、酌をするものである」と、彼女らを牽制している。東京府庁が布告した十六年度の『営業雑種税戸数割賦課則』(清宝堂)には少芸妓について、「俗にお酌と称し三味線を携えざるをいう」と注されている。同じようなことが横浜でも生じていた。十五年三月二十六日の同紙が「横浜の小芸妓即ちお酌は…、一人前の芸者より年上なのがありて芸妓とお酌の区別がつかない」と報じている。

もともと小芸妓（酌人）には年齢の上限だけでなく、下限もなかった。ところが、三十八年六月の東京府令第二百七十一号の「芸妓営業規則」の第一条には「十二歳未満の者は芸妓営業をなすことを得ず」とある。一方、六年十二月に布告された「娼妓規則」第一条には、「十五歳以下の者への免許あいならず」と規定されていたものが、西郷従道内務大臣の訓令によって三十三年五月二十四日に娼妓免許の年齢が十八歳以上に引き上げられた。その結果、年少で買春の対象にできる者は雛妓に限られることになった。それを好む者で、かつ、高収入の者が花柳界へと向かった。

では、幼い雛妓を意味する半玉という呼称はいつどこで始まったのだろうか。梅原北明氏の編集になる『近代世相全史』（白鳳社、一九三一）を見ると、五年正月の『日要新聞』三号の記事に「支那服の半玉」という見出しがつけられている。しかし、『日本初期新聞全集』（ぺりかん社）の当該紙にあたってみてもそのような見出しはなかった。おそらく梅原氏が勝手につけたのだろう。八年の『諸芸人名録』には「小酌人」という言葉が見えるが、いたのはよし町、住吉町のみだった。賦金は芸妓と同じ三円で半額にはなっていない。

今のところ「半玉」のもっとも早い使用例は、仮名垣魯文氏の編集のもと、十一年三月の出版された『百猫画譜』（和同開珍社）であろう。成島柳北氏がこれに寄せた題詞の文末には「十一年二月下浣」とある。「猫妓の異名」という一文に「当世雛妓を指してお酌と唱え、且つ半玉の名ある」と見えるので、魯文氏の命名ではなかったようだ。これに次ぐのが月岡芳年筆「皇都会席列品競」中の「烏森町昇栄楼」図で、「御届明治十一年四月二日」とある。いかにも時世に敏感な浮世絵師らしく、赤襟の雛妓に「宝来屋　半玉小共（こども）玉八」と注記されている。新橋の料亭で、玉八は拳をうつ姉さん芸妓の「春本しつ」の脇にひかえて、徳利を手にしながら勝負の行方を見守っている。ビラビラ簪や大きな赤い花簪が京都の舞子風である。同じ年の豊原国周の筆になる「開化三十六会席久保町梅茶」にも、盆に載せた雪兎を捧げる宝来屋玉八が登場する。

玉八は十四年に野崎左文氏が著わした『東京粋書初編』に、新橋の「橋南にありて一大家をなす」と称えられ、同書に付載された「芸妓等級比較表」には、風致（おもむき）の部で二位、品格（ひとがら）で第三位、姿色（きりょう）が五位といずれも高位を占めている。仮名垣魯文氏は同年の『芸妓三十六佳撰』において、新橋芸妓は三百余人としたうえで、「小妓のうち当時旭にむかうがごときは玉八、小辰、お婦美とこの小鶴也」としている。同じ年に出版された中村鉄三郎氏編『新橋芸妓評判記初編』(粋文社)では筆頭に名があがっている。

成島柳北氏もいち早く、自らが主催する『花月新誌』に連載中の「新柳情譜」において玉八を評している。十二年五月の七十二号に「薩賊平らぐの年(十年)」に某料亭でのこととして、「一雛妓の坐すあり、繊弱にしてほとんど衣にたえずしかして善く皷をうつ、その年を問うに十二、その名を問うに玉八」と記したうえで、今年二月の宴会に「一妓麗秀の者が觴《さかずき》を捧げて進む、これを顧みればすなわち玉八なり…鬟上金釵《さ》に挿しこむ大きさは鳩の卵のごとき紅珊瑚は顕官某公の贈るところ」と結んでいる。同じ欄で福助を幼稚ではあるが「才芸玉八を超えて及ばざるはなき」と褒めている。玉八は名妓の基準になるほどの高い声価を得ていた。

玉八とは『園公秘話』巻頭の聞き書きを語った、当の女性である。この時、すなわち、昭和十二年(一九三七)に七十四歳とあるから、明治十年には十四歳だったことになる。柳北氏の記憶違いでなければ、満と数えの違いであろうか。十四年にはフランスから帰国したばかりの西園寺公望氏と「割りない仲」となり、「明治十七年より大正七年まで側近に奉仕した」女性である。なお、氏は生涯正妻をもうけなかった。

「烏森町昇栄楼図」に次いでは、新橋芸妓屋組合長の中川徳太郎氏が引用する、十一年十一月末に出版された松本萬年氏著『東京新橋雑記　第二編』に、「行酒妓」に「はんぎょく」のルビがある。十二年正月出版の仮名垣魯文氏作『酌子定妓芸者の心得』には、「流行ことばは半玉(あかえり)あがりの飛揚猫(はねねこ)、ヤンチャン生利(なまぎき)芸者にままある弊習にて」とある。同書には十一年十二月の自序がある。橋南の烏森町もその一角を占めるが、半玉という呼称は十一年のうちに新橋花柳界の流行語になっていた。

翌十二年四月二十七日付『朝野新聞』には、「半玉の税を一本の半額に引下げよと大倉喜八郎の提案」という見出しがある。これは東京府議会での発言を記事にしたもので、「即ち、雛妓なり、新橋これを半玉と云うなり、柳橋これを御酌と云う」と説明されている。半玉の呼称は新橋だけの通称だった。この提案はただちに議決されたようで、同年七月七日の『東京曙新聞』は、半玉と唱える雛妓の税が半額に減ぜられたのを羨んだ老妓から、吉原での俄の出費の三分の二は雛妓が持つべきだという議論が起きている、と報じている。

田島象二氏による十六年刊行の『東京妓情』では「半玉」と「雛妓」が併用され、「技稍《や》や熟せば、姉分に従いて始めて半玉にて出勤し」とある。また、「輓《ばん》近、雛妓の勢い頗る盛んにして、芸妓は為にその下風に立つに至れり」とも記している。東京でのしきたりを考えると少し大げさなようにも思えるが、政財界人の欲求を満たすための急増と、それにともなう一部の増長を意味するのであろう。

その一方で、ジャーナリストであった田島氏は養女という名目で妓家に売られた少女が、半玉になるまでに嘗めなくてはならない辛酸について、「家婢の如く逐い使われ、その暇に技を習うに二六時中嫌いはなく、…姉分に打たれ罵られ、時として懲らしめの為とて食を与えざる惨酷に遭う」と述べている。奴隷状態にあったのはむしろ彼女たちであった。かなり後年のことになるが、昭和八年十月三日の『朝日新聞』紙上に、新たに制定された「児童虐待防止法」を巡る座談会が載っている。そこでは法の目的は虐待児の大半を占める芸者置屋の「仕込っ子」を対象にしていると、明言されている。

江戸時代の浮世絵師は柳橋の「お酌」にまったく興味を示さなかった。「おしゃく」の絵姿は柳北氏が柳橋の半妓にふれた直後の、万延元年(一八六〇)の「贔屓《ひいき》姿浮世絵姿」にわずかに見出される。絵師の名はなく素人臭い絵である。そこでは「はやり芸者」に「姉さんわたしもつれておひでのうし」と、せがんでいる。

しかし、明治に入ると一挙に増える。落合芳幾筆の「両国八景図」は明治二年の作であるが、「新橋の晴嵐」「御船蔵の暮雪」「回向院の晩鐘」「広小路夜雨」「中州の落雁」の図には、芸者に赤襟の雛妓が脇役として配されている。これまでにない趣向であるうえに、一人前に名前も入っている。同三年の三世豊国筆「十二時秘図試歳図」の「亥ノ刻厄除の川崎帰」には、「柳橋芸者おとり」とともに「おしゃくの小ひさ」の姿が舟中に描かれている。

舞子が中心だった京都の業界事情を、明治になって東京の花柳界が知るようになったのだろう。雛妓の税金半額制度は京都では五年から始まっていた。それが東京で導入されたのが十二年のことだった。雛妓につきものの水揚げが東京の花柳界に導入されるようになったのもおなじくらいの年月がかかったであろう。政界の要人たちが通う新橋の業者たちはいち早く雛妓に高い価値があることに気づいた。雛妓が売れるにしたがってその存在に注目が集まり、半玉という通称がついたものと思われる。半玉という通称がはやりはじめた明治十一年に、豊原国周が描いた「開化三十六会席」のうちの三、四図には芸者に雛妓が配され名前も記されている。また、翌年に同人が描いた「月雪花の内雪」三幅対のうち「両国柳橋桝田楼」図では、三人の芸者が三味線、鼓、胡弓を演奏する中で、赤襟に肩上げをした「柳田屋たけ」が扇を手に踊る姿が描かれている。「たけ」の舞姿は国周が十四年に描いた「潤色三十六花撰」の一図にも見ることができる。

歌川国政筆の「東花孝女鏡」と題された「日本橋元大工町吉田や老松」の図は、明治十六年五月の届けになり、珍しく鼓を打つ赤襟の「お酌」を一人だけ大きく描いた新しい趣向の図である。賛では人気もさることながら、「母親兄弟を細腕」で支えていることが称えられている。姉の「山登《やまと》」も同じシリーズで取り上げられており、髪型は妹と同じだが赤襟ではなく羽織を着ており、雛妓と芸妓のまぜこぜのような変わった姿である。賛には「十六夜の蕾の花」とあって、姉といえどもまだ十六歳だった。

同じ十六年五月に出版された山口近太朗氏著『自作俳徊《（ママ）》芸娼略伝百人集』にも二人の姿が収録されている。姉は振袖の羽織を着てお茶を点てており、妹の老松は横笛を吹いている。妹の図には「時に十二歳」と注され、略伝の末尾に詳しくは五月十五日の『絵入自由新聞』を見よとあるので、二人は当時のすべてのメディアを通じて紹介されていた。扱いが江戸時代とはまったく逆転している。

二人の後日談が伊藤痴遊氏による『幕末明治怪傑伝』（明文館、一九二七）に載っている。亭主が芸者と情死したため、残された妻が娘二人を芸者にして吉田屋という芸者屋を始め、姉は「やまと」、妹が「老松」と名乗った。姉が益田孝氏に落籍《ひか》されたあと、妹は姉の名を継いで「やまと」と改めて、「枕席を払って幾ほどもなく」十七、八の頃に山県有朋氏に落籍され、正妻の没後には椿山荘の主となった。だが、氏は入籍はさせず、「奥様」とも言わせなかったと言う。

この話はすでに『萬朝報』が連載した「蓄妾の実例」(一八九八・七・一二)に出ている。なお、連載記事の中には強固な廃娼論者だった大江卓氏も名を連ねており、二人の妾のうち一人は芸妓だった。『萬朝報』では会計検査官の「持ち物」だったのを、親分の山県氏が奪ったことになっている。彼の雛妓好きは有名だった。鹿島桜巷氏の『明治英雄情史』(新潮社、一九一四)に「舞妓好きの山県公」という一章がある。「山県はんの情事については唯関係したというばかりで、相手が十五、六の人形のような舞妓であるから何の波乱も曲折はない」と、そっけなく記されている。維新前の話として近江喜の小菊とか小美勇といった舞妓の名があがっているが、真偽のほどを確かめようがない。ただ、維新後に祇園の花とうたわれたお嘉代という舞妓をめぐって、「まだ手入らずの蕾の花、…機敏なる藤田伝三郎が横合いから現れて奥座敷で一番槍の功名を奪われてしまった」というのは幾分、実話に近いのかもしれない。山県氏の性癖については林田亀太郎氏も『芸者の研究』(潮文社、一九一七)に、「山県公も兎角《とにかく》未開紅の莟《つぼみ》から自分の物にしたがる人」と書いている。その点では伊藤博文氏と双璧であった。

十一年に新橋花柳界ではやり始めた半玉という呼称が、世間で定着するまでには意外に年月がかかっている。十六年の『吉原さいけん』では芸妓は「本芸妓」と、官庁用語の「小芸妓」に分けられており、十九年に東京府下の芸妓を記した『校書名鑑』でも「少芸妓」、二十年の洲崎弁天町の『新地細見記』も「小芸妓」、二十一年の『横須賀繁昌記』でも「小妓」が用いられている。二十三年の『当世名妓細見』になっても「半花」印が付けられるといった具合である。

西国ではなおさらであった。十二年に岡山の芸妓を戯評した『花柳猫談』には「力龍といえる舞妓」が末尾に登場する。十六年の高知の芸者評判記『岡目八目新地穴探誌月の巻』には、「雛妓」には「おしゃく」と振り仮名が打たれている。十六年の名古屋の新地番付『くるわ穴さがし』では、「二ツ市芸妓」という地元特有の呼称が用いられている。「二ツ市」とは二分の一という意味で、半玉と同義である。十七年の『新潟花街美人競』には四十四人もの「雛妓」が番付けに載っている。徳島の花柳界、富田町の芸者評判記『花柳綺談』には、十九年五月の徳島公園での校書の手舞に二十四人の舞妓が出演したとある。二十二年の岐阜金津園の芸娼妓について記した『花しるべ』には「舞子」とあり、二十三年の『兵神芸娼妓評判記』(粋草堂)によれば、遊廓である福原の仲検番に七人の舞妓がいた。西国ではもっぱら雛妓、舞妓が用いられていた。同じ年の『歌妓の品評』(桃下堂)では津山の豆八について「去年の秋まではまだ半線香」というように、京都の通称が使われている。

新潟では半玉を「半芸者」を略した「半芸」と称していた。大正七年の『新潟市案内』(市政記者倶楽部)には、「雛妓(ちび)すなわち振袖芸妓は満十二歳以上は半芸と称し、芸代、月税は半額、同じ振袖芸妓といえども満十四歳以上は振袖、留袖を問わず一本となる、とある。一方、遊廓の芸妓が属する新潟芸妓組合には半玉二人がいた。当地では東西の呼称が混在していた。また、「半妓」という言葉が昭和四年発行の『福井市案内』(福井市役所)に見える。

上州は東京の風習をいち早く取り入れる土地柄だった。九年七月二十五日の『郵便報知新聞』は「この程日本橋辺より新橋へかけて、五十人ほどの芸者が熊谷県下上州辺へ出稼ぎ」と報じている。同紙の九年十月二十日には信州辺が大層景気がよいので「高崎などは出稼ぎ芸者が五十人余もあり」とあって、ほとんどが高崎に集中していた。『高崎繁昌記』によれば、十二年の見番規則で「舞妓」の「玉代」が芸妓の半額と定められたとあるが、まだ半玉の呼称は用いられていない。しかし、十四年九月十六日付『上毛新聞』の伊香保村の近況には、「芸妓三十余名程なり、大妓は線香一本廿銭、半玉は十五銭なり」とあって、逆に、線香代は半額ではないものの半玉の呼称が用いられている。新橋以外ではこれがもっとも早い使用例である。次いでは、十五年出版の『水戸三筋の糸調の競』に「十一、二の時半玉の酌取り」とある。その後しばらく間があくが、二十三年の『前橋花柳穴探初編』に二十人の「半玉」の名が並び、二十五年の『三浦の芳妓』には「二等芸妓(半玉)」の印が付けられている。十二年の『神奈川県地方税則便覧』では酌人は半額とされているが、二十六年の『横浜時事漫評　穴探』の芸者評に「半玉」という言葉が認められる。また、二十七年の『長野遊廓細見記　附町芸妓』には、廓内芸妓の部に十三人、町芸妓の部に七人の半玉の名が連なっている。

野村鉄太郎氏による二十六年の『静岡繁昌記』では「老妓雛妓」とあるが、翌年の改訂版では十六歳の小鈴に「半玉のころ」、文子に「半玉の仲間なり」となっている。静岡でこの語が用いられるようになったのは二十七年からであった。二十八年に発刊された甲府、新柳町遊廓の『粋鏡花あやめ』の末尾の「半玉の部」には七人の名が並んでおり、年齢は十一歳から十五歳だった。

当然のことながら半玉という呼称は関東圏から隣接する県へと広がり、さらに東北・北海道へと伝播していった。在竹小三郎氏による十六年の『仙台繁昌記』には「大妓弾じ雛妓舞う」とあるが、二十八年の『宮城県仙台宮城志田黒川遠田一市四郡四民便覧』になると、仙台国分町の虎屋組に半玉が一人出ている。三十一年の『宇都宮繁昌記』には雛妓に「はんぎょく」の振り仮名がうたれており、翌年の『栃木繁昌記』には十三歳の「半玉で〆子」とある。四十年の『最新函館案内』、四十一年の『小樽案内』、四十二年の『室蘭大観』、大正二年の『石城(磐城)しるべ』、同四年の『秋田興業銘鑑』、七年の『青森案内』、同年の『最新案内モリオカ』、同十一年の『親切な山形案内』などに、「半玉」の文字が見られる。

『日本国語大辞典』第二版(小学館)の「半玉」の項は、明治二十一年に初演された、花井お梅の峰吉殺しを扱った黙阿弥の『月梅薫朧夜』を出典にしている。事件は前年六月のことだったが、年内の十二月には早くも裁判記録を含んだ『花井於梅粋月奇聞』(秋葉亭霜風編、猗々堂)が出版されている。文中に「半玉の披露せしはお梅が十四の年なり」とあって、お梅は柳橋から半玉として出たことになっている。お梅は後に新橋に籍を移しているが、この頃には柳橋でもこの呼称が用いられるようになっていたのであろう。このセンセーショナルな事件をきっかけに、半玉という呼称が関東や東北にまで広まっていったのではないかと思われる。

長野、甲府、静岡より西側の都市では半玉という呼称は用いられなかった。例外的に、二十五年の『姫路新繁昌記』には「半玉、七分とかいうものなし」とあり、三好愛山氏による四国松山の芸妓評判記『勝山花の面影』(一九一二)に、小唐人町の菊丸に半玉とある。そのかわりに西国では早くに花代の半額という税制が定められていた。京都では五年に半線香と称する花代が半額の者がいた。鳥取県も六年九月に女芸者の税額を十三歳以上は七十五銭、以下を三十七銭五厘と定めており、島根県は九年九月に十五歳以下を半額としていた。『愛知県布達類集』所収の六年三月の賦税規則では芸妓税は一律三円だったのが、『愛知県史』(一九一四)によれば、明治十年に芸妓の税額を三等級にわけるとともに、それぞれに「半花」を定めていたとある。等級は当初は自己申告に基づいていたが、十四年には十三歳以上を一等、未満を二等というように改めている。十二年の『滋賀県租税便覧』に舞子の税額が芸妓の半分となっている。和歌山県でも十二年には一律二円だったものが、翌年に一等が二円五十銭、二等の舞妓、酌取が一円に変更されたことが『和歌山県史』の「近現代資料編」収録の文書によって判明する。

成島柳北氏が七年に著わした『京猫一斑(鴨東新誌)』において、京都での舞子の水揚げについての詳しい実態が初めて文章化された。彼は東京では水揚げという悪習を聞かないと記している。だが、柳北氏が東京を留守にしている間に柳橋はすっかりかつての面影を失っていた。六年に欧州から戻って著わした『柳橋新誌　第二編』には、「裏岸の校児(ガキ)山の手の大将を檎(イケドリ)し、玩弄(オモチャ)にして三月で償了(カタヲツケル)した宿債(シャッキン)三百円、真に是れ強腕後生畏るべし」という噂話が載っている。校児がお酌を意味するならば、早くも彼女らに入れあげる者が現れていた。

新橋花柳界が維新後に柳橋に代わって隆盛を迎えた事情については、「政務の暇争いて関東の花を折らんと柳橋に遨遊せしが…臂銃の八を喰わせたるより、鯰公らが失望のあまりあたかも連合したるごとくその接近なる金春に向かい」と、『東京妓情』で説明されている。金春とは新橋の金春《こんぱる》新道のことで、「鯰公」とは髭をたくわえた官員を意味する。かつての志士たちは京で見た夢を東京でもと、意気込んで柳橋に向かったものの粗暴なふるまいのため肘鉄を食らい、新橋に河岸を移したというのである。

維新期の志士たちは若い頃から芸子に馴染んでいた。京都の「勤王芸者」との交遊については小川煙村氏の『勤王芸者　維新情史』(日高有倫堂、一九一〇)や、井筒月翁氏による『維新俠艶録』(萬里閣書房、一九二八)がある。前者はまったくの講談であるが、後者には当人からの聞書きが含まれているので無視できない。中でも富田屋のお雄は伊藤博文、岩崎弥太郎、井上馨の諸氏をめぐる卍巴を赤裸々に明かしている。お雄はともすれば芸妓を品物扱いにする男たちに芸妓の意地を突きつけて、我も人の子であることを思い知らせている。

『園公秘話』を著わした安藤徳器氏は、彼らが京都だけでなく地元下関で早くから芸子との遊興を繰り返していたこと、遊興費の資金源がどこから出ていたのかを『維新外史』(日本評論社、一九四〇)で明らかにしている。氏は『白石資風日記』の慶応二年(一八六六)二月一日の条に、高杉晋作、山県有朋、井上馨、伊藤博文、野村靖などの諸氏が「芸妓召し連れ来たり暫く大さわぎ」とあるのを引用している。また、『久保松太郎日記』の同年三月三十日の条には、「斎藤他薩足軽二人昨夜来る分とも船において馳走す。芸妓十六人その他婦女など参会す。夕方、木戸出足夜半陸に上がる林亀へ宿す」とあって、芸妓の名が列挙されている。奇兵隊は白石資風氏の元で結成された。慶応元年七月三日の条には「高杉野村両君入来、今日一同大会、芸妓等も来る」とある。彼らは芸妓が娼妓と同じような存在であったことを熟知していたはずである。だからと言って、司法省案のように両者が一本化されたのでは不都合だったので、現実と乖離した芸娼分離政策を打ち出した。これが後に監督官庁である警察、そして軍が次々と非合法的な存在を黙認してゆく温床となった。

野崎左文氏は『私の見た明治文壇』(春陽堂、一九二七)において、「半玉の服装が京人形の衣裳を見るような豪華な装いに変わったのは、全て京都の舞子姿が東京に遷用されたので」と記されている。上方の芸子が東京風に変わったのとは好対照である。明治政府の長州閥高官らによって舞子の水揚げという京都の悪習が新橋の半玉に持ち込まれたことを物語っている。半玉という呼称も幕末明治期の京都で用いられていた「半線香」を、関東での玉代に因んで改めたのであろう。

東京で金銭ずくの雛妓の水揚げが始まったのは、十一年に新橋で半玉の呼称が生まれた前後と思われる。成島柳北氏は七年の『京猫一斑』に東京では雛妓の水揚げはないと記している。七年六月に刊行された服部撫松氏の『東京新繁盛

記　二編』の「待合茶屋」の末尾に「客他《かれ》の背を擁し己が膝上に置く、白瞼早くあい接し紅唇たちまちあい合わす、まさにこれ一枝の牡丹初めて水を揚げ、一蕾はじめて香を発す」とあるが、この客と雛妓は情によって結ばれている。

成島柳北氏は十二年七月の『花月新誌』七十八号において、玉八姐さんの妹分になる愛子について、「本年四月、愛子陞《のぼり》て大妓に入る、年紀わずかに十五という」として、暗に水揚げがあったことをほのめかしている。京都の水揚げを強姦に異ならずとした成島氏はこの噂を苦々しい思いで聞いたであろう。ましてや愛子は幕臣の娘であった。『園公秘話』には愛子は幕府のアメリカ使節となった新垣豊前守の娘とある。豊前守は正使新見《しんみ》正興のことで、新垣としたのは正使の新見と副使の村垣の姓を混同したのであろう。愛子は実家の没落後、引き取られた養家から芸者に出され、後に柳原前光《やなぎはらさきみつ》の妾となって白蓮女史を生んでいる。

十四年の後序がある『仙台名妓伝初篇』は、上巻には娼妓、下巻には芸妓だけでなく、珍しく亭娘、楼婢の伝を載せている。娼妓がなべて地元出身であるのに対して、芸妓のほとんどが東京から移ってきたとある。ただ、本吉の権助嬢のみは仙台の士人の娘が養女となったもので、年わずか十三、舞をよくすとある。著者は文中で「梳攏《みずあげ》せんと欲する」県庁高官を文中で諷諫している。またたくまに東北の地に悪習が広まっていた。半玉という言葉が広まる前のことである。

岡山の例であるが、因果道人氏著の『勧懲猫々笑談』（一八八〇）には栄坊にある鶴屋の三子嬢について、十一年に十五歳で舞妓として世に出るや、某村の某富豪が「大金を投じてこれが水揚げ（オット）初瓜をちぎらんとする」と記されている。「オット」という挿入句がこれが禁句であることを物語っている。栄坊とは城下の栄町のことで、山陽道の宿場町だった。

関夢庵自笑氏が十五年に著わした『粋士必携花柳史伝』（方円社）は、和歌山の「東廓（あろち）」と「番街（まるのうち）」の著名な芸妓の身の上や逸話を記したもので、「上下新地の妓七十余人」とあるうち、下新地の阿龍《おりゅう》十五歳については「楼主も亦、固謝して破瓜（みずあげ）の期を許さず」とある。だが、いずれは水揚げを経ねばならなかった。

十六年に発行された高知両新地での芸妓評判記、『岡目八目新地穴探誌』では、「方今の雛妓なる者…姿体は小さく肩上げは下りずといえども梅蕾早くすでに香を放ち…粗末ながらと土器(かわらけ)を客に捧げて怖い夢を見る者…これ(雛妓)を称誉する者は思うに為にせんとする所あるべし、実に困った人もあるものかな」と、かなりぼかしながらも水揚げが行なわれていたことを暗示するとともに、幼女を好む者を批判している。すでに水揚げが大きな利益をもたらすことに全国の業者が気づいていた。

世上で言われるような芸者の水揚げというものはない。十四、五歳に達した半玉や舞妓が水揚げされたのである。明治の御代は水揚げを全国に広げることを通して東西花柳界の一律化をもたらした。広まるとともにこれが非合法であるだけに、文章化することは避けられるようになった。検閲に通らないうえに発禁の恐れがあった。たとえば、原田達郎氏の『芸者の秘密話』(国民書院、一九三七)には、目次に「水揚のこと」や「枕金の事」の項はあるものの本文は削除されている。また、酒井潔氏の『日本歓楽郷案内』(竹酔書房、一九三二)でも「半玉と水揚」という項目が掲げられているが、それに対応する本文はない。

匂わす程度の文章ならいくらでもある。たとえば、岡鬼太郎氏の『三筋の綾　花柳風俗』(隆文館、一九〇七)には「半玉時代」の一項が設けられ、半玉になるまでのいきさつや暮らしについてはことこまかに記しながら、水揚げについては「浮き世の春はまだろくに知らぬ蕾を綻《ほころ》ばす夜嵐の酷さ…内幕のごときは口にするに忍びません」と、ぼかしている。その陰で、「この頃半玉で金儲けしたがる主人が殖えて、仰々しく飾り立てまする」と、内実を洩らしている。

ジャーナリズムは芸妓に関する情報は書き立てたが、水揚げに関しては一切口を噤んでいた。これに対して創刊まもない『萬朝報』は果敢に政府高官の水揚げを暴いており、後に「弊風一斑蓄妾の実例」を連載した黒岩涙香の面目が早くも発揮されている。二十五年十一月九日の紙面には「大磯の大将」、すなわち伊藤博文氏が「当年十三歳と九カ月の千代田屋の春代とて、…この花枝手折らん」と競ったという記事がある。

さらに、同月十二日には次のような記事が出ている。「某伯さきに東北に漫遊するの前日、木挽町の長谷川に微行して未開の花を手折らんとの仰せに、同家の女将軍は自ら出馬して小松屋の半玉おゑん（十四）というを伴い帰り、…伯の機嫌麗しかりしが暫くにしておゑんはあっと叫び一間より逃げ出す故」、女将が言い含めて再び部屋に送り込んだものの、あまりに半玉が怯えるので結局、不首尾に終わった様子が詳細に報じられている。某伯とは『東京朝日新聞』に十月十八日仙台発として、「西郷伯一行は県下各地において歓待を受け、昨日午前十一時当地着」という記事があるので、西郷従道伯爵とみてよい。ちなみに、木挽町の「長谷川」は長州閥が贔屓にしていた待合茶屋であった。

ここでは「水揚」という言葉は避けられているが、珍しいことに二十四年四月十四日の『朝日新聞』に見ることができる。記事には「八坂新地の舞妓おきた（十八）の、…水揚げの客も甲にせん乙に頼まんと選ぶ中に三井氏は深くおきたの色香をめで、現金三百円を擲げうって相方にした」とある。

水揚げの実態を伝える文献は乏しい。大正五年の『芸者と待合』には「正真無垢なのが百円、五十円、三十円ぐらいの相場が普通で、その土地柄とその家の看板と、当人の容貌人気次第で、破格な手当を請求する記録破りは言うまでもありません」とある。そのほかには、限定された会員だけが読むことができた相対会のレポートを除けば、岡本治子さんの『ある芸妓の手記』（有光閣、一九二六）が、大正末期にその実態を語った数少ない例と言えるだろう。そこには十四歳で半玉に出る半月前に先輩芸妓に言い含められて待合いに連れて行かれ、老人に水揚げされた朋輩の話が載っている。

水揚げは一回とは限らなかった。また、水揚代が借金の返済に充てられることもなかった。三十三年に出版された倉川鉄次郎氏による『町芸妓放逐論』（多聞新聞社）には、「舞子が数え十三歳春からはじめますれば、満十五則ち法律の許す春までとご承知おかれたい、この十五が盆屋たる家の仲居、又は山の神が箱廻し男の手を経て公然、否この業者ばかりで水揚賃を取入る方法、否虎の巻の第一でありますが、…舞子の水揚客数を問えば普通三、四十人より少なからず」とある。「盆屋」とは大阪における「待合」のことである。三、四十人というのは誇張かもしれないが、拝愚凡痴氏が『鳥取新報』に連載した文章をまとめて三十五年に出版した『芸妓三千歳』（旭日堂書房）には、「少なくとも三人、多くて六、七人ぐらいは水揚げをとる」とある。

同じ三十五年七月九日の『朝日新聞』には、「近来、東京市内における花柳社会においては六、七歳位の少女を雛妓とし」とある。さらに低年齢化が進んでいた。東京府はこれに歯止めをかけようとして、三十八年になってやっと十二歳以下の芸妓を禁止している。それでも娼妓の十八歳以上とは大きな開きがあった。そこに少女を好む男たちがつけこむ余地があった。

新聞や出版物から水揚げの文字が消え、世間から実態が隠蔽されるようになってからは、いっそう半玉たちはそんな悪夢が身に降りかかってくるとは夢にも知る由もなかった。ある元芸妓がそれを思い出してか、「お嫁に行くとばっかり思っていた」と、呟いたのを耳にしたことがある。

8 女紅場

遊所女紅場

ほとんどの府県は解放令の趣旨に反して遊廓を公認する措置をとった。だが、芸妓、娼妓の正業への転身を促すという解放令の意図は別の形でかろうじて生き残った。それが女紅場《じょこうば》である。府県の多くは遊廓を公許するにあたって、芸妓や娼妓が正業に戻れるように裁縫や読み書きなどを教える施設として「女紅場」の設置を促し、主に半玉や若い芸妓、娼妓がそこに通った。明治二十二年に刊行された蚊雷居巴郎氏編『珍説滑稽阿房多羅経』(三盟舎)の「花街娼学校」の項は、「一新になりまして、いづれの色町も女紅場のもうけあり」と、結ばれている。

しかし、女紅場は色町だけに設けられたわけではない。東京の赤坂や、京都の丸太町通り土手町に設置された女紅場は一般女子教育のための教育施設で、外国人教師をも迎えていた。京都の女紅場については、『京都府史料　勧業類一』に四年十二月より、「元岩倉邸中において開場。英人語学教師イ・ハンス妻エマリー教授」とあり、生徒は百五十八人だった。この種の女紅場については、坂本清泉・坂本智恵子氏による『近代女子教育の成立と女紅場』(あゆみ出版、一九八三)が詳しい。そのほかに、貧窮士族の娘を対象とした勧業所もしくは授産所も女紅場と称された。これらを混同しないようにする必要がある。

岐阜県歴史資料館の「明治期県庁事務文書」中に、「女紅設置課目幷ニ女紅教則設置表ニ付建言」という十一年の文書が含まれているが、二十一年までは廃娼県だった岐阜県には遊所女紅場の必要がなく、これは一般女子教育のための建言であろう。後に廃娼県となる群馬県でも『群馬県布達全書』(一八七九)に含まれる六年七月二十三日付第二十二号に、「勧工寮おいて女紅場を開き裁縫技芸授与」という項目がある。勧工寮は工部省に属しており、同省は赤坂溜池葵町に女紅場を設置していた。ここは「女工伝習所」とも言い、英語の科目も含まれていたことが吉田正樹氏によって明らかにされている（『三田商学研究』第五十巻三号、二〇〇七）。県の布達は勧工寮の付属施設である女紅場の生徒の募集を意図したものと思われる。

貧窮士族の娘への授産所は新潟や鳥取県に例がある。『鳥取県歴史　政治部』の九年二月二十三日に、「士族輩の婦女子へ授産のため女工場において機織方を伝習せしむことを第一大区区長に達す」とある。同月十日には「女紅場設立のことを内務省に上申す」、そして、十三日に「生徒入場期限を各区長に達す」とあり、同九年十二月十六日の『読売新聞』には、「鳥取の女紅場も盛りで」というごく簡単な紹介記事がある。十年の統計を載せる『鳥取県一覧概表』の女紅場の項には因幡に一カ所とある。

初期の女子教育には女性の淫売婦化を防ぐという目的があったようだ。明治五年七月の『新聞輯報』三十五号には「万世橋畔に女学校あい開け、…かくの如き学校の盛大に及ばば前条の売淫の甚だしき弊は消散するにいたる」とある。堺県が七年五月付で定めた女紅場の生徒心得には、「無益の遊芸を抛ち…裁縫紡績より修身容儀飲食の事に至るまで相応に習熟して嫁して後悔しない」という趣旨が掲げられている。最後に「用具に俳優者の徽号等を印し、其の面貌の画を貼する等は堅くこれを禁ず」とあって、設置者の心配がどこにあったかがよくわかる。これでも一般女子のための中央女紅場の規則である。

『堺市史』第三巻（一九三〇）によると、七年五月に中央女紅場が甲斐町一丁開口神社内に、九月に北女紅場が宿屋町東一丁、十一月に南女紅場が寺地町東二丁に設けられた。これに続いて、十二月に南高須町に乳守女紅場と竜神橋筋に竜神町女紅場が建てられた。十二月に設置されたのが遊所女紅場で、五年二月二十七日に六間町など五カ所の遊廓を廃止して、新たに指定された二カ所に設けられた。これら二場は歳余にして廃止されたとされるが、十年三月三十日の『郵便報知新聞』には、堺の「女紅場、梅毒検査も廓内にあり」と報じられている。三年以上は維持されていたが、短命には変わりがない。

『市史』には十年六月に中央、北、南の三カ所を除いて整理を行ない、中央女紅場を教員養成施設としたとある。この時に遊所女紅場が廃止されたのだろう。翌、十一年十月十二日の『郵便報知新聞』には、「女紅場は三カ所にあり、甲斐町東二丁開口神社社内を中央といい、南は寺町東二丁、北は材木町東二丁、生徒合わせて二百七、八十人」とある。材木町東二丁は宿屋町東一丁と隣合わせなので、移転したわけではないらしい。なお、十五年十二月には裁縫場と改称している。

十年の『堺県治一覧表』には女紅場が四十二カ所も計上されている。当時の堺県は今の奈良県を含んでおり、ほとんどが奈良の小学校に付設された一般女子のための施設だったと思われる。『奈良市史』によると、八年ごろに奈良町東城戸町に開設されたのを初めとして、十五年からは各小学校内に裁縫場として女紅場が併置されたとある。実際にはもっと早くから付設が進んでいたであろう。

ただし、奈良町には遊所女紅場も設置されていた。八年四月十五日の『郵便報知新聞』には、「木辻の遊廓大いに衰微し、近時、同所に女紅場を設けたり」とある。また、『女学雑誌』(一八八九・一二)には、「奈良県警察署長及び県立病院長等の発起により、奈良町に一つの女紅場を設け、娼妓等に授業のよし」とある。

渡辺頼母氏編『岡山県教育史』(一九二三)には、九年七月に各郡に女紅場を設置し、同年九月に裁縫黌《こう》として存在したものを全部女紅場と改称せしめ、十一年三月には女子師範附属の女紅場が裁縫所と改めたことから、更に女紅伝習所と改称した」とある。『岡山県郡治史』(一九三八)には、十年二月十七日に「県下女紅場を小学校に付属せしめ裁縫所と改称」とあり、渡辺氏の説明を補足することができる。いずれも一般女子のための施設であるが、後で述べるように岡山にも遊所女紅場が設置されていた。

『京都府教育史』上巻(京都府教育会、一九四〇)によると、一般女子教育のための施設を「正貞女紅場」と称し、色町のを「遊所女紅場」と称して区別していた。「正貞」とは「正しい貞操」の略であろう、名称による露骨な差別である。ところが、遊所女紅場の一つ宮川町女紅場では、十三年にできた新校舎の東西二棟のうち、「東舎は良家の子女を教え、西舎は妓婦の教場としてあることに特色がある」とされている。一般女子と芸娼妓がともに通う女紅場の例は他県にもあるが、数は少ない。

遊所女紅場は女子教育の場としては飛び抜けて設立が早かったが、近年になるまで教育史の分野ではほとんど注目されてこなかった。戦前では常見育男氏が『日本家事教育発達史』(創文社、一九三八)の「遊所女紅場」の項で、京都の事例が紹介されているぐらいである。戦後でも状況は変わらなかったが、久多羅木儀一郎氏による「教育史の上からみた女紅場」(『別府大学紀要』一九五七)が先駆的である。これにかなり遅れて、坂本清泉氏による「女紅場の研究」(『大分大学教育学部研究紀要』一九七九)が続く。

久多羅木氏は主に『新聞集成明治編年史』(林泉社)にもとづいて、名古屋、郡山、大阪、柏崎、新潟、仙台、東京吉原、伊予三津、彦根、岡山、浜松に、明治九年から十二年にかけて設置された遊所女紅場を紹介している。ただし、柏崎や、奈良の郡山は一般女子のための施設と思われる。氏は地元の大分県についてより詳しく論じており、八年頃に別府浜脇に設置され、十一年には下ノ江、佐賀関、別府の三カ所の女紅場が変則女学校に改称されたとしている。

すでに同氏が紹介しているが、『別府市誌』(一九三三)には明治五年の「芸娼妓解放令」への対抗措置として女紅場が設置されたという、珍しいケースが載っている。それによると、父兄らが続々と別府脇浜に来て各々の子女を連れ去ろうとするのに対して、市況に影響があるとして遊廓を残そうとする戸長らが海門寺に芸娼妓を集めて「一朝この境地を脱しながら女紅を解せざるはこれ婦の第一の恥辱なり、故に暫くこの地に止まりて裁縫、紡糸婦女たる技能を習得し、しかる後に御父母の膝下に帰るもまた遅からじ」と諭し、父兄にも説示したところ、これに応じて百数十名中数名を除いて残留したとある。そこで、医師宅を借りて女紅場とし、貸座敷業者の代表を主管者としたとある。もし、設置が解放令の直後だとすると、京都と並ぶもっとも早い例となる。

女紅場の読み方であるが、当時の新聞には「じょこうば」とも「にょこうば」とも振り仮名がうたれている。どちらかというと前者が多い。「紅」は「工」と同義語である。「女工」だけならば、普通は「じょこう」と読む。運営資金を芸娼妓自身に稼がせる授産所、勧業所としての性格を合わせもった女紅場では、彼女らは昼夜二重に働かされたことになる。県庁が積極的に関与した例もあるが、設置や運営は貸座敷業者が行なうものがほとんどだった。だが、運営資金の一部を芸娼妓が負担するケースも少なからずあった。

遊所女紅場の設置には県によってかなり温度差があった。『西村茂樹先生論説集』第一巻(一八九四)中の十五年五月の「芸娼妓を教育するの可否を論ず」には、「岐阜埼玉二県のごとく其業を営む者なしを上等とし、東京府其他ある数県のごとく官にてその教育に干渉せざるを中等とす」とある。当時の教育界にかなりの影響力を持っていた西村氏の女紅場の設置に否定的なこの発言によって、少なくとも関東での設置が阻害された可能性がある。この文章には二十二年六月の追記があり、「京都府にて芸娼妓の教育を創めしより諸府県争いてこれに倣い、県令以下大いにこれに尽力し、良民の教育の普及よりはまず芸娼妓の教育を先にするの勢いありて、全国の府県中過半は芸娼妓の教育場を開けり。今日は全くこの愚を為す者なきをもってこの文もまた無用に似たる」と結ばれており、この頃には設置ブームがいったん収束していたことがわかる。

ここには京都から始まって過半の府県に設置をみたとあるが、東北や関東地方では女紅場の存在が確認できず、類似の施設についても東西で規模に大きな違いがあった。以下に北海道から順に遊所女紅場の設置状況を見てゆくことにする。坂本氏の研究と一部重なるところもあるが、全貌を知ってもらうためにあえて重複を避けなかった。

関東以北の遊所女紅場

北海道　北海道における遊所女紅場設置の経緯については十八年の『開拓使事業報告第四編』(大蔵省)が詳しい。趣旨は堺県とほぼ同じで「人の妻となり、人の母たる道を教えんとす」とある。「函館根室二港に試みに設け、漸次全道に及ぼさんとす」とあって、当初は遠大な構想だった。資金には芸娼妓鑑札料と税金を充てるとしている。肝心の札幌については、十五年五月三日付の札幌、小樽を対象とした「貸座敷芸娼妓規則」の条文の一つに「読書、習字、紡績、裁縫の業に努め、正業に遷るよう心がけよ」とあるが、女紅場が設置されたという情報はない。櫟山居士氏が著した二十五年の『札幌案内』に「薄野廓内に勧工場及び札幌勧商館あり、…勧工場は出品不整頓にして場内寂然たり」とあるが、一般的には勧工場は百貨店の前身であって女紅場ではない。

『函館市史』には「女紅場」が立項されている。それによると、七年十一月に娼妓貸座敷の税金を町会所に貯え、女紅場設立資金に充てることとし、十一年三月に土地建物を購入して五月一日に開場としている。六月一日には台町支場を開いたが、十二年十二月の大火に延焼した。十一年から十五年までの生徒数は、百七十、百三十八、三百六、二百七十二、二百七十七人となっている。十五年の数字を載せる『函館県統計書』によれば、蓬莱町女紅場は十年五月一日に創置、十五年の生徒数は二百五十六人とあって、年次と生徒数が異なっている。『開拓使第四期報告書』(国立公文書館)では十二年一月一日時点で芸妓が八十一人、娼妓が百八十一人、計二百六十二人となっており、やはり少し違っている。

根室では十三年八月に土地家屋を購入しており、十月十日に開場と予告されている(『根室支庁布達全書』下)。同年の生徒数は芸妓三十三人、娼妓百七十五人とある。なお、国立公文書館の『開拓使事業報告附録布告類聚　下編』に詳細な規則が収録されている。『市史』は『函館新聞』に基づいてその廃止を二十年五月としている。根室についても谷内鴻氏の「明治十三年根室女紅場の考察」(『国学院女子短期大学紀要』6)によれば、やはり二十年に廃止とある。二十二年の『北海道庁治一斑』を見ると、賦金の支出の欄には「女工場費」は二十年を最後としており、二十一年には計上されていない。

十七年三月に出版された高須治介氏著『函館繁昌記』(魁文社)には、「千歳橋の側にあり、もと一娼家なり、教課は裁縫、漸濯、文学の三つに別け、漸濯は英某領事の妻が伝授するところなり、課業は毎日十時に始まり二時に終わる…芸娼妓を問わず二十五歳を過ぎると免ぜらる」とし、文学の授業では文題が難しく出来ない芸娼妓はなじみの客に代作させる者もいたというエピソードが紹介されている

宮城県　十年七月六日の『読売新聞』によると、仙台では国分町に「秋実舎」という名称で設置され、「夥《か》多の娼妓に各種新聞の美談を読み聞かせ、縫針、手習、機織、十露盤《そろばん》、料理物など、各その好むところに従い稽古」させていた。

同様の記事は七月十三日の『朝野新聞』にも見える。当時の新聞は遊所にまつわる美談として熱心に報道していた。

山形県　板垣英夫氏による『山形町細見』(山形商工会議所、二〇〇二)には、三島通庸県令が遊廓があった小姓町に玉梅女学校を設立したとある。『山形県令類纂』下(一八八七)に収録される十五年制定(十六年一月改正)の「貸座敷営業者心得」の条文には、「娼妓をして本業の余暇に裁縫、筆算などを学ばしむるよう注意すべし」という一項がある。しかし、散在していた貸座敷を小姓町に限って許可したのは十七年三月のことなので、いかに早くても、設置は十五年の三島県令の福島県転任後になる。平田元吉氏による『三島通庸』(一八九八)には、「貧民授産場の名義をもってこれを始め、管下の貧困なる士族の子女を募集し」とある。彼が山形に設置したのは貧困士族子女向けの授産所型の女紅場だった。

秋田県　関東・東北地方では大正期になってから、芸妓・娼妓学校の設置が進められている。大正十三年六月には秋田市に芸者学校が誕生している。武塙三山氏が「秋田の人々」(『あきた』一九六二・一〇・二)で、婦人運動家の和崎ハルさんをとりあげて次のように述べている。「芸者学校(のぞみの会)が生まれた。生徒は六十名に及んだ。…愛国婦人会の支部長である岸本知事夫人はこれを支部の仕事の一つとして、毎日曜日に、課目は書道、国語、裁縫の三つとし、希望によって英語も教えた」。しかし、その後の知事婦人たちから協力を拒否されたことから生徒も半減したが、ハルさんら三人の努力によって十二年間続いたという。これは業者以外の経営になるまれな例である。

福島県　磐城中村(相馬市)で貸座敷取締を営む者が裁縫所を大町に開設したことが、十六年六月十四日付の『朝野新聞』に報じられている。また、かなり後年のことになるが、大正十三年十二月二十三日の『朝日新聞』は、「若松市東山芸妓学校というのが今回開校式を挙行」と報じている。東山は郊外の温泉地である。これは、芸妓の急増により組合が検番に開設したものであるが、授業内容は女紅場と共通する。

栃木県　大正十四年十二月二十二日の『朝日新聞』には、「娼妓に家庭の主婦たる資格を与えるため烏山遊廓では娼妓学校を開設」とある。娼妓が年季明後に主婦になることがしばしばあった。

茨城県　明治十二年一月二十九日の『茨城新聞』の「(水戸)下市絃妓の状態」と題した投書に、「風俗を矯正せんと欲せば…女紅場を設けて（芸妓らに）自立の道を覚悟せしめて廉恥の風を養成するにあり」とある。だが、次の古河とも実現したかどうかは確認できなかった。

『古河市史　近現代資料編』（一九八四）には、解放令直後の六年三月に業者から提出された「貸座敷渡世願及び規則」が収録されている。そこには、「自今三カ年を期限にあい定め置き、先ず当宿内に機織、糸繰り、衣類仕立て工業場を営繕仕り、右飯盛女、芸者ども昼夜に限らず、遊客これ無き時間は右工場にてそれぞれ工業を習わせ、年限に至り工業全て伝為仕り、正業の基を開きたく存じ奉り候」とある。授産所型では芸娼妓は昼夜働くことになるが、業者は遊廓再開の口実の一つとして女紅場の設置を掲げている。女紅場を設置するから遊廓を許可してほしいという論法は埼玉県や東京府にもあった。

千葉県　松風散史氏による明治二十八年の『千葉繁昌記』の一節に、「志ある娼妓にして希には寸隙を求め僅かに筆をとり、針に紐するがごときなり」とある。個人的な営みかもしれないが、抜き出しておく。大正三年十月六日の『朝日新聞』には、「木更津町芸妓学校は昨年五月創立せる。芸妓組合の経営にかかるものにして、現在生徒は三十四名…毎日午後一時より三時まで裁縫、一週間二回、習字一回、作文一回」とある。邦字新聞『ハワイ報知』（一九二三・一二・一六）は、「昨年あたりから千葉県下は千葉、検見川、佐原、東金、木更津と芸者のある処に、其筋から芸妓学校を設立させ…一月ばかりで潰れてしまった。しかし、木更津だけは真面目で二十七名の芸者は何も欠かさず上場して勉強している。科目は教科は学科と裁縫」と報じている。

同四年六月五日の朝日紙には「千葉町蓮池の芸妓屋女将その他の発起となり、芸妓検番の傍らに芸妓学校を設立し、読み書き算術を教習せしめいたるが、昨年十一月以来教師欠員となり爾来閉校」だったのが、千葉警察署長の尽力により本月より復活と報じられている。また、昭和十年九月十日の『朝日新聞』に次のような記事がある。佐原の「料理屋の女中、半玉連約二百名が先般我等にも女子教育をさせよ」という運動をおこし、目的を貫徹して女子青年学校を新設させたという。料理屋の女中とは酌婦のことで売笑をさせられていた。

埼玉県　明治十年十一月二十四日の『読売新聞』に、本庄のある貸座敷業者が「学校へ力を入れ、風儀も至極いいから自然繁昌した」という話が報じられている。

神奈川県　明治九年二月三日付の「密売女」に関する布達には「追って女工場設立の上は同所に入れて授業せしむべし」という追記があるが、十年七月六日の『読売新聞』には、「神奈川駅の貸座敷で教師を頼み、主人をはじめ娼妓から下男下女まで読み書きを励ませ」とある。関東ではこうした個人レベルにとどまるケースが多い。二十九年三月十五日の『萬朝報』に、横浜遊廓の遊女らによる決議案が掲載されている。そこには「苦界を出ても人に疎まるによりて自ら活計を営むだけの工夫をいたしたく」として、「自ら治めんとするには一通りの学文及び、裁縫礼儀を覚えん」という条文が含まれている。女紅場の設置が進まないのに業を煮やした娼妓らの切なる要望だったが、実現したかどうかは確認できなかった。

東北および関東地域には女紅場という名称や構想が広まらなかった。関東以西のように遊廓ごとにきめ細かく設置されたのとは事情がまったく異なっている。県や業者の関心の薄さか、それとも、遊廓が小規模で負担に耐えるだけの資力がなかったのかについては、今後の検討課題である。たとえば、栃木県では業者の散在が長く続き、三十二年九月になって宇都宮以下二十五市町村に遊廓区域が定められている。規模が小さくて女紅場が設置されなかったケースの一つと考えられる。だが、次の東京のケースを見ると明らかに業者の怠慢かつ、背信であり、横浜の業者についてもそう言わざるを得ない。

東京の遊所女紅場

東京の設置状況はもう一つはっきりしない。だが、東京府は当初、遊廓に対して設置を義務づけていた。『東京府史料』（『買売春問題資料集成』第十四巻所収）の、八年三月の東京府から内務省への「隠売女処分の儀に付き伺」の追記には、「貸座敷免許地の女紅場取設け、娼妓等漸次正業に為移《うつしなし》候方法も追て相企候積りにこれ有り候」とある。同年四月十九日の『東京日日新聞』には四日付の東京府布達「隠売女取締規則」が掲載されており、その第十条では過料金が払えない者には女工場、黴毒病院での雑役を命じている。また、同年七月十七日に出された「貸座敷娼妓引手茶屋取締会所仮規則」の第八条には、「女工場を設け娼妓に工芸を授け傍ら読書習字をも致すべき事」、十一条には「歩金は会所費及び女工場病舎の資用に充つべき事」とある。歩高は娼妓の稼ぎの百分の五とされていた。

八年四月の小野湖山氏による序がある『東京新詞初編』には「女工場」と題した漢詩が含まれている。「紡ぐや、績むや、裁つや、縫うや、幾家の紅娘は翠髪を梳く、花を繡い線を鍼《はり》するも春日長し、梭《さ》を授けわたす声は鶯に和して没することとなし、女師上場して来るのを瞥見す、素姿は燦然として霞外の月のよう」という文字面だけでは遊所女紅場とは判断できない。時期からするとこれに相当するかと思われる「女紅学舎」の設置願書が、一月前の三月に提出されている。『東京教育史資料大系』第二巻（一九七二）に収録される願書によると、場所は神田練塀町で、科目には読書、算術、裁縫があった。『東京都教育史　通史編1』（一九九四）では、塾則の中に「舎中にて酒宴、音曲、並遊覧の契約を堅く禁じ候こと」という条文があることから、これを遊所女紅場と判断している。だが、今日の秋葉原駅東側という設置場所からすると娼妓は就学できなかったはずで、もしかすると、芸妓と一般女子がともに学ぶ施設だったのかもしれない。

肝心な吉原ではどうだったかというと、八年八月五日の『読売新聞』に、京町一丁目の中米屋という貸座敷業者が家の奥座敷で、娼妓、芸妓、下地っ子、禿らに手習いなどをさせたという記事がある。やはり、個人レベルにとどまっており、遊廓全体の取り組みではなかった。同じようなことが板橋遊廓でも始まっていた。同年十一月九日の同紙は「貸座敷近江屋の家にて娼妓たちへ深切《しんせつ》に針仕事を教えます」という、ある娼妓からの知らせがあったことを報じている。千住遊廓ではやや本格的で、十二年八月七日の同紙は「千住北組貸座敷の主人らが明き店を借り受けて麻布辺より教師を一人雇い、各自稼業の間に大学論語など手近な者より教授」とある。

八年十二月五日付『朝野新聞』には、吉原の楼主など数人から京町二丁目および千束村に設置の願い出が出され、翌年正月十四日に認可が下りたとある。しかし、これに該当する願書は先の『教育資料大系』には見いだせないので、疑問視される。十年十二月六日の『読売新聞』には、「千束村に凡そ五千円かけて女工場を取り建て娼妓を入場させて」とあって、本格的な女紅場を建設する旨の報道がなされている。ところが、同紙によればこれも二十一日に願い下げられている。十一年二月二十日の『朝野新聞』では、十五日に大阪の難波新地の女子手芸学校が開講し、芸子舞子八百人が出席したとの報道に続いて、「東京にはまだありませんねえ」と皮肉られるありさまであった。十三年九月一日の『朝野新聞』にも「東京府下にはいまだ都会相当の女紅場の設けなく、僅々たる私立に過ぎざる」とあるので、個人的な施設が若干あった模様だが、本格的なものはまだなかった。

こうした批判を受けてか、十四年二月十四日の『郵便報知新聞』に「吉原遊園開設の相談がまとまり、女紅場を設立して」とある。ところが、十九年一月十三日の『東京日日新聞』が一旅行者が新吉原への女紅場設置を警察に願い出たことを載せている。吉原では話ばかりで一向に実現しなかった。西村茂樹氏が「東京府其他ある数県のごとく官にてその教育に干渉せざるを中等とす」と述べているように、東京府は設置に熱心ではなかった。

樋口一葉氏の『たけくらべ』には主人公のみどりが「遊芸手芸学校」に通わされていたとある。みどりは信如と同じ育英舎に学んでいたことになっているが、それとは別の学校で同級の女生徒が二十人いたとある。一般に手芸学校は女紅場の改称後の名称であることが多く、おまけに「遊芸」の二字が付されているので遊所女紅場とみてよいだろう。一葉氏は執筆直前の二十六年七月に吉原に近い下谷竜泉寺町に転居しており、小説には実際の見聞が反映されていることが考証されている。この頃までに吉原にも女紅場に類似する小規模な施設が設置されていた可能性がある。

十二年十一月二日の『朝野新聞』に、「先般許可を得て浅草高原町に開院せし教育院は、新吉原五十軒町へ移転し、…芸娼妓の通学するもの数名あり、遠からず千束村(俗に水道尻という)へ新築して」という記事がある。水道尻とは吉原仲の町の突き当たりの通称なので、場所はまさに遊廓内である。『東京教育史資料大系』第三巻には「教育院」の設置願書が収録されている。十二年八月八日に原英義他一名より提出されており、場所は浅草北松山町の経寿院となっているが、同月二十七日には高原町十九番地の東陽寺への移転願いが出ているので記事に間違いはない。十一月までには吉原大門前の新吉原五十軒町に移転していたのであろう。学科は「適応の学術、技術は製紙、製茶、裁縫、織物その他」、年齢は六年から十六年と定められている。設置の趣旨は「府下貧窶の小民、生計に困却し父兄の子弟を教ゆるあたわず、子弟の学びあたわざるを入院せしめ」というものであった。通学する者の中には芸娼妓も数名含まれていたとあるが、男子子弟をも対象にした施設なので遊所女紅場とは言えない。

二十一年一月十四日の『読売新聞』には、「吉原に西洋造りの二階家を建て、二階は検査場、下は女工場と舞踏場を設け」という大がかりな計画が報じられている。同年九月五日の『東京朝日新聞』にも、「花園の取拡げ地に新設する女工場にて…女工を教授する由」とある。十四年に持ち上がった計画は依然として足踏み状態だった。岡安平九郎氏が二十三年に出版した『滑稽傾国妓会』は戯文調ではあるが、娼妓らの主張には傾聴すべきものがあり、発言内容は現実を反映していると思われる。その中の、花代の分け方をめぐる新吉原松金楼の紅梅の発言に、「叩き分け十五銭の内から座敷代だの、金利だの、女紅場費だの、すべった転んだのと諸種のものを差し引かれてたった四銭にしかなりまへん」とある。彼女に賛成する彦太楼の左京は、「女紅場費などは無論、女紅場が建つまで一時割り戻していただきたい」と主張している。貸座敷業者らは建設資金だけは娼妓からちゃっかり徴収しておきながら、一向に着手しようとしなかった。まったく悪どい。

もし、『たけくらべ』の「遊芸手芸学校」が実際に存在していたとすれば、二十三年以降ということになる。二十二年八月十四日の『東京朝日新聞』に駆梅院落成の記事がある。もし、先の『読売新聞』が報道した計画のとおりだったとすれば、同院の竣工後に院内に小規模な形で附設された可能性が考えられるが、どうだろう。川原元松氏著『遊廓内幕吉原実記』(一八九一)や葛城天華、古沢古堂氏の共著になる『吉原遊廓の裏面』(大学館、一九〇三)は明治期に吉原の実態を著わした好著と思われるが、前者には二十四年のこととして「第一に驚きたるは廓内に小学の設けなき」とあり、後者にはその片鱗さえも記されていない。

根津ではどうだったかというと、八年十一月十日の『郵便報知新聞』は、根津遊廓の取締本社にて「これまでの諸費は娼妓の玉高のうちより積立をし、酒肴の商売高など一切合わせて百分の五を積金となせば増加するゆえ、これを資本として女工場、病院を取り建てる」ことを一昨日決議したと報じている。十二月七日の同紙は、仮に、女工場を須賀町十二番地北へ設けるという願書を出したともある。しかし、十年八月十六日の同紙には、根津の一業者が自宅で娼妓に手習い針仕事を教えているという記事があり、施設はまだ建っていなかった。十二年八月六日付の『朝野新聞』にも、「日増しに繁盛するをもって、松葉楼、八幡楼が発起となり、同所へ女学校を設け芸娼妓へ習字、裁縫を教えるという」との報道がある。伝聞でもあり、実現したかどうかは不明である。根津遊廓は東京帝国大学に近いということから二十一年七月に洲崎に移転させられている。直後の二十二年一月十日の『読売新聞』は、「花松楼の主人は二十余人の娼妓のため教師を雇い入れて裁縫、編物を教える」と報じている。やはり個人レベルにとどまっていた。最大手の吉原と根津がこうでは、あとは推して知るべしである。

動きの鈍い遊廓に対して、花柳界の中心だった新橋にはいち早く芸妓学校が設置されていた。九年三月二日の『郵便報知新聞』には、「烏森町の学校はだれ言うともなく烏森白狐と異名をつけましたが、相替わらず桃太郎、小鈴、金八の三姉さんは毎朝お通いです」とある。八年に設置された神田練塀町の「女紅学舎」に次ぐ早さである。しかし、十八年十一月二十六日の『東京日日新聞』には「東京へも設置の必要を説き廻る」と題して、女紅場を新橋柳橋のごとき花柳の街に設けてはどうかという記事が出ているので、長くは続かず廃止になっていたらしい。

いつのことかはわからないが、『東都芸妓名鑑』の「芝神明花街の沿革」の項には「神明町二十五番地に芸妓技芸教習所を設け、普通学科の外に種々なる手芸を講じ、都下花街の耳目を集めた。芸者技芸の教習所は今日こそ形を変えて形式的に存続されたれど、その創始は都下にて芝神明花街を以て始祖と称する」とある。

二十七年三月二日の『都新聞』に、「新橋の花月楼主人が…祇園の女紅場の実況、維持法を委しく取り調べ…賛成者多数なのでいよいよ設立とこと極まり」という記事がある。しかし、ただちに実現したわけではないらしく、三十三年十二月十七日の『朝日新聞』に、「新橋芸妓学校すなわち、新橋芸妓研究会当秋開校の後、通学せしもの六十七名、内二十五名は半玉、昨今は半玉の出校は四、五名に過ぎず」とある。不評のため開校して数カ月もたたないうちに生徒が激減していた。翌年三月二十日の同紙には、「南金六町の芸妓学校は随意登校となし、読み書き算筆及び裁縫を教授し」というように工夫をこらしたため、「御亭の阿母らの受けもよく」とある。南金六町は橋南烏森町の反対側、新橋北部の金春芸者の本拠地だった。こうした努力にも関わらず、三十五年三月一日に廃校になったと、同紙は報じている。

はるか後年のことになるが、昭和十三年七月二十三日の『朝日新聞』に「例の芸妓学校に名士を招いて時局講演会」とある。新橋芸妓屋組合長の川村徳太郎氏が口述した『新橋を語る』(一九三二)によれば、昭和五年八月に新橋演舞場を仮校舎として立上げたもので、これを始めた当の川村氏は「修養講座」と言っている。すでに「例の」に冷やかし半分の調子がみてとれるが、芸妓学校というのはマスコミが勝手に名付けたもので、中には「芸妓大学」と茶化す者さえいた。

中部地方の遊所女紅場

山梨県　関東文化圏でありながら甲府にはいち早く設置されていた。十年に定められた三業規則に設置が定められており、十二年二月十九日の『東京曙新聞』には甲府の「増山町女紅場も近日に新築」とある。増山町は柳町にあった旅籠が明治三年にここに移されて、新柳町遊廓と称されるようになった町である。

『甲府遊廓史料　全』に「新柳町遊廓内女子手芸学校」という一項があり、「明治十三年六月貸座敷関伊八の唱えにて、新柳町遊廓内芸娼妓取締所内に芸娼妓をもって女紅場を開設す、良師を雇い入れ芸娼妓の身上将来のため婦道を教業す、読書、算術、習字、裁縫を教授し、間もなく女子手芸学校と改称、明治十五年十月同校第三回紀年会を挙行す」とある。『甲府略史』(一九一八)には十一年に新柳町に女子手芸学校が創立とあって、設置年次が一年違っている。同書には廃止年月は未詳とある。十六年の『山梨県統計書』に十五年五月に「女子手芸学校」が甲府の遊廓、新柳町に開校したとあるのは改称の誤りだろう。

長野県　九年二月二十七日の『郵便報知新聞』は、松本に「近日開産社の前に女工場や書籍館物品展覧所を設けるよし」と報じている。だが、これは製糸工場であって遊所女紅場ではない。十一年七月十九日の『朝野新聞』には上田で女紅場の新築に着手したと報じられている。遊廓設置後のことでもあり遊所女紅場の可能性もあるが、十五年十月二十二日の『読売新聞』に上田の「女紅場織物」の広告があるので、これも松本と同様の施設と思われる。長野県で遊所女紅場が確認できないのは関東芸妓圏に属していたことが影響していたのかもしれない。

近年、齊藤俊江氏が「飯田遊廓と娼妓の生活」(『シリーズ遊郭社会2』吉川弘文館、二〇一四)において、四十五年に飯田の二本松遊廓に女紅場ができたことを紹介している。北信地域とちがって飯田は遠江・三河文化圏に近いので、その影響下のもとに設置されたと思われる。時期からすると自由廃業対策の一環と思われる。

『ハワイ報知』(一九二〇・九・三)には「大町と豊科町に芸妓学校が設立され、大町の学校は三業組合の事務所楼上を校舎に代用し、警察署長が校長、生徒は芸者全部を網羅して八十人、豊科町は町の小学校長、校長を兼ね、生徒は百人を数える」とある。

静岡県　法月吐志楼氏著『晁東仙郷志』(麗沢叢書刊行会、一九二七)には、静岡では九年に二丁町廓内に設けられ、十二年九月の教育令の発布に際して私立修行女学校と改称し、明治三十年頃廃校となり、校舎は検黴病院となったとある。一方、『静岡県史』には八年に安倍川遊廓に設置され、十六年に修行女学校に改称とあって年次に違いがある。九年四月十八日の『郵便報知新聞』に「先頃二長(丁)町の廓内へ新築になりし学校へは同所の舞子抔《など》も余程入校したり」とあるので、九年説を採るべきであろう。明治三十八年の『花柳風俗誌』(博文館)中の「静岡の花柳界」にも、九年に修行女学校が設立され後に四徳教堂と改称したとある。皮肉にも「娼妓のうち教育あるもの追々多数になりこの学校に入るもの少なく、近来まったく廃校するにいたり校堂は今は検黴病院なるに至れり」とある。『県史』には十年には沼津、二十一年には掛川にも女紅場が設置されたが、いずれも三十年頃に廃止になったとある。

『沿革静岡県諸達類聚目録』(一八八四)によると、八年四月に「浜松元城内へ女工教場設立幷右規則定」とある。十年一月二十三日の『郵便報知新聞』は、天皇の行幸にあたって浜松の「女工場の生徒(芸娼妓の類に非ず)も奉迎したり」と報じているが、わざわざ注記されているように、これは三の丸の小学校の向かいに建てられた一般女子のための施設を意味しよう。ただし、これとは別に遊所女紅場も存在していた。十二年三月二十日の『朝野新聞』が娼妓と芸妓の争論が浜松駅の女紅場で持ち上がっていることを報じている。浜松駅とはもとの宿場町を意味し、遊廓になっていた。

愛知県　『愛知県史　資料編32』(二〇〇二)に収録されている七年の「遊所席貸場規則」の第二条には、「女工場建設候様尽力致し候事」とある。九年の『愛知県一覧概表』には「女工場　六」とあって、すでに六カ所に設置されていた。県下の遊廓は八年に開業した名古屋の旭廓のほかは、熱田、岡崎、吉田(豊橋)の四カ所だけである。あとの二カ所がどこかは不明である。

『名古屋市史　風俗編』に掲載されている十年の「旭廓之図」の南西の隅に「女紅場」が認められ、貸座敷二軒分に及ぶ敷地を占めている。前年の九年五月三日の『読売新聞』には、旭廓に付属する大須の女工場の成績優秀な芸娼妓が教師と助教になったと報道されており、十七年の『旭廓細見きぬぶるい』にも、女紅場において優等の褒賞を得たもの十四人の名が掲げられている。二十年五月二十八日付の『金城たより』には「旭廓女紅場にて軽便ガスを点火」とあって、女紅場は新聞の注目の的だった。これに対して、四十一年八月十五日の『新愛知』のように、「旭廓娼妓の生活状態」という見出しのもと「廓内で歩行の許されるのは女紅場行きと洗場行きだけ」と、いかに彼女らの行動が制約されていたかを報じた記事もある。

豊橋の施設については十一年五月三日の『読売新聞』に、「丁子屋某が県庁へ願って四年あとに娼妓の授産所を取り設け、それより教師を選び…この節読み書き算盤をはじめ裁縫までが殊のほか上達」と、報じられている。十四年二月十四日の『東京日日新聞』には、三日の駆黴院の開院式に「この地の芸妓らがかねてから女紅場にて陶冶せられし、…開院を祝せる和歌をよみ出したるもの二十余人あり」という記事がある。

また、『岡崎市史』に収録されている四十三年十月一日の『尾三新聞』には、「伝馬廓にて暫く中絶したる生花、茶を開始し」として、「去月廿四日以来、日々女紅場において午前中師匠をして娼妓に教授しつつあり、追っては裁縫その他の手芸をも開始するよし」とある。四十三年という再開時期は女紅場設置の第二期にあたり、自由廃業対策と考えられる。

岐阜県　県の遊廓許可にともない二十二年に大垣に藤江遊廓が設置された。『現在の大垣市誌』(中央新聞社、一九三〇)は、「昨年(昭和四年)六月三日女郎大優遇のため、…理想的な娯楽場を設立なし、…女子として必要な裁縫、生花、三味線など教授なす」としている。

新潟県　『稿本新潟県史』第十四巻(国書刊行会)には、「八年以降新潟港を始め、長岡町、柏崎町へ女紅場を設置」とある。『新潟市史　資料編5』(一九九〇)に収録される、八年十二月の新潟県令名による「新潟女紅場規則」には設置の趣旨について、「管下人民の子をして紡織裁縫の業を習い家産を補け、父母を養うの資となさしめ」としている。『新潟県治統計書』(一八八〇)には九年十月開場とある。十年に鈴木平造氏が編集した『新潟摘誌』には「女紅場はその敷地三千歩、設置する所は営所通二番町、女子生徒二百三十余名、機織裁縫二科を教ゆ、余課また読書、習字、算数を授くる略々小学教則のごとし」とあるが、「製出するところの物品精良」というので、授産所として設けられたことがわかる。石井熊太郎氏による十年版の『新潟美知の枝折《しおり》』の地図には練兵所に向き合う検梅院の隣りに、諏訪神社と道を隔てて女紅場が向かい合っている。

新潟町の施設については十年四月十二日の『新潟新聞』に生徒募集記事があり、一般女子を対象にしていた。しかし、『新潟摘誌』は「越地一種の醜弊あり、市井村落を論ずるなく、女を生めば嬉笑し、男を生めば顰蹙《ひんしゅく》す、女子をもって芸妓たるべく娼妓たるべく、もって父母を養う」という京都と同じ風習を記し、「賤業の死地を免れざるを知り、風漸く熄《えん》滅に就《つ》く」と、結ばれている。明らかに芸娼妓を減らすことを目的にしていた。『本朝民鑑第二版』第四・五篇(千鐘房、一八八〇)に収録されている八年四月二十九日付の新潟県より内務省への伺いには、「管下の儀は従来遊女、芸妓の類多く、…今般新潟へ女工場創設、差し向かい機織など手易き工業より着手いたし、懇切に説諭し、漸次改業候よう致したく」とあって、明白に芸娼妓を対象としていた。おそらく、授産所として一般子女と芸娼妓の双方を対象としたのであろう。十年八月一日には「芸娼妓これある区内においては区戸長はもちろん貸座敷営業のものは…裁縫所もしくは機織所のうち適宜の方法を設け、一は父母養育の目途、二は醜業慚悔《ざんかい》の心情を醸成」するように告諭している（『新潟県史料　禁令』）。だが、授産所型の例に漏れず赤字経営のためわずか三年後の十三年には閉場したと、『新潟市史』に見える。

十三年度の『新潟県治統計表』によれば、柏崎下町の女紅場は十年二月に開校されていた。ここには市民の寄付金が寄せられ、かつ、寄宿生もいたので一般女子を対象とした施設だった。しかし、これとは別に遊所にも設置されており、小田金平氏著『柏崎華街志』（一九〇九）には、「芸娼妓は朝飯を喫して裁縫女学校に行くとか」とある。学校は市街通りを離れた駆黴院と棟を接していたという。また、村松上町に十年二月、相川町五郎左衛門に十年五月に開場している。長岡の女紅場も士族子女の授産所として九年五月に開場しているが、小田氏は先の著書に「芸娼妓裁縫場の設けあって、目下（四十二年）の生徒は九十名以上」としている。また、永田直治郎氏の『長岡花街史』（一九一二）によれば、芸娼妓裁縫講習所は貸座敷組合事務所内に設けられ、明治四十五年の新築後には生花と作法も教えることになったとある。宮川頼徳氏著の『高田富史三篇』（一九〇六）には、高田町横区の貸座敷事務所内に裁縫所が設置されたとある。当初は教師を雇って読物、算術、習字も教えていたが、今は裁縫を専門として無月謝で芸妓五十余名、娼妓百四十余名が在籍するとある。

富山県　現在の富山県にあたる新川県が九年九月一日に制定した「芸妓規則」の第十六条で、「免許場所は必ず女紅場を設け、書算、縫織他女紅一切習学いたし申すべきこと」とし、同時に免許場十カ所が定められている。十カ所とは富山市の二カ所、魚津、東岩瀬、放生津、伏水、高岡、氷見、今石動、杉木新町である。十カ所すべてに女紅場が設置されたかどうかは不明だが、主だった町には開設されていた。

小沢重三郎氏が十六年に出版した『富山繁昌記』には、九年に桜木町遊廓に設立された女紅場について一項が割かれている。「各楼の主人あい謀って廓内の歌童、舞妓」のために二丁目に設けられたもので、建物は縦横五六間の重層で、読書、習字、裁縫、紡績を学ぶことができた。

富山県立図書館に『女紅場祝詞』という珍しい冊子が保管されている。これは十五年十二月二十六日に行なわれた高岡新横町の「芸娼妓授業所」開場式の祝辞集で、地元の郡長、警察署員、学校教員などの祝辞および、生徒代表の答辞が収録されている。それによると、この施設は芸娼妓に裁縫を学ばせるために、貸座敷料理営業人の徳市松次郎、同姓外次郎氏の発起と費用の提供によって設置されたことがわかる。桜木町に遅れること六年だった。

明神博幸氏の『近世越中国の学問　教育と文化』(二〇〇九・五・一)がインターネット上に掲載されていた時の文章には、三十七年に滑川の常盤遊廓に「警察の指導下、検黴所に矯風会講習所を設置した、毎週月・木・金の正午から二時まで、習字・算術・修身・裁縫を学ばせた、運営費は生徒の授業費と廓内楼主の負担であり、六十人が通っていた」とある。警察の指導があったというから、自由廃業対策だったことがわかる。

トヤマ新聞社の発行になる『トヤマ』には県下の遊廓、花柳界の記事がいたって豊富である。その一六六号(一九一五・六)に東岩瀬の芸者三光についての記事がある。彼女は「女紅場での例の針仕事などは大嫌い、それが近来どういう風の吹き廻しか…洗濯針仕事に一生懸命」とからかわれている。同所には大正四年になっても女紅場が存在していた。『花の香』(一九一八)は富山県下の芸妓舞子の写真集であるが、巻頭には高岡郊外に移転した羽衣新地の取締と女紅場の役員の配慮に対する謝意が記されている。

石川県　九年二月五日の『郵便報知新聞』には、先月の六日と七日に金沢石坂町と愛宕町で女紅場の開場式があり、県令、参事以下が列席したとある。たいへんな力の入れようである。前者の生徒が百十二人、後者は七十九人と報道されている。十年二月七日の『郵便報知新聞』は石川県が女紅場を授業所と改称したと報じている。また、十一年八月二十二日の同紙には県の授業所は「管下に六カ所あり、いずれも強勉《ママ》する」とある。当時は福井県と富山県も石川県に含まれていた。

『廓のおんな』にはわずか七歳の「たあぼ（下地っ子）」から三十近い芸妓までが読み書きや芸事を習うけなげな姿が描写されており、遊所女紅場の実状をつぶさに伝える貴重な文献となっている。そこには東の廓の愛宕町の女紅場は四十二年に閉鎖になったと、記されている。

福井県　石川県との合併以前のことになるが、七年九月付『敦賀県治一覧表』の「芸娼妓授業所」の項には、武生、福井橋南、福井橋北、丸岡、敦賀、阪井港、小浜に、授業生があわせて五百十人いたとある。福井県が十四年に定めた「芸妓規則」には、「その地授業所に就き修業すべし、但し十四未満の者はこの限りにあらず」と定められていた。

『本朝民鑑第二版』には、鯖江の下深江町に寄留して出稼ぎをしていた三国の千代という芸妓が、八年十二月に「授業所設置し女工を授くるの恩に感じ、紅粉の費を省き所持の品を売却して十円を寄付する」と申し出たのに対して、褒賞を与えたとある。

また、『大野市史　新聞資料編』（二〇〇〇）によると、十六年五月十八日付の『福井新聞』には、満月楼主が十二年に授業所を設置したとある。文中に「芸妓は毎日三時間は必ず出席して裁縫筆算に勉強怠らず」ともある。十七年一月十五日の同紙は大野錦町（寺町）の芸妓授業所と福井玉井町の娼妓授業所の授業始めを報じている。そして、十九年五月十八日の同紙は阪井港の授業所が、十二月五日には福井市馬場の授業所が廃止になった旨を伝えている。

『感化救済小鑑』（内務省地方局、一九一二）によると、武生の芸妓組合が花代の一部を割いて運営経費に充てた「淑徳女学舎」という施設が、地元警察署長の指導のもとに四十年に設置されている。授業内容は女紅場とまったく同じで、授業時間は午前中三時間、生徒は六十四人とある。おそらく、廃止された授業所を再興したのであろう。

北日本新聞記者の中川磐峰氏による、福井市内名士の『訪問録』（一九一一）のうち「芸妓小蝶の話」にも、「桃花学校（芸妓学校）の始業式」という話題が出ている。市役所が発行した『福井市案内』（一九二九）には、「照手下町には技芸の教授及び研究所を兼ねたる桃花学舎あり」と、記されている。四十三年十一月二十四日の『福井新聞』には、「敦賀の芸妓学校は土地に因んだ常盤学舎」と見える。四十四年四月二十一日の同紙は「大野の芸妓学校桜花学舎」の始業式を伝えており、また、島崎圭一氏による『福井県芦原温泉誌』(一九三二)には、大正十一年三月八日に芸妓組合所属の下に柳糸学舎を創立して今日(昭和七年)に及んでいる、とある。『日米新聞』(一九三四・一・二)の「日本通信」の欄には「英仏語何でも嚙る芦原の芸妓学校」と、報じられている。

近畿地方の遊所女紅場

三重県　十二年二月十二日の『朝野新聞』に、伊勢古市の備前屋には娼妓が四、五十人もいる様子だが、近頃は養蚕、機織、読書、手習をすると、まるで女紅場のような状態であることが報じられている。備前屋といえば解放令に率先して娼妓らを国元へ帰した著名な妓楼である。

『三重県史　下編』には「遊廓所在地に女紅場を設け、健康診断をなせるは言うまでもなし」とある。桑名には二十一年に新築されていた。同年二月二十四日付の『金城たより』に、川口町に壮大な女紅場が貸座敷一同の義捐金によって出来たことが載っており、翌年一月二十日の『朝野新聞』には、芸妓四十三名と娼妓百九十二名の生徒が隔日に出席する、と報道されている。また、『四日市市史　近代』(二〇〇〇)にも設置の記事があるという。

十三年六月二十六日の『朝日新聞』には松阪に女紅場建設音沙汰なしとあるが、『松阪市史』所収の二十年七月八日付『伊勢新聞』には、松阪の「川井町女紅場は仮教員と雖も娼妓の心得方よろしければ、何れも時間中は教授を受くるよし」とある。また、同年二月二十五日付の同紙では、同月十六日に関の中町で開場式が行なわれたとの報道がある。

『亀山市史』には「女紅場」が立項されており、二十年三月に貸座敷営業者に設置の勧告があり、数カ月後に開場されたようであるとされている。『伊勢新聞』によると、三十四年にはすでに女紅場はなくなっていたが、その後、警察署長の奨励により四十三年二月五日に遊廓で再開されたとある。インターネット上の「伊勢おいないな日記」には「女郎の検査所は古市遊廓の事務所である長盛社の二階で、女紅場とよばれ」とあるが、文献での確認はできていない。

滋賀県　『滋賀県史』の「勧業」の部に「授業場」の項があり、「十年二月左の各所に開設す」とあって、「芸娼妓に限り裁縫を教授するものにして、一般の女紅場とは異なる」と注されている。十年当時の滋賀県は若狭地域を含んでおり、県下のすべての遊廓に設置されていた。十一年版の『滋賀県治一覧概表』(国立公文書館内閣文庫)には「授業」の項目に十年の数字として、県内各遊所の教員および、芸舞子、娼妓の生徒数があがっているので括弧内に記しておく。甚七町(三/三十四/十八)、四宮町(三/三十六/二)、上馬場町(三/四十七/五)、真町(三/六十六/四十九)、八幡町(二/二十三/六)、八日市村(二/二十/八)、彦根袋町(五/六十八/四十一)、坂田郡南片町(二/三十二/二十三)、小浜飛鳥町(三/六十/十五)、敦賀常盤町(四/五十一/四十五)。人数については「県史」の表とはかなり違いがある。とくに教師については「県史」ではいずれも二人となっているうえに、丸められた数字が多いのでこちらを採用した。なお、どちらにも翌年の統計がある。

十年六月二十八日の『郵便報知新聞』は、近江八幡に関する記事の一部で「芸妓は娼妓を兼ねたる様な姿も見ゆ、着服粗なるゆえか、しかし、女紅場ができ日に場に上り勉強するよし」と報じている。十一年四月十三日の『読売新聞』には大阪の落語家、林屋正蔵氏が「先年より江州八幡に住んで、近頃は同所の女紅場の取締になる」と報じられている。この人物は、上方落語家の三代目林屋正三氏のことであろう。『彦根市史』下には、遊廓地の袋町に娼妓の厚生施設として十年に授産所が設置され、芸娼妓百二十五名がいたとある。三十四年一月二十四日の『近江新報』によれば、彦根袋町の芸舞娼妓の女紅場で新年始業式が行なわれていた。

十三年に福島宣三氏が著わした『花柳艶史初編』は、大津の柴屋町(上馬場町)、真街、四の宮、稲荷新地(甚七町)の四遊廓が舞台になっている。国立国会図書館本は前頁が欠損しているので詳細がわからないが、東京で商法を学ぶという男に「妾が女紅場に裁するの衣を贈り、聊か以て君を餞する意を表せんとす」という一文がある。

京都府　遊所女紅場の設立に関しては京都府がもっとも早く、解放令とほぼ同時だった。『京都府誌』(一九一五)には、五年十月に下京第十五区券番所支配人ほか十七名から知事に提出された「婦女職工引立会社取立願書」が掲載されている。「婦女職工引立会社」とはいかめしいが、名前からして授産所としての性格が濃い。これが後に女紅場と改称された。趣旨は「寛大にも」遊廓の営業が続けられることに感謝するとともに、遊女、芸者が浮業を転じて実業、正業に赴くことができるように、というものであった。ただし、これより先、四年二月十日に開場した河原町二条下ル所の「京都勧業場」の事務章程に、「遊女・芸妓の職紅を勧め、其正業に復するを図ること」という条文がある。

七年に開版された菊池三渓氏による『西京伝新記初編』には、「明治六年の三月に城東祇園街に場を開く」とある。施設は縦横各十余間、一階は西を会社とし、東を教場とし、二階も教場で二十余に区画されていた。教師は五名で、裁縫、紡績、刺繡、蚕識《ママ》などを教えたとある。授業の最中になじみ客の招きを伝えに「こめろう」が迎えに来て、場を辞す妓もいたという一幕も書き添えられている。また、先の願書に付属する「会社規則」には、「場中にては遊席閨房等の事を談ずる事を禁ず」という一条があった。

成島柳北氏は七年の『鴨東新誌』において、できたばかりの「女工場」に伴った一芸妓の憤懣を紹介している。そこには「一妓一香嚢《こうのう》を指差していわく、これ賤妾(わたい)の吹竹弾糸の暇に拮据して製する、…妾数日辛苦して肩頭が凝血する者にして、しかして価僅か五銭…今後また女工を学ぶを欲せざる也」とある。芸妓にしてみれば「ばかばかしくてやってられない」と言うことだろう。なお、同年四月六日の『郵便報知新聞』によれば、芸妓が造った縫物、織物には名札が付けられていたというから、手が抜けないように工夫されていた。

『京都府誌』および『京都府史料　勧業類』によると、島原が六年二月に太夫町に、翌月に八坂が祇園町に、上七軒が三月に真盛町に、宮川町が四月に三丁目に、先斗町が六月に橋下町に、五番町が七月に、七条新地が十二月に下平井町に、伏見の中書島が七年二月に東柳町に、墨染が三月に桝屋町に、祇園下河原が五月に月見町に、二条新地が六月に新先斗町にというように、各遊廓で相次いで開場したとある。なお、下ノ森女紅場は内埜五番町に、清水は下河原に、恵美須町(撞下町)は墨染の女紅場に合併されていた。

『府誌』には祇園に続いて五年十一月に島原の「婦女職工引立会社」の設置許可が下り、六年二月十一日開場とある。ところが、八年十月十八日付『郵便報知新聞』には同月十六日に島原で開校とある。一方、六年二月の『京都新聞』六

3　宮川町女紅場

上京区第二十九区女工仮場

4　七条新地女紅場

1　黒染女紅場

5　島原女紅場

2　下河原女紅場

図 11　京都府立京都学・歴彩館所蔵の女紅場写真

6　二条新地女紅場

8　祇園女紅場

10　不詳(実は先斗町女紅場)

十号によると、確かに十一日より島原に「婦女職工社」を開くと報道されているので、八年は女紅場に名を改めた年と見るべきであろう。八年に女紅場と改称した例は他にもある。『京都府教育史』(一九四〇)には、五年十一月に祇園に「婦女職工引立会社」という名称で設立されたものが、八年十月に女紅場と改称されたとある。先斗町では六年三月に「女工引立会社」の設置願いが出されており、七年四月に女紅場と改称したと『京都先斗町遊廓記録』(『京都叢書』臨川書店、一九八六)に見える。そこには女紅場では「主なるは歌舞音曲なり」とあって、後年には芸子養成所となっていた。

京都府立京都学・歴彩館に土手町の「英学校及女紅場」とともに、設置間もない頃と思われる遊所女紅場を撮影した写真が十枚保存されている。遊所女紅場の写真は他に函館蓬萊町と、あとで述べる台北の萬華遊廓があるだけなのできわめて貴重である。

これらと別に「上京二十九区女工仮場」という付箋がついた写真があるが、平屋の民家で他の十枚とは外観が異なる。上京の遊廓が、上七軒が六区、五番町が十四区、二条新地が三十二区であるのとも一致しない。『京都小学五十年誌』

図 12 『都の花競』

7　先斗町（実は五番町）女紅場

9　上七軒女紅場

（一九一八）には、六年二月頃に二十九区の御池通堺町西入るに開設されたとあるので、これはもっとも初期に設置された一般女子のための女紅場となる。府は民費をもって同年三月に各区に開設するように求めており（『京都府史　勧業』）、同年七月には郡部の木津川小学校にも併設されていた（『京都府百年の年表』）。

他の女紅場の写真を一枚ずつ確認してゆこう。1、看板に「伏水第一区女紅場」とあるので墨染に相違なく、二階屋の妓楼を転用したと思われる。2、表札が「下京区第二十二区女紅場」と読めるので下河原としてよいだろう。擬洋風の二階建で、玄関内に女紅場の文字が読める提灯があり、七条新地と同じような街灯が一本立っている。3、表札が「下京第二拾区　婦女職工引立会社仮局」と読めそうなので、宮川町と思われる。玄関先のみの光景で下河原と同じ提灯が飾ってある。4、二十六区の七条新地とされている写真は、『京都府誌』にも七条新地として掲載されており、付箋に「祇園カ」とされているのと同じデザインの二本の門灯が写っている。5、下京十六区の島原の女紅場は「島原婦女職工引立会社」という付箋によって判明する。既存の建物を手を加えずに利用したと思われ、洋風の門灯だけが目立つ。同じようなデザインの門灯は付箋に「女紅引立会社」とのみある写真9と似ている。6、上京の二条新地は付箋によって判明する。建物は重層で入り口に「女紅場」の表札が掛かっている。7、付箋に六区とあるのは先斗町ということになるが、細い路地に面した連棟重層の建物が左右に分かれている。唐破風《からはふ》のような屋根の下の扉だけが洋風で後からの造作とわかる。二階には「婦女職工引立会社仮局」という看板が掛かっている。8、十五区の祇園の女紅場については、「女工引立会社　不詳祇園カ」という付箋がついており、断定が避けられている。残る9と10は上七軒、五番町、中書島のいずれかということになる。

大西亀太郎氏の編集になる十一年出版の『都の花競』の冒頭に三葉の挿図がある。最初のは島原大門、二枚目は東山の景だが、三枚目の図12には「上京七区七軒町」および「上京十四区五番丁」と題されているが、建物は女紅場とみなされる。上七軒の図は付箋に単に「女工引立会社」とのみある写真9とほとんど同じである。付箋に「祇園カ」とある8と建物の構成がよく似ており、門に横額が掛けられているのも一緒である。島原、祇園、上七軒と続いて開場していることを考えると、9は上七軒の女紅場と考えてよいだろう。

残る写真10には付箋に「婦女職工引立会社」とのみあり、表札の文字が読めない。二階に表札を掲げるのは先に先斗町とした7と同じである。店先に「女工会社商」という暖簾が掛かっており、傍らには女紅場の提灯がある。同じ暖簾は先斗町や二条新地の写真にもちらっと見える。軒先に釣り下げられたガラス製の洋灯は先に先斗町としたのに似ている。唐破風の有無を除けば共通する要素がある。一方、『都の花競』の五番町の図には重層建築で中央に唐破風がある。したがって、先に先斗町とした写真7の付箋に六区とあるのは誤りで、五番町ということになる。そのかわり、「婦女職工引立会社」とのみ付箋にある10が先斗町ということになる。

京都の遊所女紅場の設置は槇村県令の強力な指導のもとになされた。八年九月二十四日の『郵便報知新聞』には、こうした流れに乗らなかった三本木遊廓の営業が差し止めになったことが報じられている。他区が「府命によりて追々女紅場を取建て、芸娼妓の後来をはかり、風儀も篤くし、放逸を誡しめましたに」、ここだけが「絃妓の員少なきを口実にして設けず、隣区に依頼すべしとの諭しも用いませなんだのが瓦解の種」と、理由が述べられている。

こうした強引な方針と引き換えに府はかなりの財政的援助をしていた。『京都府誌』は、府が祇園新地の婦女職工引立所に対して、業者や芸娼妓の税金の半ばを引立会社に出資するという、五年十一月の指令書を掲載している。実際に十二年十二月五日の『朝日新聞』は、京都府が十二月分の賦金の半額を女紅場に下付したことを報じている。その豊富な資産をめぐって十四年に祇園の八坂女紅場で紛糾が生じ、甲部と乙部（祇園東）に分かれる原因となった。直後の十五年二月二十日付で、乙部が「美庶《ママ》女紅場」の維持方法について伺った文書が京都府に残っているので、分裂後ただちに設置されたことがわかる。相原恭子氏の『京都舞妓と芸妓の奥座敷』（文芸春秋社、二〇〇一）には「美磨女紅場」について、「八十六歳の現役の芸妓が六歳だか八歳だったかの頃、この学校の名を聞いたことがあると話してくれた」とあるので、「美庶」は「美磨」の読み誤りだろう。

十二年の府の調査によると、上京三カ所、下京六カ所、伏見二カ所、与謝郡一カ所が数えられ、生徒数は千九百七十一人にのぼっている。十四年の調査では紀伊郡二カ所、天田郡一カ所、与謝郡一カ所が増えたことになっているが、紀伊郡すなわち、伏見町の遊廓は三カ所しかないので二カ所の増加は誤りと思われる。

天田郡の一カ所は福知山の土手町（柳町）遊廓をさすのだろう。藤本薫氏は『歩兵第二十聯隊と福知山案内』（福知山三丹新聞社、一九一五）に「遊廓移動前は事務所内に検番と女紅場を附設せしも、移転と同時に事務所と検番を分離し、女紅場は事務所楼上を使用し、大いに歌舞の奨励に努めつつあり」とし、事務所の写真を掲載している。同書では元の柳町の営業が許可されたのは十年のこととある。移転は三十二年に行われた。

与謝郡では一カ所増えた可能性がある。同郡の女紅場については『京都府與謝郡誌』（一九二三）に、宮津の萬年町および東新浜遊廓の女紅場はともに十一年に設立されたとある。確かに『京都府行政文書』には、設立に対する補助金の交付を十一年五月三十日付で萬年町に達示する文書が存在する。ところが、『京都府教育史』には九年九月に萬年町に開場されたという異説が述べられている。『郡誌』には「豊岡県下丹後国十三大区女紅場規則」が収録されており、これに基づいて豊岡県時代に開場されていた可能性が考えられる。なお、『郡誌』には十八年には萬年町に三十名、東新浜に二十五名の生徒がいたとある。十五年には与謝郡内の女紅場の休業を伺う文書が残っているが、認められなかったようだ。かなり後年のことになるが、高柴貞雄氏編『舞鶴軍港余部案内記』(一九一二)には、加津良遊廓の項に「四十三年十一月に結構なる歌舞練場を新築し、平時は女紅場に充つ」とある。

遊廓の振興に力を入れていた槙村県令が十四年に辞任した影響であろう、『府誌』には同年に出資金を止めたとある。十五年七月二十八日の『朝日新聞』は、「槙村君の御転任と同時に各女紅場ともゲッソリ衰微し、…いずれも二十名か三十人ずつの生徒」と報じている。『府誌』によれば、十六年に女紅場を手芸学校とみなすという達しが出ており、遊廓地の施設も十九年にいたって改称するものが多かったとある。しかし、二十四年三月に七条新地区域五業取締事務所が定めた「組合規約謄本」には、「組合に係る経費は巽女紅場維持の起業公債の利子及び地所貸与料をもって支出するとある。また、三十年十二月五日の「祇園新地甲部五業組合規約」の第六章「八坂女紅場」には、「組合不分財産の果実を予算とし、足らざると認むるときは芸娼妓より授業料を徴収す」と定められている。遊所では女紅場の名が維持されていたので、改称したのは主に一般子女のための「正貞女紅場」の方であろう。なお、八坂女紅場は三十五年に財団法人に組織を改め、課程を甲乙に分けて、甲種は祇園新地甲部の芸娼妓、乙種は普通子女を対象とすることにしたと、『京都小学五十年誌』に見える。

大阪府　『明治大正大阪市史』第六巻(一九三五)に収録される九年十一月十三日付の「学区取締職掌及事務章程改正の件」に、「女紅場保護の事」という一条が最後に加えられている。『大阪市史』(一九九二)には松島を初めとして、九年から十年にかけて各遊廓に女紅場が設置されたとある。これを新聞報道によって確かめてみよう。

九年十月七日の『浪花新聞』に松島の女紅場設置の記事がある。翌月十日の同紙には新町の女紅場の開場を報じている。十年一月十六日の『大坂日報』は安治川上通り二丁目に開場したことを伝えている。同年二月八日の『郵便報知新聞』は「堀江花街の女紅場は本月二日いよいよ開業式にて、該区の芸娼二妓百九十七名」が出席したと報じている。十年四月に出版された『方今大阪繁昌記』二編(一八七七)には「官女紅場を設けられて、その巷の傍ら(新街堀江両廓の間)」

とある。また、同年九月一日の『大坂日報』は北堀江に落成した女紅場は、外観壮麗で内部は擬洋風と、施設の立派さを伝え、十年六月一日には南五花街の女紅場の開業について地元二紙が報じている。十二年三月四日の『朝日新聞』は、昨年灰になりし新堀(遊廓)について「女紅場も当分仮建ちにて始まるよし」として、すぐさまの再建を伝えている。また、同紙は同年六月六日に北新地の曽根崎村に、女子手芸学校分校が設置されていることを報じているが、北の新地については十年十一月二日に地元二紙がすでに開場を載せている。

十一年出版の『磊磊珍報《らいらい》』第二号の後書きに、「南手芸学校」の生徒から振り仮名の間違いについて投書があったことが記されている。十四年には女子手芸学校への補助金の支出が『大阪府統計書』からなくなっている。十五年九月八日付『朝日新聞』は同じ施設を意味すると思われるが、南の女紅場が歌舞練場になることが決まったことに対して、娼妓らが「芸妓のみの所有物ならず、吾々とても花一本につき三厘を積金として差し出した」と抗議して、精算書を出すように要求したことを伝えている。

一方で、十七年六月十四日の『朝日新聞』には「北の新地女紅場の普請ももはや落成」とある。二十年の『大阪府統計書』によって、六カ所の遊所女紅場のうち新町と南五花街についていては、前者が新町女学校、後者は裁縫学校と改称されて存続していたことが判明する。十九年七月二十一日の『大坂日報』に新町の「裁縫学校」と出ているのは、府が十四年一月に手芸学校を裁縫学校に改めると通達したことによるのだろう。

『大阪毎日新聞』が四十二年二月末から三月始めにかけて、三回にわたって「廓の女紅場」と題した記事を連載しており、その後も女紅場という通称が用いられていた。三回目には「新町の婦徳会、花と抹茶が好成績」という副題がついている。『西区史』(一九四三)は日清戦争が始まるや新町遊廓において「芸娼妓数百名のこれとは別に婦徳会之名義をもって献金するよし」と、二十七年八月五日付『朝日新聞』を引用し、「日清事件開けてより花街さながら火の消えたよう」として揚げ代が三分の一に減ったという同月二十五日付の同紙の記事を伝えている。後年のことになるが、『ハワイ報知』(一九一七・二・七)に「大阪に舞妓学校が出来る」という見出しのもとに、「新町遊廓では一月八日に「新町婦徳小学校設立許可の願書を提出し、本校で収容するのは四年(尋常)以上、修身、国語、算術、裁縫を主として、余力を特殊の技術に注がしむる考えである。校舎は新町遊廓演舞場の二階をこれに充て、定員は六十名…四月開校の運びである」と報じられている。

また、同紙(一九一九・三・二九)に、「堂島小学校では今年の一月から(北の)新地から通学する。舞妓十五人の組別教授をはじめました…せいぜい三時間の授業がやっとのことで、ついにこうした特別教授をするということになって…この頃では運動場へもなるべく出さぬようにしている」とある。大正十四年二月十四日の『読売新聞』は、難波新地五花街遊廓事務所を校舎として小学校を設置したことを報じている。いったん廃絶したのが再興され、「生徒は芸娼妓のみで国民教育を与えるもので、四月から開校…専修科の課目は裁縫、生花、茶の湯」とある。

奈良県　八年に奈良町の木辻遊廓に女紅場が設けられたことについては先にふれた。

和歌山県　『和歌山県史案』の「勧業」の部に、「八年四月三十日頃、酌取営業を請う者多く…女紅場を設けもって彼ら就産の途を開かんと欲しこの日諭告して曰く、今般和歌山市井に女紅場を設け…裁縫紡績織紝《じん》をはじめ書算の業にいたる数科を設けてこれを教授し、他日帰業をもって応分の衣食を需《もと》めん」とある。八月七日には「名草郡十番丁及び北区新地東の丁の両所に就産職工場を開設し…営業する者は必ず該場に入るべし」としているので授産所タイプだった。その資金には賦金を充てるとしており、四月三十日付で酌取の賦金を二円五十銭に増額している(『和歌山県史案　県税』)。八年の『日本政表府県税及び賦金』(国立公文書館)にも、和歌山県が「酌取女税」などの県税の一部を女紅場費に充てているとある。ハワイの邦字新聞『日布時事』(一九一九・五・二二)には娼妓裁縫学校が和歌山新宮町の浮嶋遊廓に出来る、先生は同地の高等女学校の教諭、毎週二回授業する、とある。

兵庫県　『神戸市史年表』(一九二五)には、二十一年三月の項に「有志が福原女学校を設け、福原及び市内の芸妓に英語、編み物、裁縫を教授す」とある。英語の授業があるのがいかにも神戸らしい。たしかに、同月二十四日の『読売新聞』には同校設置の記事がある。また、吉田隆一氏は『花柳界美人の評判記』(一九〇九)で西宮遊廓の「女工場」にふれて、「貸席組合事務所内にこれを設け、裁縫教師は教授に怠りなし」としている。さらに、「婦道修身の教授をなし、傍ら習字を学ばしめしより、眼に一丁字なきものも今は簡易なる書簡文を綴り、かつ、よく書きたり」としている。同書には四十一年には二百八十人の娼妓のうち二十四人の年期が明け、うち十数人が賞与金を受けたとある。また、本年もすでに七、八人が賞金を得て帰郷したとあるので、毎年一割弱ほどの年季明けの娼妓が退廓していた。

『豊岡県史　制度之部　禁令』中の、九年八月九日に定められた「芸舞妓税則」には、「営業中婦女子一般の工芸を励み、換業いたし候様常に心がけるべきこと」という条文がある。京都府の項でもふれたが、「豊岡県下丹後国十三大区女紅場規則」はこの時に定められたと考えられる。貸座敷免許地は宮津と福知山の二カ所だけだったが、芸舞妓免許地は但馬が豊岡、出石、湯嶋(城崎)、丹後が宮津、舞鶴、峰山、丹波が福知山、篠山、柿芝(氷上町)の九カ所だった。芸舞妓免許地のすべてに女紅場が設置されたかは不明であるが、大正十一年に加藤無絃氏が著した『豊岡案内』には、寺町の一区画にあった花柳界に「芸妓共同事務所、女紅場を置く、本年六月三十日現在芸妓数五十三名」とある。また、橋本太七氏編『豊岡案内』(一九二二)には、「立正寺を北に進めば左側に豊鶯舎の看板あるを見るべし、これ芸妓の教育及び改良を図る機関なり、豊岡検番またここにあり」とある。

『姫路市史』(一九一九)には設立年次は記されていないが、西魚町の南陽社女紅場は舞妓に尋常小学校同様の学科および、茶の湯、生け花、裁縫を教えるために設置され、大正六年に廃止されたとある。姫路を含む旧播磨地域は飾磨《しかま》県と称していた。『飾磨県史　政治部　禁令』には、「女工場開設に付き説諭す」と題した、七年十月付の告諭が収録されている。そこには「今日芸娼妓たるも明日人の妻たらざるを得ず、…今一つの女工場を設け裁縫、紡績、織維より、読書、算術に至るまで相応に習熟せしめ」とある。但書で、一般の婦女子のための施設については、「追々方法を取り調べる」としており、遊所の方が優先して敷設されていた。

『兵庫県史料　五十七』に、七年十二月付の森岡昌純飾磨県権令より田中不二麿文部大臣宛の、「女工場設立之儀に付き伺」が収録されている。それによると、場所は姫路で、傍らに商店を設けるとあるから授産所型だったことがわかる。

また、「この校の入費仕払いの儀創造の儀に付き、当県限り取り立て候芸娼妓の賦金をもって弁用いたしたく」と申し出て、認められている。京都や和歌山と同じように賦金を費用に充当していた。授業料は無料で生徒は芸娼妓七十五人と一般婦女七人とされている。『飾磨県史　政治之部　戸口』には、七年に娼妓が三十四人とあるので、残る四十一人が芸妓だった。

『明治大正史談4』(一九三七)に、関信三氏による「女紅場視察記」という文章がある。これは、九年八月二十一日の『東京日々新聞』に基づいたもので、記事によると、「飾磨県学務課長の案内にて姫路市福中町の女紅場を目撃するを得たり、曰く、この場は今を距ること二年前、西京の女紅場を模擬し、施設する所のものにして…該場は芸妓娼婦のために設けるものにして、該場の建築たる西洋風に模擬し、二層に工場を設置す、その大きさ凡そ十間四方」という規模であった。福中町は旅籠町とも言われており、維新後に遊廓化していたのであろう。南陽社女紅場があった西魚町は福中町の南側にあたる。大正十四年に刊行された『姫路商工案内』には、「芸妓女紅場を設けて技を磨き」とあって、なお、存続していたように見えるが、「技を磨き」とあるので、芸妓養成所として存続していたのではないかと思われる。なお、九年九月三十日の『郵便報知新聞』は飾磨県に属していた明石について、「芸娼妓は随分あれども女紅場いまだなし」と報じている。

中国地方以西の女紅場

岡山県　岡山女性史研究会による『近代岡山の女たち』(三省堂、一九八七)付載の年表によれば、九年六月に岡山城下の西中島に女子手芸学校、七月に天瀬可真町に芸娼妓女紅場が設置されたとある。西中島町の遊廓が公認されたのは十年二月のことだが、それ以前から娼妓がいたことがわかる。可真町は遊廓ではなく、明治十二年出版の福井孝治氏著『猫狸珍報　岡山綺談』や、十三年出版の『勧懲猫々笑談』の品評に、岡山区可真町の芸妓や妓楼の評判が載っている。九年九月十八日の『東京曙新聞』には、岡山の「小学校其他、芸妓校に至るまで外観の美なるも内部は然らず」とあり、また、十一年八月八日の『読売新聞』では「岡山県下芸娼妓の女工場は三ヶ所」と報じられている。もう一カ所は津山を指すと思われる。同年二月二十日の『朝日新聞』に、「津山の女紅場は日に増し盛んになって二十二、三から十二、三ぐらいの女がいずれも勉強し」とある。これに続いて「姫路へはたいそうな学校が近々新築」とある。これが女紅場のことならば、南陽社女紅場の設立を意味するのかもしれない。また、十七年一月十三日の『読売新聞』には岡山の遊廓に手芸学校を設けるとの記事があるが、女紅場を改称したと読むべきだろう。

三十八年八月二十八日の『読売新聞』は、「津山の警察署長は同地の遊廓で娼妓一同を集めて教育奨励の演説をしたそうだ、その結果本月十八日から娼妓全体に簡単なる普通教育を授けることになった、月謝は十銭で不足の分は楼主が出す定め、警察の統計では娼妓四十九名中尋常小学校を卒業したものがたった一人である」と報道されている。しかし、三十九年四月八日の『朝日新聞』では、津山遊廓の遊女連が楼主に頼み入れて廓内に私立錦水女紅場を設け四十五名が入学とあって、娼妓らが楼主を動かしたという趣旨が異なる報道になっている。岡山女性史研究会は『岡山県七十年史』(山陽新報社、一九三七)に、「津山遊廓では三十九年には錦水女紅場が開校し本琳寺で開校式が行なわれ、検診所の二階で四十九名が学んでいる」とあることを紹介している。そこでは、この措置は自由廃業の頻発に対する楼主側からの対抗策だったと述べられている。

三十八、九年は設置時期としては第二期にあたり、駆黴病院や貸座敷事務所に併設される例が多い。四十二年から三年にかけて岡山の中島病院楼上の女紅場において東中島・西中島町遊廓改善のための講演が行なわれていたと、坂本忠次氏が「戊申詔書下の金光教団」(『金光教学』26、一九八六)で述べている。これも自由廃業対策の一環だったのであろう。

広島県　七年十月十日の『新聞雑誌』には、広島県下に共立の妓学校が二カ所あって、白島学校の建設にあたって妓校の一つ、玉映社の芸妓五十名がランプ一対を寄付するという美談が報じられている。展示図録『賀屋家の人々』(広島県立文書館、二〇〇〇)によれば、「玉暎舎」は六年九月に西地方町の浄国寺に創設され、生徒の問題や経営難から九年九月に休校になったとされる。当時はまだ、娼妓や貸座敷の営業は許可されていなかった。一方の白島学校は『広島市史』(一九二五)に、創立当時は中島本町の慈仙寺内に設置され、大正六年に西白島に移転したとされる広島技芸女学校と同じ可能性がある。

『日布時事』(一九二〇・八・五)に、三原の芸妓は警察署長の肝煎で毎月一、六の日に敷島温泉館上に行儀作法、茶の湯、生花、裁縫等のお稽古をなし」とある。また、昭和五年四月二十日の『中国新聞』に、御手洗小学校校長や町長らによって芸妓学校が創設されたことが報道されていると、加藤晴美氏が「大崎下島御手洗における花街の景観と生活」(『歴史地理野外研究』十三号、二〇〇九)で報告している。

島根・山口県　十一年六月二日の『朝野新聞』には、松江では五月二十四日に伊勢宮の焼け跡に娼妓学校を設けることになり、娼妓らが揃いの浴衣で砂持ちをするとの短信が載せられている。松江の伊勢宮町には遊廓があった。同年八月八日の『郵便報知新聞』には、「過日女学校が建築に成り、生徒は娼妓のみ二百余人に及び、裁縫の道をも学ばしむ」とある。それがいつの頃か廃校となっていたらしく、再興するという話題が十九年八月三十日の『山陰新聞』に出ている。三十五年十月十日の『時事新報』には防府三田尻の周南女紅学舎において卒業試験が行なわれたとの報道がなされているが、この学校は三十三年に大沢良輔氏によって創設されたもので、遊所女紅場ではないと思われる。

愛媛・香川県　『愛媛県史資料編　近代1』所収の『愛媛県紀』には、「十年六月四日讃岐国所在の女紅場衰頽の景況に付き、再興永続せしめんがため金若干を下附」とある。十一年に刊行された『愛媛県統計概表』によれば、十年には生徒数が琴平に五十三人、多度津十四人、高松八重垣に二十四人、道後に五十八人、和気郡住吉町(三津浜)に二十三人、那珂郡西平山町(丸亀)に二十五人とある。十一年には高松の東浜に十二人、丸亀に二十二人、琴平に五十六人、松山の外港である三津に十九人、道後に五十八人、あわせて百六十七人となっている。十三年版の『統計概表』では高松の女紅場がなくなっており、多度津が加えられている。十四年版では琴平、丸亀新堀、多度津、三津住吉町、道後湯月谷に二百三名の生徒が数えられる。

十一年五月十四日の『朝野新聞』によれば、「三津の妓楼は閉店するもの多く、松ヶ枝町(道後)はかなりの賑わい、女紅場は追々盛んになり縫物等を博覧会に出品し」という状況だった。十五年版の『愛媛県統計概表』には同年一月一日の人数が出ており、琴平、多度津西湊、三津住吉町、道後湯月谷の四カ所の女紅場の生徒総数が百六十五名とある。道後の湯月女紅場は九年六月十日に設立されたが、約五年で実質的に消滅したと、『県史』の「社会経済6」にあるが、十五年までは存続していた。

徳島・高知県　『徳島県史5』(一九六六)には十年十一月に、徳島の富田町の東に隣接する富田浜側に女子勧工場《かんこうば》を設立とある。生徒は上流家庭から芸舞妓にわたり二百名に達したとある。勧工場は一般には商品展示場を意味するが、この場合は商店を付設した女紅場とみてよい。十一年には女子師範学校の付属となり、女子手芸学校に改名したとされる。『日布時事』(一九一九・十・七)に、徳島市富田検番の芸妓の花代を値上げし…、検番の二階に芸妓学校を開始すべく許可を呈請」とある。十三年一月十一日の『朝日新聞』には、高知の稲荷新地の女紅場において、芸妓は二枚鑑札をもって営業させるという決議をした、という記事がある。

福岡県　十三年の『福岡県統計書』の賦金歳出の項に、「貸座敷娼妓業体取締費」とならんで「女学校費」が計上されている。おそらく、博多柳町遊廓内の女学校の経費であろう。また、『心の花』(顕道書院、一八九二)は二十一年十一月に博多柳町の楼主の懇請に応じて、万行寺住職が廓内の翠糸学校において二百に余る芸娼妓を前にして行なった法話で、前書きには門人が一枚刷りにして県下の遊廓に分贈したものを小冊子にしたとある。内容は万行寺の篤信者であった遊女名月にまつわる奇瑞譚である。

西山雄太氏は「福岡県の貸座敷免許地にみる遊廓の空間構成」(『日本建築学会研究報告九州支部』二〇一五)において、明治四十年の「柳町遊廓図」および、大正十二年の「新柳町遊廓図」を取り上げて、翠糸女学校の所在地を明らかにしている。また、大正六年の「直方二字町遊廓図」から心華女学校を見いだしてもいる。新柳町では大門の脇の連合事務所に併設され、二字町では駈黴院に隣接して設置されていた。

辰巳豊吉氏は『新編福博たより』(森岡書店、一八九六)に、相生町には数十の歌妓と十数の舞妓あわせて六十七人がいるとして、「一昨年(二十七年)春より芸者学校を設けられ、お座敷の知らせがあるまではここで勉強遊ばす…これも何時の間に消え失せ、清元、さては義太夫の稽古に心を砕く者多くなりぬ」と記している。

『小倉市誌』下編(一九二二)の年表に、十七年五月十五日に「小倉芸妓女工場開業式」とある。『のびゆく小倉』(一九三〇)にはより詳しい事情が記されている。それによると、「十七年一月の開業以来早くも四カ月にして芸妓十七名を増して三十七名となった、この時芸妓連の代表として小静が役員中に対し、読書、習字、生花、茶の湯などの稽古を申し出たので木島委員はこれを認め、女紅場を開設し同年三月に開場式を挙げ、…翌十八年に私立旭女学校として許可された」という開場の実情が記されている。三十一年四月十九日の『朝日新聞』は「小倉旭町に芸妓学校あり」と報じ、三十二年五月十六日の同紙にも「小倉旭遊廓内に学校を設置し」とあって、なお存続していたことを伝えている。

『門司郷土叢書第十五冊』(門司市図書館、一九六〇～六二)に、四十四年一月十日の女紅場始業式の記事がある。門司の馬場新地は二十八年の『福岡県警察統計書』に初めて見えるので、設置はそれ以降となる。

『ハワイ報知』(一九一九・七・七)に、「福岡市奈良屋小学校に特殊学校を設置して所謂半線香の教育に任ずることとなった。一昨年から芸妓規則が厳しくなって本職の鑑札を得るには義務教育終了の証書がなくてはという根強い動機もあった。芸者検番は中券、茶屋券、相(生)券から現在四十三名の生徒が明年三月卒業の予定で、主任ほか男女三訓導が熱心に教授している。午前中は拭掃除から御使い、姉さん芸妓の御用まで残らず終わって、昼食後一時から三時まで二時間を普通児童の四時間分に匹敵してつめ込んでいる」とある。

熊本県　熊本二本木遊廓の女紅場の設置は自廃運動の高まりと密接な関係があった。三十三年に貸座敷と娼妓との間の身体拘束契約を無効とする大審院の判決が下り、内務省が娼妓稼の廃止は各自の自由という訓令を発している。救世軍が機関誌『鬨《とき》の声』に「女郎衆に告ぐ」として、「堅気な世渡りをしたいと思う人は速やかに救世軍に申し越なされ」という声明を載せたのが同年の九月十五日だった。

沖野岩三郎氏の『娼妓解放哀話』には、自廃の挙に出られない遊女らが熊本警察署長に泣きついて待遇改善を叫んだ。

署長は東雲《しののめ》楼主、中島茂七氏と娼妓の優遇法を協議し、中島氏は楼主たちと相談して、三十四年六月二十五日に女紅場という娼妓学校を創立し、その監督者となった、とある。文章の端々に『熊本日々新聞』が出てくるのでこれが出典と思われる。また、沖野氏は「祇園山から二本木見れば、金はなかしま家も質、東雲のストライキ、さりとはつらいね、てなことおっしゃいましたかね」という、楼主の名と帳場主任だった斎藤の名を「さりとは」に織り込んだ東雲節の原歌を紹介している。

大分県　『日米新聞』(一九二六・二・二)に、佐伯の芸妓八十名が昨年から裁縫、習字などの講習を検番二階を会場として行う、佐伯署警部補の発案、とある。

長崎県　九年十月二十七日の『読売新聞』に、長崎の丸山で芸娼妓が小学校を建てたいと願い出たとある。十年十二月二十日の『朝野新聞』には、本年三月に設置された長崎丸山遊廓の勧業場には開業時には芸娼妓が二百四十六人いたが、これまでの間に手業を覚えて鑑札を返上するもの九十一人、うち三十余人は良縁を得たとある。わずか九カ月の間におよそ四割弱の芸娼妓が足を洗い、その三分の一が結婚している。女性としてもっとも過酷な日々を強いられながら、なお、心折れなかった者が数多くいた。年季勤めを終える日を数えながら暮らす彼女たちにとって、女紅場に通うことがどれほど心の支えになっていたであろうか。

昭和初期の女紅場

遊所女紅場は経営難のため設置後まもなく廃止された例も少なくない。いつごろまで維持されたかを知るのは難しい。しかし、内務省警保局の内部資料『公娼と私娼』(一九三一)に、昭和五年に各県に照会した「娼妓の教養、娯楽、慰安その他優遇の為にする営業者の施設」に関する回答が集められている。これによって、一部の県についてはその後の消息をうかがうことができる。

冒頭にはこうした施設を見るにいたったのは最近のことであるとして、警察当局が直接間接の努力をしたのは勿論であると自賛しつつ、「一般社会も娼妓の所遇につき相当の関心を持つようになったことが」大きな原因で、「廃娼論の台頭が有力な動機となったことは否めない」と、総括している。娼妓の自由廃業対策として三十三年以降に施設の設置が推進されたことが強調されているが、解放令の趣旨に基づいた明治初期の設置状況はまったく無視されていた。

以下に恒常的な施設が設けられていた県についてのみ報告内容を紹介する。

青森県「弘前市にある遊廓においては、隔日二時間ずつ、生花、裁縫、読書を教える」

秋田県「貸座敷業者及び娼妓の両者をもって相愛会と称するものを組織し、裁縫、礼法、茶の湯、編物、ミシン、読書、習字等を学ばしむ」

山形県「山形市、酒田町、小松町に存するものは、その同業組合において教師を雇って裁縫を教える」

千葉県「千葉市貸座敷組合においては、裁縫教師を聘して毎週水曜、木曜の両日娼妓にこれを習得せしめている、木更津町遊廓においてもこれに倣って同様の教養施設をしたが、娼妓達がこれを喜ばず遂に廃する」

新潟県「新潟市、新発田町、中条町、五泉町、三条町、柏崎町、小木町、両津町の遊廓においては、営業組合において専従の教師を置き、希望者に対して毎日裁縫の教授をしている」

富山県「各遊廓ではおおむね女紅場と称するものを設けている、これは芸娼妓の学校である、裁縫、読書、作法、算術、家事などに関し、教育する仕組みになっている、…娼妓は放縦の生活に慣れている関係上、勢いこの種の施設も有名無実となっている」

福井県「大野町と勝山町とにおける遊廓では毎日午前十時より十二時まで裁縫を教え、…三国町遊廓には歌川学舎というのがある、ここは組合費をもって女教員が置いてあって、隔日に裁縫を、一週間に一回、読書や算盤を教えている」

ちなみに、歌川学舎という名称は江戸中期の三国湊滝谷出村の遊女、長谷川の俳号、歌川からとったものである。同女は俳諧を好み、『近世畸人伝』には逸話とともに、「おく底もしれぬ寒さや海の音」、『俳家奇人談』には「行く水の一夜どまりの薄氷」などの佳句が収められている。

愛知県「豊橋遊廓は組合に嘱託教師を置き、裁縫及び普通学を教える」

三重県「女紅場と称する倶楽部様のものを設け、毎週二回または三回集合さして裁縫、生花、手芸などを教えるものの四箇所」

滋賀県「各組合毎に相当の資格又は技能を有する教師を招き、普通学、裁縫、手芸、礼儀作法等の教養をなす」

兵庫県「修養講話、裁縫、家事、読書、習字等の講習は週又月に数回行なう」

徳島県「女紅場と称する教養機関を設け、裁縫その他の技芸の教養をなす」

高知県「玉水、下知両《（ママ）》新地においては毎日午前十時より午後四時まで事務所において裁縫、編物などの教養をなし、…宿毛新地は毎週三回、毎日二時間以上裁縫、作法などを教えている」

福岡県「福岡市貸座敷営業組合においては組合事務所に翠糸女学校をもうけ、講師を招聘して毎日午前九時より午後二時まで尋常および高等小学校程度の普通学、裁縫、生活、作法などを教えているが出席率は少なく、毎日二、三十名。門司、小倉、大牟田、若松、直方も福岡と同じ、…出席者きわめて少なく、遂に門司、小倉はこれを廃止する」

熊本県「週一回裁縫、作法、手芸等の教養をなす」

明治期には大半の府県に設置されていた遊所女紅場は、昭和五年段階ではこれに類する施設を含めても十数県に減っている。だが、富山、三重、徳島県では少なくとも昭和五年までは女紅場の名称が維持されていた。これまで事情がわからなかった県についても、青森、秋田、山形県には類似の施設が設けられていたことがわかる。今のところ設置状況がまったく不明なのは、群馬、埼玉、岐阜、鹿児島県のような廃娼県を除くと、岩手、山口、佐賀、宮崎、沖縄県である。長野、静岡、石川、京都、大阪、和歌山、鳥取、島根、香川、愛媛、大分など、かつて設置されていた府県で報告がないのは、すでに機能を停止していたのであろう。

女紅場は廃娼を実現できなかった代償として設置された。地方に派遣された維新期の官僚たちが意識していた、「人権」や「平等」といった社会正義をわずかながらも象徴するものであった。それが経営難により廃止に向かっていたものが、三十三年以降の廃娼運動や娼妓らの人権意識の高まりの中から再認識されるようになった。昭和初期まではごく少数ながらも女紅場という名称が維持されていたが、その後もこうした施設や機能が維持されていたかについては否定的にならざるをえない。原因は酌婦の増加による遊廓業界の不振にあった。その結果、京都のようにもっぱら芸能習得の場に変わってゆく府県もあった。

熊本県の報告は二本木遊廓の女紅場のことを言っているのであろう。大正十五年十二月二十三日の『朝日新聞』には、家族を養うために教員を退職して同遊廓の娼妓になることを出願した女性に対して、貸座敷業者が女紅場の女教師に聘したいと警察署に願い出たという記事がある。昭和五年までは機能していたが、二本木遊廓の貸座敷組合幹事長だった中村長次郎氏が昭和十一年に著わした『廓読本　松之巻』(東京興信新報社)では、女紅場にはまったく言及しておらず、「娼妓の待遇」の項では慰安のための観劇会、運動会について述べるだけである。

しかし、熊本日日新聞社の「写真ライブラリー」には、昭和三十三年三月十六日の売春防止法施行時に女紅場で行なわれた二本木貸席組合、従業員廃業解散式の写真が掲載されている。戦後においてもなお、施設だけでなく名称までもが維持されていたことに驚く。女紅場の多くが検番に付設されていた。女紅場としての機能は失っても、検番もしくは芸能修錬の場として現在まで建物が残されているケースが他にもあるのではないかと思われる。

外地の芸妓と女紅場

台　湾　明治二十八年に日本に割譲された台湾にも女紅場が設けられていた。藤永壯氏の『植民地公娼制度と日本軍《慰安婦》制度』(『植民地と戦争責任』吉川弘文館、二〇〇五)所載の「植民地公娼制度関係法令年表」によると、台北の艋舺(後の萬華)が遊廓地として定められたのは、二十九年六月八日の台北県令甲第一号「貸座敷営業並娼妓取締規則」が公布された翌年のことである。直前の五月十七日の『萬朝報』は、「先登第一とも言うべきは熊本天草の婦女にして、…

長崎、馬関、鹿児島より渡航するもの頗る多く、目下全島を通して一千名以上」と報じている。おびただしい数の女性が自由渡航が認められたばかりの新天地に、身体を張った稼ぎを求めて向かっていった。同月二十七日の『萬朝報』には、「台北の萬花楼には二十人、養気楼には八人の長崎芸妓あり」とも報じられている。同日の『東京日日新聞』には芸妓五十五人、娼妓四十八人とある。張暁旻氏は一八九六(明治二十九)年六月二十五日付台北県令甲八号で「芸妓取締規則」が定められ、「娼妓兼業するものは娼妓取締規則に従う」とあることを報告している(「植民地台湾における強制性病検診治療制の確立過程」『日本台湾学会報』十二号、二〇一〇)。三十年九月一日の『朝日新聞』には、「(台北の)芸妓その数を問えば三百余名、あらゆる内地の芸妓を網羅して」とあって、一年で六倍に増えていた。

こうした女性渡航者の実態については、竹中信子氏が『植民地台湾の日本女性史』(田畑書店、一九九五)において詳細に報告されている。それによると、二十九年四月五日の婦人渡台者に小花という芸者がいて、これが第一号、同月中旬には芸妓十四名と淫売婦百余名が入港していたという。

三十一年五月には児玉総督による新官制にもとづき訓令第十六号によって、「料理屋、飲食店、貸座敷、娼妓、芸妓」などについては地方警察が便宜取締規則を制定し民政局長へ報告すべしというように定められた(『台湾総督府警察沿革史第一編』一九三三)。同年七月二十三日に定められた「台湾地方税賦課規則」には営業税目に「席貸」と「料理店」、雑種税の中に「芸妓、娼妓、酌婦」が認められる(『現行租税法規提要』三省堂、一八九九)。

陳娫湲氏の「日治期花蓮港遊廓的形勢與発展」(『近代中国婦女史研究』第二十一期、二〇一三)には、台湾遊廓十六カ所の設置時期や地域が列記されている。一八九六年六月に萬華とともに基隆田寮港、淡水、台中、鹿港、同年十月に澎湖、九八年五月台南、九九年七月彰化、一九〇一年一月嘉義と鳳山と高雄、同年二月に宜蘭、〇二年三月新竹、〇三年八月苗栗、〇六年四月斗六、一〇年四月花蓮という順だった。しかし、二〇年になる頃にはうち七カ所が経営困難に陥っており、昭和五年の『全国遊廓案内』に所載されるのは満華、彰化、台中、花蓮、嘉義、台南、高雄、澎湖の八カ所のみである。

明治三十一年の数字を載せる『台湾総督府統計書』によると、芸妓の年末現在数は全土で五百九十七人、うちわけは台北が三百十二人、台中が六十八人、台南が百四十三人、宜蘭が十三人、台東が三十八人、澎湖が二十三人。娼妓は台北の五百八十三人を含む総計九百十四人で、宜蘭と台東にはいなかった。酌婦は台北、台南、澎湖にはいなかったが、全土で三百十三人がいた。芸妓の改廃業は内地よりも激しく、同年の台北の開業は六百六十人、閉業が五百七十七人となっている。廃業した者は内地に戻るでもなく、酌婦、娼妓としてさらに南方へと散っていったであろう。張暁旻氏によれば、四十四年九月二十付の布令大六十九号「芸妓酌婦取締規則」が定められ、そこには「芸妓酌婦の売春行為を公認しない」という条文が含まれていた。

内地では三十三年に政府が十八歳以上に娼妓の年齢を引き上げたにもかかわらず、台湾の台北庁は三十八年に規則を改めて、許可年齢を十六歳に引き下げている。本土ではできないことを外地で行なっていた。竹中信子氏は次のようなあくどい夫婦の会話を記している。「矯風会の林歌子らは台湾への講演旅行の船中で、少女を連れた中年の夫婦らしき者のあくどい会話に聞き耳を立てた。彼らは娘が十六歳になったら先ず台湾で稼業させ、十八歳になったら今度は内地でさせるのだ、と話していたという。

遊廓公許後の台北での女紅場の設置は早かった。竹中氏は「艋舺《マンカ》遊廓では曹洞宗が設立した裁縫教導所が三十一年三月にはもう出来ており、二、三名から出発して二十余名もがお針をならっている」としている。たしかに、『曹洞宗務局普達全書』(一九〇三)には、三十二年の台湾島布教経費の中に「布教場及各地諸学校経費」が計上されている。

竹中氏はまた、「娼妓の自由廃業で恐慌をきたした三十四年の終わりには、待遇改善も少しは図られ艋舺に女紅場が出来、教育が始められた。…三十余名が入学」と、記している。入学したのはごく少数であるが、どんな環境下であっても学びたいと願う者がいた。

明治四十二年の台湾神社の祭典には女紅場から御旅所まで二百五十名の手古舞行列があったことを、金子展也氏が「台湾神社の創建と祭典時の催し物の変容」(『年報非文字資料研究』8、二〇一二・三)で報告している。二百五十名の手古舞は芸妓衆が扮したのであろう。その当時の建物の写真が白木屋呉服店が発行していた雑誌『流行』（一九一一・二）に、「台北女紅場における当店出張開店」として掲載されている。函館や京都と並ぶ貴重な女紅場の写真である。明治四十四年時点では木造二階建ての純日本建築だった。

その後に新装なった女紅場の絵葉書が台湾の国家図書館に所蔵されている。解説には大正十一年三月六日落成とある。手前側の、屋根は日本風だが正面にはアーチが連なる国籍不明の重層建築の前に、和服姿の女性が二人立っている。女紅場はこの建物ではなく、その奥の尖塔のある洋館で、外壁に大きく「萬華女紅場」と浮き彫りにされた文字が読める。内地の女紅場では考えられない外装だが、遊廓建築としてはおとなしいほうだろう。

手前の建物については「萬華劇場（芳明館在今華西街）」と説明された写真が別に存在する。「台湾始政四十周年博覧会台北遊覧案内図」（台湾時事新報社、一九三五）では、芳明館の隣は「万華検番事務所」となっている。検番事務所に女紅場が設置された例は内地にもある。昭和十年にはすでに女紅場として機能しなくなっていたのかもしれない。金子氏が大正十四年の台湾神社の祭典には、台北検番に属する手古舞姿の芸妓五十名が女紅場前で踊りを披露し、場内では諸芸大会が催されたことを報告している。少なくとも昭和の初めまでは女紅場として機能していた。

杵淵義房氏の『台湾社会事業史』（徳友会、一九四〇）には、「校書救護事業は、唯台南三光会の一所があるのみである、同会は昭和二年四月、芸妓、娼妓及び酌婦の救護、慰安、教化をなすの目的をもって台南市内に私立として創設されたもので、同地在住の内地人料理屋及び貸座敷業者竝芸妓及び酌婦をもって組織し、料理屋及び貸座敷営業者の負担する会費、寄付金竝基本金造成のためにする諸事業の収益をもって維持し、昭和十二年度末現在における資産は約七千円である。この事業は何故内地人に限って設けられ、何故いまだ本島人のために設けられぬかの原因を観察するに、本島人の校書は内地人と異なりいわゆる自売がその大部分を占め、前借金のために楼主の束縛や虐待を受けることが極めて希」だからとある。唯一ということは、昭和十二年段階では台北の女紅場はすでに機能していなかったのだろう。

藤永壮氏の「植民地台湾の朝鮮人接客業と《慰安婦》の動員」（二〇〇二）には「台南市の新町一、二丁目は一九一九年四月の台南州令第三号により、台湾人の貸座敷営業地域に指定された」とある。しかし、同時に日本人貸座敷の区画も同町に設けられていた。台湾国家図書館所蔵の『御大典記念台湾写真帖』(一九二九)に台南の新町遊廓が収録されている。これは大正十二年に裕仁皇太子(昭和天皇)が訪台したときの記念行事の写真で、道路の両側に重層の日本家屋が並び、中央に並木があり、まるで吉原かと見紛うほどである。

これだけの施設を擁するだけあって、台湾の花柳界はかなり充実していたようだ。井東憲氏は『台湾案内』(植民事情研究所、一九三五)に、「どこの植民地でもそうであるが、驚くほど設備がととのっているのは、花街と享楽地である」と、記している。性格上、好意的な記述が多いが、「嘉義の芸者、台北の芸者、台南の芸者などは、大阪新町あたりの芸者や、東京赤坂あたりの芸者にくらべても、決してひけはとらない、…台北では芸の達者な芸者がそろっていた、若い妓もそうとう美しい、これでは神戸の花隈あたりで遊んでいるのと変わりがないと、ひそかに思った、嘉義は台湾芸者の本場である、嘉義の花街は各精糖会社の発展の線に沿って繁栄したところで、金融の中心等があるので、いろいろな意味でちょうど大阪の南地といった風に盛大になったものである」と記している。筆は台南や高雄にも及び、花蓮港については「江戸前のいきな年増芸者や神楽坂ていどの若い美しい妓がいた、芸者三十五人、女給三十七、八人と聞いた」などと記している。同書では基隆《キールン》には言及されていないが、『基隆港』(台湾日々新聞社、一九一七)によれば大正五年末調べで、芸妓六十四人、娼妓百三十六人、酌婦四十六人がいた。なお、井東氏はきわめて多面的な人物で、同じ年に『資金網物語』(白楊社)を出版している。政治家だけでなく、軍人や宗教界の資金源にも詳しくふれており、財界がいかに深く軍部にコミットしていたかが語られている。

関西の実業家だった林安繁氏も随筆『柿の蔕《へた》』(モダン日本社、一九四〇)で、台北芸者があなどれない存在だったことにふれている。そこには「芸者にいたりては新来の客みだりに論ずべきにあらざるなり、いわんや西川の名取りあり、毎年東京に出て師匠に猛訓練を頼む老妓あるにおいてや、鏡獅子を舞う、北州を舞う、相当のものなり、舞台度胸あり、台北を田舎なりと考えるのは謬りである、いわんや十五歳にして台湾に渡り、五十一歳の今日まで三十有余年花柳界に駆する老妓あるにおいてや」とある。井東氏の感想は率直なもので、とくに迎合的だったわけではなかった。外地でこれほど高い評価を得ているのは台湾以外にはない。

中　国　台湾とあい前後して中国大陸にも芸妓が現れた。中でも上海がもっとも早かったようだ。江南健児氏の『新上海』(日本堂書店、一九二三)には「明治二十七、八年戦役後…今の藤村屋の女将が純料理店を開業し…一人では手が回らず仲居も芸妓も三、四人呼び来たり…三十三年頃開業したのが六三亭で芸妓の数も十八、九人に増加、当時の領事館は芸妓を二十人に制限せる…三十八年末に領事館は各所の規則改正とともに芸妓二十人制も廃止」とある。三十八年七月二十六日付で領事館は諸規則とともに「芸妓取締規則」を定めているので、これによって人数制限がなくされたのだろう(『上海衛生状況』内務省衛生局、一九一五)。制限廃止の直前に上海を訪れた長谷川宇太治氏は『渡清案内』(実業の日本社、一九〇五)に、上海の「芸妓先生は多くは長崎よりの輸入品で…抱主に抱えられることは領事館から禁じられているから、こー見えても自前ですよと威張っている。…領事館では二十人を限度にしているから目下のところ十八人」と、記している。『清国事情　第一輯』(外務省通商局、一九〇七)には三十九年六月二十日調査として、芸妓は四十三人いたとある。また、三宅孤軒氏の『上海印象記』(料理新聞社、一九二三)によると、上海料理店の内芸者の総計は百八十人にもなっていた。

三十九年九月の外務省の調べでは天津に芸妓五人と酌婦五十人がいた。天津の芸妓事情については『天津居留民団二十周年記念誌』(一九三〇)が詳しい。そこには「芸妓が初めて天津に現われしは団匪事変(三十三年)以前に遡れど、同事変以後においては閘口付近に料理店散在し、各数名の芸妓を抱え居たり、やがて日露戦役当時に至り曙街遊廓地に指定され、明治三十八年に天津検番創立の許可を見、翌三十九年日本料理店は悉く曙街に集まり、現在の基礎を築きたるものなり、当時、芸妓数は全部にて二十八名に過ぎざりしが、忽ち同年中に四十余名に達せり、大正八、九年には百四十名に達せり…酌婦は十五名」とある。

菊池正助・チトセ氏の共著の『凍筆日記　満洲みやげ』(川流堂、一九一二)には、「明治三十八年五月老虎灘より上陸した三人連、これがそもそもの先鋒で、すなわち大連芸者の嚆矢」とある。日露戦争下での大連湾占領は五月二十八日だった（『日露戦争第本営公報集』）。一月にはすでに旅順が陥落していたが、日本海海戦が戦われたのは五月末のことであった。関東都督府は早速、三十八年十月十八日付で「芸妓酌婦及雇婦女取締規則」、十二月三十日付で「娼妓取締規則」および「貸座敷取締規則」を定めている（『関東都督府法規提要』）。

はじめて芸妓が三人上陸した翌年のことになるが、『関東都督府統計書第一』によると三十九年末時点で大連に芸妓が百六十九人、内地人娼妓が百七人、酌婦が二百八十七人となっており、一挙に増えている。近くの金州には芸妓が十人、酌婦が五十四人、旅順に芸妓六十三人、酌婦が四百八十九人いたとある。金州には娼妓がいなかったが、旅順には清国人娼妓がいた。

『関東局要覧』（一九三五）の「風俗警察」の項には管下における風俗営業政策の経緯が簡単にまとめられている。そこには「三十八年十月関東州民政署令をもって公娼を認め、大連市逢阪町竝《ならび》小崗子に遊廓地域を指定し…関東都督府時代にいたりても概ね右の方針を踏襲」とある。ところが、四十二年の大連市民政署の報告（外務省外交史料館）には「逢坂町の娼妓六十四人は市内の小料理屋に圧倒され不景気の状態にいたる…娼妓を酌婦に変更し揚代を減価」とある。

大正十四年一月十六日付の長春領事から国際連盟事務局長宛の「売春婦の実情取り調べ報告」（外務省外交史料館）には、民政署の規則が満鉄付属地内向けであり、付属地外については四十二年四月二十八日付当館令をもって「第三種芸妓酌婦及雇婦女取締規則」を公布して売淫行為を認めたとしている。そこでは「芸妓とは料理店に寄寓し芸妓又は娼妓の稼業を営むもの、酌婦は酌婦及娼妓稼業を業とす」と定義されている。日本の公娼制度は芸妓と娼妓を厳密に区別することから出発したはずである。現実には発足当初からこの土台は崩壊していたが、外地では政府の出先機関である領事館が公然と兼業を認めるまでになっていた。酌婦についても同じである。内地では酌婦を公認することで私娼行為を黙認する府県が少なくなかったが、これをも政府は見習ったことになる。連れてこられた少女たちは国が二枚舌を使っているとは知るよしもなかったであろう。

藤永壯氏の「日露戦争と日本による《満洲》への公娼制度移植」(『快楽と規制―近代における快楽の行方』(一九九八・五所収)は この問題に関するもっとも詳しい報告である。氏は一九〇九(明治四十二)年以降には関東州当局は娼妓を酌婦と言い換えさせていたとしている。だがそれはあくまでも外向けのポーズで、内部資料ということだろうが、四十二年の数字を載せる『関東都督府統計書』には芸妓、娼妓、酌婦、雇婦女が個別に出ている。

芸妓の人数のみを掲げると、旅順(70)、大連(294)、金州(2)、関東州外の瓦房店(13)、大石橋(16)、遼陽(21)、奉天(10)、撫順(21)、鉄嶺(4)、公主嶺(34)、長春(28)、安東(10)、計五百二十三人がいたとある。この統計書には貸座敷の項目もあり、旅順と大連にあわせて娼妓が九十三人、そのほかに大石橋に五人、本渓湖に六十三人となっている。また、酌婦は関東州内に九百八十人、州外に五百四十三人がいた。『満洲事情 第三輯』には四十二年九月末で芸妓が鉄嶺に三十人、四平街に三人となっている。『植民地移民概況』(拓殖局、一九一〇)には営口、遼陽、奉天、鉄嶺、長春、安東の「会社(満鉄)付属地居住者職業別表」(四十三年三月末現在)が掲載されている。そこでは芸妓百三十九人、舞妓十一人、酌婦四百七十一人となっている。

『凍筆日記』には四十二年の統計として、長春に芸妓二十八人、舞妓三人、酌婦七十二人とある。真継雲山氏は『行け大陸に 満蒙遊記』(泰山房、一九一八)に、同記者が吉林に着いたその夜の大宴会に「芸者を総揚げしたというのが無慮四人に酌婦六人、このうち三味線の弾けるのは天にも地にもたった一人、何でも長春で酌婦をしていた女なら吉林へ来れば芸者のバリバリで通る」などと記すとともに、「長春では、酌婦とは純粋女郎のことで、芸者とは女郎の兼任は公然の秘密、ともに検黴を受ける。ただし、酌婦の毎週なるに比して芸者は月三回とか二回」と、内幕をばらしている。昭和二年三月十七日付関東庁内調第二号の「芸妓、娼妓、酌婦健康診断心得規定」によると、芸妓にして酌婦と同居しない者は、甲種が月三回、乙種が二月に一回、それ以外の芸妓、娼妓、酌婦は、甲種が毎週一回、乙種が二月に一回となっている。月三回と毎週に大きな違いがあるとも思われないが、酌婦との同居か非同居かでちょっとだけ差をつけていた。なお、ここでの甲種とは検診が局部、乙種とは局部外の意味で、一般的な芸妓、酌婦の区分ではない。

先の『関東局要覧』の「風俗警察」の項には「昭和五年九月規則の一部を改正し、従来芸妓酌婦の年齢制限なかりしを幼年者保護の趣旨により、芸妓十四歳以上、酌婦十七歳以上となし」とある。それまで年齢制限がなかったのもひどいが、この規定すら内地における娼妓の十八歳以上に比べれば緩い。

篠崎嘉郎氏の『数字に現れたる満州財界の情勢』(大連商工会議所、一九二九)によれば、大連の花柳界がもっとも賑わったのは大正九年のことで、五年の売り上げを百とすると四百四十三にも達したとされている。また、同氏は『大連』(大阪屋書店、一九二一)に、もっとも景気がよかった大正九年五月に大連市三業組合が百三十三万円をもって信濃町八十四号地に女紅場を新設し、経営に要する費用は芸妓の線香代一本について一銭五厘をもって充当していた、と記している。女紅場は芸妓の知識、技能の向上を目的とし、衛生部、技芸部、裁縫部、学術部、生花、茶道の科目に分かれていた。信濃町は駅に近かったためホテルや旅館が建ちならび、同所には三業組合の経営になる大連検番も置かれていた。

『大連』には大正十年末に市内に芸妓が四百七人、逢阪町遊廓に三百五十七人と同町の九八検番所属が四十四人、近郊の小崗子に五十五人、沙河口に三十八人、計九百一人と記されている。出身地は大阪が最多で、東京がこれに次ぎ、愛知、広島、福岡と続き、二十歳未満が最も多かったとある。このほかに、芸妓に匹敵する人数の酌婦八百二十七人がいたが、娼妓は小崗子遊廓に百五十四人しかいなかった。篠崎氏は酌婦と娼妓は枕金に違いがあるのみで同様であると、注に記している。逢阪町遊廓には娼妓はおらず芸妓と酌婦のみだったが、芸妓に一人、酌婦に二十七人の朝鮮人が含まれていた。芸妓はみな兼業だったことになる。

田山花袋氏が『満鮮の行楽』(一九二四)に大連芸者についてちょっとした感想を残している。「概してお客にあまやかされている。客が満鉄の金持ちか、貿易商か、軍人かであるためわるくはしゃぐことばかりをやって、…お座付(唄)というものをちゃんとつけたのを見たことはなかった。あれがあるから座がしまってくるのである。また舞踊、あれがあるので客の心が浮き立ってくるのである」と、述べている。彼が理想とした吉原仲の町や柳橋のお座敷に出る芸者と比較されては、大連芸者も立つ瀬がない。彼女らにしてみれば宴を賑わすのが仕事なのだから土地柄を考えてほしい、と言いたかったであろう。

『奉天商業会議所年報』の統計では、四十三年に芸妓が三十六人、舞妓二人、酌婦が九十七人となっており、関東都督府の統計とはかなりの開きがある。おそらく、こちらの方が実数に近いであろう。四十年十月二日の奉天総領事から外務大臣宛の「墓地及び遊廓地決定報告の件」には、「本邦料理店は当地に百軒近くもこれあり…その不体裁なる者市内外処々に散在して醜体を外人に指笑せらるるもの多く、…下層料理店を一所に集めることとし…最も適当なる土地を選定し標柱樹立済み」と報告している。これが外地の遊廓の実態であった。

移民を管轄していた外務省通商局が世界の都市を対象にした『海外各地在留本邦人職業別表』を出している。項目の一つに「遊芸稼業」があるが、そのほとんどは芸妓だったと思われる。四十年末の表には安東(17)、奉天(66)、遼陽(71)、鉄嶺(50)、牛荘(36)、長春(43)、吉林(1)、北京(2)、天津(95)、芝罘(4)、上海(79)、漢口(23)、シンガポール(5)となっており、これ以外の都市は空欄になっている。

同じく通商局が出している『在支那本邦人進勢概覧』(一九一五)には、芸妓および酌婦の人数が出ている。以下に芸妓と舞妓のみの人数を書き出すが、調査年次が複数にわたるので年ごとにまとめた。大正六、七年分は第二回の「概覧」(一九一九)に基づく。

四十年　牛荘(35)、営口(35)、蓋平鉄道付属地外(1)、奉天(56)、本渓湖(30)、撫順(32)、鉄嶺(43)、長春(35、舞子6)、公主嶺(35)、四平街(9)、吉林(1)、チチハル(1)、芝罘《チーフー》(3)、威海衛(7、舞妓1)、上海(62)、漢口(23)、汕頭(1)。奉天、長春、上海は先の「職業別表」とは人数が少し違っている。

四十二年　間島管内龍井村(芸妓2、舞妓1)

大正三年　漢口(80)、鉄嶺(35)、天津(43)、北京(4)

四年　龍井村商埠地内(4)、営口(65)、大石橋(5)、海城(6)、遼陽(21)、遼陽管内(1)、奉天(146、舞妓7)、長春(12、舞子1)、范家屯(1)、吉林(5)、ハルピン(17、舞子4)、済南(30)、張店(1)、博山(4)、維県(4)、坊子(4)、上海(甲芸妓

107、乙芸妓38）
六年　安東開放地(126)

七年　鞍山地区の立山(34)、青島(273)、山東省台頭鎮(22)、同省李村(2)。

『満洲事情　第二回第一輯』(一九二四)には大正六年の統計と思われるが、長春領事館警察管内(城内)に芸妓四人、鉄道付属地の警察署管内に百三人(内二人は朝鮮人)がいたとある。両者の中間地帯が商阜地である。

『青島軍政史　第一巻』(陸軍省、一九二七)の「風俗警察」の項には、大正三年十一月に青島が陥落するやいなや、制止線をかい潜って醜業婦が諸方から押し寄せる様子が詳細に綴られている。「開戦前における売笑婦は日本人約三十名、欧米人約二十五名、支那人二十五名…開戦と同時に日本人及び欧米人避難退去…邦人にして開城後速に入市し、暴利を得んとする不正の徒は戦役中すでに数多の売春婦を同伴し、兵站付近において開城の日を待ち受けたり、…一時特定の家屋に収容し、外出を禁じ…十二月一日よりこれを解放し(近郊の)台東鎮のみに居住するを黙認するのやむなきにいたる…醜業婦約百名に及ぶ」という状況だった。入市許可後の四年六月末には芸妓三百八十名、酌婦七百五十名、仲居百四十四名に達し、九月には軍政署は業者の営業地を制限して芸妓酌を含む諸々の取締規則を定めている。五年三月に現在の新町に業者を移転させるとともに「上海町、膠洲町に憲兵派出所を設置し、直接これを取り締まる」と、新町遊廓設置の経緯が述べられている。なお、大正四年の『青島守備軍統計年報』では、芸妓二百三十四人、酌婦が三百九十六人とあって人数が違っている。

高橋源太郎氏の『青島案内』(一九二二)には二年前(大正八年)の調査によるとして、芸妓三百二十六名、酌婦三百二十四名、仲居百五十二名とある。そして、「青島にはドイツ時代すでに日本人娼婦が二カ所で稼いでいた。大正三年十一月の青島の陥落するや夥しき邦人が諸方から渡ってきたが、…市中いたるところに娼家が散在して、…追々秩序も回復したので今の芝罘町、謬州町に移転させたが、…次第に健全な発達時期に入って…新町遊廓ができあがった」と、遊廓成立の経緯が述べられている。遊廓といっても芸酌婦を抱える料亭七十八戸と席貸十一戸からなっており、青島総領事館が「芸妓酌婦傭《やとい》婦女取締規則」を定めたのは大正十一年十二月十日だった（『外務省警察法規類纂』一九四一）。

大正十四年の遼陽領事の報告によると、南満洲鉄道付属地内に売笑婦は本邦人百八十八人と朝鮮人九人、付属地外に本邦人が十六人いた。報告書には「芸妓酌婦の別あれど内地のごとく現前《ママ》たる区別なく一様に売笑の目的なり」とある。芸妓は都市のみに居たわけではない。『まんしゅう事情』（満洲事情案内所、一九三六）にはどことは書かれてはいないが、「北満といってもハルピンは別として、こんな新開地もしくは小さな町の宿は原則として兼業である。…こうした町でも芸者というものはやはり髪は国粋派である。…道は凸凹でも土埃が何寸の中でも、夜は街灯一つなかろうが招きに応じて出てゆく、もしそれ雨が降ろうならその日とあと二三日はゴム長靴を穿いて褄をまくって泥を渡りなさる、まさに壮観である。随分酔払うがなかなか帰りに泥漬にならぬという」とある。その姿は逞しい。彼女らはどんな辺陬の地であっても真っ先に向かっていった。

一方、中国中南部には少なく、大正十三年十二月調べで長沙に芸妓二名、舞子二名、酌婦三名がいると、領事館が国際連盟からの調査の求めに報告しているのを見るぐらいである。しかし、昭和十二年以降の戦時下で様子が一変する。海軍医務局編『支那沿岸及揚子江流域に於ける一般衛生状況』前編（東亜研究所、一九三九）には各都市の芸娼妓等の詳しい報告がある。上海には芸妓七百五十名内外、公娼百三十名内外（海軍慰安所）、慰安所は北四川路美楣里にあって、十軒の屋号と営業主の名があがっている。うち一軒は曹応道氏の名義になっており朝鮮人の経営になるのかもしれない。もう一つは営業主が「下士官慰安所」とのみある。もう一軒の「海軍クラブ」は営業主が空欄となっている。それぞれに「女給」の員数が出ており、女給は週一回健康診断を受けるとある。ここで言う女給が公娼であろう。なお、蘇智良氏に『上海の慰安所施設』（『立命館経済学』二〇一六・三）があるので参照されたい。

大冶には「芸妓二十数名あり」、漢口は「芸娼妓は甲種、乙種、芸妓及び娼妓の三種に分かたれ」とあるが、昭和六年九月調べの表では芸妓及び娼妓の欄はなく、かわりに朝鮮人酌婦四十一名と中国人酌婦十二名とある。三種目は酌婦であろう。なお、乙種芸妓は「内地の公娼」との注がある。甲種四十一名、乙種十三名はそれぞれ料亭に居留していた。

宜昌については「芸妓の数は三百、一等、二等の二種あり、二等は二枚鑑札の芸妓でともに著名なる旅館に居住するか、家族とともに生活し、茶館あるいは飯店に出向く」とある。長沙では「芸妓は凡そ六百を算せらる…一等より四等に分かれ、下等の者は公娼に準ず」とされる。重慶には芸妓百八十名、娼妓四百名余がおり、「十五歳以下は許可せられず」とある。福州には酌婦十四名、厦門は公娼四(酌婦二名)となっている。

安藤徳器氏は『北支那文化便覧』(生活社、一九三八)に、「事変後」の北京の芸者、酌婦の人数を載せている。前後を意味するのか、二百六十二人と百二十七人が並列表記されている。

南　洋　さらに南方では「娘子軍」と通称され、あるいは、「醜業婦」と蔑まれた酌婦が芸妓を圧倒していた。彼女らは誰よりも早く日本人未踏の地に向かった。酌婦の相手は日本人とは限らなかった。西欧人や中国人や在地人を主にし、抱え主によっては里心がつくからと、日本人の客を避ける所さえあったという。

野村汀氏の『南洋の五十年』(章華社、一九三八)に南方娘子軍の盛衰が詳述されている。「明治十年頃にはすでにマライ街(シンガポール)に二軒の邦人娼家があった」とある。朝鮮の釜山とほぼ同時で、国内ではようやく遊廓が復活しようとしていた時期にあたる。なぜ、こんなに早くから日本人女性が外地でこの商売を始め、アジアの隅々にまで広がっていったかについては、深く考え込んでしまう。幕府と維新政府は居留外国人に娼妓や遊廓を手当てしてきた。そういう国であれば、外国で営業するに何の遠慮があろうかと考えるのは当然である。長崎では早くからオランダ、清国商人専属の遊女がいた。とりわけ稲佐はロシア人専門の遊廓として栄えていた。彼女らは胸を張って渡っていったに違いない。彼女らの行動力を見るとそう思わざるを得ない。彼女らは単身で南方に向かった。しかも男性に先んじてである。『南洋の五十年』には、「娘子軍に寄生して南洋の日本人商店が発展した」とさえ記されている。

彼女らに対する明治政府の対応については、嶽本新奈氏は「境界を超える女性たちと近代―海外日本人娼婦の表象を中心にして―」(二〇一四)で、十五年十一月に外務省から上海領事館に「売淫罰則並売淫処分内規」が通達されていたことを紹介している。より興味深いのは氏が『外務省警察史』から引用する「明治十八年六月一日付け井上外務卿発信上海安藤領事宛通達」で、文面には「売淫の義について…外国人の歯牙にあいかかり候様にては御国体にあい関し、…十分に御取締あい立て候様」とある。井上馨氏は国内で遊廓設置を推進した人物である。ここからは日本人相手ならかまわないという論理が浮かび上がってくる。

各地に領事館が設置され「日本人会」が生まれると、彼女らは日本人の恥として蔑まれるようになり、内外で排斥運動がおきた。三十年には在外淫売婦取締法制定の請願書が政府に提出されている（国立公文書館）。これより先に内務大臣との連署で各警察に出された、二十六年二月三日付の「外務省訓令第一号　醜業婦渡航取締方」には、「近来不良の徒、甘言をもって婦女を誘惑し、海外に渡航せしめて醜業を営ましめ」として、これを杜絶するよう求めている。

たしかに、彼女らの中には「長崎の丹波屋とか長田亀なぞという親分によって統率され、年々五、六百人も新しい娘が補充として誘拐されて」と、『南洋の五十年』にあるように、悲惨な境遇に苦しむ者も多かった。この問題に関しては、多くの文献があるのでここでは深く立ち入らず、ほんの一端を紹介するにとどめる。領事だった原田敏郎氏は『海外在勤四半世紀の回顧』（一九三二）に、「明治二十九、三十頃新嘉坡《シンガポール》の在留日本人は約千人にして、内九百余人は女子にしてその九割九分は醜業婦なり、その多くは誘拐されたる者、…在任中の二年半に百五、六十人を送還せり」と、記している。

『蘭領印度叢書』下巻（愛国新聞社、一九四〇）には、彼女たちの群れが這入ってきたのは明治二十年前後ではあるまいかとしたうえで、「四十二年（一九〇九）二月にバタビヤに創設された領事館に赴任せる初代領事染谷成章氏は、…関係者の自粛を要求し、再度渡航または呼び寄せを厳禁したため新嘉坡より十数年早く娘子群の姿がジャワ、スマトラその他より漸次没し去り」とある。一方、佐野実氏の『南洋諸島巡行記』（一九一三）には、「一九〇八年に交替したバタビヤ総督は非常なるキリスト教信者で、醜業も一九一〇年三月限り禁止さるることになる、この三月二十七日の昼頃例の巡査が来て、今日行政長官は日本の醜業婦を役所に呼び、かつ、このミナド県管轄以外に出立すべき旨を申し渡した…船が入港してジャワ地方も同様であるとわかった」とある。ここでは主唱者はオランダ人総督となっている。一方、大正十四年のバタビヤ総領事の報告書には「一九一一年、一九一二年の交、婦女誘拐反対同盟会の運動熾烈なるに鑑み当領政庁は一九一三年八月三十一日を限り娼家に閉店を命じ、娼婦を解散せしめ」とある。やはり、オランダ総督の指示としている。

『南洋の五十年』には「大正九年正月に各地の在留民代表は山崎総領事代理より招集され、年内自発的廃娼を実行を決議、…ペナンは前年度末に断行、シンガポールも各地に先立ち同年六月いっぱいで二百有余の公娼を全部撤退せしめた」とある。サンパウロ赴任の途中、原田氏が寄港した時に山崎領事から醜業婦退去の顛末を聞かされたとある。だが、その後の外務省の職業別人口表を見ると、シンガポール近隣各州にはなお多くの酌婦がいた。そこへ追いやっただけであった。

河東碧梧桐氏による大正七年四月から七月にかけての旅行記、『支那に遊びて』（大坂屋号書店、一九一九）に「醜業婦」という一章がある。その末尾近くに、「日本の恥辱であるとする正人《ママ》君子も、一度その醜業婦の生活内容に立ち入ってみれば、恐らくは彼らから教えられる多くのもののありはしないかを、ここに明らかにすればよいのだ」と、述べている。彼はマニラのガルヂニア街で何軒かの娼家を見てまわっている。フィリピンを統治していたアメリカは欧州戦争に参戦するにあたって一九一八年に軍隊近隣の娼館を廃止している（大正十四年マニラ総領事報告書）。ここにはその直前の光景が描写されている。

女の服装に目を向けると、全てが西洋式で日本人か西洋人か区別がつかないくらいだったが、座敷に上がると立派な日本風の間で床の間も違い棚も正式に作ってあり、床の間には花も活けてあり、山水の軸も掛かっていた。一方には焼桐の目も鮮やかな琴が二つも立てかけてあり、こちらには三味線が三挺も吊ってあった。別に外国らしいトンチンカンな取り合わせもない、と観察の目を走らせている。そして、娼妓たちは昼間は琴や三味線を習い、内地のような拘束がないという女将の話を聞いている。ところが、女の部屋はというと総てが西洋式だった。

香港の娼家については「シチュウの中に突然な米粒の塊を投げ込んだようなトンチカンな極度を行っている」という

自身の感想とともに、ある香港永住者の「ここは世界の趣味問題の試験管」という警句を紹介している。「彼女らは楼主というものを持たない、十人内外の相似た年頃の女達が一軒の家に、主権者と目すべきものもない、一種の自治制を布いているのだ」とも記している。沖縄の制度がさらに徹底された感がある。

碧梧桐氏が彼女らに「ぶつかって」得た暫定的な結論は、「生活外観の雑駁、生活内容の整頓、色で言えば黒と白との両極端が同時に成立している。」というものだった。彼が見たのは彼にふさわしい上級店の光景だったであろうが、外地に向かった彼女らのすべてを暗黒色で塗りつぶすのは、生き死にを賭けても現状から脱出しようとした彼女らの生き方を否定するものであり、必ずしも彼女たちの側に立っているとは言えない。

南方にも芸者がいた。『香港事情』（外務省通商局、一九一七）には大正五年六月末調べとして、芸妓稼業が二十四人、娼妓稼業が百五十六人とある。小説ではあるが、安藤盛氏の『南十字星に禱る』（伊藤書店、一九三三）には、香港の洋風館内に「雛壇」のような座敷が造られた日本料理屋や、なじみの芸者を描写した一齣がある。文中で芸者は「毛唐や支那人の自由に二、三度なると、どうしても憎めないようになりますわ」と語っている。安藤氏のいくつかの著作は外地の芸妓や酌婦たちの肉声をもっとも忠実に伝えているのではないかと思われる。

鳥井三鶴氏の『世界徒歩十万哩無銭旅行』（広文堂書店、一九一九）には各地の娘子軍の逸話が満載であるが、ここではある海軍士官が「シンガポール通過の折にはいつでも寄港して芸者屋で遊んで行く」とあるのを引用するにとどめる。シンガポール商品陳列館長だった石井健三郎氏は『南洋雑話』（一九二六、シンガポール大学所蔵）に、「芸者界の古狸ステレッツ第一の別嬪たる房次」の月日を記している。高島高文氏は『蛮人の奇習』（京文社、一九二八）に、欧州戦争による好景気によって、ジョホールの州都グダンには「数人の真似芸者しかなかったものが、香港や大連、天津から流れて来た者…驚くなかれ四十有余人」として、彼女らのすさまじい稼ぎっぷりを書き残している。新聞記者だった梶原保人の『図南遊記』（一九一三）には、ハノイで大正元年の年末を飲み明かし、「硬派の宴なれば芸者も硬派たらざるべからず、勅撰にあずかったのが播州姫路生まれの玉子」などと記されている。なお、氏は各地の娘子軍についてもれなく報じている。

『南洋庁施政十周年史』(一九三二)には、「軍政、民政時代においては貸座敷営業及び娼妓稼業は勿論、芸妓、娼妓の営業も厳にこれを禁じ、当方創設後、芸妓、酌婦に限り許可する」とある。

南洋庁が置かれたパラオのコロール島には芸者通りと通称される裏通りがあった。『南洋庁統計年鑑』では女給、酌婦、芸妓の項目が別々になっており、統計が始まった大正十一年にはサイパンに三人、ヤップに一人、パラオに三人の芸妓がいた。大正十四年度の『委任統治地域南洋諸島事情』には、「大正十三年五月に芸妓酌婦取締規則を制定発布せり、…有夫、十六歳未満の者は絶対これを禁じ」とある。満州よりも一歳低く下げながら胸を張っている。山内磐水氏は『南洋の旅を終えて』(会津新聞社、一九三五)で、昭和九年六月一日現在、サイパンに芸者が三十三人、酌婦が七十一人、雇女が二十人、テニアンでは芸者は十一人、酌婦が九十人、雇女が十一人と記している。安藤盛氏は『南洋記　踏査紀行』(興亜書院、一九三九)に、「サイパンの色街は北と南へ二つにかっきり分かれている。北のほうは沖縄の女たちが主であった、…サイパン、テニアンを開拓した者は沖縄の人々」と、記している。

南方事情を延長して、ハワイの芸者についてもふれておこう。『実業のハワイ』(一九三四・一〇・一)に「広島生まれの夫婦者—妻が芸達者なところから福松と名乗って酒席に侍ることとなった。…ここいらが一番古い方だろう。日清戦争の前後だから…福松の次に小柳(市川高柳とも)というのがいたが、この女は芝居もので日本に帰った一座と別れてハワイに居残り芸者として繁昌した」とある。『日布時事』(一九三七・一・一)には、上記二人とともに「島という豆腐屋のオバサンも芸者の先輩であるらしい。明治二十六年頃から二十八、九年の頃である」としている。満長彰氏の『今日の布哇《ハワイ》』は明治三十七年一月に出版された渡航案内書である。その一節に「ハワイでみなで百人とはおらぬ、…ホノルルの芸者ざっと二十名おれども、(情夫のため)別に大金をもうけ溜めたものはいない」とある。現地の新聞によれば、ホノルルやヒロの芸妓は組合を作っており、芸事にも熱心でたいそう人気があったようだ。

なお、『ハワイ殖民新聞』(一九一三・一・一)によれば、「布哇に同胞醜業婦の公然現われしは明治二十四年頃、ホノルルに三、四人出でしを最初とし」ということだった。また、『日布時事』(一九一一・九・二五)は「カカアコの浄土宗付属女学校に醜業婦三名が茶の湯と生花を習っている」ことを報じている。

アメリカ本土の事情について記す余地はあまりないが、明治四十三年版『北米年鑑』（一九一三）に、始めてシアトル市に同胞婦人の渡来せしは約二十年前にして、六、七人の婦人が函館辺より悪漢に誘拐されて上陸後、不倫の行為をなして多額の著財をなし」とある。また、『新世界』（一九〇八・二・四）に「オグデン（ユタ州）には芸妓養成所が設立され、生徒は二名」と報じられているのには少し驚く。

シベリヤ・樺太　芸者たちは北方のシベリアにも渡っていた。それも日露戦争以前のことで、中国本土よりも早かった。外務省外交史料館に「日露戦役個人損害関係法律並に勅令に基づく救恤金関係書類一件」という文書がある。「藤田タネ」と題された一通によると、長崎出身の彼女は二十五年十月にウラジオストック港に渡り、同所にて芸妓稼ぎをしていた。また、「戸田シマ」という文書には、二十八年に渡航し、三十三年までは鉄道の要所、ニコリスク（ウスリースク）で料理屋を営業して芸妓酌婦を十数名抱えていたとある。損害請求者には貸座敷を営業していた者が少なくなかった。

矢津昌永氏は『朝鮮西伯利《シベリヤ》紀行』（丸善、一八九四）にウラジオストック港で目にした光景を次のように記している。

艀船に婦人の一連の乗するもの両三艘あり、皆日本婦人にしていわゆる醜業婦なり、彼ら今顧客を本船に送るものなり、その粉粧を見るに束髪にして洋装するものあり、あるいは大柄縞の日本服に細帯を締めるものあり、恥じる色なく揚々支那語を放ちて船を隔てて蛮子の舟子と戯談す、醜態見るに堪えず、しかれども万里の波頭を踏んで未知の境に入り言語不通の異物を相手として彼らの財源を絞り、跋扈跳梁するにいたりてはその勇に驚かざるを得ず、いずれの外人も我醜業婦には尚一目を譲るという…日本男児は終に女子の勇にしかざるとは。

なお、清水太左衛門氏の『浦潮斯徳《ウラジオストック》事情』（一九一五）には日本人会の調べとして、大正四年には十二人の芸妓と三百二十三人の娼妓がいたとある。

ニコリスクの貸座敷業者の多さと酌婦の風情については、菊池幽芳氏による出色の紀行文『日本海周遊記』（春陽堂、一九〇三）に一文がある。そこには「日本人街は買春婦の巣窟にして、一街ほとんど日本人の貸座敷よりなる」とある。客はロシア人か支那人であった。氏は「余の前を過ぎ去る二、三の娼婦あり、忸怩《じくじ》として皆丁寧に叩頭《こうとう》し去る、…すなわち礼に酬ゆるに礼をもってしぬ、思わざりき、遥かシベリアに来て、端なく買春婦に叩頭せんとは」と綴っている。

大正八年にはアムール河上流、中国との国境の町ブラゴエスチンスクにも、一人の芸妓がいたとの領事館からの報告がある。

白土宇吉・秋山審五郎氏の共著になる『樺太案内』（一九〇六）には、「凡そ新領土でその発展の速にして、かつ旺盛を極めるは花柳界」として、日露戦争後に割譲された樺太では港の氷が解けた一年後の三十九年八月末に、コルサコフ（大泊）だけで検黴に応じた芸娼妓、酌婦が二百有余人いたとある。翌、四十年四月一日付で「芸妓及酌婦取締規則」および「貸座敷及娼妓取締規則」が定められ、同時に貸座敷営業地域三カ所が定められた（『樺太法令類聚』一九一二）。すなわち、豊原（西六条西側及西七条南二、三丁目）、大泊（梅ヶ枝町二、三、四丁目）、真岡（春雨町）の三カ所である。古賀鶯渓氏の『最新樺太案内』（一九〇九）に四十年末調べの「営業者調査表」が載っている。芸妓、娼妓、酌婦の人数は、大泊（81／25／87）、豊原（35／空欄／53）、真岡（45／9／64）、計（161／34／204）となっており、芸妓と酌婦を足した人数は娼妓の十倍にも達していた。北海道では女紅場がとっくに廃止されており、樺太に設置しようと考える業者などいなかったであろう。

岡田耕平氏は『樺太』（樺太通信社、一九二四）において、芸妓は上記三カ所のほか「栄浜でも、本斗でも、あるいは野田、泊居でもどこでもいる」としたうえで、「その著しい特色は私娼がほとんど公娼同様の取扱をその筋から受けている」と述べている。したがって、他の外地と同じように芸妓や酌婦も検黴を受けていた。ただし、検診回数は娼妓は他の二倍だった。大正三年の『樺太庁治一斑』では芸妓と酌婦のみが受診しており、娼妓の欄がなくなっている。すでに元年には豊原にごくわずかいるだけになっていた。坂本泰助氏の『大泊の沿革と人物』（一九二一）には、「梅ヶ枝町は位置僻陬にして斯業発展の見込みなく、九日町を中心として移転」とある。公認遊廓は廃れ、芸妓がこれに代っていた。

移民を管轄していた外務省通商局が世界を対象にした『海外各地在留本邦人職業別表』を出している。項目の中には

「料理及飲食業、貸席及倶楽部、遊芸稼業」などがある。項目は四十三年までは同じである。四十四、五年分は未見だが、大正二年から「遊芸稼業」とは別に「酌婦」が付け加わっている。同三年には「芸酌婦」という項目ができ、「遊芸稼業」の人数が激減している。同四年には「遊芸稼業」は「技芸及び娯楽に関する業」に改められ、六年からは「席貸業」が「貸席業、芸妓屋並見番」となり、同時に「芸酌婦」の項は「芸妓、娼妓、酌婦其他」の一項目に変更されている。外務省は三者を区別する必要性をまったく感じていなかったが、それでも芸者たちは、芸者と名乗ることをやめようとはしなかった。

朝　鮮　朝鮮での貸座敷の公認は外地ではもっとも早かった。隅田英治氏による『釜山戯話《ふざけはなし》』(一八八一)には、「十年の菊の節句には長崎育ちの酌取女三人ばかり…明治十二年の夏の頃、かしこここにちりじりにありし廓を南浜に移し」、検黴を実施したとある。そこには対馬から一人、長崎からの五人の名が並んでいる。貸座敷は吉原からの出店の中米楼をはじめ五軒ほどが出店していた。九年十一月から領事館が設置される十三年までは管理官が居留民の民政を担当しており、その指令によるのだろう。

十二年十二月七日の『朝日新聞』には、「長崎県下の席貸業某は朝鮮釜山へ遊廓を開かんと、当地(大坂)よりしきりに娼妓を買い入れんと奔走」とある。また、十三年八月三十一日の同紙にも、「この頃朝鮮国へ当地より芸娼妓続々と出稼ぎに行く」とある。十四年十月二十五日の『朝日新聞』には、「去十二日、我領事館公然たる貸座敷並びに芸娼妓を置く事を許されたり」とある。

ところが、外務省は外聞をはばかったのであろう、突如方針を転換して十六年十二月十日付で「釜山元山両港の貸座敷及び娼妓営業の者、自今新に営業出願禁ず」と、命じている(『公文類聚』第七編)。禁止されたわけではないので、二十一年五月三十一日の『読売新聞』によると、「(釜山の)貸座敷は二戸にして芸妓、娼妓各六人」とあって、細々ながら営業が続けられていた。

外国人が多かった漢城府ではなおさら許されなかった。その代わりに早くから芸妓が高官相手に辣腕を振るっていた。

朝鮮民俗研究者の今村鞆氏は『歴史民俗朝鮮漫談』(南山吟社、一九三〇)で、「二十一年に花月の松井君が大阪から福助という一人の芸者を連れて来た、これが朝鮮先登第一着、…二十八年の秋にいたっていよいよ領事館から芸者を置くことを許された、…総員ズラリ三十余名ばかり」と述べている。なお、仁川領事館は三十四年に「芸妓営業取締規則」を公布するにあたって、「二十五年八月達第六号同規則」を廃止としており、漢城府よりも先に許可されていた(外務省外交史料館文書)。

香月源太郎氏の『韓国案内』(青木嵩山堂、一九〇二)によれば、三十五年には京城に芸妓四十七人および酌婦五十一人、仁川に芸妓五十二人、鎮南浦に芸妓三人と酌婦五人、平壌はいずれもなし、元山に芸妓十六人と酌婦十四人、群山に芸妓七人、木浦に芸妓十人、馬山浦に芸妓一人、釜山に芸妓四十九人がいた。娼妓の項目がないということは、まだ許されていなかったことを意味するのだろう。その代わりに釜山の項には芸妓の花代とは別に、揚代が掲載されている。『京城府史』(一九三六)所載の職業別表には二十七年十二月段階で芸妓はなし、三十八年に芸妓十人酌婦四十七人とあるが、芸妓の十人は信じることはできない。

警察官僚でもあった今村氏は、高官たちが芸妓を買春の対象にしていたことを洩らすとともに、料理屋組合による外務省への熱心な働きかけによって、三十七年に新町に遊廓が許可されたと述べている。だが、四十三年の日韓併合まではあくまでも外国であり、公然と貸座敷の営業を公認したわけではなかった。『朝鮮法類輯覧』(一九一六)に見える、三十七年十月の京城領事館令第五号「第二種料理店抱芸者健康診断規則」の布達には検黴の規定が含まれている。料理店はこれをもって暗黙の営業許可とみなしたのだろう。『京城府史』には同年に居留民が双林洞に地所を買い求めて新町と命名し、一丁目から四丁目までを特別料理店営業地としたとある。

『木浦府史』(一九三〇)には、「明治三十七・八年戦役…後久しからず、二種料理店公許せらるるや、所謂竹洞遊廓なるもの現出、大正二年夏現区域(桜町遊廓)に移転」とある。

今村氏は、名目を第二種料理店、第二種芸妓にしたため、実情を知らずに連れてこられた女性と楼主との間にしばしば紛議が生じたと述べている。朝鮮総督府警務局による『朝鮮警察の概要』(一九二七)には、「貸座敷は乙種料理屋、又は第二種料理屋、娼妓は乙種芸妓、又は第二種芸妓、あるいは乙種酌婦と称し」とある。台湾と違ってこうしたごまかしの方針を取らざるを得なかった。業者に言わせれば騙したわけではなく、警察の指導に従っただけということだろう。青柳南溟氏の『新撰京城案内』(一九一三)には、第一種芸妓が百二十七人に対して第二種は三百四十七人とある。

『韓国事情要覧』(統監府総務部)には三十九年六月末現在として、京城外六理事庁管内に芸妓が七百二十三人、釜山元山城津三理事庁管内に三百七十一人、計千九十四人とある。しかし、同じ三十九年の統計を載せる『統監府統計年報第一次』に見る芸妓数は、釜山(221)、群山(23)、木浦(22)、京城(240)、仁川(249)、平壌(145)、鎮南浦(58)、城津(4)、大邱(23)、計九百八十五人となっている。総数の差は後者では元山が空欄になっていることによると思われるが、四十三年出版の『韓国実業案内』(山口県)によれば、元山には芸妓は三十二人しかいなかった。だが、山田天民・安藤北洋氏共著の『北朝鮮誌』(博通社、一九一九)には大正二年六月末で元山に百三十六人、同年八月末で城津に二人、鏡城に八年末に芸酌婦三人、遊基に二年三月末に二人、清津では四十年はじめに料亭の元祖が開き、四十四年六月に券番が設立されたとして、三十八名の芸妓半玉の写真が掲載されている。

また、『統監府統計　第一次』では酌婦は五百十八人となっているが、娼妓の欄はない。しかし、翌四十年の第二次統計には京城の百五十九人を含めて全土で娼妓は六百六人となっている。併合という手段によって朝鮮に対する支配権を確立した段階で公然化したのだろう。この時点での芸妓は全土で四百五十四人に半減しているが、逆に、酌婦は千三百二十一人に激増している。各年の人数は省くが、四十二年の統計を集めた『第四次朝鮮総督府統計年報』では、朝鮮全土で芸妓が千五十五人、娼妓が六百四十一人に対して、酌婦は二千二百二十九人と、前二者を圧倒する勢いで増加している。娼妓がいたのは釜山、京城、仁川、平壌、鎮南浦のみであった。

防衛省防衛研究所の「自明治39至同45年　鎮海永興関係書類」の中に四十四年三月三十日付で臨時海軍建築部支部長仙頭武夫より斎藤実海軍大臣宛の「遊廓地及附属山野貸下ノ件」と題された進達文書が含まれている。そこには吉原京町の岡木国太郎氏からの鎮海海軍用地借用願書や新設工事予算書などがあり、仙頭氏は志願者は相当の経歴と資力があるので貸下許可いたしたいとしている。

だが、「貸座敷娼妓取締規則」が定められたのはさらに遅れて、併合から六年もたった大正五年三月のことであった。朝鮮では料理店が力を持っていた。同時に布達された「料理店飲食店営業取締規則」および、「芸妓酌婦芸妓置屋規則」には「芸妓には妓生も含む」とある（『現行朝鮮法規輯覧』一九三四）。それまでは遊廓といっても公認された私娼窟にほかならなかった。

同じ五年に出版された永野清氏の『朝鮮警察行政要義』（厳松堂書店）には、それまで「中央警察命令なく各地方により区々にわたれり、内地人にして娼妓と同一行為をなすものに対して第二種料理店抱芸妓、または乙種芸妓、もしくは特種芸妓の名称のもとに特別なる取締をなしあり、これら特別なる芸妓は法規上酌婦と同一」と規定されており、売春を公認された者ではなかった。年齢は内地の娼妓と同じ十八年以上とされていたが、内地の娼妓に与えられていた通信、面接、閲読物件の所持、購買などの自由を妨げないという規定は、朝鮮の取締規則にはいまだ散見しないと、付記されている。内外で待遇の格差があった。

これほど多数の芸娼妓がいたにも関わらず、朝鮮に女紅場が設置されたという情報を今のところ聞かない。藤永壯氏は理事官の命によって一九一〇年に京城に東券番（後に京城券番）と中券番が出来たとしている。昭和十二年版の『日本商工興信要録』には東券番が載っているが、所在地は「新町十二」となっており、同券番は遊廓内にあった。また、中券番はほんの形式で、料理屋と置屋の分離が難しかったとも述べられている。料理店の力が強く、券番の力が弱かったことが女紅場が顧みられなかった原因の一つではないかと考えられる。

森隆孝氏が『新聞街道』（松永書店、一九三五）に、中券番は三、四軒の大手料理屋の抱え芸者のみからなり、他の料理店には出さなかった。京城券番の半数もここに出入りしていた、と書いている。そして、「大正五年であったと思う、京城の花柳界に紛擾が起こった、京城券番が芸妓を素人家へ直接送り込むことに対し料理屋が反対を唱え…市中の料理屋は京城券番の芸妓を一切入れないと決議した…券番も火の消えたありさまで、自前芸妓の中には地方へ住み替えたものすらあった」と記している。この騒動は十四日ほどで収まったとあるが、京城券番は置屋が集まったものなので財力が弱かったと思われる。

中国でも事情は同じだった。『満洲鉄道資料　第百六十編』（一九三一）に満州各地の検番の経営状況の説明が載っている。大正七年設立の旅順検番（敦賀町）は「各料亭に抱妓を有するをもって検番を通じての出花が極めて少なく、検番の手数料も僅少」と、営業不振の原因を述べている。奉天検番（十間房第二区）は解散を主張するものもあるとし、鉄嶺検番（中央通）は解散はしないが存立を止めざる程度とある。公主嶺（朝日町）、四平街検番（維新街）も同様の状況にあった。ハルピン検番（鉄路街）については最近解散の議再燃となっているとある。軒並み不振に喘いでいた。

『公主嶺要覧』（満鉄調査課編、一九二五）には検番株式会社の盛衰が次のように記されている。

大正九年の設立で、芸酌婦を抱え入れるでなく従来の各料亭の抱え芸妓を検番に属せしめ…現在の状態では検番の必要がないという説が多数を占めて、十三年一月の総会で四月一日をもって解散することに決議した、…盛況時代は芸酌婦二百人に足らんとし、現在は大小芸妓四十五人、酌婦十五人。

平壌の妓生学校

小尾直蔵氏は明治十八年の序がある『朝鮮国京城綺談』（報告堂）で、「芸妓（妓生）は、士族ともいう資格ある者ならでは芸妓たることを得ず、その数は京城中わずか十六、七名」と京城妓生の存在に言及している。妓生はいくつかの階層に分かれていた。なぜか、日本の憲兵隊は妓生について正しい知識を普及させようとしていたようで、『韓国社会略説』（韓国駐剳《ちゅうさつ》憲兵隊司令部、一九一〇）には、「妓生は京城に一牌、二牌、三牌あり、地方に営門（観察府）妓生及び本郡（郡守衛門）妓生あり、一牌は官妓なり、二牌は官妓の容色衰えたる者、三牌は元来官妓にあらず、公然庶人の宴楽に時し閨房に侍する、営門、本郡妓生は官妓」とある。日本人は当初、彼女らに対して幾分かの敬意を払っていたが、それも最初のうちだけだった。ほとんどの人はこれらを混同し、あるいは娼妓、もしくは、芸妓とみなしてきた。

信夫淳平氏は『韓半島』(東京堂、一九〇一)に、「(日清戦争後)今日、京城における妓生の総数は往昔より減じて五十六、七名、…無給となり…漸次堕落し一般の売笑女と化し去る」と述べている。小尾氏は一牌の人数のみを挙げたのであろう。今村鞆氏は「残存者が明治四十一年(一九〇八)頃には四、五人になって花街にいた。位階つきだけに一段と品が良かった。…今日では日本の芸者同様になった」と、回顧している。

本来、官妓は役所で養成されるものであった。薄田斬雲氏は『暗黒なる朝鮮』(日韓書房、一九〇八)に、「官妓の養成は今の西大門内なる官人倶楽部で教育をやった。その時は宮内府直轄で、…現今は…共律社によって一部命脈を繋ぎおるのだ」と記している。井原麗奈氏が「近代韓国における演劇・映画の移入と《女優》の誕生について」(『女性学評論』二〇〇九・三)で、「一九〇二年に高宗皇帝の即位四十周年を記念して、官立劇場(協律社)が設立された」としている。「共律社」とは「協律社」のことであろう。井原氏は「様々な技能を持った娼妓を集めて専属の芸能者集団を組織した」とも述べているが、娼妓ではなく、妓生とすべきである。「協律社」は一九〇六年に閉館されたが、同年に官立劇場「光武台」が建てられ官妓による伝統舞踊を見せたとされる。

加藤政之助氏の『韓国経営』(実業の日本社、一九〇五)には、「八道の観察使及び郡守の官衙所在地には概ね妓生の練習所あり、現に、大邱観察使庁門内の一週には妓生の練習所あり、…殊に平壌のごときは有名なる官妓の出る所と為す、各道の妓生練習所において教練せる妓生中優等の輩抜擢する所」とある。妓生の育成に関しては平壌は特別な地位にあった。

この時点ではまだ官妓制度が維持されていた。大邱の官妓が廃されたのは翌年のことだった。三輪鉄如氏が『朝鮮大邱一斑』(杉本梁江堂、一九一二)に、「明治三十九年七月…朴重陽氏大邱郡守に任ぜられ、時あたかも観察使欠員たりし故その署理を兼ねたり。…観察府並びに郡衙における二百名前後の書記及び下人並びに官妓を全廃した」と、記している。王室での廃止は大邱よりも少し遅れる。三十七年二月の「日韓議定書」の調印によって、大韓帝国は日本政府の「施政の改善に関して忠告」を受け入れなくてはならなくなった。山地白雨氏は「悲しき国」（細井肇編『鮮満叢書』第四巻、自由討究社、一九二二）に、「先年日韓条約の結ばれた当時、日本政府は宮中粛清の名の下に、…一切の官妓を宮廷から追い払ってしまった」と、記している。だが、実際に王室内で冗員整理が実施されたのは三十九年二月に統監府が設置された翌年の、四十年度のことであった。四十一年版の『韓国施政年報』（統監府総務部）によれば、「宮中冗員淘汰は明治四十年より四十一年にわたり数次に実行せられ」、女官二百三十二名が解雇されている。生活の途を失った官妓の多くは自営の道を選んだが、中には料理屋に身を寄せる者もいた。小坂順造氏は『漫游日誌』（一九一八）に、「（仁川は）日本料理店に芸者と官妓と雑居する所、植民地気分を漂わしめ候」と、記している。

今村鞆氏の『朝鮮風俗集』（斯道館、一九一四）に「朝鮮売春婦」という一項がある。末尾に「明治四十二年（一九〇九）十一月稿」と記されている。そこに「妓生の教養については平壌、晋州には昔より学校あり、他は妓家においてす。科目は歌舞音曲、読書習字、その他必要の妓芸にして、…修業は割合に費用を要し、貧者は堪うる所にあらず」と述べている。

この「学校」の存在にふれたのは、香月源太郎氏の『韓国案内』がもっとも早いのではないかと思われる。この書は三十五年の出版になるが、「城内各所にあり、十二歳ないし十五、六歳の小女机を並べて教育を受けつつあり、…平壌は妓生の本場」とある。香月氏はまだ「妓生学校」とは言っていない。これは公式の名ではなく、日本人が勝手にそう称していただけである。これが最初に用いられたのは小林秋子氏の『世界の婦人』（現代社、一九〇四）においてであろう。氏は「妓生学校は妓生を養う所にして、一校各百名以上の生徒あり、かの小学校は無月謝なるに三十名に充たず、妓生学校は多額の月謝を貪るに、なお、かくのごとく多数の生徒を有する」と慨嘆している。「多額の月謝を貪る」ということは、私設の養成所ということである。同書にはどことは記されてはいないが、あとで述べるように私設で複数あったのは平壌だけであった。

三十九年八月二十一日の『朝日新聞』に、豪華客船ロセッタ丸による満韓巡遊に同行した池田蘇庵氏が「平壌の一夜」という一文を寄稿している。そこには「官妓学校には日本語を習わしめつつあり、朝鮮通は大いにこれが養成に熱中しおれり」とあって、すでに平壌の妓生学校に日本人が積極的に関与していたことを伝えている。さらに、四十年三月六日の同紙は「今回、妓生学校を設立したるものあるよし」と報じており、すでに日本人が経営する施設もあったらしい。学習院大学が三十九年に購入した写真の中に、「平壌妓生学校」が二葉含まれている。二枚は同一時に撮影されたもので、民家風の藁葺き平屋の縁先に、一枚には教師と思われる老人とともに幼い少女が五十人ばかり、もう一枚には楽器を構えるものを含めて三十人ほどが並んでいる。どちらにも背広姿の男性と和服の婦人が写っているが、二人は単なる見学者には見えず、関係者のような親密な雰囲気が感じられる。

志賀重昂氏は「眼前百里」(『志賀重昂全集第四巻』一九二九)の中で「馬上の朝鮮官妓」の写真を掲げて、「これ朝鮮大邱元観察道付属の官妓が衣冠盛装して観察道の新任を迎えるところ」と、説明している。志賀氏が旅中に大邱に滞在したのは四十年と四十一年で、大邱の官妓が廃止された直後である。氏はこれに続いて「平壌には官妓を養成する妓生学校あり、歌齊(ノラソジア)と称う」と、記している。おそらく、四十一年(一九〇八)に平壌を訪れた際の見聞と思われる。「歌齊」とは「斉唱」と同義と思われ、歌をそろえるという意味であろう。これが朝鮮での名称であった。学習院大学の写真は歌齊を写した貴重な画像ということになる。

鏡陽学人なる人物が編集した『内外珍談集』(靖献社、一九一五)に、平壌の「妓生学校」の探訪記が含まれている。現地の案内人に言わせるとそんな学校があるはずがない、「歌齊(ノラソジヤ)」のことだろうというので連れてゆかれると、「妓生組合所」という真新しい看板が掛かっており、生徒は十五歳以下で、十数人がいたとある。山下英愛氏の「朝鮮王朝末期の妓生について」(『総合女性史研究』十二号、一九九五・〇五)によれば、「妓生組合」は隆熙二年(一九〇八)に定められた警視庁令第五「妓生団束令」にともなって結成するように指示されたものであるから、明治四十一年からそう遠くない頃の見聞ということになる。「妓生団束令」と同時に「娼妓団束令」が定められており、大韓帝国当局は妓生と「カルボ」と通称されていた娼婦とを区別しようとしていた。「娼妓団束令」は京城のみに施行されたと『朝鮮警察の概要』に記されているが、「妓生団束令」は平壌にも及んでいたことになる。なお『平壌要覧』(平壌実業新報社、一九〇九)には四十一年末現在で、妓生は百九十四人、カルボは八十五人となっている。

川村湊氏が著書『妓生』(作品社、二〇〇一)で引用しているが、匪之助という人物の「色郷名物妓生学校」(雑誌『朝鮮及満州』一九一四)という文章には、妓生組合から三丁はなれたところの学校には看板もなく、生徒は六十名で十六歳を頭に十三、四の娘が最も多く、十歳にも満たない少女も混じっていた、とある。ここでは教師が「日本語を一切教えず」と語っている。平壌の「歌齊」にはこんな硬骨漢もいた。

鈴木裕子氏編『日本女性運動資料』(不二出版、一九九八)の第九巻に、平壌における券番の株式会社化をめぐる一連の新聞報道がまとめられているが、『平壌毎日新聞』(一九三二・七・一二)に同地の券番の歴史が載っている。その冒頭に「妓生が組合を組織したのは日清役の直後、新倉里の李英淳という人の家に組合を経営」とある。だが、これでは一八九五年頃に妓生組合が出来たことになってしまうので、「日清役」とは、日露戦争の誤りであろう。注目されるのは、続いて「妓生組合が生まれる頃、妓生を養成する書堂が三カ所もあり、歌舞、音楽、言語(上流社会用)を教えていた」とあって、養成所が三カ所あるとしている点である。なお、書堂とは私塾のことである。

平壌に私立の養成所が三カ所あったということは別の文献でも確かめられる。和田天民氏による『朝鮮の匂ひ』(ウツボヤ書籍店、一九二二)の平壌の妓生学校の項には、「珍しいのは妓生学校である。目下、三箇所ばかりもあって百人余りの生徒がいるということである。僕はかつて某参与官に伴われてその見物に行ったことがある。十六歳を頭に八歳くらいまでの美しく、目鼻だちの良い生徒で…いずれも私立」とある。

金岡助九郎氏による『満鮮旅行案内』(駸々堂書店、一九二〇)は、書名に似合わず岡山県の教育者らによる一九一八年の公的な視察旅行の記録である。すでに「妓生学校」は観光名所になっており、学校ということから教育者が大手をふって参観していた。現地の日本人中学校校長に案内されて行くと、校舎とも言えぬ長屋のようなところに「平壌技芸女学校」という校札が掛けられていたとある。内地では技芸学校は女紅場の改称後の名称として用いられていたので、日本人による命名と思われる。「長屋のようなところ」という点は学習院大学所蔵の写真と変わらない。

休日と言うことで、先生の自宅に集められた生徒の年齢層は十三歳から十四、五、六歳と記されている。集められた生徒の年齢層がやや年長なのは、一九〇八年に定められた「妓生及娼妓団束令施行心得」の第四条に、「妓生及娼妓は満十五年に達せざれば認可せざるものとす」とされていることから、卒業まじかの生徒を集めたらしい。ただし、「妓生の雛妓についてはこの限りにあらず」と、日本での雛妓と同じような扱いがなされていた。

高井利五郎氏の『鮮満支那の教育と産業　最近踏査』(県立広島工業学校、一九二三)は、出版の前年に行なわれた実業高校校長による視察旅行の記録である。そこには「鋑貫里音楽講習所」という堅苦しい名称と、約五十名という生徒数が記されている。一九二一年四月には東洋音楽学者の田辺尚雄氏が同所を参観しているので、名称は同氏の示唆によるのではないかと思われる。井上江花氏の『江花叢書第三巻』(一九二六)には、「李王家では田辺氏の言に耳を傾け、朝鮮音楽の保存に力を用いることになったらしい」と、彼の発言が与えた影響を聞き伝えている。本人も『音楽粋史・続』(日本出版協同、一九五三)で、総督府や宮内庁に李王家雅楽の保存について斡旋をしたことを披露している。同書に載っている平壌の妓生学校の教室風景の片隅にはガラス窓が見えており、一九一八年段階の長屋のような建物とは様子が一変している。

鋑貫里といういかにも色町らしい地名は、画家の石井柏亭氏が大正九年に平壌を訪れた時の紀行文、『絵の旅』(日本評論社、一九二一)にも妓生の住所として出てくる。先の『平壌毎日新聞』には、「十三年前(一九一九)に現在の事務所に移転、券番の旧館を新築し、大正九年(一九二〇)には「券番の許可を得て」とある。この時に新倉里から鋑貫里に移転したのだろう。

券番とは西日本における検番の表記で、内地の制度を模倣させるという警察の方針のもとに、京城では一九一七年から妓生組合の券番への組織替えが始まっている。兼常清佐氏の『日本の音楽』(六合社、一九一三)に、「京城にも近年、妓生の女紅場という風なものを設けた。…主として日本語、それから音曲や舞踊の様なものを習っている」とある。これは年次からすると京城の妓生組合が設置したものと思われる。ここでは女紅場に類似した施設とされている。

沖野岩三郎氏に『薄氷を踏みて』(大阪屋号書店、一九二三)という紀行文がある。京城で「妓生学校」に案内すると言うので、従って行くと鐘路通りの普信閣から小路を左右に入ったところに着いた。主人公は看板に「大正検番」とあるのを見て「検番に来たわけではない」と憤慨したが、生徒がすらすらと墨蘭図と詩句を書くのを見て感嘆し、「日本芸妓のレベルに彼らを引き下げようとして妓生学校を検番なんて下らない名にしたのだろう」と、慨嘆している。

翌年の大正十三年に出版された大淵善吉氏の『聞いて吃《びっ》くり世間の裏面』(駸々堂)には、「検番は京城の中部に存する茶洞妓生組合と黄橋《(ママ)》妓生組合の二つ」とある。藤永壮氏によれば、「大正券番」は茶洞妓生組合の後身で、平壌出身者が中心になっていた。一方の京城出身による広橋妓生組合は漢城券番と称した。許娟姫氏は「韓国券番における妓生教育」(『舞踊学』二〇〇八)において、主に言説に基づいた一九三〇年代の事象と断りつつ、京城、平壌、晋州、大邱、光州、釜山、郡山の各券番での養成システムを紹介している。日本人はこれらの券番に付属する養成所を妓生学校と称していた。内地の女紅場の多くが検番事務所に設置されたのにならったのだろう。

平壌は京城に遅れること二年で組合から券番への転換を果たし、大正九年七月十三日には営業の許可を得ている。平壌での券番への衣がえと、従来の書堂(私塾)による養成から券番での養成への転換、および、規模拡大はこれと同時期だったと思われる。石井氏は「妓生の組合に電話がないなど随分朝鮮式である」とあきれているが、彼が絵のモデルとなる張山月という妓生を探して釵貫里をさまよっていたのは、券番が営業を始める直前の六月末のことだった。

満州鉄道が出していた『平原』という雑誌の一九二三年三月号に、篤蔵というペンネームで「妓生学校」という一文が寄せられている。「軒端に釵貫洞と木札がかけてあった…箕城券番としたためた横額が特に目立つ」として、妓生学校の正式な名称は「箕城券番組合付属学芸部」だとしている。また、「古い因襲に囚われる各地の妓生組合が逡巡していた時、箕城妓生組合を結び、券番組織を創設して他を驚かせたのはもう十五年も昔である」とも述べている。十五年前の一九〇八年は日露戦争後にあたり、「妓生団束令」が出された年でもある。『平壌毎日新聞』に「妓生が組合を組織したのは日清役の直後とあるのは、やはり、日露戦争の誤りだった。

地方における券番の成立は意外に早く、大正十年(一九二一)十月三十日の『朝日新聞』が「慶尚南道密陽城内、妓生養成所検番は新築落成後五、六日なるが、二十六日午後七時頃、間口三間の大家屋が風もなきに倒壊」と、報じている。密陽は釜山と大邱の間に位置する町である。この記事は今村氏が平壌、晋州以外では妓家で教えているという記述を証明している。

『新朝鮮風土記』(万里閣書房、一九三〇)では、著者の師尾源蔵氏が「平壌には妓生学校とかがあるそうですね」と質問したのに対して、案内してくれた朝鮮人の権さんから「あれは学校ではありません。内地の検番のことですよ、…学生がはるばる旅行に来て、先生と生徒がいっしょになって覗くなんて」と、皮肉られている。これは釜山の東萊温泉における会話の一齣である。許娟姫氏は『京城日報』(一九二八・三・二八)を引用して、釜山には「東萊券番付属華明学園」があったことにふれているが、ここにはその名は出てこない。『釜山案内』(釜山観光協会、一九三九)によれば、東萊邑には六十五名もの妓生がいた。

『朝鮮大観』(朝鮮文化普及会、一九三八)に、まったく外観が異なる「妓生学校」の写真が二葉収められている。うち一枚には「箕城妓生養成所」という門札が掛かっている。朝鮮風の木造重層建築と同一の建物は、「箕城券番」の看板が正面に掛かる別の絵葉書にも見えるので、養成所が券番の敷地内にあったことが確かめられる。箕城とは平壌の古名で、建物に掛かる額字は「箕城星雲楼」と読める。農業学校校長協会編『満鮮行』(一九二六)では体裁を考えたのだろう、妓生学校とは言わずに「箕城星雲楼」と称している。校長一行が平壌を訪れたのは大正十四年(一九二五)九月のことだった。

平壌の妓生学校には著名人も訪れている。田山花袋氏が『満鮮の行楽』(大阪屋号書店、一九二四)に、「学校といっても一箇人の家屋と言ったようなところですね」という感想を洩らしているが、内地の学校と比較しての発言と思われる。漫画家の岡本一平氏は一九二七年に旅行したおりの『朝鮮漫画行』(先進社、一九二九)に、「横町に入って行くと『妓生学校』といった看板がかかっている。入ると朝鮮風の色塗りの二階建ての講堂があり、…簡単な内地語も教える。…ただ今在学生百八十五名」と、記している。彼がのぞいたのも同じ場所だろう。

朝鮮総督府が昭和七年(一九三二)四月に発刊した『生活状態調査(其四)平壌府』には「平壌箕城妓生養成所規定要領」が収録されている。住所は釵貫里五十番地、入学年齢は十二・三歳、修養年限は三年だった。職員の中には「日本唄教師」が一名おり、科目には国語(日本語)・朝鮮語・算術・修身が含まれていた。巻末の写真集に二枚の「妓生学校」が含まれており、一枚は細い通りに面した入口を写したもので、円柱やアーチをともなう洋風の外観は台北の女紅場と同じ発想である。別の写真には中庭に整列する生徒が写っており、人数は百人を超える。生徒を囲む周囲の建物の細部は「箕城妓生養成所」の門札が掛かった写真と一致する。

『平壌毎日新聞』の一連の報道によると、一九三二年六月に平壌警察署長が突如、妓生たちの自治組織だった券番を株式会社に変更し、商工会議所の常務で大同自動車会社社長の尹永善氏を券番の社長にするという方針を打ち出した。当然、妓生たちはこれに猛反対し、券番の建物を譲り渡すことを拒んだため、新倉里三十六番地の大同自動車商会に付属する建物に看板を掲げて仮事務所を置き、十月六日から営業を開始したとある。新倉里は釵貫里の北側に隣接する。門の脇に自転車屋がある妓生学校の絵葉書があるが、この時期のものではないかと思われる。

朝鮮総督府鉄道局が昭和九年(一九三四)に刊行した『朝鮮旅行案内記』の地図には、平壌の観光名所である練光亭の北に、妓生学校と印されている。同七年から九年までの間に券番と妓生学校は、大同江畔の新倉里十七番地に移転したものと思われる。重層建築のバルコニーに大勢の生徒が鈴なりになっている写真が『観光資料柳京の話』(平壌観光協会、一九三八)に掲載されている。『朝鮮大観』の別の写真がこれである。毎日新聞社のフォトバンクには一九三五年四月の撮影となっている。撮影時期からすると、新築されたのは一九三四年頃ではなかったかと思われる。一九三九年に京城日報社に招かれて朝鮮各地を訪れた佐藤垢石氏は、その折の「淡紫裳」という文章に「朝鮮唯一である平壌の妓学校に案内された、赤煉瓦造りの小さな建物であるが、大同江に臨んでいて」と、記している。平壌府庁内の観光協会が出した先の冊子には、「俗称妓生学校は…三年間の修業年間に初等学校六学年の過程を教授せしめ、朝鮮の歌舞は勿論、日本歌謡、舞踊、洋楽ダンスを全般的に教え、傍ら書画を教習せしめて、…生徒約二百五十名にして、毎年約百名の新妓が華やかな柳京の花の街にデビュー」と、解説されている。

この時期の生徒を写したと思われる絵葉書が幾種類も出回っているが、中にはレビューのようなダンス場面や、小編成のオーケストラをバックに歌う写真がある。まるで宝塚音楽学校のようで、日本人が経営に関与するようになってからは妓生を芸能人のように育てようとしていた。『薄氷を踏みて』の一節になるが、平壌に十三年住むという著者の友人が京城の料理屋で妓生が日本の歌を歌うのを聞いて、「あなた方はやはり朝鮮の歌だけを歌いなさい。決して日本の歌を歌ってはいけませんよ」と、言い聞かせたのとは対照的である。

まとめ　芸妓と娼妓を分けるもの

一般には、江戸の芸者は宝暦五年（一七五五）に吉原で生まれたとされている。だが、それよりもずっと以前に深川で生まれていた。江戸で芸者が登場するいきさつは、前身である踊子の消長と密接な関係にある。踊子の出現は芸者よりも早く、十七世紀後半の延宝・天和期にまでさかのぼる。まさに江戸時代の所産と言ってよい。彼女らは歌舞伎役者から踊りを習い、とくに芸にすぐれたものは大名屋敷に出入りするほどであった。しかし、享保末年になると芸ではなくもっぱら身を売る踊子が増え、流行りはじめた。

東京国立博物館所蔵の『新吉原証文集』に吉原からの訴えにより、享保七年（一七二二）に奉行所が鮫ヶ橋谷町、四谷中町、音羽町、宮永町、神田永井町、越中島、佃島網干場、入船町、本所入江町、本所松坂町、松島町などの隠売女を取り締まった顚末が綴られている。その効があがらなかったのか、享保十六年（一七三一）に、町奉行所が深川八幡町など六カ所を「売女御免場所」にしたいと老中に伺い出たことを、石井良助氏が『江戸時代漫筆』（朝日選書）の「隠売女と飯盛女のこと」で紹介している。結局、これが許可されることはなかったが、その背景には踊子の増加が一因としてあった。『享保撰要類聚　三ノ中』に石井氏が引用する文書が含まれているが、他の文書を参照すると「踊子という隠売女」が取締の対象となるのは元文五年（一七四〇）以降である。それまでは大目に見られていたのだろう。岡場所を公認しようというほどだから、踊子を含む隠売女の跋扈はほとんど取締不能だったと思われる。

ちょうど同じ頃、享保十七年に今日の芸者の祖が舟遊びに興を添える存在として登場している。この奇妙な時期の符合は、踊子と同類に見られることを嫌った年長の者の中から、以前から歌舞伎界で用いられていた芸者と名乗ることによって、彼女らと区別されることを望む者がいたことを考えさせる。踊子という呼称はあまりにも即物的で、すでにいくらか蔑みのニュアンスが含まれるようになっていた。

一般に元文五年（一七四〇）の刊行とされる『絵本小倉錦』に、踊子とともに芸者が二図描かれている。このうち「げいしゃ娘」と題された図（三三二ページ図3）は、羽織姿が芸者の特徴だったことを物語っている。詞書には「袖とめて娘のいきすぎて羽織をきたるは、寔《まこと》に扠《さて》にくらしく」とある。「袖とめて」は振り袖から留め袖に変えることで、娘を卒業したことを意味する。

「いきすぎ」が芸者出現の鍵となる言葉である。西鶴の『好色一代男』に「いき過ぎて男ふるほどの女郎よべ」という用例があるように、芸者が本来男物である羽織を着たのは年長けた気の強い娘が男の言いなりにはならないという、「意気」を示すためであった。これまでにはなかった新しい女性の登場である。その意気を目にわかるようにするために羽織を着たのである。男装や権兵衛名もその延長線上にあった。長い遊女の歴史の中で、初めて性と芸の分離が行なわれた意味は大きい。それは新興地である江戸深川の地で始まり、彼女らの「意気」は寛政期には吉原芸者に、天保の改革後においては柳橋芸者に受け継がれていった。

芸者が登場してから踊子をしのぐまでの人気を得るまでには、数十年という長い歳月を要した。宝暦期までは踊子の方が芸者よりもはるかに名が通っていた。ということは、芸者という呼称が初めはごく限られた地域で用いられていたことを意味する。それが芸者の祖とされる菊弥が移り住んだ深川の地であった。踊子と芸者は長い間共存していたが、芸者の人気が高まるにつれて踊子の名が消えていった。同時に芸のみに生きる芸者と、色芸ともに兼ねる芸者との二層化が始まった。

江戸後期の文献には芸者は男性の幇間《ほうかん》を意味するとある。そこで江戸では「女芸者」、上方では「芸子」と称して彼らと区別するようにしたとされているが、それはまったくの誤りである。芸者も芸子ももともとは歌舞伎界の用語であり、幇間とは関係なく男よりも女の方が先に芸者もしくは芸子と称した。一方、たいこもちの出現については、『俳諧武玉川』第五編、宝暦二年（一七五二）の「たいこもち三味線が出て畏り」が早い時期のものであろう。三味線は芸者の代名詞である。

吉原の明和期の細見では「吉原げいしゃの部」に男の名前が並んでいる。この頃に吉原では男も芸者と称されるようになっていた。それでは男女の区別がつかないので、安永八年（一七七九）に吉原に検番ができた時には「男女芸者」とされ、寛政四年の細見になると「男芸者」と「女芸者」の欄が設けられるようになった。男芸者の出現によって初めて女芸者という名称が使用されるようになったもので、男芸者がいる場所だけの、きわめて限定的な呼称であった。

芸者が踊子よりも人気となった明和期には、深川芸者は羽織の着用を止めている。ところが、深川以外ではその後も羽織の着用が続いた。羽織を着ているからといって深川芸者とは限らない。他の町芸者や吉原芸者が羽織を着るようになると、深川芸者はさっさと羽織を脱いでいる。それにもかかわらず、その後も「羽織」は深川芸者の代名詞として用い続けられた。それだけに、芸者の羽織姿は男にとって特別な意味を感じさせる何かがあったようだ。羽織は子供芸者が着るものだからという理由で、性交渉を拒否する象徴とする説を鳶魚《えんぎょ》氏が唱えている。だが、実態は逆で子供芸者、すなわち、あとから現れた豆芸者が後々まで羽織を着ていただけである。むしろ、芸者の羽織姿は同性間の性行為を前提とした陰間《かげま》とまったく同じであった。花魁《おいらん》と違って男装しているだけでも奇妙な倒錯感に陥るのに加えて、容易になびかないことが客の好奇心をいっそうかき立てたに違いない。

深川以外でも芸者が羽織を着ていた理由を考えると、意気ということとは別に羽織姿が持つ固いイメージが好色な客たちの戸惑いを呼ぶことに目的があり、芸能に携わる者としての誇りをそこに込めていたのではないかと思われる。逆に、それを脱ぐということは女性性を強調することにほかならない。

京の舞子も江戸での踊子と同じ延宝期に、芸子に先行して出現している。もともと舞子は私娼の一種とみなされていた。盛りを過ぎればいずれは芸子ないし、白人と化してゆくものであった。江戸では私娼と化した踊子に反発して芸のみを売る者として芸者が誕生した。これに対して上方では、遊女である白人の一部として芸子が生まれた。それは元文期（一七三六〜四一）以前のことで、江戸に芸者が出現した時期に接している。大坂の遊廓では「女郎芸子」という呼称すら通用していた。一方、江戸の吉原では寛政八年（一七九六）に芸者は遊女の職分を侵さないという規則が定められている。江戸の芸者と京坂の芸子とでは成り立ちや性格がまったく正反対だった。

三都での人気が高まるにつれて、芸子や芸者はそれぞれの性格の違いそのままに稼ぎを求めて全国へ広がっていった。大坂の芸子は西国に向かった。京風の遊里文化は舟運とともに北陸に広がり、北海道の松前にまで達していた。江戸の芸子は関東近辺から東北地域の太平洋側へと散らばっていった。東海道では三河に、内陸部では信濃の長野と松本の間に東西の境界があった。

『芸妓三千歳』の著者、拝愚凡痴氏は三都をはじめとして横浜、名古屋、関西、山口を除く中国地方および香川の花柳界を実地に調査した結果として、「芸妓をたくさん出しますのは三府のほか、越前、尾張、土佐、伊予、阿波、紀伊、近江、播磨などが専らで、取り分け産出の多い紀州は芸自慢の国」としたうえで、「芸においてはおそらく名古屋が一等です、東京などには名古屋がよっぽどいるので、なかなか東京っ妓の及ばないのがたんとあるのです、…何から何まで如才がないので東京でも腕のすごいのは多く名古屋です、そのうえ一統に薄情で客にはまるなどということは稀なこと、手管がうまいことが原因となりて芸の余分に金が高く売れるのです、…東京っ妓は意気地だなどと妙に客に義理立てなどが多いので、おもに地方から買い込みます、大坂などは割り合いにベチャベチャと下卑れたところがあって、高尚だとか意気だとかいう風はサッパリない、そのないところが芸妓たる資格にとっては最上等なのです、…京都はお嬢様風とでも言いますかネー」と評している。

凡痴氏の見聞は明治二十五年からこの文章を『鳥取新報』に連載した三十四年までのことになるが、芸妓には総仕前、半仕前、鏡台仕前、子飼の四種、…総仕前は入費を全部自分が支払いするが、揚げ金はそっくり自分の手に入る、地方では親方が嫌がるのでこんなのは少ない、半仕前は親方が食餌《じ》と税金、紋日の衣装のみを出す、鏡台仕前は襟、羽織の紐、帯の伊達巻、鏡台の上一式、三味線を自分で受け持つ、総仕前、半仕前は枕金にいたるまで自分取りだが、鏡台仕前はその部分内で、子飼は枕金はおろか祝儀まで取り上げられる、哀れむべきは子飼、と記している。鳥取では一軒ごとに検番を設けていたので置屋との兼業だった。そのため三十銭の花代から六銭の口銭を引くとしている。

東京での分配については岡鬼太郎氏の『三筋の綾　花柳風俗』(一九〇七)によってうかがってみよう。そこには花代の分配の仕方によって丸抱え、叩き分け、七三、自前と称されていた。新規のものは九分九厘まで丸抱え、叩き分けは抱え主が櫛笄と出の着物と帯、長襦袢を出しその外は一切自分持ち、収入は半分づつ、七三は主人が出すのは座敷の着物全部と出銭の七分ぐらいで、稼ぐ方は割に合わぬから滅多にありません、花代一本が十二銭五厘だとすると料理屋、待合が二銭五厘を頭をはね、残りを抱え主と分けるとある。

『大坂穴探』(一八八四)には、線香代は端数を女紅場に引き、六歩を妓、三歩を青楼(茶屋)、一歩を置屋に分ける、とある。ただし、青楼は客の払いがなくとも置屋への支払いが一日でも遅れれば、芸妓が送り込まれなくなる決まり、となっていた。

芸者を抱える所を一般に置屋というが、上方では芸娼妓と茶屋を仲介する者が置屋だった。すなわち、江戸での検番にあたる。抱える店は「家形、小方」と称した。今日使われる意味での芸者置屋という言葉が成立した時期はいつ頃だろうか。倉川鉄次郎氏に『町芸妓放逐論』(多聞新聞社、一九〇〇)がある。そこに「舞子芸妓の置屋は淫売の製造人たる理由」という一項がある。本書は神戸での出版になるが、明治三十三年には神戸では京、大阪と違って、芸者を抱えるという一般的な意味での置屋という名称が用られていた。香川県は九年六月に「置屋営業規則」を定めており、芸娼妓の寄留宿を置屋と称するとしている。『愛媛県史』の明治十年の「戸籍」の項によると、讃岐には「置屋　九十」とある。これとは別に「貸座敷　百八十四」があった。これは飛び抜けて早い例になる。二十七年には愛知県の岡崎にも同じ業態の置屋があったことにはすでにふれた。

杉韻居士なる人物の『東京の表裏八百八街』(鈴木書店、一九一四)では、「置屋の十中八九は表面警察の注意を避けるため、煙草屋、裁縫教授、編物教授の看板を出している」としつつ、「安待合と置屋との関係はあたかも待合と芸者屋の関係のようなものであって、ただ異なっているのは、一は公然と営業できるけれども置屋は秘密に営業している点だけ」とされている。大正三年時点では東京の置屋はまったくの私娼斡旋所扱いだった。権田保之助氏は『娯楽業者の群』(実業之日本社、一九二三)の私娼の項で、「大正五年頃までは私娼の形式としては一角をなす準遊廓式のものの置屋と、それから辻君式のものがあった…置屋は蠣殻町、飯田町にあったのであるが、今はあまりないとのことである」と述べている。

置屋は関西の用語なので東京ではまともな意味では用いられずそのかわりに、もっぱら「芸者屋」が用いられていた。「女郎屋」と同じで女性を商品化したまったく即物的な名称である。大正元年の『各府県課目課額対照』(高知県内務部)の調査では、府県によって営業税の名目が芸妓置屋と芸妓屋の二つに分かれる。芸妓屋と称する県は、神奈川、埼玉、群馬、茨城、栃木、山梨、岐阜、福島、岩手、秋田、芸妓置屋は愛媛、和歌山、京都、兵庫、三重、長野、宮城、島根、岡山、広島、山口、福岡、大分、宮崎、鹿児島、沖縄である。ここでは静岡県は「芸妓置」と曖昧に記されているが、明治三十九年の『実用静岡県財務全書』以来「芸妓屋」で一貫している。一方、岐阜県はここでは「芸妓屋」とされているが、大正九年九月に「芸妓置屋取締規則」を定めている(『岐阜県警察法規類聚』一九二七)。愛知県と静岡県との間で用語が東西に分かれており、江戸時代以来の遊里文化の違いが明治になっても用語の端々にまで受け継がれていた。

大正十二年の調査に基づいた『警察統計報告第一回』(内務省警保局)の「取締に属する営業者」には、各府県の「芸妓置屋」の数が出ている。この頃には官庁用語として置屋という呼称が全国的に定着していた。明治二十八年四月の官報に警視庁が定めた「芸妓屋」を含む取締規則が載っており、『警察法令類纂』第二編(一九二七)所収の三十八年六月の「芸妓営業取締規則」には「芸妓は芸妓屋内に居住すべし」の一項がある。ところが、東京市の『税務事務提要』(一九三六)には、大正八年四月付の「芸妓置屋税」に関する出先機関との応答が載っている。この間に呼称が変わっていた。山梨県はこれよりも早く、四十三年までは芸妓屋としていたのを、以後は置屋と言い換えている。芸妓屋、芸者屋はおおよそ明治年間の呼称と考えてよいだろう。置屋が芸妓社会の通用語となってからは、私娼窟ではこれを露骨に「飼屋」と動物なみに称していたことが権田氏の著書に見える。

明治五年十月の「芸娼妓等解放令」以後は、芸子、芸者は芸妓と称されるようになった。また、明治中期頃からは芸妓をいたるところで見るようになった。しかし、江戸時代と明治時代以降との違いはそれだけではない。「解放令」後には彼女らからの多額の税金や賦金を確保するために、各府県は「貸座敷娼妓取締規則」および「芸妓規則」を定めている。内務省はあくまでも芸妓と娼妓とを分離することを求めた。規則では、芸妓の娼妓まがいの行為を禁じているが、実際には芸妓と娼妓の分離はほとんどなされず、ほとんどの府県では兼業を認めていた。もともと上方での芸子は格上の女郎という位置づけであった。

井上馨氏の主導によって大蔵省が創った制度は最初から破綻していた。解放令は一時的な遊廓の衰退をもたらしたため、むしろ、枕金によって客と寝る応来芸者の出現を招いた。拝愚氏は芸妓の口を借りて、枕金は普通は三円から五、八円が関の山で、都会ならば五、六倍もゆくのが多いのです、これを五円とすれば、茶屋に翌日一円の割りで正金とか品物を進上するのです、そのうえ検番の男衆は勿論、茶屋の仲居下女などに二十銭ずつなりとポチを出さねばならず、お客にも翌日に宿もとまで手紙をつけてビール半ダースとか巻莨《たばこ》の五十本入りとかを持参するので、正規の手取りはホントの名ばかり、と嘆かせている。氏は芸妓の身売りの次第についてもこと細かに触れているが、ここでは省略する。

大阪府も初めは兼業を認めていた。六年三月二十九日に定めた「芸娼妓規則幷税」において「娼妓芸妓兼の者」に対して芸、娼妓よりも高額な月税を課している（『府県概則』）。ところが、芸妓は高額な税金と検黴を嫌って兼業を避けたらしく、明治十二年二月八日の『朝日新聞』は、大阪では「芸妓と娼妓の兼業、世に謂う二枚鑑札を請けたる者は新掘（遊廓）に只一人あるのみ」と、報じている。同紙はどのような思惑があってか、十三年に入ると二枚鑑札の許可が出るという報道をたびたびしている。十三年三月九日の『朝野新聞』にいたっては「芸娼妓の二枚鑑札許可になり」と報道している。

しかし、これはまったくの誤報で、府は十四年六月三十日付の甲百四十一号の布達で、「本年七月一日より遊妓の名称を娼妓と改正し、及び、芸妓兼業差し止め候」という明確な方針をうち出している（『類聚大阪布達全書』第一編第十巻、一八八六）。こうした一連の報道はこの問題を巡って府庁内部で激しい論争があったことを物語っている。

十三年五月十八日の『郵便報知新聞』は、大坂の「北の新地にて芸妓に売淫のものありとて三年間その業を禁ぜられたり、東京の市政には無き事にて驚くべき厳制なり」と驚きをもって報じている。大阪人は東京の記者に対して「当今至極の芸妓にて（花代は）一月四十円を平均とす」とした上で、東京のように纏頭（チップ）がないので衣装代を察すれば、誰が売淫しているか隠しようがない、と応じている。

また、堀部朔良氏も『大坂《ママ》穴探』（一八八四）で、「大坂の芸妓は娼妓より甚だ割合の好く、最も乱転のその事に与《あずか》りて大いに力あり」と述べている。島田小葉氏は明治二十九年の出版になる『大阪新繁昌記』（駸々堂）において、五花街の芸妓で娼妓を兼ねる者は「二枚鑑札を有するにあらず、芸妓は依然芸妓たり、娼妓は依然娼妓たり…その内状をうかがえば、芸娼これを兼ねるもの十人のうち十人」と内幕を明かしている。

そうではあるが、府の芸娼分離という方針によって芸のみを売る芸子が育つ下地ができた。十三年一月十七日の『朝日新聞』は、「馬関（下関）の遊所は芸妓にても必ず娼妓を兼業せねばならぬことになったので、当地出稼ぎの芸妓や舞子は続々帰坂すという」と報じている。大坂の芸舞子らが二枚鑑札に応じなかったのは注目にあたいする。十五年七月十九日の同紙は、大坂五花街は新たに芸妓の営業を望むものに対して、「取締にて三味線その外の妓芸を試験して等級を定め、はなはだ拙き者は廓内に入れぬことになった」と、報じている。十人が十人とも兼業という新聞や世間の見方は偏見と言ってもよいだろう。

三都に劣らないほどの芸者を擁していた新潟県は、十五年二月十五日付の甲第三十四号の布達をもって「歌舞遊女は…四月一日限りで芸妓又は娼妓のうち何れか本人見込み次第一方へ相定め願い出るべし」と、分離を定めている。だが、内務省の芸娼妓分離という方針に従った府県は少数だった。大半の府県は兼業を認め、二枚鑑札に対して納税上の優遇措置を設けた県すらあった。また、十二年六月三日の『郵便報知新聞』は、淡路島の洲本に「娼妓にして娼妓にあらず、芸妓にして芸妓にもあらず、家婢風にて家婢にもあらず、一種の奇怪物が四十名」いると、報じている。港町に特有のこうした慣習は根強く残った。

成島柳北氏は東西花柳界の違いだけでなく、解放令の前と後の移り変わりを見届けた希有な人である。彼は『鴨東新詞』で、その間の京都における芸子の変化を次のように記している。

往時の妓輩は皆二、三の狎《なじみ》客を擁して禁じられなかった。新令が一度公布されると、一妓一客の制が建てられた。妓がすでに情を定めると、すなわち客の姓名、貫籍を記して堅く封じてこれを券番局に送る。赤縄(夫婦の縁)の絶える日、又その記を乞うて帰る。その、既に客を獲る者は絶えて他と狎昵《こうじつ》するを許さず、しかしてなお、狎《な》れるあれば俗にこれを呼びて曖昧という。曖昧は官の禁ずる所なり。

それが、「余去年(六年)京に来たる。当時その律は頗る厳しく、今春再遊しその情実を察するに禁網やや弛む。曖昧の事漸く行なわれる。」とあって、五年に解放令が出た直後には、京の芸妓は一人の情客のみを擁するという厳しい制度が定められた。だが、それが守られたのはごくわずかな期間だけで、すでに七年初めには規制が緩んでいた。柳北氏の証言は上方での置屋が東京の検番と発音が通じる券番と称するようになった事情や、言葉の由来を伝えている。検番の発祥の地、吉原では名札を見る「見板」という意味だった。

京都の業者は大阪と違って二枚鑑札という方針を選んだ。十三年十月十三日の『朝日新聞』は京都の業者らが芸子らに、「兼業の鑑札を受けさせ総て娼妓税を収納せしめしに、内務省より右堅く兼業の義は相成らず」との達しがあったことを報じている。内務省の強力な指導にもかかわらず、十三年十一月二十五日付の『朝野新聞』には、「西京にては芸娼妓の名義に付種々議論もありしが、このたび女紅場の取締が集会し各遊所とも、四十歳以下十四歳以上は芸妓と娼妓の二枚鑑札を受けることに決し、一同にその旨を諭せり」とある。

それにもかかわらず、翌十四年八月十七日の『朝日新聞』によれば、先斗町では百十九名の芸妓のうち一枚鑑札が十二名、八坂新地では四百六名中に十七名、島原では十七名中に十三名、宮川町では四十二名中に四名、下河原は十六名中に一人もなし、という状況だった。これをどう見るかだが、上方では年長になっても芸妓を勤める風習があったことが関係していたのであろうか。

二枚鑑札になれば芸妓の営業税に加えて娼妓の賦金が上積みされる。それ以上に、芸妓らが嫌っていた検黴を受ける義務が生じる。貸座敷業者の取締らはそれをどのように「諭し」たのだろうか。先斗町では対策として二枚鑑札の者のみは女紅場費から月々補助することにしたと、十四年九月十三日の『郵便報知新聞』が伝えている。ところが、同年十一月二十四日の同紙は、祇園新地の芸妓らが増税対策として万一警察に売淫を視察されてもその処分を受けるほうがましだと、兼帯娼妓鑑札を返納することを決議したと報じている。

少し前の十年二月二十三日の『郵便報知新聞』は、祇園新地における芸娼分離にまつわる興味深い事情を伝えている。すなわち、「同地の芸妓は当時五十余人もある中に六人ばかり芸子と唱え客の求めに情けをひさぐ者ありけるが、その所業娼妓と同じければ娼妓同様二円を納め、そのうえ梅毒検査もせねばならぬことになりし」とある。祇園には維新後の新しい名称である芸妓とは別に、これまで通り芸子と名のる娼妓同様の者がいたことを伝えている。「色あり」の芸子が明治になってからも存在していた。芸子の多くは色なしだったことになるが、ただ色街によってかなり濃淡があったようだ。大分県には芸妓と別に芸娼妓と称する者がいたが、芸妓の三割弱が一枚鑑札だった。東京での比率を示すデータはないが、兼業が主流だった上方よりもその比率は高かったのではないかと思われる。

先の祇園の芸子らは検黴が嫌で芸子を通していたにもかかわらず、業者によるその場しのぎの説得に従ってそれを受けたところ、早速、「ミラレ」と仇名されるようになり、客足が遠ざかってしまった。困り果てた芸子らは結局、芸妓になったという。芸子らが「ミラレ」として遠ざけられたということは、それまでは客の方も芸子を娼妓とは違う存在として見ていたことになる。芸子らも二、三の馴染みとは寝るが、誰とでもというわけではなかった。そのあたりの微妙な感覚の違いに、芸妓が存在する意味を解く鍵がありそうだ。

明治二十五年に創刊された『萬朝報』には、芸妓から娼妓へ、娼妓から芸妓へと棲み替える記事がいくつも載っている。芸者と娼妓の境界はいったいどこにあるのだろうか。

もし、両者を分けるものがあるとするならば、新橋芸者で桂太郎総理大臣の愛妾となったお鯉さんの「芸者にも貞操がある」という一言に尽きるだろう。
お鯉さんは桂氏亡きあとの遺産分与にあたって、井上馨氏から座興としてではあるが、「節操を保つこと」など多くの条件を示された。案に違って彼女は生真面目に反発して男性らの身勝手さを厳しく糾弾し、これを取り下げさせている。また、彼女が育てた桂氏の二人の婚外子のうち、一方が芸者になっていたのを理由に贈与がなされなかったのに対しても猛然と抗議し、二人が平等になるように変えさせてもいる。お鯉さんはそうすることで、芸者という職業の意地を通した。

だが、容易には身を任せない芸者であっても、そういう建て前を通しきれないしがらみがあった。芸妓と娼妓を分けるものは身を売るかどうかということではなく、たとえ複数の男性と性関係を持つにしても、その時ごとに節操を保つという芸妓個々人の矜持にあった。境界は彼女らの胸の内に納められており、芸妓という名称にあったわけではない。

その一線をもズタズタにされた娼妓らの敵意は芸妓に向かった。十二年三月二十日の『朝野新聞』には、浜松の女紅場において娼妓と芸妓の間で争論が生じた末に、芸妓らが「今後一切転び申さず」と誓約書を認めたことが報道されている。娼妓にとって芸妓が身を売るのは死活問題でもあるが、同様の行為に及びながら芸妓を名乗る心根が許せなかったのであろう。娼妓鑑札を得ていないものが身を売れば犯罪である。公に批判されれば芸妓は黙って娼妓の言い分を聞くしかなかった。

しかしながら、二枚鑑札の有無に関係なく茶屋や待合は芸者に身を売って欲しかった。それが現実であったにもかかわらず、芸者を妻妾にした高官や官員が多くいた明治政府の方針は芸妓と娼妓を区別しようとした。明治八年に東京府が定めた三業規則によって、娼妓と切り離されて経営が立ち行かなくなった吉原の茶屋が転ぶ芸妓を必要としたため、身を売らないことを伝統としてきた吉原芸者でさえ長年の誇りを棄てざるを得なかった。

政府や地方官庁の官吏は遊廓への登楼が禁じられていた。芸妓の主な顧客であった政財官人にとって、芸者買いは買春という罪悪感から逃れることができるかっこうの隠蓑だった。娼妓紛いの行為をすることを禁止されていたのを逆用し、それを盾にして水揚げを含む買春に耽ってきた。明治以降の花柳界は政治家や官吏、実業家や豪農らによって発展を遂げてきた。大蔵省の指導のもとで、ほとんどの府県は解放令の趣旨を反故にしただけでなく、芸妓の娼妓化を推進したことになる。そんな中にあって芸娼妓を正業に戻すという解放令の趣旨は、女紅場の設置という形で辛うじて生き残った。

もう一つの東西混淆による大きな変化は、幼い半玉を対象にした水揚げが関西同様に全国で行なわれるようになったことである。芸者というと必ず「水揚げ」ということが取沙汰されるが、実際には一人前の芸者になる前の舞子や半玉が嘗めなければならない苦汁だった。大金を積む水揚げは上方独特の風習であり、すでに寛政八年までには京の舞子の水揚げが行なわれていた。さらにその淵源は、祇園で深窓の素人娘のように育てられた「娘分」が大金をもって一人の客に身を任せたという、宝暦初年にまでさかのぼるであろう。舞子がふるわなかった大坂の遊里では、明和六年(一七六九)までには芸子が「かねつけ」という名の水揚げを通じて旦那を持つ慣行が行なわれていた。

江戸の遊廓では水揚げに大金を積むようなしきたりはなかった。無論、岡場所での性売買は非合法であり、儀式張った水揚げはまったく無用だった。半玉に似た半妓(お酌)という制度は幕末期にもっとも活気を呈していた江戸の柳橋で生まれたが、本来は芸者見習いという位置づけで年齢に関係なかった。江戸では幼いお酌は見向きもされなかった。

応来芸者という呼称が生まれたのが七年である、八年にはまだ新橋には小芸妓(お酌)すらいなかった。東京での半玉の水揚げは、半玉という通称が新橋で生まれた十一年前後にはじまったのではないかと思われる。新橋の花柳界が京都の舞子風俗とともに、水揚げという陋習を半玉に取り入れた。それを求めたのが伊藤博文、山県有朋、西郷従道といった明治政府の高官たちであった。

雛妓の水揚げはまたたくまに東京だけでなく、日本各地の花柳界に広がっていった。だが、芸妓が身を売ること自体が非合法であるうえに、数え年で十四、五歳になった半玉が高額な金額で水揚げされる実態が公になるのは、これを好む政財界人にとってきわめて不都合だったので、取り締まる側は知らぬ振りを続け、むしろ、文章化されることを禁じてきた。これに関する花柳界の口が固くなったのは明治後半期以降のことと思われる。新潟では明治十年代までは赤飯や餅を配って知らせていたほどである。

水揚げの全国化は芸者を一つの型枠にはめ込み、今日における芸妓のイメージを固定した。近代が伝統を奪った一例である。明治期に一変した状況を標準にして伝統や伝統文化を見たのでは、見えてくる光景はかなり歪んだものになる。人里離れた山頂ではなく、市街地に望遠鏡を据えて空の星を見るようなものである。伝統ないし伝統文化の正確な姿を見るためには明治という土台を一度とっぱらって、視点を前近代に据え直す必要がある。かつての江戸芸者は生き方を自分で選ぶことができた。当然、愛情を傾ける対象も自身で選べた。

片山賢の随筆『寝ぬ夜のすさび』(『新燕石十種』巻七)に語られている、深川芸者綱吉の一生はその典型である。自分と馴染んだために勘当となった武士の暮らしを支え、幸いにも武士の伯母に気に入られたことから正式に夫婦となって三人の子までなしたものの、夫に若い女ができたのを機に男の子一人をともなって家を出て、子は男芸者となりともに芸者として豊かに暮らしたという。

エピローグ　自立してゆく芸者の絵姿

当初は、芸者の実像を明らかにするために、浮世絵の中から芸者の姿を拾い出そうと簡単に考えていた。たとえば、深川芸者は羽織に素足という俗説があるが、本当にそうだったのか画像で確かめたかったのである。だが、それは門外漢ならではの浅はかな思いつきで、専門家はそれが困難なことを知っていて誰も手を出してこなかった。何をもって芸者と判断できるか、一から取り組む必要があった。

さらに、羽織だけなく、芸者の話題につきものの水揚げや、その対象とされた半玉の由来については、何の手がかりもなかった。調べてゆくうちに、近代への移行期が重要な節目になっていたことに気づき、ついつい明治期の文献に深入りしてしまった。そこで、最後に本業に戻って浮世絵の中から類型の少ない芸者の図をいくつか取り上げて、エピローグがわりにしたい。

あくまでも浮世絵の主役は花魁《おいらん》であった。これは筆者の個人的な感想かもしれないが、花魁を描いた図は華やかであっても印象に残らないのとは対照的に、芸者の図には記憶に残るような作品がいくつかある。そうした芸者図からは花魁図にはない生気や生活の片鱗を感じる。自己の境遇に対する両者の意識の差、すなわち諦念と葛藤とがそれを分けているのかもしれない。諦念は気品を育てるが、葛藤は人間味を増す。

遊女の諦観の深さをうかがうために、難波新町の西扇屋の遊女、花紫の言葉を紹介しておこう。清水浜臣の『遊京漫録』には「旅路のうちぎき」と題して、文政三年（一八二〇）の見聞が集められている。そこに櫛簪が規則より多いことを咎められた花紫の返答が収められている。

黄金にかえて子を売れる親なれば、親はあれども無きに同じく、ついのよすがを定めん男もなし。いうまでもなく子とてはべらず、末を楽しむ頼みもあらず。されば、一日も華やかに身をかがやかし、名を知られ人にめでられ、己を楽しむよりほかのこと侍らず。

浮世絵師たちは華やかな装いの内側にひそむ、苦界暮らしの恨み辛みにはまったく無関心を装っていた。彼らは花魁ほどではないが芸者も描いているが、やはり彼女らの暮らしには関心がなく、もっぱら宴席を賑わす存在か、もしくは、性的な対象としてしか見てこなかった。しかし、中には芸者独自の存在感を表現した作品も探せばある。芸者は遊女を引き立てるために装いは地味であることを強要され、脇役にまわらなくてはならなかった。しかし、江戸で芸者の評判が遊女をもしのぐようになるにつれて、浮世絵師たちは新たな視点から芸者を主役にして描くようになった。

ボストン美術館の一筆斎文調筆「引き手茶屋図」は、『江戸の誘惑』展の図録の解説では明和六(一七六九)・七年の作とされている。上がりかまちに腰掛け、傍らに三味線箱を置いた吉原芸者が座敷で火鉢に手をかざす遊女に語りかけている。衣装は紋付き無地の留袖に縞模様の帯という地味な身なりで、素足がきまりである遊女とちがって足袋を履いている。帯に懐紙を挟んでいるところが芸者らしい。この二人と庭に立つもう一人の花魁によって画面のバランスが保たれており、芸者は構図の中で重要な一角を占めている。ここでの芸者は単なる添え物ではなく、むしろ画面の主役と言えなくもない。

磯田湖龍斎の肉筆画に、盆に乗せた雪兎を持つ子供と二人の女を描いた図がある。一人は裾模様の振袖姿で三味線を手にして立ち、年かさの一人は筆で兎に目を入れようとしている。この図は家庭の一情景を描いたものとして解説されることが多いが、筆を執る女は縞模様の留袖姿で胸元に懐紙を入れている。この図は「姉さんと言いやと芸者子をそだて」という川柳があるように、芸者一家を描いた図と見るべきだろう。とすれば、芸者一家の日常を描いた珍しい図ということになる。まったく同じ図柄の肉筆画が大谷コレクションとメトロポリタン美術館にあるのは、この図がかなりの関心をよんでいたことを物語っている。なお、メトロポリタン美術館本の三味線を手にする芸者の帯は、ギメ美術館のやはり湖龍斎筆の「深川芸者図」のうち、酔った方の女と同じ模様である。

千葉市美術館が所蔵する同じく湖龍斎が描いた「遊戯図」と題された図の意味はわかりにくい。珍しく賛があり「花あふき」と署名されている。その手跡が北尾政演による天明三年の『吉原傾城新美人合自筆鏡』中の、「花扇」の筆跡と同じであることが館蔵品図録で指摘されている。また、湖龍斎が用いている「正勝」印は安永中期から天明二年(一七八二)に法橋位を得るまで使用されていたことも明らかにされている。まさに芸者の人気が高まった時期の作である。

ここに描かれる振袖姿の若い娘と留袖姿の年増は、手に手に箱を持って互いに打ち合わせる所作をしている。箱は「枕返し」という手妻に用いる道具に似ている。ここでは舞踊の所作を真似ているのだろう。賛には『古今集』の「いにしへの野中の清水ぬるければ」を本歌にした「蛙鳴野中の清水ぬるければ　たことの月はうわきこと　明暮おもふてくらす」というよく知られた文句が書かれている。浮気者の男に宛てたのだろう、朝夕あなたのことを思っています、という嘘か真かわからない心を伝えようとしている。

かつては、遊女による画賛は画中の女を自分になぞらえて、客の気を振り向かせようとしたものである。だが、遊戯に興ずる若い娘はとても花魁には見えない。そこに本図の謎がある。二人が芸者だとすれば、「花扇」は宴席での楽しげな遊びを思い出させて客の心を取り戻そうとしているのだろうか。それとも、浮気者の芸者遊びを諷しているのだろうか。ここには吉原の花魁と人気を争うまでになった芸者の姿が認められる。

勝川春章筆の「吾妻風流図」(東京芸術大学所蔵)は、遊女と芸者が二幅対となっている。芸者図は桟橋から舟に乗り込もうとするところが描かれている。三味線が入った箱を抱える前掛け姿の仲居の肩に扇を手にしたままよりかかり、風に乱れる裾を気にする風情である。足元を見ると足袋を履いているように見える。少し酔っているようでたいそう艶っぽい。振袖は絣《かすり》模様、帯は茶地の更紗模様という地味ないなりである。それが襦袢の緋色をいっそう際立たせている。本図の箱書には安永十年(一七八一)に東武の池田武左衛門が上京の節の土産にしたとある。すでに芸者は遊興に欠かせない存在となっただけではなく、その姿は花魁と一対にされて江戸土産にもなるほどであった。芸者の人気が花魁に匹敵するほど高くなっていたことを象徴する作品となっている。

勝川春章の弟子、春潮による大英博物館の「吉原仲ノ町図」は、天明後期から寛政期にかけての作とされている。吉原で芸者を取締る規則が定められたかどうかという、微妙な時期の作品である。言うまでもなく、この絵の主人公は客が待つ茶屋に向かう花魁である。この絵には十四人もの人物が登場しているが、もっとも主要な視線のやりとりは、茶屋の奥で煙管《キセル》をぶら提げながら、立て膝姿で冷静に花魁を品定めする色男と花魁の間に交わされている。だが、それにはなかなか気づかない仕掛けになっている。色男は画面の右端にいて、簾によって三分の一ほどしか姿を見せていないからである。

それよりも花魁と至近で対面する芸者の、目だけで花魁を迎える視線の強さが画面全体を支配している。花魁に対する芸者のへりくだった態度は微塵も見られない。この芸者は小鼓の緒を調べる手を休めようとしていない。もう一人の芸者にいたっては背を向けたままである。それどころか、芸者の視線の行方は微妙で、実際には遠くに咲く桜に向けられているかのようにも見える。芸者たちの存在が画面全体を引き締めており、遊興空間に並々ならぬ緊張感をもたらしている。芸者や幇間たちに取り囲まれて客が相好を崩す、気楽な遊宴図とは一線を画しており、それらとは雰囲気がまったく違っている。

寛政年間以降には吉原芸者は花魁の下風に居るように定められたが、芸者を見る絵師の目は必ずしもそれに従うわけではなかった。花魁を描いた図は品格の表現に努めているせいか、型にはまったものが多く興味をひくものは少ない。だが、浮世絵の中から芸者を描いた図を探してゆくと、絵師が彼女らがまとう独特の魅力を感じて描いたと思われる図が少なからず見いだされる。

だが、女性を描いた浮世絵は花魁を除いて「美人図」というタイトルで括られるのが普通である。それはきわめて安直な命名であり、女性の個性を認めない立場でもある。主人公の正体を見きわめ、どういう場所でどのような役割を果たしているかを明らかにする作業を怠っている。芸者を描いた作品を「美人図」にひっくるめるのではなく、一つのジャンルとして確立したほうが浮世絵の魅力が増すと思うが、いかがだろうか。

これまで美人図と題されてきた浮世絵の解説には、主人公の性格について歯切れが悪い文章が少なくない。歌麿の代表作として著名な出光美術館の「更衣美人図」（図13）もその一つである。帯を解いて絣模様の留袖を脱ぎかけ、立ったまま扇で袖口に風を入れる姿からは素人にはない色気が感じられる。

足元には巻紙が落ちている。すでに芸者の胸元や帯に懐紙が挟まれていることに幾度もふれてきた。その風習は今日の芸者にも引き継がれている。川柳に「じれったさ帯をしめれば紙が落ち」（『柳多留』三十編）という句がある。芸者が情人に会おうとして急いで支度する気の焦りが巧みに描写されている。食事と房事に懐紙は欠かせない。この図は情人との宴が果てたあとに残る余韻を冷ましている姿かもしれない。

だが、巻紙をよく見ると箸袋に入った箸が挿しこまれている。こうした例は他に見ない。唯一似た例として細見美術館に所蔵される「人物図巻」に見いだすことができる。「江戸深川にて色をあきなう女」と注された女は、手に持った懐紙から箸状の物を抜き出そうとしている。

図13　喜多川歌麿筆「更衣美人図」（出光美術館蔵）

『俳風柳多留』第二十四編の「ぬしの手で御はし紙とかきなんし」という句は、吉原では三会を経て馴染みになると、客に専用の箸が用意されたことを踏まえている。この図の箸はそうではなさそうで、自前のもののように思われる。いずれにしてもそこだけに着目すれば、本図の主人公は芸者ではなく、「呼び出し」と称される深川女郎ということになりそうである。だが、着衣は歌麿が描く他の芸者と同じであり、雰囲気も女郎とは異なる。

『山中共古日録二十五』（早稲田大学

に、もと柳橋で名を売った横浜の某老妓の談話が収められている。それによると、旧幕のころの芸者には今とは違う宴席での役割があり、舟遊びや年中行事の一つである待宵においては、それぞれに特有の仕来たりと演ずる曲目があったという。成島柳北氏が沈湎していた、今日ではすっかり消え失せた柳橋情緒が、芸者を知らない世代にも伝わってくる貴重な文献である。

宴席では二人ほどで十人ぐらいの客を仕切らなくてはならなかった。その大変さが「今のごとく肴を銘々に盛り立てて出すことはあらず、大皿に鯛の煮付けなり差身なり盛りて持ち出すものゆえ、お客の数に一々これを取り分けるは並一通りのことにはあらず」と、語られている。取り分けるには箸が必要である。そのための箸だったとすると、本図は大勢の客を無事切り回した芸者がほっと一息入れている図ということになる。

浮世絵の画題が単に美人図とされるのは、主人公が芸者か、女郎か、町娘か、陰間か、判別が難しいからであろう。羽織を着ていない女性の中から芸者を見分けるには、留袖と振袖の二人組や、懐紙の存在などが指標となる。だが何よりも、巧みに男をあしらいながら座の雰囲気をリードするという生業が纏わせる、独特の身のこなしを読み取ることが欠かせない。

付論　土俵の話

絵画に見る土俵の歴史

芸者と同じように、男で頭から足もとまで和装を通しているのが相撲取である。芸者がとりわけ贔屓にしたのは歌舞伎役者と相撲取だった。成島柳北氏が明治四年に著わした『柳橋新誌』二編に、「このごろ柳橋の妓は俳優と私する者が多い、相撲の者と私する者また少なからず」とある。私とは男女の秘め事のことだが、役者に関しては明治に始まったことではない。芸者が誕生して以来の深い仲にあった。歌舞伎役者と相撲取は興行という同じ土俵上で育った兄弟の間柄にある。ここでは相撲史上の画期となった、土俵の出現に焦点をあわせてその経過をたどってみる。その際には歌舞伎の芸態を参照することが欠かせない。

多くの伝統文化が現代まで受け継がれている。だが、消え去ったものもある。生き残っても変化を重ねているはずである。絵画はたとえ消え失せたものであっても、あたかも眼の前で演じられているかのような光景を今に繰り広げる貴重な映像と言える。また、近代になって大きく変化する以前の姿は絵画を通じてうかがうしかない。現在のような丸い土俵の始まりはよくわかっていない。何事もそうだが、萌芽期の状況は混沌としており、その後の道筋も必ずしも一本道ではない。

山田知子氏の『相撲の民俗史』(東書選書、一九九六)を読むと、相撲にはいくつかの顔があることがわかる。宮廷の行事として行なわれるとともに、凶事を祓う神事として、また、芸能の一つとしてさまざまな雑技といっしょに催された。同書は表題にあるように、民俗の観点から見た。勝負をつけない神事としての相撲の種々相について詳しい。相撲には神事や武道としての古代以来の長い歴史があるが、近世になると見世物や芸能と場を同じくする興行相撲が主流となった。言うまでもなく、今日の大相撲は娯楽としての相撲の系譜に連なる。

山田氏は、女人禁制の代表例でもある土俵のはじまりについて、延享二年（一七四五）の序がある『相撲強弱理合書』に「土俵を築くこと天正年中より始まり、慶長に至りて諸国一同これを定む」とあるのに基づいて、「天正年中より慶長にかけてのころに始まった」としている。しかし、絵画を見るかぎりではそういう事実はない。伝書の類を鵜呑みにするわけにはゆかないのである。真相は、文献と絵画を適切に組み合わせることによって初めて浮かびあがってくる。

竹内誠氏は『元禄人間模様』（角川選書、二〇〇〇）に「土俵の成立」という一項を設けて、慶安元年（一六四八）の勧進相撲禁令と、貞享元年（一六八四）に深川八幡社境内での勧進相撲が許可されるまでの「勧進相撲中断期に土俵が成立した」としている。この見解自体は当たっているが、もう少し時期を狭めたい。

竹内氏は延宝六年（一六七八）に刊行された『古今役者物語』中の「すまふのいひたて」の挿図に、歌舞伎舞台に四本柱と俵を並べた四角い土俵が設けられている例を挙げて、土俵が成立した時期を示唆している。確かに初期の歌舞伎には「相撲」という演目があった。挿図では舞台での相撲にふさわしく、裃姿の若衆が軍配を握っている。

同書については武井協三氏が「『古今役者物語』の研究」（『園田女子大論文集』十三、一九七八）において詳しく考証しており、現存の版本は後刷りではあるが原本の刊行は延宝六年と見てよいとされている。勧進相撲の禁令が出てから三十年後の相撲のありさまを、舞台を通してではあるが見ることができる。本書は江戸での開版である。では、果たして土俵の始まりは四角だったのだろうか。

たいそう相撲好きだった和歌森太郎氏が『相撲今むかし』（河出書房新社、一九六三）で紹介しているが、貞享三年（一六八六）に刊行された井原西鶴の『本朝二十不孝』のうち「無用の力自慢」の挿図にも、四本柱と二重の四角い土俵が描かれている。行司は小袖姿で軍配を手にしている。他にも同五年に刊行された『色里三所世帯』の女相撲の場面に、四本柱を囲むように四角く敷いた蒲団を土俵がわりにしている図があることを付け加えておこう。また、宝永二年（一七〇五）以降に刊行された『宝永花洛細見図』第七冊の「相撲の取り組み図」にも、四角い土俵と柱が描かれていることも紹介されている。これらはいずれも上方での話題であるが、もっぱら角土俵だったことがわかる。歌舞伎は上方から江戸に下って人気を博すのが普通だったので、江戸の歌舞伎舞台での角土俵も上方からもたらされた可能性が大きい。

一方では四角い土俵は南部藩の伝統とされる。『甲子夜話』巻十には松浦静山が抱えていた朝雪という力士の経験談として、「奥州南部は相撲場を円形にせず方形に置きて、其角に四本柱を建つ。又行司も常の上下は著ず、能狂言に著せる太郎冠者の上下と同制なるを腰の帯まで当て著す。但し麻にはあらず、鈍子、錦等花麗なるものを用ゆ。」と記されている。いかにも南部相撲が古態を伝えているかのような口ぶりである。しかし、結論を先に言ってしまえば、江戸や上方で角土俵が用いられなくなってからも南部藩では後々までそれが維持されていたと、理解すべきだろう。

既述(五四頁)したように、国技館に付属する相撲博物館に「南部相撲興行の図」と称される一隻の六曲屏風が所蔵されている(図8)。四角い土俵が造られているのでこのように題されたのであろう。屏風には周囲を板塀で囲い、櫓や桟敷を設けた本格的な相撲興行が描かれている。堺市博物館で催された「相撲の歴史」展(一九九八)の図録では、これを享保十七年(一七三二)の京都での南部相撲の興行を描いたものと解説されている。南部相撲の研究者、木梨雅子氏が一条兼香の日記をもとにしたとして、同年に南部相撲の一団が上洛興行したとしている。これに従って、その折のものとしたのであろう。

藩主が相撲好きだったため『盛岡藩雑書』には寛永二十一年(一六四四)以降相撲に関する記事が多く認められる。しかし、享保十七年には上洛興行に関する記事がない。前年に行司長瀬善次郎(後に善太郎)が例年通り、八幡社での勧進相撲の仰せ付けを願い出ていることが記されているだけである。

木梨氏が「南部相撲の方屋形状と故実」(『体育史研究』十六、一九九九)に掲載された南部藩の行司、長瀬善太郎による『相撲極秘伝之書』の「遊覧相撲」の図では、棟の両端に鯱が置かれた切妻屋根をもった建物に二重の角土俵が築かれ、「この方屋は余国にこれ無く」という注記がなされている。確かに土俵上の方屋はそれ以前に姿を消していた。木梨氏によれば、この秘伝書は長瀬善太郎が一条家より越後の受領名を拝領した享保十七年以降の書写になるとされる。ところが相撲博物館の屏風には南部藩が余国にないと自慢する「方屋」が描かれていない。四本柱の頭部を水引幕で囲むだけで屋根はない。

たしかに、『竹田加良久里』(岩手県立図書館)の文化元年(一八〇四)八月の項には、「越後いまだ善太郎と申せしとき、京都において大相撲興行とて候所、四本掛堅屋の上に鯱を上させ候所、二条殿より御不審これあり…岩井播磨守より相伝の趣…申し上げ候所、平人官服恐意…越後とあい名乗り申すべき旨仰出さる」とある。だが、ここでは二条家より拝領とある。なお、文化八年に長瀬造酒之助が上京して同様の「措置」を願い出たのも二条家であった。

すでに芸者の項で指摘したが、この図は京都での南部相撲を描いたのではなく、江戸深川における勧進相撲を描いたものとすべきである。貞享元年(一六八四)に江戸で勧進相撲が再興されたのは富岡八幡宮においてであった。本図には神社の境内を思わせる要素はまったくないが、画面の右上隅の二軒の茶屋のうち一軒の暖簾には「花」と読める文字と「車輪」が染め出されている。これが花車屋を意味するとすれば、富岡八幡宮境内の二軒茶屋のうちの一軒ということになる。

左側の座敷には二人組の長振袖を着た江戸特有の踊子がいる。彼女らの存在や振袖の長さからすると本図は『宝永花洛細見図』が刊行された元禄十七年(一七〇四)よりも少し降り、享保(一七一六〜三六)期の作と思われる。飯田昭一氏による『江戸時代相撲名鑑』(日外アソシエーツ、二〇〇一)によれば、復活した深川八幡社境内での勧進相撲は、元禄十五年(一七〇二)、宝永二年(一七〇五)、享保七年(一七二二)、同九年に興行されたことがわかる。本図が享保七年ないし九年の勧進相撲の光景を描いたものとすれば、江戸では半世紀にわたって四角い土俵が主流だったことになる。本図が相撲史にとって貴重な絵画であることに変わりはない。

次に、土俵を用いない興行相撲の下限を押さえておこう。永禄八年(一五六八)に描かれた上杉本「洛中洛外図」屏風には、糺の森での相撲が点景として認められるが、建物も土俵もない。筒袖姿の行司は団扇を手にして赤い鉢巻をしている。福岡市博物館が所蔵する「洛中洛外図」屏風は画風からすると慶長前半期の狩野派の作とみなされるが、そこに画面の片隅に鴨川の河原での相撲興行が描かれている(図14)。板塀で囲まれ、狐格子の入った切妻屋根を設けた本格的

図14　「洛中洛外図」屏風の相撲小屋（福岡市博物館蔵、DNP art. com）

な建物の下で相撲が行なわれている。ところが土俵はない。行司は壮年で慶長期を下限とする古様な肩《かた》衣《ぎぬ》を着けて団扇をかざしている。

同じ形式の建物は東山庵所蔵の「遊楽風俗図」屏風中の相撲興行の場面にも認められる。こちらは入母屋造りでいっそう本格的である。前者と同じく軒に水引き幕が下がってる。木戸銭をとる興行相撲であっても土俵が築かれていない。軍配を握る肩衣袴姿の壮年の行司が看板に名が見える「行事岩井はりま」であろう。行司は古くは「行事」と書かれた。岩井播磨は相撲を好んだ織田信長時代の著名な行司である。

同じ屏風の風呂屋の看板には「与七風呂屋」とある。狩野博幸氏は『慶長見聞録』に「天正十九年卯年の夏の比《ころ》かとよ、伊勢与七といいし者、銭瓶橋のほとりにせんとう風呂を一つ立てる」とある記事を紹介しているが、屏風にはお国歌舞伎に似た遊女歌舞伎を描いた場面が含まれるので、制作年代は慶長八年（一六〇三）をさかのぼることはない。本図は福岡市博物館の「洛中洛外図」屏風と違って土佐派系の手になるが、両者の制作年代はさほど隔たらないだろう。こうした建物の下での相撲興行は「椋政」印のある「祇園社、四条河原遊楽図」屏風や、南蛮文化館の八曲一双の「洛中洛外図」屏風にも認められる。これら二図は前二者よりも少し年代が降る。以上の例から土俵のない、建物内での興行相撲の始まりは慶長期ということになる。

寛永八年(一六三一)の奥書がある天理図書館の「相撲行司絵巻」の巻末に、四本柱に注連縄《しめ》を巻いただけの、土俵のない相撲場に続いて、宝形造りの建物に水引き幕が垂れた、やはり土俵のない建物が描かれている。ともに柱には東西南北を守護する四神を象徴する色布が巻かれている。この図に見る注連縄、宝形造、柱への色布の巻き付けなどは秘伝書に特有のものらしく風俗図には例を見ない。江戸後期になると、浮世絵師、勝川春章の版画に、柱それぞれに注連縄を下げ、四本とも同色の布を巻きつけた例があるのは秘伝書に従ったのであろう。ちなみに江戸の勧進相撲においていったん消滅した屋根が復興されるのを見るのは勝川春章の図以降である。現在の国技館では逆に、四本柱は取り払われて屋根だけが残っている。

相撲博物館が所蔵する下鴨神社での相撲興行を描いた屏風には、能や人形芝居と並んで四方を筵掛けで囲った中で相撲興行が行なわれている。しかし、建物も土俵もなく櫓だけが設けられている。行司は肩衣の上から帯を締め、軍配を手にして腰に刀を差している。この図は京都での最初の勧進相撲に関わる図と思われ、宝暦十三年(一七六三)に著わされた『古今相撲大全』に、正保二年(一六四五)六月に当所(下鴨神社)で行なわれたとあるのを踏まえると、正保二年頃の作と考えてよいだろう。

細見美術館の「四条河原図巻」にも切妻造りで水引幕を下げた建物内での取組みと、東西に分かれた控えの力士が描かれている。この図巻には多くの見世物の一つとして檻に入った虎が描かれている。延宝三年(一六七五)刊行の『葦分船』に道頓堀の見世物の中に「虎のいけどり」が含まれていることが参考になる。この図巻は一般には元禄期の作とされるが、それよりさかのぼる延宝頃の作としたい。これと制作年代が近いと思われるケルン東洋美術館の「諸礼尽くし図巻」にも切妻造の建物があり、控えの力士は妻側の左右にきっちり二手に分かれて座っている。力士が東西に分かれているということは番付けの発生をうかがわせる。上方での相撲興行では屋根の下で土俵なしという取組みが、四角い土俵が出現するまで長く続いていた。京都での土俵なしの相撲の下限が延宝期だとすると、四角い土俵が出現する時期とちょうど重なる。

「諸礼尽くし図巻」のように行司が立烏帽子を被る姿は、杵築市・宗玄寺の屏風の四条河原での相撲にも認められる。相撲は切妻造りの建物の下で行なわれており、周囲を板塀で囲み、櫓が設けられた本格的な興行であるが、やはり土俵がない。本図では行司が刀とともに御幣を腰に差し込んでいるのが特徴的である。後腰に御幣を差す姿は若衆歌舞伎の「大小の舞（業平踊）」の扮装を意識している。福井県立美術館所蔵の岩佐勝重筆「大小の舞図」には類品中で唯一、年紀があり、明暦三年（一六五七）と記されている。宗玄寺の図はそこまでさかのぼるとは思われないが、細見美術館本と比較すると人物に編笠姿が多いので、明暦と延宝の間の寛文（一六六一～七三）頃の作と考えたい。これらの絵画から、建物が存続する間は土俵が作られなかったことがわかる。建物の有無と土俵の成立には何らかの関係があるらしい。

『甲子夜話』の巻十には「予が園中に角力場を取建て、かたや開きを為したり」という記事がある。「かたや開き」とは今でいう「土俵開き」のことだろう。同書続編の巻五十二には「かわずがけ」という決まり手の説明に「我は方屋の中に残り、彼は足を土俵に外す」とあるので、筆者の松浦静山は明らかに「方屋」を「土俵」と同義語として用いている。なぜ、「方屋」という建物を指す言葉が土俵と同じ意味に用いられているかというと、おそらく、土俵出現以前に相撲の興行がなされていた四本柱で屋根を支えた建物を意味する「方屋」という言葉が、柱のみを残して土俵を作るようになってからも用いられた結果、土俵を指す言葉として残ったのではないかと思われる。

今でも「かたや」は行司が力士を呼び出す時に用いられている。松浦静山は行司が力士を呼び出す際に「東の方屋」「西の方屋」と呼ばわっていたことを書き残している。同じ呼称は『唾玉集』（明治三十九年）に載せられている行司、木村瀬平からの聞き書きにも認められる。正徳二年（一七一二）に成立した『和漢三才図絵』に「東西に片屋あり、力者これに屯す」とあるように、一般には方屋は東西の控部屋を意味するとされる。しかし、絵画を見る限りではそのような建物の例はない。木村瀬平も「片屋の四本柱」とも言っているので、方屋はあくまでも相撲を取る建物を意味するとすべきであろう。

ボストン美術館の「四条河原遊楽図」屏風では、さまざまな芸能や見世物と並んで相撲興行が行なわれている。これまでと違うのは屋根のある建物がなくなり、枝を払っただけで仕上げをしていない四本の丸太を柱として、上端部を水引幕で囲むだけと簡略な形式に変っている点である。ただし、まだ土俵が築かれていない。

この屏風の制作年代を推測する要素として、屏風に描かれている見世物の一つの「大女房」がある。朝倉無声氏が「見世者年代記」(『此花』第二号)にその記録を集めているが、柳亭種彦の『用捨箱』下には、延宝二年(一六七四)に江戸堺町で身の丈七尺三寸の大女の見世物があったとあり、また、延宝八年に刊行された『続無名抄』上に「近ごろ」のこととして、大坂道頓堀での見世物の中に七尺二寸におよぶ近江の「大女房」があったことが記されている。江戸の見世物は大坂から下るのが普通なので、上方での興行は延宝二年をさかのぼって寛文期に入る可能性がある。

かつて『風俗画の近世』(至文堂)において、万治期の作品として紹介した京狩野派による「小歌色紙」にも「いかい女房持った」という小歌を添えた大女房の図が含まれており、本図との関連性にふれたことがある。その折には気がつかなかったが、「小歌色紙」の一枚には『東海道名所記』に「もとは山の手の奴どもの踊歌」とある、「柴垣節」が含まれている。万治四年(一六六一)刊行の『むさしあぶみ』に「柴垣という事世にはやり」とあるが、万治四年は寛文元年にあたる。「柴垣節」の始まり自体はさらにさかのぼるが、上方に伝わったのが万治四年頃とするならば、寛文期の初めにはすでに上方では大女房の評判が広まっていたと考えられる。ボストン美術館の「四条河原遊楽図」屏風は寛文初年を降らない頃の作と考えてみたい。

四本柱に水引き幕だけで土俵のない相撲興行は、黒川古文化研究所の「四条河原図巻」にも見出される。それと軒を連ねる芝居小屋の櫓には「早雲」の文字や、夷の像を描いた幕がある。これらは寛文九年(一六六九)に名代を許された早雲長吉と夷屋儀左衛門の小屋と考えられ、図巻の上限が定まる。また、人形芝居の櫓の幕には「日暮小太夫」とある。

これは『諸国因果物語』に寛文頃には持てはやされていたとある説経人形芝居で、初代小太夫は寛文二年に『百合若大臣』、同九年に『王昭君』を「日暮小太夫正本」として出版している。二代目小太夫は延宝六年(一六七八)に親から「京都芝居間敷丼に名代」を譲り受けているが、この図巻に描かれる興行が初代によるのか二代目のものかは判断が難しい。日暮小太夫一座の隣に細見美術館本と同じように虎の見世物があり、鎧姿の武者が綱に繋がれた虎に立ち向かっている。黒川古文化研究所本は方屋の有無という違いはあるものの、おそらく細見美術館本とほぼ同じ時期の延宝ころの作と見てよいだろう。

南部相撲の故実書である『相撲極秘伝之書』には方屋に角土俵をともなう図が含まれているのに対して、これまで見てきた絵画資料にはそうした例はない。これは故実書の非現実的な性格を物語っている。『甲子夜話』にも南部藩の相撲場には屋根がなく、四本柱に角土俵だったと記されている。

四本柱のみで土俵なしという簡素な形式は、早くに寛永八年(一六三一)の「相撲行司絵巻」に見いだされるが、すぐに一般化したわけではないようだ。四条河原図を通覧して見ると寛文から延宝期にいったん方屋が消滅して、四本柱に水引き幕という簡略な形式に変ったことが指摘できる。方屋の撤廃が直ちに土俵の創案に直結したとは言えないが、四本柱だけになったことが四角い土俵の成立を促した可能性が考えられる。

当然のことながら、野外での武士たちの鍛錬や娯楽としての相撲では屋根も柱も土俵も設けられなかった。名古屋城本丸御殿の障壁画は慶長二十年(一六一〇)に完成しているが、賀茂社社頭での若衆たちの相撲の場面に行司はいない。堺市博物館には相撲を主題にした珍しい遊楽図屛風が所蔵されるが、柱も土俵も囲いもなく行司は裃姿で軍配を握っている。見物する者に煙草の流行を示す長煙管を手にするものがいることや、着衣からみて元和期の作としておきたい。

次に神前での奉納相撲の例を見ておこう。神奈川県立博物館所蔵の「北野天神縁起絵巻」に社殿前での奉納相撲が描かれている。同絵巻は室町時代後期にさかのぼる作品で、当然のことながら土俵はない。注目すべきは行司がいない点である。そのかわり脇に弓を手にした二人の随人が立っている。奈良市夜支布《やぎゅう》山口神社・戸隠神社での神前奉納相撲には今でもこうした例を見ることを山田知子氏が報告している。

正保三年(一六四六)に制作された和歌山東照宮に伝わる「東照宮縁起絵巻」の第五巻には和歌山祭の行列が描かれている。そのうち神輿が据えられた御旅社社頭での奉納相撲では柱も土俵もなく、行司もいない。痩せた力士が古式の仕切りをしている姿がユーモラスである。寛文七年(一六六七)に落合安成が描いた出雲大社の「三月会神事図」屏風にも土俵のない神事相撲の場面がある。行司は狩衣に烏帽子姿で団扇形の軍配を手にするという古様な服装である。福井市上一光の白山神社の所蔵になる延宝四年(一六七六)七月の年紀がある絵馬にも土俵がない。行事は老人で、狩衣姿で軍配を握り、観客である武士たちも狩衣姿で小姓だけが裃姿である。本図は着衣から擬古的な雰囲気を感じられ、現実の相撲を描いたとは考えにくいが、まだ土俵というものが意識されていなかったことは言えるだろう。

職業としての相撲取を描いた図であっても土俵を描かないことがあった。菱川師宣が挿図を描いている『諸職絵づくし』の「すまうとり」の場面では若衆姿の行司と相撲の取組みが描かれるだけで、土俵も柱もない。元禄三年(一六九〇)の刊記がある『人倫訓蒙図彙《じんりんきんもうずい》』にも土俵がない。『諸職絵づくし』については、天理図書館の版本には年紀がないが、早稲田大学の写本には貞享二年(一六八五)の刊記が記されている。後で述べるように菱川師宣は、これと前後する時期に土俵の存在を知っていたはずなので、写本の年紀をどのように解釈するかという問題が残る。

「江戸風俗図」屏風(出光美術館)六曲一双には珍しく興行目的の「辻相撲」が描かれている。場所は浅草馬場と日本堤に挟まれており、浅草寺裏の奥山のようである。辻相撲は勧進相撲が公許された貞享元年以降にもしばしば禁令が出されているように、止むことはなかった。矢来を組んだだけで土俵はなく、丸く取り囲んだ観客が土俵代わりの、いわゆる「人方屋」を見ることができる。行司は小袖姿に頬被りで日の丸の扇を手にする簡単な姿だが、刀を差している。もう一隻には永代橋付近での舟遊びが大きく描かれているので、制作年代は橋が架けられた元禄十一年(一六九八)以降ということになる。とっくに土俵が発案されていたにもかかわらず、辻相撲は土俵なしで行なわれていた。人方屋から土俵が生まれたという説はなりたたない。

ここまで角土俵と土俵無しの相撲を見てきた。最後に丸い土俵の起源について考えてみたい。宝暦三年（一七五三）と年代は下るが、「前橋祇園祭礼絵巻」（前橋市立図書館）には、桑町の芸屋台の屋台飾りとして四本柱に水引き幕の囲いの中に俵を丸く並べた土俵をこしらえ、中央に据えられた三宝のうえに、二本の徳利が載っているのを見ることができる。本図は四本柱だけで屋根のない土俵の下限でもある。また、絵巻には出し物として辻々で相撲をとる場面も描かれている。そのたびごとに土俵を拵えるらしく、出入りのため二方向を開けた俵を並べただけの土俵があり、裃姿の若衆が軍配をかざしている。いかにも丸い土俵がその場限りの相撲場として始まったことを思わせる。

これと同じ形式の、俵を並べただけで開口部のある土俵上での相撲図が相撲博物館に二点所蔵されている。一つは二曲屏風、もう一点は画幅である。先に屏風から見てゆくことにするが、そこに見る支度部屋、桟敷席などの建物は恒久的なもので、塀の開口部の上には相撲が行なわれていることを示すための櫓が建てられている。ただし、土俵には屋根も四本柱もない。土俵は俵を置き並べただけで、水捌けをよくするためと言われるが、二方向の俵が省かれて開口部を設けているのが特徴的である。行司は股立を取った裃姿の若衆で軍配を手にするが、もう一人、壮年の行司が控えている。

四本柱がなく土俵だけがあるという点では、ボストン美術館の「四条河原遊楽図」屏風のケースとは逆のパターンである。周囲の建物からすると興行相撲ではなく、武家の屋敷内での相撲のように思われる。支度部屋には刀掛けがあり、桟敷で見物する若衆や老女は高い身分のように描かれている。慶安元年（一六四八）二月に勧進相撲・辻相撲の禁令が出されたにもかかわらず、武家屋敷での相撲は続けることができた。

相撲博物館の屏風とまったく同一図様の作品が和歌森太郎氏所蔵として日本風俗史学会の主催による「風俗屏風名品展」（昭和四十五年）に出品されている。力士の褌が和歌森家本では白一色であるのに対して、相撲博物館本は紅、白、黒というように細部の違いが随所に認められる。しかしながら、一方が写しというわけでもなく、ともに江戸前期の作と思われる。本図の制作年代を考える要素として女性がいずれも簪をしていないことがあげられる。簪の初見は寛文八年

図15　菱川師宣筆「相撲図」(相撲博物館蔵)

（一六六八）の「遊女勝山巡礼図」である。その一方で、菱川師宣（一六九四没）は晩年になるまで簪を描かなかった。こうした点や女の髪型からすると、本図は元禄期を少しさかのぼる貞享期頃の作ではないかと推測される。和歌森家の屏風には櫓下の庵型に「大関、関脇、小結」と書かれた三役力士の名が並んでいる。飯田氏による『江戸時代相撲名鑑』には、和歌山藩石橋家の記録『家乗』に基づいて初期の三役名が列記されているが、同書では元禄二年（一六八九）が三役の初出となっている。

同じく相撲博物館の所蔵になる菱川師宣の落款がある横長の図15にも四本柱がない。土俵の形式は屏風と同じで開口部がある。ただし、見物客がいないので興行相撲とは思われない。画面上方、土俵際の左右に水桶が置かれ、柄杓と碗が蓋の上に置かれている。力士は古様な仕切りをしており、行司役は膝までの丈の短い小袖を着た壮年の男性で、裃も着けず手に扇を持つだけの簡素な姿である。師宣が版本に名を記すようになるのは寛文十二年（一六七二）とされる。本図の制作年代は屏風よりも若干さかのぼると思われ、四角い土俵の初見である延宝六年（一六七八）と大きく隔たるとは思われない。江戸では興行相撲でない武家が催した相撲では、角土俵が用いられたのとほぼ同時か、少なくとも接する時期に丸い土俵で取組みが行なわれていた。

千葉県市原市青柳の若宮神社に伝わる「祭礼図」絵馬に境内での奉

納相撲が描かれている。柱も立てない露天での取組みで、土俵として丸く俵が並べられている。画面が小さいせいか開口部は認められない。銘文には宝永三年（一七〇六）に江戸霊岸島東湊町の問屋某が奉納したとあるので、興行相撲では四角い土俵が主流だった江戸においても丸い土俵が並行して普及していたことをうかがわせる。

開口部を持つ丸い土俵は、徳川美術館に所蔵される「紀州東照宮祭礼図巻」にも見ることができる。これも武士による相撲である。裃姿の武士が座りながら軍配を握って立ち会いを見ている。ところが同じ祭礼を描いた和歌山・海善寺の「和歌御祭礼図屏風」には相撲の光景がない。海善寺の屏風では浄瑠璃小屋と櫓を構えた能舞台が並ぶが、和歌山で人形浄瑠璃と狂言尽くしが同時に興行されたのは寛文五年（一六六五）以外にはなかったと、三尾功氏が『近世都市和歌山の研究』（思文閣出版、一九九四）において考証しているので、同年の作ということになる。

もっとも、これ以降には紀州東照宮祭礼に相撲が奉納されなかったというわけではない。『甲子夜話』巻六十三にはいつのこととは言わずに「御輿前において二十番とか相撲あり」と書かれている。松浦静山がこれを記録したのは、単に相撲好きだったからではない。あるとき藩主が御輿に向かって平伏したため、急遽、二十番を数番にとどめ、取り組みもそこそこにして勝ち負けを急いで神輿の通過を早めた、という滑稽さを伝えたかったのである。

海善寺の屏風が寛文五年の作とすれば、翌年には祭礼行列は縮小されているので、それ以前の行列の様子が描かれている徳川美術館の「紀州東照宮祭礼図巻」は、和歌山東照宮に伝わる「東照宮縁起絵巻」が描かれた正保三年（一六四六）から寛文五年までの二十年ほどの間の制作ということになる。徳川本に登場する力士たちの下帯は色とりどりで、それぞれに金泥で彩色が施されている。正保三年の「東照宮縁起絵巻」では色々ではあるが模様まではない。

『江戸町触集成』によれば、慶安元年（一六四八）二月に勧進相撲の禁令が出された際には、絹地の下帯も禁止されている。華やかな模様のある下帯姿の力士が登場する図はそれ以前の様相を示すかとも思われるが、天明五年（一七八五）の序がある『相撲今昔物語』には元禄・正徳頃のこととして「花美眼をおどろかす、世に紀州下帯」と称されていたことを伝えている。華やかな褌は紀州藩の伝統だった。

金刀比羅宮所蔵の門前町の賑わいぶりを描いた「金刀比羅図」屏風にも丸い土俵を見ることができる。さまざまな芸能と並んで相撲の興行が描かれるが、四本柱の上部が水引幕で囲われているだけで屋根はない。土俵は「紀州東照宮祭礼図巻」の土俵と違って、開口部がない。今日と違うのは徳俵がない点である。

本図は落款に「清信筆」とある。筆者の狩野清信は享保二年(一七一七)に七十七歳で没しているので、これが下限となる。従来、本図の制作年代観は没年近くに設定されてきた。一方、上限を限る材料としてからくり人形の興行がある。これを始めた初代竹田出雲は隣国、阿波国の出身で、万治元年(一六五八)にからくり人形を朝廷に献上し、寛文二年(一六六二)に官許を得て大坂道頓堀でからくり人形芝居を始めている。もちろん京、大坂以外ではそれ以前から興行は行なわれていたはずである。

画中には女の黒塗り笠の着用と覆面が目立つ。これについては『我衣』に「経木の塗り笠、寛永頃若き女これを用いる。万治以降老女のみこれを用いる」とあるので、本図は万治年間からそれほど下げることはできない。万治期の作とすると清信の二十歳前後の若書きということになり、これまで考えられてきた制作年代よりも数十年ほどさかのぼることになる。もし、そうならば興行における丸い土俵の出現は角土俵に先んじていたことになる。

なお、原コレクション中の相撲図屏風には四本柱がなく、開口部のない丸い土俵の一部を見ることができる。ただし、見物人が慶長・元和期風の風俗、行司が侍烏帽子に狩衣姿で、力士の髷がそれ以前の古風さを示すように、モチーフ相互に時代の差が認められ、また、力士や観衆をクローズアップする画面構成は浮世絵の構図を参考にしている。おそらく、本図は近代の想像図と思われ、この図に基づいて土俵の成立期は論じられないことを一言しておきたい。

長崎・旧富貴楼の「諏訪神社祭礼図」屏風

長崎・諏訪神社の祭礼、「おくんち」を描いた屏風は二点知られている。一つは長崎市の旧富貴楼《ふうきろう》が所蔵していた「諏訪神社祭礼図」屏風八曲一双(長崎歴史文化博物館、図16)であり、もう一つは国立歴史民俗博物館の六曲一隻の屏風である。前者の端の方に四本柱に丸い土俵が築かれている。本図の制作年代が明らかになれば、土俵の出現時期を決定できる可能性がある。

旧富貴楼の図は祭礼そのものの描写に力点がおかれているが、国立歴史民俗博物館本は神社の境内を中心とした景観を描写することに主眼がある。歴博本には延宝七年(一六七九)に完成した能舞台が存在するのでそれ以降の作となる。『長崎実記年代録』(九州文化史研究所史料集)に天和三年(一六八三)八月に「諏方神社神宮寺号を被相止、是より已後唯一神社と相成る」とある。これは付属する神宮寺の仏閣を撤去するということを意味する。本殿脇に寺院風の建物があるので、それ以前の作とすると、一六八〇年前後の作とかなり限定することができる。

旧富貴楼本は歴博本よりもさらに古いと思われ、制作年代が明らかにできれば「おくんち」の詳細を伝える図としての価値はいっそう高まるだろう。同時に丸い土俵の成立時期についても重要な情報をもたらすはずである。

そこには西古川町による奉納相撲が奉納舞踊に次いで大きく描かれている。鳥居と鳥居の間に土俵が設けられ、四本柱の頭部を水引幕で囲むのは他と同じだが、各柱の頂に御幣が立つのは神事であることを意味するのだろう。土俵は俵を並べて作られており開口部がないが、徳俵もない。力士は土俵上の両側に壮年と若衆とが分かれて並び立っている。行司が壮年ではなく幼い若衆ということも勝負にこだわらない芸能としての奉納相撲であることを意味する。

もう一隻には桟敷でオランダ商館員や唐人たちが奉納踊り見物している光景が描かれている。『長崎実記年代録』の承応三年(一六五四)の項には「此年より阿蘭人御神事見物御赦免あり波止場に罷出見物いたす」と、本図の上限を示す記事がある。しかし、『長崎オランダ商館日記』(村上直次郎訳、岩波書店)の同年九月九日の項には「今日も日本の祭日で我らの用は大いに妨げられた」とあるのみで、とくに祭り見物を楽しんだ様子はない。ちなみに、この祭礼が「おくんち」と称されるのは九月九日に奉納されるからである。

ところが、前年の同日には「ある偶像の大祭日で甚だ華美な多くの造りもの、見せもの、遊戯などがあり」と記されており、祭り見物をしたことをうかがわせる。その前年の同日には「また日本の大祝日」、さらに前年には「日本の祭

(長崎歴史文化博物館蔵。富貴楼旧蔵，写真提供＝長崎市文化財課)

日で何事もできず」と承応三年と同様に、仕事がはかどらないことを苦々しく記しているだけである。同三年に祭礼見物がなかったとすれば、オランダ人の見物が恒例化していたわけではないらしい。以上から承応三年ではなく同二年にオランダ人による初めての祭り見物があったとすべきである。だが、仮に本図がそれを記念して描いたものであったとしても、屏風の制作に必要な期間を考えると、完成時期は承応三年に入るだろう。

次に画面を大きく占めている奉納踊りについても年代の考証をしておこう。若衆は野郎帽子をしている。よく知られているように『徳川実紀』に、承応元年(一六五二)に「堺町歌舞伎の少年等がまえがみことごとく剃去」とあることから、その後の図であることは言うまでもない。囃子方には頭と口を覆う覆面をしている者がいる。これは旧大津賀家(現文化庁)

図 16　諏訪明神祭礼図屏風〔部分〕

の「歌舞伎図」屏風の踊り手に見ることができ、これは承応以前からある風俗であるが貞享五年(一六八八)刊行の『色里三所世帯』になっても認められる。

囃子方には三味線が加わっているが、胴が大きく丸みをおびていて古風である。構え方も今日とは違って古様で、「本多平八郎絵姿図」(徳川黎明会)や、又兵衛風の「桜花弾絃図」屏風(出光美術館)のように足の上に平たく乗せている。撥はほんの少し先が広がるがほぼ棒状である。三味線の撥が初めは棒状だったことは、旧稿の『風俗画の近世』(至文堂)において指摘したところであるが、まだ今日の様な形に変化してゆく時期についてはふれていなかったので、この機会に明確にしておこう。

静嘉堂文庫の「四条河原遊楽図」屏風や、土俵のない相撲場面を含むボストン美術館の「四条河原遊楽図」に見る撥は棒状である。明暦二年(一六五六)刊の『ね物がたり』の挿図では三味線の撥はやや先が広がっているが、万治元年(一五五八)刊行された『東海道名所記』中の「江戸山谷」の挿図にはまだ棒型の撥が認められる。

撥の先は次第に広がってゆくが、初期は今日のような先が平たい三角形ではなく、頭が丸みを帯びた扇型、すなわち、銀杏の葉のような形をしていた。万治四年に奉納された「回船図」絵馬(金峯山寺)では撥の先きが扇型になっている。さらに下って、寛文八年(一六六八)刊の『吉原よぶこ鳥』になると、今日と同じような三角形をした撥を見ることができる。万治から寛文にかけて撥の先が広がっていったことが考えられる。ただし、菱川師宣が描く歌舞伎の「隅田川図」には延宝七年(一六七九)の年記があるものの、撥の先がわずかに広がるもののほとんど棒状である。当然のことだが、万治年間を境にがらっと入れ替わったわけではない。

『久夢日記』には「貞享年中までは三味線のばちのことにうす手にかるきをよしとす、ことにきゃしゃに作りたり」とあって、今日の撥とは大きく違っていたことがわかる。なお、貞享四年(一六八四)に刊行された『女用訓蒙図彙』に載る箏の図は、三味線の撥とまったく同じ形で、扇形、三角形、棒状の三種がある。時期を考えると、不要になった薄手の撥が箏に転用されたものではないかと思われる。

オランダ人の祭り見物や、ほぼ棒状の三味線の撥の形式からみて「諏訪神社祭礼図」は承応二年(一六五三)から延宝年間(一六七三〜一六八一)までの制作と、ひとまず考えられるが、下限はもう少し縮められる。実は、先にも引用した『長崎実記年代録』に本図の下限を示す注目すべき記事がある。寛文六年(一六六六)の項に「御神事見物かぴたん罷出候事御差留に相成」とある。この年が旧富貴楼の屏風の下限となることは、一緒に描かれた奉納踊りの芸態から見ても動かない。

旧富貴楼の「諏訪神社祭礼図」の奉納踊りには他にない特徴がある。小さな車輪をつけた巨大な鯉の滝登りを象った風流の作り物が中央に据えられている。その両側に五人ずつ野郎帽子姿の若衆が並んで座し、それぞれに手にした竿状のものを肩に置く。後方には頭巾を被った僧侶姿の者が中啓を手にして座し、前方には侍烏帽子をつけ御幣を手にして床几に腰掛ける若者がひかえている。彼らは皆、扇をかざしつつ舞う下げ髪姿の女方に注目している。御幣を持つ若者は今日の民俗芸能においても見いだされる。大阪府岸和田市の葛城踊では御幣を手にした少年が「新発意《しんぽち》」と名乗って進行を司っている。新発意役が竹笹に御幣を付けたものを手にする風流踊の例は多い。また、新発意役がその言葉通り僧侶の姿をしている例もある。

本図のように揃いの衣装を着けた若衆が同じ採り物を肩に担ぐ芸態は、小浜市妙楽寺に伝わる寛文二年（一六六二）奉納の「若衆歌舞伎」絵馬に見ることができる。絵馬を紹介した庵逧巌氏は、これと万治三年（一六六〇）に刊行された『野郎虫』の夷屋吉郎兵衛一座の演目とが似ていることを指摘している。

同様の姿で、より大規模な野外での華やかな輪舞の光景が越前市大宝寺の六曲屏風に描かれている。絵馬では前髪が認められるのに対して、大宝寺の屏風では前髪だけでなく髷まで覆う茶色の野郎帽子を着けている。見物客の中心人物と思われる女性の立ち姿は、いわゆる寛文美人図を彷彿とさせるので、制作年代は絵馬とそれほどの違いはないであろう。また、寛文六年に狩野昌運季信が描いた『卜養狂歌絵巻』（日本古典文学会）にも前髪を帽子で覆った三人の少年が紅葉の作り枝を肩にして扇をかざしつつ舞う姿が描かれている。

諏訪春雄氏が「花見踊図」と題して紹介された出光美術館所蔵の六曲屏風には、着物の柄はそれぞれ違っているが、いずれも短冊のついた桜の枝を肩にしながら舞台上で舞う役者が描かれている。演者は刀を差すもの四人と、髪を腰まで伸ばした下げ髪姿の女形三人からなっている。若衆のうち一人だけが茶色の野郎帽子をつけている。囃子方には能のそれに三味線が一挺加わっているが、撥が明瞭に扇形となっており、万治年間以降の作とみなされる。

諏訪氏は登場人物の着物の紋に注目して、若衆の先頭に立つ役者の藤丸に伊の字の紋から伊藤小太夫の名を挙げているにもかかわらず、制作年代を貞享から元禄中期の作と下げている。帯の巾の狭さや前髪姿からするとそこまでは下げられない。武井協三氏は「伊藤小太夫考証」という論文で初代伊藤小太夫の活躍時期を万治三年から寛文八年（一六六八）としている。同じ芸態を示す一連の図を参照すると、出光美術館の「花見踊図」屏風はむしろ初代小太夫が活躍した時期の作と見るべきであろう。

正保三年（一六四六）に女を交えて歌舞伎興行した座主が入牢を命じられていることからすると、遊女歌舞伎禁止後もしばらくは、男女が同じ舞台に乗っていたことが考えられる。戸田茂睡による『御当代記』の貞享四年（一六八七）八月十八日の条には、堺町の狂言役者、長野勘弥の女房、琢が「ふきや町にて芝居を立て…親子三人いたして狂言をする也」とある。

『奈良奉行所記録』（清文堂、一九九五）には、女舞、笠屋新勝の興行に対して寛文八年（一六六八）二月二十四日に「やろうがましきもの御法度に候間、如左様之者壱人も入申間敷《まじ》きよし被仰渡し候」とある。三月十三日にも「やろうがましきもの弥《いよいよ》舞台へ出し申間敷きよし被仰候」とある。奈良奉行所が二度にわたって男女が同じ舞台に乗ることを禁ずる達しを出していることからすると、男女が同じ舞台に乗ることはなかなか止まなかったようだ。元禄初期に刊行された『人倫訓蒙図彙』には女舞は脇を男が勤めると記されており、それを裏づけている。女舞の実例として、宮本圭造氏が『上方能楽史の研究』（和泉書院、二〇〇五）において静嘉堂文庫の「四条河原遊楽図」屏風に女曲舞《くせまい》の一座が描かれていることを指摘している。脇の一人は女に見えるが、もう一人は烏帽子姿で男のようである。同一画中に見る三味線の撥が棒状であることからすると、本屏風も寛文期を降らないだろう。

旧富貴楼の図で扇を手にして舞う下げ髪姿の者は女方と思われる。出光美術館の「花見踊図」屏風ともども若衆歌舞伎から野郎歌舞伎に変わる過渡期の芸態を示すものであろう。旧富貴楼の屏風に見る諏訪神社への奉納踊りは、承応元年（一六五二）に若衆が前髪を剃去することを求められてから寛文前半期の芸態を示している。妙楽寺の「若衆歌舞伎」絵馬などの絵画資料を見るかぎりでは、禁令が出されてからすぐに歌舞伎役者が前髪を下ろしたわけではないようだが、幕府直轄地の長崎では厳格に守る必要があったのだろう。

本図は承応二年に初めてオランダ人が祭り見物をしたことを記念して絵画化したものと考えたい。老女の黒い塗笠姿を重視すれば万治期以降の追憶図という可能性も視野に入れなくてはならないが、三味線や撥の形、若衆たちの芸態からすると寛文期を降ることはなく、先に示したとおり寛文六年(一六六六)が下限となる。そうだとすると「金刀比羅図」屏風以前の、現在見るような開口部のない丸い土俵を描いたもっとも早い時期の絵画資料ということになる。

なお、レイニアー・H・ヘスリング氏が本図を黒田藩お抱え絵師であった狩野昌運(一六三七～一七〇二)筆と考証しているので、ここで筆者問題にもふれておきたい。本図を狩野昌運筆とするのは、幕府崩壊にともなって御用絵師としては最後の狩野家当主となった、狩野友信がこの屏風を同人筆と鑑定したと、『長崎市史』(風俗編上)に記されていることが根拠となっている。だが、狩野派による他の極書と同じように友信の鑑定をそのまま受け取ることはできない。

寛文六年(一六六六)に狩野昌運が描いた『卜養狂歌絵巻』(日本古典文学会)に若衆が三味線を弾いている図が含まれるが、撥頭は本図と違って三角である。仮に、本屏風が友信の鑑定どおり昌運筆だとしても撥頭が古様なので同年を降ることはないはずである。彼が江戸狩野派の重鎮でありながら珍しく浮世絵とまったく変わらぬ「風俗図巻」(福岡市博物館)を残していることは注目にあたいするが、この屏風はそれとも『卜養狂歌絵巻』とも画風が違う。人物の動きは類型的で固く、表情ものっぺりとしていて昌運のような自然さがない。別人の手とすべきである。

寛文六年に禁令が出された後、再びオランダ人が祭り見物ができたのはケンペルの滞在時まで下る。ケンペルは『日本誌』に「おくんち」の様子を詳しく書き残している。彼が日本に滞在したのは元禄三～五年(一六九〇～九二)であった。来日、離日の日取りからすると、ケンペルが祭礼を見物したのは四年が有力と考えられるが、五年の可能性も少し残る。

明治三十年に成立した『増補長崎略史』(長崎叢書)には、元禄四年に「唐人始めて大波止に出て諏方神事を観る」とある。二年前に唐人屋敷に囲い込まれた唐人たちが祭り見物を願い出て許された年がちょうどケンペルの滞在時と重なったために、彼は偶然に見ることができたのである。狩野昌運が黒田藩に抱えられたのは元禄三年(一六九〇)頃とされる。昌運がケンペルが見物した「おくんち」を見て描くことは可能であるが、仮に、そういったことがあったとしても、旧富貴楼の屏風はそれとは別物である。

『大友興廃記』と丸い土俵の始まり

丸い土俵の始まりはこれまで漠然としていた。四角い土俵との先後関係もはっきりとしなかった。旧富貴楼の「諏訪神社祭礼図」や「金刀比羅図」などの制作年代を考えると、西国での興行相撲では少なくとも角土俵が出現するより前に丸い土俵が用いられていた。俵を並べただけで二方に開口部を設けた、その場限りの土俵の出現はさらにさかのぼるだろう。

丸い土俵の成立を示す史料としてしばしば『大友興廃記』が引用される。巻九に原大隅守という大友宗麟の家臣が大竹を指でひしいで大きな輪を作り、都からやってきた相撲取たちを怖じけさせたとある。また、「この輪より外へ足をふみ出したらん者相撲の負けなりと定むれば」と、現在と同じルールが決められている。この話はいかにも丸い土俵が成立する前夜の様子を物語るかのようである。しかし、同じ章に、伊勢順礼の途上に大坂の興行において相撲を申し込まれた時にも、やはり竹杖をひしいで下帯がわりにしたとある。いかにも軍記物らしい腕力を誇張した逸話で、とても実話とは思われない。とはいえ、土俵の成立時期に関わる重要な史料なので、これがいつ頃の記述になるものか検討しておく必要がある。

同書には自序の終わりに「寛永十二年五月　日　杉谷某橘宗重」とあることから、一般にはこの年の成立とされている。しかし、絵画資料を見るかぎりでは寛永十二年(一六三五)は土俵および、新しいルールの成立時期としては少し早きに過ぎる。

本書の成立は複雑である。たとえば、本書には別人の手になるもう一つの序文がある。それは「寛永十四年歳舎丁丑季夏丁巳　薙室顗《ママ》衲序」と結ばれ、「(大友義)鎮・統両君の事跡を纂し、以て若干の巻帙の名と為す、曰く大友興廃記也」とある。この段階での巻数は「若干」であって、現状のような二十二巻と別巻の剣の巻からなる大部のものではなかった。自序には「旅愁を慰めんがために」とあるので、杉谷宗重が旅先で執筆を開始したのが寛永十二年ということなのだろう。

本書は序のある第一巻の前に、著者の主君である佐伯家の来歴を説いた「剣の巻」が置かれるという、奇妙な構成になっている。「剣の巻」は国立公文書館内閣文庫所蔵の二書では巻一に合冊されているが、金沢市立近世史料館の稼堂文庫本では別冊になっている。同館の今枝氏旧蔵本では別冊の序のあとに、巻一として「剣の巻」が続く構成になっている。今枝氏旧蔵本は最終巻の末尾に付記された、著者の感慨を述べた部分の行配りに原本を忠実になぞった節があることから、より旧態を残していると思われる。

「剣の巻」の末尾には「寛永の末つかた廿六代惟寿俄に沈痾に染み家絶え」とあって、著者が仕えていた佐伯家が寛永二十一年にいったん途絶えたことを記して終わっている。現行本の骨格が整ったのは早くとも寛永末年すなわち、正保元年(一六四四)以降ということになる。

著者は主君の佐伯氏が藤堂家の客将となったのに従って、父とともに豊後から伊勢に移り住んだと述べている。市川廣太氏は主君が死去した翌年、正保二年(一六四四)二月に、幼い養子を保護するために佐伯家の与力から藤堂家の直臣となった杉谷十左衛門と宗重を同一人物としている。巻二十には「累歳を経て亦旧里に再来して鎮隨瀑布を見」とある。杉谷宗重は再度郷里大分に旅をして鎮隨滝を眼にしている。市川廣太氏は杉谷宗重のことと思われる杉谷十左衛門が「常々の不作法」のため、寛文十三年(一六七三)に藤堂藩から追放されたことを明らかにしている。こうした行動が理由だったのかもしれない。

大森北義氏は『戦国軍記事典(群雄割拠篇)』の解説において、本文の末尾に明暦三年(一六五七)の年号が見えることから、寛永十二年とされてきた成立年次については「再考を要す」としている。最終巻、巻二十二の最終章「天下静謐成事」には、大友義統の孫が明暦三年丁酉九月十六日に将軍家綱に召し出されて義孝と号したことを記し、続いて「人の伝説を聞て巻をなす事二十余」と締め括っている。最終的に二十二巻全体が成ったのは同年以降ということになる。

最終巻の「鎌倉見物付校割」の章は、大友義統が秀吉の小田原攻めの陣所を見舞った際に鎌倉見物をすすめられて鎌倉に赴き、名所と社寺の宝物を書き連ねた内容になっている。延宝二年(一六七四)に徳川光圀が鎌倉を遊覧した時の記録『鎌倉日記』の「持氏屋敷」の項では、『大友興廃記』の記事が参照されている。これは本書が同年までに流布していたことを意味する。ちなみに水戸の彰考館文庫には『大友興廃記』が伝わる。

同郷である豊後臼杵の人、帆足万里は『井楼纂聞』の「引用書目」の項で、「寛永十二年、勢州人杉谷宗重の撰、宗重は初め大神惟重に事《つか》え、豊国を除居して勢州に、家丁離散し独り一老翁年有り八十余、宗重の父亦八旬、常に二老が豊の事を語るを聞き、因て筆記す」と宗重の自序を要約したうえで、「西国太平記、西国盛衰記は皆此書を采《と》る、増広し以て編を為す也」と述べている。

『西国太平記』は寛文二年（一六六二）に藤堂藩に軍学者として抱えられた橘生斎が著した軍記物語である。おそらく杉谷某橘宗重と橘生斎は単なる面識以上の濃い関係にあったと見られる。延宝六年に刊行された『西国太平記』には寛文元年の自序がある。ここから『大友興廃記』は寛文元年以前に成立していたと考えられる。

こうした推測を裏づける文章が『大友興廃記』の「鎌倉見物付校割」の章に見出される。金沢の能見堂の項に「むかし狩野、入海嶋々山々名所の霊地を絵に写さんとせしかども、俄に汐満て心付足るところ失たりしゆへに画工筆をすて、のつけにかへりたるによりて今にのけん堂といへる」と、その名の由来についてこじつけめいた説を披露している。

ここでは「狩野」が筆を捨てたことになっているが、先行する万里集九や沢庵宗彭の紀行文では平安時代初期の絵師「巨勢金岡」になっている。それが、寛永期の出版になる三浦浄心の『巡礼物語』になると「金岡が捨てたる筆、此山に朽ずして、（中略）今あひがたき君が代にあひ、えがたき筆を狩野ひろひたり」と、金岡の筆が狩野に受け継がれたというように変化している。ところが万治二年（一六五九）に刊行された中川喜雲による『鎌倉物語』になると、「筆捨という事、むかし狩野という絵師、満つ塩に絵をうつし、塩干になりて地景かわりてかかれぬとて筆を捨てし」とあって、『大友興廃記』と同じように絵師が金岡から狩野に変っている。

杉谷宗重が『鎌倉物語』を参照していたとすれば、万治二年から寛文元年（一六六一）の間が『大友興廃記』の最終的な成立時期となる。彼が寛文十三年（一六七三）に藤堂藩から追放されたのは、宗重が藤堂藩の直臣になってからも執筆にはげみ、勤めをおろそかにしたのが理由だったのかもしれない。もしかすると、宗重は序文を依頼した薤室競衲から「禅友詩友」と称されているので、彼自らそれを求めたのかもしれない。

原大隅守が登場する章がいつ書かれたかはわからない。大友家の興廃に関係のないエピソードなので、後に増補された可能性が高い。『大友興廃記』が万治頃の執筆だとすれば丸い土俵を描いた絵画資料と年代が重なる。杉谷宗重はすでに丸い土俵が存在していたことを知っていて、面白おかしく脚色したのではないだろうか。

ま と め

興行相撲における土俵の成立と、丸い土俵に収斂して行く道筋は一筋ではない。相撲を描いた絵画資料を整理すると、三都での興行相撲における土俵の出現は延宝六年(一六七八)をそれほどさかのぼることではなく、初めは四角だったと考えられる。四本柱があればこれを囲むようにして四角い土俵が作られるのは自然なことである。それまで京都では慶長年間から延宝期まで長い間、方屋の下で土俵のない興業相撲が行なわれていた。方屋は延宝期にいったん姿を消して四本柱のみとなる。その後に四角い土俵が導入されたのではないかと思われる。江戸での勧進相撲では少なくとも享保期(一七一六〜三六)までは四角い土俵だった。

享保寅年に木村柳悦守直が著わした『角力伝書』には土俵を円形とするとある。享保年間には寅年が七年(一七二二)と十九年と二度ある。相撲博物館所蔵の四角い土俵を描いた屛風が享保七年、もしくは九年の富岡八幡での勧進相撲を描いたものとすれば、その後、十九年までには江戸での相撲興行は角から丸へと土俵が変化したことになる。南部相撲は三都で主流だった四角い土俵をそれ以後も維持し続けたということになる。江戸の勧進相撲において角土俵から丸い土俵に変化した時期と、踊子から芸者が分かれた時期が同じ享保年間というのは単なる偶然の一致かもしれないが、二つの伝統文化が今日と同じ形態をとるようになった時期が重なるのは興味深い。

一方、丸い土俵の始まりは四角い土俵よりも先行する。早ければ承応二年(一六五三)までに、遅くとも万治年間(一六五八～六一）には西国での興行相撲に取り入れられていた。ただし、角土俵よりも早い時期の丸い土俵を描いた例がいずれも三都以外であることには注意する必要がある。長崎・金刀比羅・和歌山、これに『大友興廃記』に見える豊後の例を加えると、いずれも西国に集中している。丸い土俵はその形態からみて野相撲において自然発生したものと思われ、西国の武家の間で用いられていたものが興行相撲に取り入れられたと思われる。江戸においても四角い土俵の成立と時期を接するようにして、丸土俵が武士による相撲の場として持ち込まれていた。

四角い土俵ではよりスペースのある四本柱の近くまで、取組みがもつれることが多かったはずである。『相撲行司絵巻』には柱を用いて相手を締めつける荒っぽい決まり手がいくつか描かれている。それでは、柱は勝負が決する肝心な時に見物の邪魔になる。昭和二十七年に大相撲で四本柱が取り払われたのもそれが理由だった。四角から丸い土俵に変わったのはそうした理由からだろう。もう一つには、大名が盛んに力士を抱えるようになったことが、武士間で用いられていた丸い土俵が主流となるきっかけになったとも考えられる。

丸い土俵が早ければ承応二年（一六五三）には成立していたとすると、勧進相撲が禁止された慶安元年（一六四八）にほぼ接続する。勧進相撲禁止令が新たなルールを要請し、土俵の成立を促したと考えられる。ともすれば刃傷沙汰に及ぶような、荒々しい力技に頼った相撲からの脱皮を迫られたことが土俵を作る契機になったと考えられる。すなわち、土俵を導入することによって、相手を打ち倒すことから力比べへと相撲を穏やかなものに変えて、存続をはかろうとしたのである。土俵の出現は戦国時代の気風が最終的に終熄したことを意味し、近世の始まりを象徴するものでもあった。

参考文献

〔**史料**〕

『川柳雑俳集』　日本名著全集刊行会　一九二七

『近世庶民生活史料』（全三〇巻、別巻一巻）　三一書房　一九六八〜八四

『日本都市生活史料集成』　学習研究社　一九七五〜七七

『洒落本大成』（全三十巻）　中央公論社　一九七八〜八八

北根豊監修『日本初期新聞全集』　ぺりかん社　一九八七〜二〇〇〇

『新聞錦絵』　板橋区立美術館　一九八九

『京の美人画展』　京都文化博物館　一九九三

飯田　昭一『江戸時代相撲名鑑』　日外アソシエーツ　二〇〇一

『四都美人装い競べ』　神奈川県立歴史博物館　二〇〇三

『浮世絵　江戸名所七変化』　神奈川県立歴史博物館　二〇〇四

『江戸吉原叢刊』（全七巻）　八木書店　二〇一〇〜一二

〔**著書・論文**〕

錦織　剛男『遊女と街娼—京都を中心とした売笑史—』　圭文堂　一九六四

井田真木子『温泉芸者一代記』　かのう書房　一九八九

ヨーゼフ・クライナー『ケンペルのみた日本』（ＮＨＫブックス）　ＮＨＫ出版　一九九六

庵逧　巌「寛文二年歌舞伎絵馬について」（『芸能史研究』一四）　一九六六
武井協三「『古今役者物語』の研究―付・翻刻と影印」（『園田学園女子大学論文集』一三）　一九七八
木梨雅子「享保年間の南部相撲作法について」（『日本体育学会大会号』）　一九九九
レイニー・H・ヘスリング「《諏訪祭礼図屏風》の図像学的研究の方法と問題点」（『IAML日本支部ニューズレター』一二）　二〇〇〇
小林法子『筑前御用絵師』　中央公論美術出版　二〇〇四
浅野秀剛「吉原俄の錦絵」（『浮世絵芸術』一五八）　二〇〇九
市川廣太「《絵本》出現の一背景」（『美術史』一七三）　二〇一二
内藤正人『勝川春章と天明期の浮世絵美人画』　東京大学出版会　二〇一二
佐藤知乃『近世中期歌舞伎の諸相』　遊文舎　二〇一三

追記

本書中の引用史料等には、現在では女性蔑視、もしくは差別的と取られる字句が見られるが、研究書の性格からあえて原史料のまま引用した。もとより差別を助長する考えのないことをお断りしておく。

著者

著者略歴

一九四六年　愛知県に生まれる
一九六八年　京都大学文学部卒業
一九七三年　同大学院修了
文化庁主任文化財調査官、九州国立博物館副館長、等を経て
二〇一一年　山形大学大学院教授を定年退官、文学博士

□　□

主要著書

『肖像画』（一九九四年　吉川弘文館）
『宮廷画壇史の研究』（一九九六年　至文堂）
『肖像画の視線』（一九九六年　吉川弘文館）
『雪舟　旅逸の画家』（二〇〇〇年　青史出版）
『長谷川等伯』（二〇〇三年　ミネルヴァ書房）
『二万年の日本絵画史』（二〇一一年　青史出版）

芸《げい》者《しゃ》と遊《ゆう》廓《かく》

平成三十一年（二〇一九）三月十五日　第一刷発行

著　者　宮《みや》島《じま》新《しん》一《いち》
発行者　渡辺　清
発行所　青史出版株式会社
郵便番号一六二―〇八二五
東京都新宿区神楽坂二丁目十六番地
MSビル二〇三
電　話　〇三―五二二七―八九一九
FAX　〇三―五二二七―八九二六

印刷所　株式会社三陽社
製本所　誠製本株式会社

ISBN978-4-921145-66-8 C1021

二万年の日本絵画史

宮島新一著

Ａ５判・三六六頁／五、〇〇〇円（税別）

日本絵画史を従来のように外国からの影響という視点ではなく、独自性という観点から見つめ直した画期的な通史。日本の絵画は縄文時代から現代に至るまで、宗教美術と世俗美術とが対立するのではなく、手を携えつつのびのびと展開した。こうした世界でもまれな特質を造形面だけに注目するのではなく、宗教や思想を含めた大きな歴史の中に位置づける。美術史本来の役割の復興を目指す意欲的な書。